TACHENG NIANJIAN

2023

塔城地区地方志编纂委员会编辑室　编

方志出版社
Publishing House of Local Records

图书在版编目（CIP）数据

塔城年鉴. 2023 / 塔城地区地方志编纂委员会编辑室编.—北京：方志出版社, 2023.12
ISBN 978-7-5144-5927-2

Ⅰ. ①塔… Ⅱ. ①塔… Ⅲ. ①塔城地区—2023—年鉴 Ⅳ. ①Z524.53

中国国家版本馆CIP数据核字（2024）第001264号

责任编辑：王海荣
责任校对：张玉霞
责任印制：梅中英
出 版 者：方志出版社
地　　址：北京市朝阳区潘家园东里 9 号（国家方志馆4层）
邮　　编：100021
网　　址：http://www.zgfzcb.cn
发　　行：方志出版社图书营销中心（010-67110500）
印　　刷：河南金宝丽印刷科技有限公司
开　　本：889毫米×1194毫米　1/16
印　　张：17
字　　数：597千字
版　　次：2023年12月第1版
印　　次：2023年12月第1次印刷
定　　价：298.00元

《塔城年鉴（2023）》编纂委员会

主　任：阿依丁·托留汗

副主任：玛依努尔·加汗　　阿　里　　马学武　　陈春雷

委　员：杨万春　　田江敏　　周润强　　马　东　　刘　冲　　陈　斌
张　鸿　　梁　群　　单小梅　　叶尔美克·托乎达生

《塔城年鉴（2023）》编辑人员

主　编：周润强

编　辑：叶尔美克·托乎达生　　许艳红　　也尔肯·木拉提

重要会议

ZHONGYAO HUIYI

2022年5月26日，中共塔城地委扩大会议在宁城宾馆召开 （李　霞　摄）

2022年12月13日，塔城地区人大工作委员会2022年第三次会议召开　　（赵　英　摄）

2022年2月25日，政协塔城地区工作委员会2022年委员全体会议在宁城宾馆召开　　（丁凡同　摄）

党的建设
DANG DE JIANSHE

1. 2022年6月29日，地委组织部、地委宣传部组织的“喜迎二十大 奋进新征程”庆祝中国共产党成立101周年党建知识竞赛在塔城地区广播电视台展演大厅举行 （宋建亮 王全明 摄）

2. 2022年11月25日，党的二十大代表、裕民县江格斯乡江格斯村党支部书记郝香利，在“七一勋章”获得者魏德友家宣讲党的二十大精神 （陈 文 摄）

3. 2022年5月9日，沙湾市柳毛湾镇在党员中心示范户家中设立“家庭党校”，组织周围党员及村民开展学习培训、民情恳谈、村民说事日等活动，让“家庭党校”成为基层党员干部群众学习党的惠民政策、了解致富信息、化解矛盾纠纷的宣传栏、根据地和议事厅 （刘 伟 摄）

4. 2022年9月15日，塔城日报社、塔城新闻网联合党支部到塔城市二工镇喀拉墩村果园开展“我为群众办实事·助农秋收”主题党日活动。图为党员志愿者在果园里摘苹果 （王　婷　摄）

5. 2022年4月27日，和布克赛尔蒙古自治县深化“家庭党校”工作，通过座谈会、茶话会、恳谈会等方式，了解农牧民所思所想所盼。图为县财政局驻莫特格乡吉木格尔村“访惠聚”工作队、村“两委”到新挂牌的“家庭党校”牧民党员家中开展活动 （马晓娜　摄）

6. 2022年6月29日，沙湾市举办以“党的光辉照万家 幸福生活舞起来”为主题的广场舞展演，庆祝中国共产党成立101周年。15支业余舞蹈队用优美的舞姿、积极向上的精神面貌向伟大的党献上诚挚的祝福 （曾照美　摄）

“访民情、惠民生、聚民心”工作

FANGMINQING HUIMINSHENG JUMINXIN GONGZUO

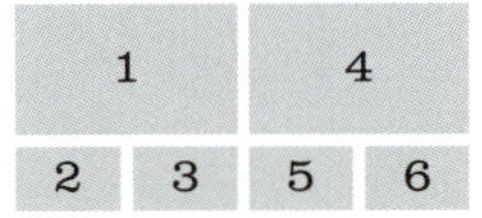

1. 2022年2月13日，地区纪委监委驻额敏县郊区乡七里堡村工作队和村“两委”开展“猜字谜闹元宵”活动，村民们踊跃参加（王 婷 摄）

2. 2022年2月25日，地区人力资源和社会保障局驻额敏县上户镇吾巴勒社区工作队联合村“两委”开展“游塔城 览新貌”活动。图为群众在听红楼博物馆讲解员讲解（王自林 摄）

3. 2022年5月，地委办公室驻塔城市阿不都拉乡库吉拜南村工作队对接新疆巨友电子技术有限公司，采用“先试点养殖，再逐步推广”的发展思路推动生态土鸡养殖产业。图为工作队队员、公司负责人在村民家查看鸡苗长势（马 强 摄）

4. 2022年2月25日，塔城地区退役军人事务局、地区社会主义学院驻塔城市恰夏镇窝尔塔锡伯图村工作队开展“志愿服务暖民心”活动，帮村民清理庭院、喂牛等 （王自林 摄）

5. 2022年3月10日，地区教育局驻托里县多拉特乡喀拉苏村工作队和村“两委”，组织老党员、老模范、联户长参与农村人居环境大清理、大整顿活动，为建设美丽乡村贡献力量。图为清理道路两旁的积雪和垃圾 （杨全喜 摄）

6. 2022年1月4日，沙湾市司法局、检察院驻大泉乡城郊东村工作队和村“两委”组织党员干部走进温室大棚开展助农服务，并邀请乡农业发展中心技术人员为村民讲解管理知识 （刘 伟 摄）

2022年7月14日，裕民县第二小学驻新地乡新地西村工作队队员义务帮助劳动力短缺的村民采摘红花，助力村民增收，图为工作队队员在帮村民采摘红花　（杨化光　摄）

2022年9月7日，在沙湾市金沟河镇兴奋村的啤酒花地里，工作队队员帮种植户采收啤酒花

（王芳吉　戴晓宇　摄）

2022年9月3日，裕民县水利局驻新地乡乌尔吉也克东村“访惠聚”工作队和村“两委”积极引导村民调整种植结构，全村种植打瓜、籽用葫芦等特色经济作物近万亩，预计打瓜、籽用葫芦亩产瓜子200公斤左右，亩产量比往年提高10%以上

（杨化光　摄）

2022年8月28日，沙湾市安集海镇古道村黄桃喜获丰收。沙湾市市场监督管理局驻该村工作队和村“两委”干部成立“助农秋收”志愿服务队，帮助果农采摘、分拣、装箱，并通过线上线下推介，联系销路，助农增收　　（王芳吉　摄）

2022年8月17日，塔城地区铁塔公司、塔城移动分公司联合驻博孜达克镇克什吉也克村工作队组织党员、志愿者帮助农户采收连翘　　（宋瑞琪　摄）

2022年9月8日，塔城市教育和科学技术局驻杜别克街道杜别克社区工作队队员及社区干部组成志愿采摘队，帮助辖区葡萄种植户王美林家采摘葡萄　　（王芳吉　戴晓宇　摄）

经济建设
JINGJI JIANSHE

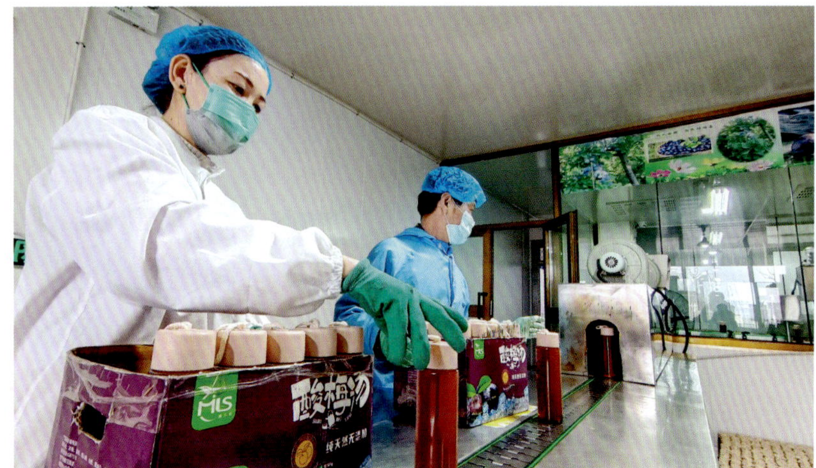
酸梅汤

红花籽油

1	4
2	
3	

1. 2022年1月17日，为满足春节期间市场供应，裕民县汇河农业发展有限公司抓紧时间生产酸梅汤饮品。图为工人在生产车间内分装酸梅汤　　（杨化光　摄）

2. 2022年3月15日，新疆裕民天鼎红花油有限公司与销售商签订红花籽油订单。图为员工打包装箱红花籽油制品　　（杨化光　摄）

3. 随着新疆乌苏啤酒有限责任公司知名度和美誉度的不断提高，乌苏啤酒从地方品牌成长为全国品牌，被消费者称为“新疆礼物”。图为乌苏啤酒生产车间　　（塔城日报社　供图）

4. 建设中的塔城新能源博览园建设项目（摄于2022年8月25日）　　（王全明　摄）

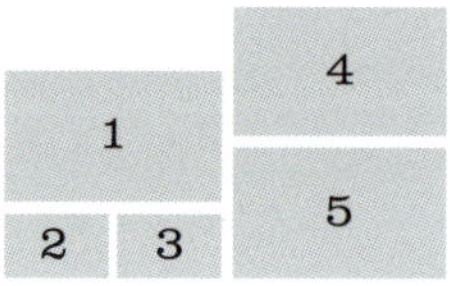

1. 2022年1月5日，地区首届地方产品交易会在塔城市华宝国际农业会展中心开幕，县市7个展厅内各式各样的农特产品亮相交易会。图为塔城市展厅内，塔域瓜子深受顾客青睐（曾照美 摄）

2. 2022年3月3日，裕民县商务和工业信息化局主办，县电子商务公共服务中心协办，开展了以“直播带货为家乡特产义卖”为主题的志愿服务直播活动（崔嘉丽 摄）

3. 2022年6月9日，巴克图口岸运载大型风机叶片的车辆顺利完成“吊装+甩挂”作业运往哈萨克斯坦，为推进哈萨克斯坦Abay风电项目建设提供保障。同时，口岸还出口果蔬类、百货类、电商类、设备及其他货物，带动经济增长。图为第179车大型风机叶片通过巴克图口岸出境（王自林 摄）

4. 2022年9月21日，托里绿之风农业发展有限公司绿风农场员工采摘、搬运西红柿（汪许东 巴依尔 摄）

5. 2022年1月1日，沙湾市馕文化产业园开展“大美沙湾新品馕展示发布”活动，来自11个乡镇的12名馕师相互交流学习打馕手艺。图为观众在免费品尝新鲜热馕（曾照美 摄）

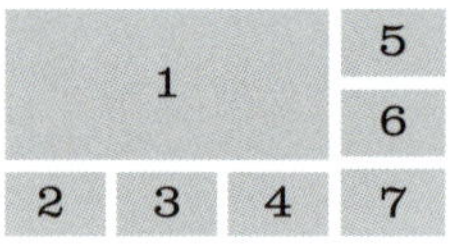

1. 2022年6月21日，裕民县红花种植面积15万亩以上，其中8万亩旱作红花已提前进入采摘期。图为格斯乡江格斯村村民在采摘红花（杨化光　摄）

2. 2022年8月5日，乌苏市西大沟镇安达种植农民专业合作社种植的400亩鲜食玉米成熟了，种植户抢抓农时进行采收。这些当地产的鲜食玉米均为订单种植，将经过加工分等级后销往上海迪士尼（张国辉　摄）

3. 2022年9月23日，采棉机在沙湾市老沙湾镇老沙湾新村棉田里采收棉花（汪许东　巴依尔　摄）

4. 2022年8月6日，乌苏市西大沟镇安达种植农民专业合作社1000亩贝贝南瓜进入收获期，种植户们积极组织人力和机械进行采摘、装袋、搬运　（张国辉　摄）

5. 2022年8月18日，沙湾市金沟河镇南干渠村2000亩地的米粉椒喜获丰收。沙湾市委办公室驻金沟河镇南干渠村工作队和村“两委”帮助辣椒种植户协调80名务工人员抢抓有利时机采收米粉椒　（王芳吉　摄）

6. 2022年9月9日，和布克赛尔蒙古自治县查和特乡农户在摘辣椒　（摘自《塔城日报》）

7. 2022年4月6日，塔城市喀拉哈巴克乡巴斯博孜达克村巴斯种植养殖合作社迎来2022年第一次分红，村民脸上洋溢着满足的笑容　（王自林　摄）

文化建设
WENHUA JIANSHE

乌兰牧骑

新时代扬帆启征程
——喜迎党的二十大

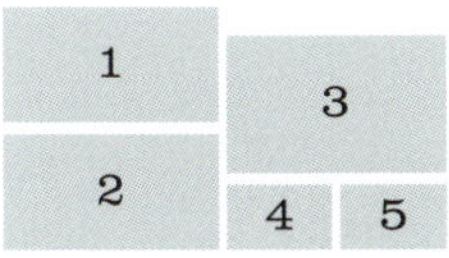

1. 2022年5月27日，塔城地区开展“强国复兴有我　喜迎党的二十大”主题宣讲大赛系列活动。图为和布克赛尔蒙古自治县宣讲员精彩演出　（张培琪　摄）

2. 2022年5月27日，塔城地区开展“强国复兴有我　喜迎党的二十大”主题宣讲大赛系列活动。图为塔城市宣讲员在欢快的舞蹈中展现新时代扬帆启征程的决心　（张培琪　摄）

3. 2022年6月29日，辽宁人艺大型原创话剧《北上》在塔尔巴哈台影剧院首次上演　（王　婷　摄）

4. 2022年7月1日，辽宁省文联和新疆塔城地区文联主办的“辽塔情缘——来自新疆塔城手风琴的故事”专场演出在沈阳上演。锡伯族艺人谷平用手风琴为歌舞《团结之花处处开放》伴奏　（赵乃林　摄）

5. 2022年7月3日，塔城地区古尔邦节音乐晚会在文化广场精彩上演　（赛力克·朱马汗　摄）

对口援建

DUIKOU YUANJIAN

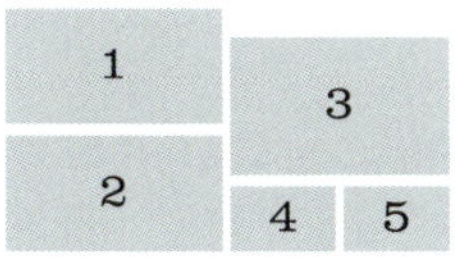

1. 2022年，辽宁省高职教育援疆团队专门支援塔城职业技术学院，涵盖7个新办专业。图为教师孙红霞、张效莉指导学生运用中医疗法解决美容健康问题　　（王　婷　摄）

2. 2022年6月11日，辽宁省对口支援新疆工作前方指挥部与塔城地委宣传部共同在额敏县举办“非遗传万里·辽塔心连心”非物质文化遗产展示活动。图为辽宁省鞍山海城精彩纷呈的高跷表演　　（何承强　摄）

3. 2022年6月17日，辽宁省对口支援新疆工作前方指挥部干部人才深入塔城地区结对亲戚家中排忧解难，拓展文化润疆深度，奋力谱写新时代对口援疆工作高质量发展新篇章。图为援疆医生给结对亲戚检查耳朵　　（何承强　摄）

4. 2022年4月，援疆医生钟红珊开展义诊　　（王　婷　摄）

5. 2022年，援疆医生王希海（中）指导学员开展介入穿刺手术

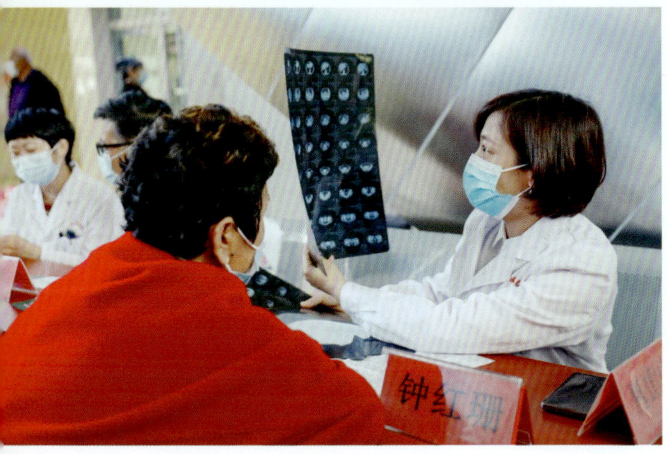

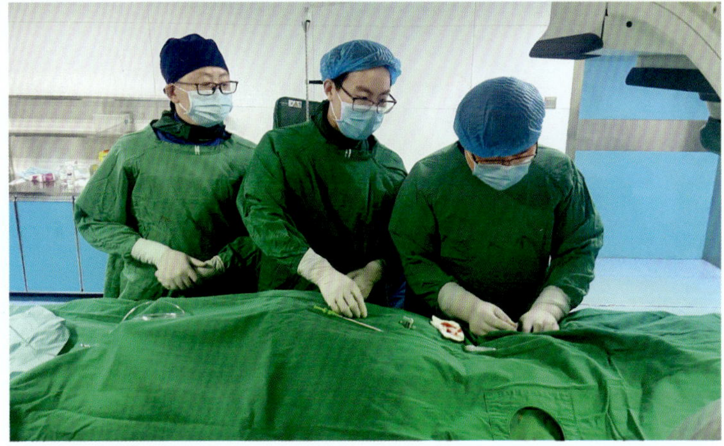

民族团结活动

MINZU TUANJIE HUODONG

1		4	
2	3	5	6

1. 2022年3月13日，乌苏市纪委监委驻南苑街道塔城路社区工作队和社区“两委”，组织社区干部和结对亲戚、居民开展“巧手剪纸·美食比拼·构建和谐社区”民族团结一家亲联谊活动。图为大家展示制作的美食（张国辉　摄）

2. 2022年3月27日，沙湾市第二小学驻东湾镇下东地村工作队和村“两委”组织开展“邻里一家亲 幸福下东地”民族团结一家亲联谊活动。图为村民在学习插花（刘　伟　摄）

3. 2022年5月7日，沙湾市农业农村局驻西戈壁镇五道沟村工作队和村“两委”，以铸牢中华民族共同体意识为主题，开展“民族团结一家亲”融情活动（刘　伟　摄）

4. 2022年5月26日，乌苏市人民检察院驻村工作队在乌苏市吉尔格勒特郭楞蒙古民族乡扎根塔拉村开展民族团结联谊活动。图为工作队队员向村民宣讲法律知识（臧有宝　摄）

5. 2022年7月9日，地委办公室机关党委组织干部职工带着浓浓的情谊来到塔城市阿不都拉乡库吉拜南村，开展古尔邦节暨“民族团结一家亲”联谊活动。图为干部给参与游戏的群众颁发奖品（王　婷　摄）

6. 2022年7月9日，塔城市教育和科学技术局驻和平街道新华社区“访惠聚”工作队队员与辖区居民一起做美食，话团结，共度古尔邦节（汤　永　摄）

社会生活

SHEHUI SHENGHUO

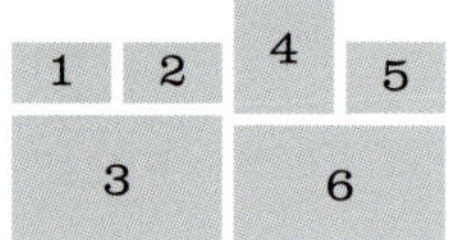

1. 2022年1月11日，和布克赛尔蒙古自治县围绕“大培训　大就业　大评比”活动，结合实际分别开设育婴、电焊、面点等各类技术人才培训课程。图为面点培训班的教师在教农牧民学习制作油馕　　（赵　亮　摄）

2. 2022年5月，地区中医医院外科妇科医疗分队成员、援疆专家、医技科室医务人员在塔城市齐巴尔吉迭新区卫生服务中心，开展“承岐黄薪火 扬中医文化 未病先防治 贴伏保健康”义诊活动　　（宫海燕　摄）

3. 2022年6月22日，塔城市新城街道东门外社区举办了“奋进新征程 建功新时代”迎“七一”文艺会演　　（阿拉新·素德别力克　摄）

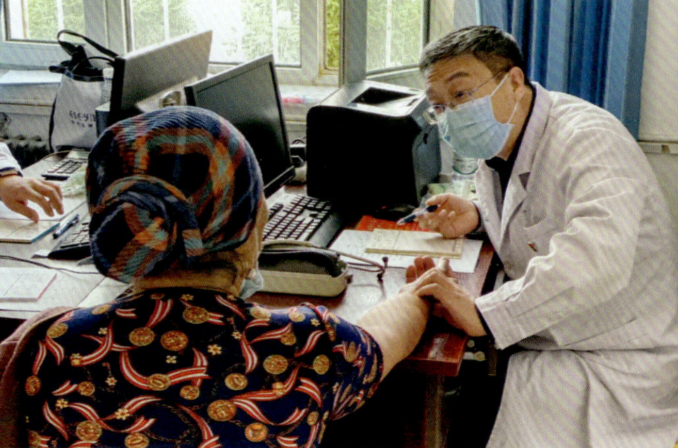

4. 2022年9月6日，沙湾市东湾镇串庄子村村民手捧金灿灿的玉米粒，脸上洋溢着丰收的喜悦　　　　（王芳吉　戴晓宇　摄）

5. 2022年9月21日，沙湾市乌兰乌苏镇黄家梁新村的红薯喜获丰收　　　　（汪许东　巴依尔　摄）

6. 2022年6月29日，地区图书馆推出“红船领航　初心阅读”图书专架，供读者免费阅读　　　　（张培琪　摄）

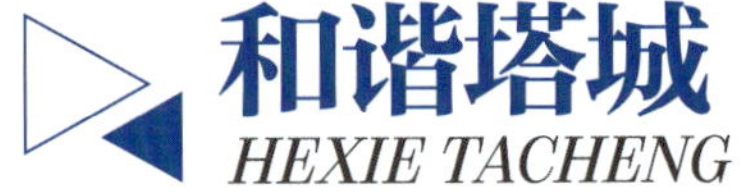
和谐塔城
HEXIE TACHENG

俯瞰塔城市区一角（2022年7月16日无人机拍摄）　　（汪春林　供图）

巴克图口岸地理位置优越，能够常年通关，是中国向西开放的稳定通道（2022年7月6日无人机拍摄）

（汤　永　供图）

编辑说明

一、《塔城年鉴》以马克思列宁主义、毛泽东思想、邓小平理论、“三个代表”重要思想、科学发展观、习近平新时代中国特色社会主义思想为指导，坚持辩证唯物主义和历史唯物主义的立场、观点和方法，全面、客观、系统地记载塔城地区各个领域的基本情况，反映年度重要事项和发展变化。

二、《塔城年鉴》是地方性综合年鉴，创刊于2005年，逐年出版，是较为系统记述塔城地区政治、经济、文化、社会、生态文明建设情况的资料性文献，为塔城地区的变革创新、边贸发展和招商引资提供准确的地情信息，为社会稳定、经济发展、民族团结服务，为社会各界和广大读者服务。《塔城年鉴（2023）》翔实反映2022年塔城地区各行各业以习近平新时代中国特色社会主义思想为指导，深入贯彻落实新时代党的治疆方略、第三次中央新疆工作座谈会精神，统筹推动社会稳定、经济发展、民生建设、民族团结、乡村振兴等工作的情况。

三、《塔城年鉴（2023）》设专记、大事记、塔城综览、中共塔城地区委员会、伊犁哈萨克自治州人大常委会塔城地区工作委员会、塔城地区行政公署、中国人民政治协商会议新疆伊犁哈萨克自治州委员会塔城地区工作委员会、中共塔城地区纪律检查委员会·塔城地区监察委员会、群众团体、法治、军事、对口支援、农业·乡村振兴、工业、交通运输·邮政·通信、城乡建设·生态环境保护·房地产、商贸·旅游业、经济管理、金融业、科学技术、教育、文化·体育、卫生健康、社会民生、应急管理、县市概览、新疆生产建设兵团第九师概览、人物·先进集体、附录、索引，共30个部类。

四、《塔城年鉴（2023）》以部类为单元，由分目和条目组成，基本表现形式为条目。条目标题均为黑体字加【 】表示。记述时间为2022年1月1日至2022年12月31日，根据需要，个别事项适当上溯或下延。

五、《塔城年鉴（2023）》所使用的国民经济和社会发展统计资料均以塔城地区统计局的统计公报及各部门的统计资料为准。部分数据由各业务部门提供，与统计局的统计资料不尽一致，请以统计口径为准。

六、《塔城年鉴（2023）》条目中各单位名称一般在第一次出现时使用全称，其他均用习惯简称；新疆生产建设兵团简称为生产建设兵团或兵团。

七、《塔城年鉴（2023）》数字用法、标点符号用法分别采用国家标准《出版物上数字用法》（GB/T15835—2011）、《标点符号用法》（GB/T15834—2011），计量单位采用国家技术监督局1993年12月发布的《量和单位》系列国家标准。

八、《塔城年鉴（2023）》采用的稿件是由塔城地区各部门、各单位和境内生产建设兵团的撰（组）稿人或专业人员提供，所有资料、数据均经有关部门（领导）审核。

目 录

专 记

大事记

塔城综览

中共塔城地区委员会

伊犁哈萨克自治州人大常委会塔城地区工作委员会

法　治

科学技术

教　育

文化·体育

文化事业

广播电视

塔城日报

档 案

体 育

卫生健康

综 述

医药卫生改革

公共卫生服务

人口家庭健康与妇幼保健

人物·先进集体

附　录

索　引

专　记

《新疆塔城重点开发开放试验区条例》公布

2022年11月30日，新疆维吾尔自治区第十三届人民代表大会常务委员会第三十六次会议通过并公布《新疆塔城重点开发开放试验区条例》，自2023年1月1日正式施行，条例共八章五十二条，重点从管理体制、规划建设、产业发展、投资促进、对外开放、优化营商环境等方面，对推进新疆塔城重点开发开放试验区建设作出全面规定，为实验区的发展建设提供法治保障。

“访民情、惠民生、聚民心”驻村工作

2022年，塔城地区共选派875个工作队、3584名驻村干部（其中地区选派107个工作队445人，县市选派752个工作队3071人，兵团选派16个工作队68人），深入各村（社区）开展“访民情、惠民生、聚民心”（以下简称“访惠聚”）驻村工作。地区各级党组织和“访惠聚”驻村工作队，坚持以习近平新时代中国特色社会主义思想为指导，完整准确贯彻新时代党的治疆方略，认真落实自治区党委安排部署，牢牢抓住新疆工作总目标，持续完善推进措施，全面落实建强基层党组织、推进强村富民、提升治理水平、为民办事服务四项重点任务，推动“访惠聚”驻村工作不断取得新进展、新成效。

一、建强基层党组织。2022年，塔城地区村（社区）党组织和“访惠聚”驻村工作队坚持把抓基层打基础作为长远之计和固本之举，着力增强基层党组织政治功能和组织功能，把基层党组织建设成为有效实现党的领导的坚强战斗堡垒。在党员干部中突出抓好习近平新时代中国特色社会主义思想武装，深入开展党的二十大精神和习近平总书记视察新疆重要讲话重要指示精神学习培训，把学习过程变成对标对表、提高认识、改进工作的过程。驻村干部对村（社区）“两委”成员、村级后备力量、入党积极分子进行全覆盖结对帮带，着力帮带培养党组织书记和年轻骨干。扎实开展村“两委”换届“回头看”，及时解决突出问题，“一村一策”抓好软弱涣散基层党组织整顿提升，创建“五个好”标准化规范化村（社区）党支部285个，选树地区级村（社区）“五个好”党支部示范点36个。扎实开展新时代基层干部主题培训、农村党组织带头人整体提升优化行动、村“两委”成员学历提升三年行动，常态化开展乡村振兴“擂台比武”，持续深化“万名党员进党校、万名党员讲党课、万名党员进万家”和“实施微行动、上好微党课、实现微心愿、做好微服务”活动，促进党员干部能力提升和作用发挥。注重让村干部上前台、挑大梁、唱主角，增强村干部主责主业意识和履职尽责本领，同时，推动村级各类组织按照相关法律法规和章程认真履行各自职能，增强了基层党组织创造力、凝聚力、战斗力。

二、推进强村富民。2022年，塔城地区村（社区）党组织和“访惠聚”驻村工作队坚持紧贴民生推动高质量发展，抓好巩固拓展脱贫

2022年8月，额敏县自然资源局驻上户镇库尔布拉克三村工作队与村“两委”积极引导村民调整种植业结构，推广种植优质高产黑小麦2000余亩，助力村民增收致富 （中共塔城地委组织部　提供）

攻坚成果同乡村振兴有效衔接，推动实现农村更富裕、生活更幸福、乡村更美丽。做好脱贫不稳定户、边缘易致贫户、突发严重困难户“三类户”监测帮扶工作，有针对性地帮助解决实际问题，确保稳定脱贫、持续增收。根据地区产业布局和村队资源禀赋、产业基础等实际，因地制宜发展农村特色优势产业，提高粮食生产能力，推进农产品加工、乡村旅游、农村电商等产业发展，大力培育新型经营主体和创业致富带头人，开展技能培训5.08万人次，转移就业7.84万人次，多渠道增加农牧民收入，推动实现“地里有产业、山里有风景、村里有工厂、人人有工作、天天有收入，农牧民生活一年比一年好”。预计2022年地区农牧民人均可支配收入达到22057元，比上年增长7.2%。抓好105个乡村振兴示范村建设，持续推进乡村建设和人居环境整治，积极推进生活污水、垃圾集中处理，广泛发动各族群众开展爱国卫生运动，深入开展“美丽乡村”创建、“最美庭院”评选等活动，建立环境卫生管护长效机制，推动农村环境面貌持续改善。

三、提升治理水平。2022年，塔城地区村（社区）党组织和“访惠聚”驻村工作队坚持以推进治理体系和治理能力现代化为保障，着力提升基层社会治理效能，推动建设人人有责、人人尽责、人人享有的社会治理共同体。开展党员干部依法治疆专题学习2834场次、“依法治疆”主题党日7160场次，开展群众法治宣传教育8432场次，着力培育办事依法、遇事找法、解决问题用法、化解矛盾靠法的法治环境。扎实推进党建引领基层治理，深化农村“五强五提升”组织振兴、社区“五个优化”服务提升、牧区基层治理“六个跟进”同步覆盖等行动，推动基层党建与基层治理深度融合。坚持基层治理重要事项、重大问题由村（社区）党组织研究讨论、按程序决定，推行“清单式管理”“积分制管理”和村规民约、社区公约等有效举措，抓好社区“大党委”作用发挥，深化党建引领物业工作，推动基层治理水平持续提升。

四、为民办事服务。2022年，塔城地区村（社区）党组织和“访惠聚”驻村工作队坚持以凝聚人心为根本，用心用情用力服务各族群众，不断增进民生福祉。全面落实各类惠民政策，扎实推进各项惠民工程，面对面、心贴心做好联系服务群众工作，为群众办实事好事4.06万件，收集办结群众困难诉求3.64万件。按照“办公功能最小化、服务功能最大化”要求，对村（社区）阵地进行了全面规范，不断提升基层阵地服务功能。持续开展农牧民夜校培训等活动；着力加强民族团结进步宣传教育，扎实开

2022年8月22日，沙湾市市场监督管理局驻安集海镇古道村工作队“线上”直播助农销售黄桃 （地委组织部　提供）

展国家通用语言文字培训，大力推进文化润疆，做好民族团结进步“好家庭”“好邻居”“好大院”“好巷道”等评选工作，有形有感有效铸牢中华民族共同体意识，使塔城地区民族团结“金字招牌”更加闪亮；深入开展社会主义核心价值观和中华优秀传统文化教育，组织开展丰富多彩的新时代文明实践活动，进一步激发各族群众崇德向善、积极向上的精神力量。

（罗蜀江）

2022年8月，塔城地区机关事务管理局、地委党史办、地区无线电管理局驻塔城市阿西尔乡克孜贝提村工作队组织开展文艺下乡活动（中共塔城地委组织部 提供）

“民族团结一家亲”和民族团结联谊活动

2022年，塔城地区坚持以习近平新时代中国特色社会主义思想为指导，深入贯彻落实党的二十大精神，贯彻落实中央、自治区党委民族工作会议，贯彻落实习近平总书记在新疆视察调研时的重要讲话精神，完整准确贯彻新时代党的治疆方略，特别是社会稳定和长治久安总目标，持续深化“民族团结一家亲”和民族团结联谊活动。全地区2.8万名干部职工与3.2万户结对认亲，其中地厅级28人（含援疆干部）结对28户，756名县处级（含国企及垂管单位干部）结对931户；各类企业的干部职工714人主动结对认亲714户。各部门（单位）统筹全体结亲干部，由单位领导带队，组成若干小分队分批次、轮流开展走访活动，避免聚集聚餐，不扎堆。全年全地区干部职工累计结亲走访12万人次。

一、深入开展铸牢中华民族共同体意识宣传教育。地区印发《民族团结进步教育月活动方案》《“看历史、看变化、游家乡，共叙成就话团结”活动方案》等文件，推动铸牢中华民族共同体意识宣传教育走深走细走实。全面开展“喜迎党的二十大，铸牢中华民族共同体意识·塔城地区网络知识竞赛活动”，近3万名各族干部群众积极参与，各族干部群众参与铸牢中华民族共同体意识知识竞赛的积极性空前高涨。不断加大宣传力度，营造铸牢中华民族共同体意识浓厚氛围，在公交站台、广告牌、沿街LED屏等地大量投放宣传标语，依托现有文物博物类、革命纪实类、旅游文教类等资源，推动形成全方位、立体式、无死角、无缝隙、无盲区、全覆盖的宣传格局。持续推进“互联网+民族团结”行动，充分运用“塔城零距离”“塔城统战”等微信公众号，各类各级融媒体、抖音等传播频道、交流平台，宣传报道塔城地区民族团结工作。“摇床的故事”等一系列具有塔城特色的铸牢中华民族共同体意识典型事迹得到广泛宣传。

二、广泛开展形式多样的融情活动。以“民族团结进步教育月”为重点，以传统节日为契机，开展形式多样的融情活动，组织全地区干部职工开展“看历史、看变化、游家乡，共叙成就话团结”活动，与亲戚深入了解塔城特有的优美风景，各民族交往交流交融的历史事实以及发展变化，教育引导结亲群众厚植爱党、爱国、爱社会主义情怀。紧扣农民丰收节、国庆节等节日节庆，积极组织广大干部职工与基层各族群众开展“同过一个节，欢乐一家人”“丰收节里话团结，美丽乡村促振兴”等融情联谊活动，共叙团结情谊、同庆共和国生日、开创美好生活，在喜庆安康、欢乐祥和的节日氛围中，喜迎党的二十大胜利召开。

三、助力乡村振兴为各族群众办实事。广大干部职工发挥好单位后盾作用，深化“我为群众办实事”实践活动，抓住农业生产关键节点，帮助亲戚春种、夏管、秋收及牧民牲畜转场、越冬饲草料储备等。注重发挥信息网络优势，积极主动帮助基层群众对接市场、运用电商平台，拓宽农户瓜果、蔬菜等农产品销售渠道，主动关注收集提供有利于发展生产、增加收入的各类信息，帮助他们厘清发展思路，寻找致富门路，拓宽增收渠道，解决实际问题，让各族群众共享改革发展成果、过上更加美好的生活。2022年，全地区干部职工为群众累计捐款72.4万元，捐物4.1万件，办实事好事6.9万余件。

四、充分发挥辽宁援疆的桥梁纽带作用。牢牢把握援疆的核心任务是凝聚人心、促进民族团结，着力创新载体推动援疆工作与文化润疆有机结合，努力以最深层次的文化认同促进民族团结和睦、铸牢稳定之基。“八共同八联谊”成为辽宁、塔城两地认可的民族团结方案，以多种方式开展结亲联谊活动。深入开展辽宁“六地”精神进新疆进兵团进塔城、“粽情八千里、辽塔心连心”端午节联谊、“非遗传万里、辽塔心连心”国家非遗日文艺活动，文化润疆“八合十润”专项行动，“童心守望、青春启航”少数民族小学生圆梦微心愿、辽宁地方戏曲进“一地两师”交流演出、辽宁人民艺术话剧院《北上》赴“一地两师”专程巡演、“喜迎二十大、颂歌献给党、共唱辽疆情”文艺汇演、“辽宁塔城一家亲、共圆足球强国梦”校园足球文化交流；“中医药文化润疆·新疆行”系列活动，辽宁中医药大学附属第二医院协作医院沙湾市中医医院挂牌。开启中医援疆新征程，辐射带动塔城地区各县市中医药和民族医药事业加快发展；“八千里路英雄情——一堂跨越时空的思政课”在中宣部新闻阅评刊发，在全国引发强烈反响；雷锋精神进新疆，“辽塔一家亲·蒙古族文化研习推广传承”和援疆干部守边防等系列活动，传承红色文化精神，引导各族干部群众增进“五个认同”，不断铸牢中华民族共同体意识。人民网、新华网、“学习强国”学习平台、凤凰网等20余家主流媒体相继报道。辽宁高职“组团式”支援塔城职业技术学院品牌效应不断扩大，持续深化教育教学改革，构建起现代教育体系，文化润疆成效明显。

（刘晓天）

2022年3月13日，乌苏市纪委监委驻南苑街道塔城路社区工作队和社区“两委”，组织社区干部和居民开展“手足相亲、守望相助”民族团结一家亲联谊活动。图为大家展示制作的美食（张国辉　摄）

大事记

1月

5日

塔城地区首届地方产品交易会在塔城市华宝国际农业会展中心开幕。交易会9日闭幕，地区累计签约项目114个，金额达34.13亿元。

12日

地区召开新疆塔城重点开发开放试验区政策解读暨专题辅导培训会，中国科学院特聘研究员方创琳授课。

15日

地区召开党史学习教育总结会议。

19日

地区召开“劳动创造美好生活”专场座谈会，来自地直单位的8位干部代表，讲述自己努力奋斗创造美好生活的亲身经历和身边各族干部群众的切身感受。

25日

国家民委命名第九批全国民族团结进步示范区示范单位，塔城地区、乌苏市、和布克赛尔蒙古自治县第一小学入选。

27日

2021—2022年自治区青少年系列锦标赛年度比赛结束，塔城地区获18枚金牌、15枚银牌、18枚铜牌。

28日

自治区党委书记马兴瑞在塔城地区调研。

30日

新疆首个家庭教育指导工作站在沙湾市成立。

2月

11日

和布克赛尔蒙古自治县被命名为“自治区优秀平安县（市、区）”，乌苏市西大沟镇、额敏县二道桥乡、乌苏市古尔图镇、额敏县也木勒牧场、沙湾市四道河子镇、塔城市也门勒乡被命名为“自治区优秀平安乡镇（街道）”。当日，自治区党委政法工作会议在乌鲁木齐召开。

14日

沙湾市大泉乡二道河子村村民库丽哈依夏·玛沙林和东湾镇卡子湾村村民张秋良，分别获得自治区孝老爱亲模范和诚实守信模范称号。当日，第七届自治区道德模范表彰大会在乌鲁木齐召开。

18日

地区科技招商引资推介会在辽宁省沈阳市举办。辽宁省科技厅与地区行署协同制定“十四五”科技援疆合作协议，地区科技局与辽宁省农业科学院科技服务部签订“十四五”科技援疆协议。塔城地区科技大市场与东北科技大市场签订科技大市场战略合作协议，并落实科技大市场援疆到位资金700万元，助推塔城科技工作开展。

28日

2021年塔城地区规模最大的一次考古发掘——托里县那仁苏引水工程涉及古墓葬发掘，发现墓葬类型多样、时空跨度大、文化内涵丰富，填补塔城区域考古工作诸多空白，为探讨准噶尔盆地西缘史前人群和文化变迁提供重要材料。

3月

1日

塔城地区2022年第一批重点项目集中开复工仪式在新疆塔城重点开发开放试验区先行发展区举行，各县市开复工仪式也在当地同步进行。

6日

托里县与英利能源（中国）有限公司就托里县光伏综合开发利用项目签订框架合作协议，签约金额140亿元。项目计划在托里县庙尔沟镇租用8万亩土地作为光伏发电新能源基地，建设3000兆瓦规模的光伏发电厂及其配套设施，项目分五年投资建设，每年建设约600兆瓦。

8日

地区举行2022年第一批招商引资项目集中签约仪式暨招商引资工作调度会，塔城地区2022年第一批招商引资签约项目33个，签约总金额149.95亿元。

10日

新疆塔城重点开发开放试验区先行发展区举行第三批重点项目集中开复工仪式。

13日

地委召开委员（扩大）会议，传达贯彻习近平总书记在全国两会上的重要讲话精神和全国两会精神，传达学习党中央相关文件及自治区党委相关会议、文件精神，安排部署经济发展、疫情防控、安全生产等重点工作。

18日

地区人大工委召开2022年第一次会议。

27日

地委召开委员（扩大）会议，传达贯彻习近平总书记对东航客机坠毁的重要指示精神，传达学习习近平总书记关于生态文明建设的重要论述摘编、中央第五生态环境保护督察组督察新疆维吾尔自治区和新疆生产建设兵团动员会议精神，传达学习全国政协主席汪洋在新疆调研时的讲话精神和自治区党委相关会议、文件精神，研究贯彻落实意见，听取地区相关工作汇报，并安排部署相关工作。

4月

9日

和布克赛尔蒙古自治县敖包特库热庙举行第十五世夏立宛活佛坐床典礼。经自治区人民政府批准、按照宗教仪轨、历史定制，和布克赛尔蒙古自治县和什托洛盖镇伊森托洛盖村6岁的蒙古族男孩巴·拉古文被认定为第十四世夏立宛活佛转世灵童。

11日

地区四套班子领导与地市机关干部职工在塔城市参加春季义务植树活动。

13日

塔城市消防救援大队联合塔城市杜别克街道党工委举行街道消防工作站挂牌仪式，这是全疆首个街道消防工作站。

18日

地区举行“驻外招商”出征仪式，首批19名驻点招商干部将分别派驻到北京、上海、宁波、深圳、沈阳5个驻点招商组，开展为期一年的招商引资工作。

22日

新疆老科协老年科技大学塔城地区分校和各县市教学点成立。老年科技大学地区分校和各县市教学点将依托自治区老科协老年科技大学师资、智力资源，定期开展线上教学，旨在让全地区老年人了解最新科技发展动态、学习最新保健养生知识、提高运用智慧技术的能力。

23日

地委召开委员（扩大）会议。会议传达学习习近平总书记在北京冬奥会冬残奥会总结表彰大会上、在海南考察时重要讲话精神等，传达学习《中国共产党政法工作条例》《中国共产党地方委员会工作条例》以及自治区相关文件精神，研究地区贯彻落实意见。

28日

地区召开庆祝五一国际劳动节暨劳动模范和先进工作者表彰大会，表彰地区各条战线上的46名劳动模范和34名先进工作者。

同日

国网新疆电力有限公司塔城供电公司裕民县供电公司小白杨供电所和新疆天鼎红花油有限公司冷压榨、冷精炼技术研究班组获全国工人先锋号，中国邮政集团有限公司塔城地区分公司快递员常亚斋获全国五一劳动奖章。

29日

地委召开民族工作会议，对全国、自治区民族团结进步示范区示范单位，自治区“民族团结一家亲”和民族团结联谊活动先进集体、先进个人进行授牌。

5月

10日

由石河子大学和兵团第九师农（畜）科所共同申报的塔额地区酿酒葡萄品种引进及风土适应性研究项目在兵团第九师一六八团落地。

14日

2022年，裕民县获901万元兴边富民项目资金，3个兴边富民行动项目（项目包括：投资281万元用于阿勒腾也木勒乡克孜布拉克村2.5千米村庄巷道提升改造；投资470万元用于裕民县产业园小麦粮库及相关配套设施建设；投资150万元用于江格斯乡阿克铁克切村集体改良褐牛）。

15日

以“花样裕民·富裕民间”为

主题的第十六届新疆塔城裕民山花节，在裕民县吐尔加辽草原开幕。

18日

塔城手风琴文化展馆被命名为首批新疆维吾尔自治区特色博物馆。当日，国际博物馆日新疆主会场活动在伊犁哈萨克自治州举办启动仪式。

20日

地区召开第六批辽宁省医疗人才“组团式”援疆工作总结表彰暨第七批“组团式”医疗援疆人才欢迎会，对20名援疆干部人才进行表彰。

25日

额敏县公安局被评为全国优秀公安局、额敏县看守所被评为全国优秀公安基层单位。额敏县公安局交通管理大队副大队长、警务技术二级主管丁永刚被评为全国优秀人民警察，塔城市公安局杜别克派出所二级警长孙慧被评为全国公安机关爱民模范。当日，全国公安系统英雄模范立功集体表彰大会在北京召开。

27日

行署召开2022年第一次全体会议。

6月

1日

新疆塔城重点开发开放试验区先行发展区塔城国际物流园铁路专用线项目举行开工奠基仪式。塔城国际物流园铁路专用线项目是2022年自治区重点项目，总投资7.04亿元，全线14.71千米，线路自克塔铁路塔城站西端牵出线引出，向西走行至塔城国际物流园设国际物流站，站内设一处集装箱堆场、一处站台和一座信号综合楼。

2日

行署召开地区落实第二轮中央环境保护督察反馈问题整改工作会议，会上通报第二轮中央环境保护督察反馈涉及塔城地区问题情况。

8日

地区召开草原生态保护视频调度会。

同日

地区404.29公顷补充耕地调剂指标在新疆公共资源交易网平台成功交易，交易金额2.441亿元，其中塔城市1.204亿元、沙湾市1.237亿元，占全疆交易总额的37.5%。

同日

巴克图口岸运载大型风机叶片的车辆顺利完成“吊装+甩挂”作业运往哈萨克斯坦，为推进哈萨克斯坦Abay风电项目建设提供保障。同时，口岸还出口果蔬类、百货类、电商类、设备及其他货物，带动经济增长。

11日

和布克赛尔蒙古自治县被新疆维吾尔自治区文学艺术界联合会和新疆民间文艺家协会授予自治区级“江格尔文艺之乡”称号。

11—12日

自治区党委副书记、自治区政府主席艾尔肯·吐尼亚孜在塔城地区调研。

14日

地区召开加强口岸疫情防控推进外贸经济稳增长工作会议。

16日

地区举行新疆塔城重点开发开放试验区招商推介会暨辽宁社会组织助力塔城“以商招商”战略合作签约仪式。

18日

地区出台推进经济稳增长一揽子政策措施，包括财政税收、金融支持实体经济和重大项目、保产业链供应链稳定、稳外贸稳外资等10个方面58项政策措施。

21日

由地委宣传部、地区工会办事处、地区文旅局等单位联合举办的“喜迎二十大　职工展风采”塔城地区第一届“职工杯”文体活动开幕式在塔城文化广场举行。

22日

辽宁省地方戏曲艺术团赴塔城地区开展交流演出活动。活动由辽宁省文化和旅游厅、塔城地区文化体育广播电视和旅游局主办，辽宁地方戏曲艺术团、地区歌舞团协办。

2022年6月11日，自治区级《江格尔》文艺之乡授牌仪式在和布克赛尔县江格尔宫举行
（阿·巴合提古丽　摄）

25日

地委书记魏建国会见中国工程院院士，中国建材集团总工程师、凯盛科技集团有限公司董事长彭寿一行，双方就持续深化项目合作进行深入交流。

26日

地委书记魏建国带领塔城党政代表团在乌鲁木齐市与新疆能源（集团）有限责任公司进行座谈，双方就进一步深化务实合作、助力新疆“一带一路”建设达成共识。

29日

在中国共产党成立101周年到来之际，地区领导走访慰问新中国成立前老党员、“光荣在党50年”老党员、生活困难农村“四老人员”，切实把以习近平同志为核心的党中央的关怀温暖送到广大党员的心坎上。

同日

由地委组织部牵头，与地委宣传部、地区商务局、地区工业和信息化局共同举办第四期领导干部推动经济高质量发展能力素质提升专题讲座。邀请新疆师范大学马克思主义学院党委书记、教授张峥，自治区商务厅招商处处长朱晟，自治区工信厅综合处处长潘志刚进行授课。

30日

地委召开委员（扩大）会议。会议传达学习习近平总书记在中央全面深化改革委员会第二十六次会议上的重要讲话精神、近期重大外交活动重要讲话重要主旨演讲重要致辞精神、给种粮大户的回信精神、湖北武汉考察时的重要讲话精神，传达学习了自治区旅游发展大会及相关文件精神，听取地区“三区三线”划定等相关工作进展情况汇报，安排部署相关工作。

同日

地区人大工委召开2022年第二次会议。

上半年

新疆塔城重点开发开放试验区签约项目138个，签约金额703.09亿元，落地开工建设项目89个，项目开工率达64.49%，到位资金61.94亿元。

上半年

地区累计接待游客697万人次，比上年增长26.1%；旅游收入44亿元，增长21.5%。

7月

1日

行署召开2022年第十三次专员办公会议，会议对《塔城地区关于加快先进装备制造业高质量发展的实施意见》《塔城地区纺织服装等劳动密集型产业高质量发展实施方案（2021—2025年）》等进行研究讨论。

2日

辽宁省人民艺术剧院大型原创话剧《北上》在塔尔巴哈台影剧院上演。

3日

地区第一届职业技能竞赛暨新疆维吾尔自治区第一届职业技能大赛塔城地区选拔赛开幕式在地区高级技工学校举行。

4日

地区召开安全生产暨防灾减灾救灾工作电视电话会议。会议传达学习了习近平总书记在中央政治局第十九次集体学习时的重要讲话精神，通报地区2022年1—6月生产安全事故情况，各县市负责人做安全生产工作汇报。

6日

新疆塔城重点开发开放试验区先行发展区闽商智能电子产业园举行开工奠基仪式。

7日

地委书记魏建国会见中煤集团新疆能源公司党委书记、执行董事丁家贵，双方就深化企地合作进行交流。

9日

塔城机场新开塔城—石河子往返航班。新增航线由华夏航空执飞，每周二、四、六执飞。

13日

由辽宁省文联和新疆塔城地区文联主办的“辽塔情缘——来自新疆塔城手风琴的故事”专场演出在沈阳上演。36名塔城民间艺人，3架手风琴伴奏，11个歌舞节目串联

2022年7月5日，演员在塔城市手风琴展览馆为游客表演节目

（《新疆日报》记者　汤永　摄）

2022年7月8日，村民在裕民县阿勒腾也木勒乡克孜布拉克村采摘红花

（《新疆日报》记者　汤永　摄）

的情景剧，讲述辽宁省援疆10年来发生在塔城的故事。

17日

地委召开委员（扩大）会议，传达学习习近平总书记2022年7月12—15日在新疆考察时的重要讲话精神，安排部署贯彻落实工作。

21日

裕民县获全国“新疆红花单花蜜蜜源基地”称号。

22日

自治区征地事务中心塔城工作站在地区国土资源规划研究院挂牌成立，这是全疆首个在地区级设立的工作站。工作站的设立，将为地区重大建设项目用地选址、征迁方案的拟定及征地报批资料的整理、报批工作提供政策指导和咨询服务。

23日

地委召开委员（扩大）会议，深入学习《习近平谈治国理政》第四卷部分篇目，传达学习习近平总书记视察新疆重要讲话重要指示、致全球重要农业文化遗产大会贺信、致世界青年发展论坛贺信和对机关事务工作重要指示暨全国机关事务工作先进集体先进个人表彰大会精神，传达学习自治区党委常委扩大会议、自治区干部大会、“丝绸之路经济带核心区—产业振兴创新发展”院士论坛及中国工程院“院士新疆行”恳谈会、自治区2022年上半年文化润疆工作推进会、加强基层治理体系和治理能力现代化建设工作会议精神等，听取地区上半年党风廉政建设和反腐败工作、组织工作、宣传思想工作开展情况汇报，研究审议相关文件，安排部署近期工作。

25日

2022“油画塔城”旅游文化艺术季之塔城地区首届“塔联杯”系列体育赛事在地区体育馆开幕。比赛为期20天，包括篮球、足球、羽毛球、游泳比赛。

27日

地区举办中国（塔城）自驾旅游产业发展大会暨第一届援疆共建文旅产业高峰论坛招待会。

同日

地区智慧交通服务中心落成，中心将打造智慧交通“一网通办”平台。

27—28日

2022年“中国有约”国际媒体主题采访团在额敏县（兵地、辽阳）工业园区、裕民县新地乡前进村、江格斯乡阿克铁克切村、塔城红楼博物馆等地，实地了解地区经济发展、文化事业、民族团结等。

28日

2022年中国（塔城）自驾旅游产业发展大会暨第一届援疆共建文旅产业高峰论坛在裕民县开幕。开幕式上，全国工商联旅游业商会会长吉小冬通过视频致辞，地委副书记、行署专员阿依丁·托留汗致辞，并宣布“中国（塔城）‘情定219·踏上爱的旅程’”百车自驾发车。

2022年7月22日，自治区征地事务中心塔城工作站正式在地区国土资源规划研究院挂牌成立，这是全疆首个在地区级设立的工作站　（王高升　摄）

同日

新疆能源集团塔城重点开发开放试验区“源网荷储”一体化项目一期开工。

29日

地区举办第五期地区领导干部推动经济高质量发展能力素质提升专题讲座暨“辽疆大讲堂”。邀请新疆师范大学中国语言文学学院教授夏国强、沈阳师范大学兼职教授于波分别就“传承中华优秀语言文化　铸牢中华民族共同体意识”“文旅融合背景下的旅游服务”进行讲解。

30日

地区召开巴克图中哈边民互市工作领导小组第一次会议。

同日

地区举办健康旅游大讲堂专题讲座。邀请新疆医科大学第一附属医院二级教授、主任医师、博士生导师姚华老师进行授课。

31日

“辽疆一家亲·辽塔一家人”援疆专列首发仪式在塔城火车站举行，第一批次塔城地区、兵团第八师、兵团第九师（一地两师）809名干部赴辽宁省学习培训。

8月

4日

裕民县第二中学薛世铭、沙湾市四道河子镇中心学校田金瑶、乌苏市第四中学曹伟祺获教育部第十五届宋庆龄奖学金。

同日

地区教育局与沈阳体育学院运动训练学院签约共建实习实训基地。根据地区教育局中小学体育教师师资需求和沈阳体育学院运动训练学院实习实训教师的需要，体育专业实习生实习延长到一学期，到塔城地区基层学校开展实习实训。

8日

地区新命名13家爱国主义教育基地，其中地直单位2家、县市单位11家。

9日

地委召开委员（扩大）会议，传达学习贯彻中央统战工作会议精神，传达学习贯彻习近平总书记在中共中央政治局第四十一次集体学习时的重要讲话精神，传达学习全国、自治区宣传部长电视电话会议精神和自治区党委常委会扩大会议、第八次归侨侨眷代表大会及相关文件精神，研究审议《塔城地区推动党史学习教育常态化长效化实施方案》等工作。

11日

地区在塔城丝路创新创业基地举办第七届“创客中国”新疆中小企业创新创业大赛。

13日

新疆交通建设投资控股有限公司首笔5.158亿元基础设施基金由中国农业发展银行新疆维吾尔自治区分行投放，用于支持塔城地区国道335线及农村公路PPP项目塔岔口—托里—巴克图口岸段建设项目。

25日

地区出台《塔城地区关于进一步加大对中小微企业和个体工商户助企纾困力度若干政策措施》，19条有效纾困政策措施应对疫情给市场主体发展带来的不利影响，帮助中小微企业和个体工商户渡过难关，促进地区经济稳定健康发展。

26日

行署召开2022年第十五次专员办公会议，研究讨论《关于进一步完善地区城镇职工、城乡居民基本医疗保障政策的通知》《塔城地区职工基本医疗保险门诊共济保障实施细则》等有关事项，安排部署相关工作。

30日

伊犁哈萨克自治州人民检察院塔城分院第二检察部主任李茜被授予全国“人民满意的公务员”称号。当日，全国“人民满意的公务员”和“人民满意的公务员集体”表彰大会在北京举行。

9月

13日

塔城巴克图口岸边民互市完成落地加工“整进整出”全疆首单测试，22.8吨进口葵花籽从塔城巴克图中哈边民互市贸易区驶出。

16日

自治区第十届少数民族传统体育运动会在博尔塔拉蒙古自治州全民健身中心·文化艺术中心大剧院闭幕。塔城地区代表团在运动会上获线上线下奖项36个。

同日

行署召开2022年第十六次专员办公会议。会议研究《塔城地区市场监管领域〈“两轻一免”清单〉适用规则》《塔城地区加快农村寄递物流体系建设工作方案》《塔城地区进一步加强草原禁牧和草畜平衡工作实施方案》等事宜，并就做好相关工作提出明确要求。

16—18日

由8家澳门特区葡英文媒体负责人和记者组成的媒体团先后在沙湾市柳毛湾镇皇渠新村、裕民县部分乡镇、新疆塔城重点开发开放试验区先行发展区、塔城市手风琴文化展示厅、塔城市“民族团结小院”等地，采访棉花种植采摘、乡村振兴、试验区建设、非遗保护、民族团结等。

30日

地区在额敏县玛依塔斯风区举行第三季度重大项目开工仪式暨国家电投塔城丁香变15万千瓦、铁列克提10万千瓦储能及配套100万千瓦风电项目、国家电投塔城120万千瓦风电配套氢制氨项目开工仪式。

10月

27—29日

自治区党委书记马兴瑞、自治区政府主席艾尔肯·吐尼亚孜分赴乌鲁木齐、吐鲁番、巴音郭楞、塔城、伊犁等地，看望慰问支援新疆有关省市医疗队；调研检查疫情防控措施落实和为民服务、保通保畅、农业生产等工作情况。

28日

和布克赛尔蒙古自治县委宣传部干部张益民、塔城地委讲师团干部张晓燕所作的宣讲报告《塔尔巴哈台的“石榴情”》被中宣部评为全国优秀理论宣讲报告。

11月

9日

《塔城日报》有10件作品获第三十二届（2021年度）新疆新闻奖，其中二等奖5个、三等奖5个。

18日

塔城巴克图中哈边民互市恢复运营，这是全疆首个恢复运营的边民互市贸易转型发展试点。

19日

中国（辽塔）—东北亚中亚国际经贸对接会在辽宁、塔城两地以视频连线形式召开。

同日

地区采用“线上为主，线上+线下”结合模式举行“特色产品采购暨辽塔品牌合作交流洽谈会”。会议进一步推动辽宁相关销售企业和电商平台与塔城相关县市精准对接，助力产品销售，为地区特色产品走出新疆构建新渠道。

29日

裕民县青少年校外活动中心入选2021—2025年度第一批全国科普教育基地。

同日

行署发布《塔城地区助企惠民纾困优惠政策公告》，出台13项助企惠民纾困优惠政策，促进地区经济稳定健康发展。

30日

10辆从巴克图口岸出境的二手汽车抵达哈萨克斯坦阿拉木图市。这是巴克图口岸首次出口过境二手汽车。

同日

《新疆塔城重点开发开放试验区条例》由新疆维吾尔自治区第十三届人民代表大会常务委员会第三十六次会议通过，并予以公布，自2023年1月1日起施行。

是月

截至11月30日，全地区实施乡村振兴建设项目311个，总投资12.5亿元，已完工265个。

12月

7日

塔城地区招商推介会暨辽宁塔城两地投资贸易洽谈会开幕。会议采取线上线下相结合的方式，在沈阳市和塔城市设主会场，塔城地区其他县市设分会场，部分专家、企业代表线上参会。

13日

地区召开生态文明建设和生态环境保护暨中央生态环境保护督察整改动员大会。

同日

乌苏市企业服务中心被工业和信息化部评为2022年度国家中小企业公共服务示范平台。

19日

地委书记魏建国会见航天投资控股有限公司党委书记、董事长韩树旺一行，双方就持续深化项目合作进行深入交流、达成共识。20日，地区与航天投资控股有限公司签订战略合作框架协议，“十四五”期间，双方将在7个领域开展深层次合作。

20日

自治区党委书记马兴瑞在塔城地区额敏县、托里县调研。

30日

乌苏市四棵树河吉尔格勒德水利枢纽工程通过下闸蓄水阶段验收，将择机下闸蓄水。

是月

和布克赛尔蒙古自治县新疆山羊繁育中心（赛尔绒山羊种羊场）入选2022年中国农技协科技小院，有效期3年。

是年

塔城地区12个行政村入选自治区2022年乡村振兴重点示范村（塔城市2个、额敏县2个、裕民县3个、乌苏市1个、沙湾市2个、托里县1个、和布克赛尔蒙古自治县1个）。

是年

塔城地区跨境电商出口实现零的突破，全年进出口货物量突破30万吨。

塔城综览

地情概览

【位置、面积】 塔城地区位于新疆维吾尔自治区西北部，伊犁哈萨克自治州中部，东西横距394千米，南北纵距437千米，总面积10.5万平方千米，其中山地面积7840平方千米，浅山丘陵面积31437.3平方千米，平原面积44757.3平方千米，沙漠面积11581.6平方千米。

塔城地区东与昌吉回族自治州、石河子市相接，南以依连哈比尔尕山和博罗科努山为界与巴音郭楞蒙古自治州和伊犁地区相邻，西南与博尔塔拉蒙古自治州相接，东北部与阿尔泰地区毗邻，西北部与哈萨克斯坦共和国接壤，边境线长540.6千米。

【沿革、区划】 塔城地区历史悠久。秦代，塔城地区辖境为呼揭人、塞人游牧之地。西汉前元四年（公元前176年），匈奴定楼兰、乌孙、呼揭及其旁国26国，今塔城地区辖区属匈奴地。西汉神爵二年（公元前60年），控制东部天山北麓的匈奴日逐王降汉，西汉统一西域，同年汉朝设立西域都护府统辖天山南北广大地区，今塔城地区境域隶属其管辖。这也标志着新疆正式纳入中国版图，成为中国神圣不可分割的一部分。东汉至魏晋时期，辖境为西域长史府所辖。南北朝时期，今塔城辖境为悦般、高车、突厥诸部落游牧之地，后为突厥汗国辖地。隋朝，为西突厥铁勒等部之地。唐显庆二年（657年），唐统一西域后，在今塔城地区境内设阴山州、匐延州、玄池州、盐泊州等都督府，这些都督府先隶安西大都护府下设的昆陵都护府，后隶北庭大都护府。唐天宝年间，在今塔城地区境内设有曹禄州（在今塔城市西）、火拨州（在今和布克赛尔县），并有青海军城（在今沙湾市）、叶河守捉（在今沙湾市）、黑水守捉（在今乌苏市）、东林守捉（在今乌苏市）等军事设置。

唐开成五年（840年）后，回鹘大规模西迁，其中一支迁往葱岭以西，今塔城地区为其控制。后辖境属喀喇汗国。两宋，今辖境属西辽，汉文史籍中出现也迷里（亦称叶密立，在今额敏县境）名称。至南宋嘉定十一年（1218年），成吉思汗派兵击灭乃蛮王子屈出律篡夺的西辽政权，今塔城地区辖境归蒙古汗国所统治。成吉思汗分封时，今辖境一带为窝阔台领地，汗府设在叶密立。蒙哥汗继位后，设别失八里行尚书省，塔城为其辖区。元至大二年（1309年），窝阔台后王察八儿弃地出逃，今辖境属察合台汗国，元至正六年（1346年）后归东察合台汗国。明代，塔城境域为瓦剌蒙古土尔扈特部的游牧地，明崇祯元年（1628年）土尔扈特部西迁后，塔尔巴哈台一带为准噶尔部牧地。明崇祯八年（1635年），准噶尔部首领巴图尔珲台吉建立准噶尔汗国，将其统治中心移至和布克赛尔，今塔城地区为汗国核心地带。

清乾隆二十年（1755年），清朝灭准噶尔汗国，统一天山南北。不久，阿睦尔撒纳发动叛乱，区境为其控制。乾隆二十二年（1757年），清朝平定阿睦尔撒纳叛乱，收复塔尔巴哈台。乾隆二十九年（1764年），在原伊克明阿特部游牧地设塔尔巴哈台参赞大臣，大臣府驻雅尔（今哈萨克斯坦共和国乌尔扎尔）。两年后，于塔尔巴哈台山阳之楚呼楚重建新城“绥靖城”。参赞大臣为塔城地区当时最高之军政长官，受伊犁将军节制。参赞大臣府下设领队大臣、协办大臣、管粮通判等衙署及印房、满汉办事公所、军台处办事公所、营务处办事公所、粮饷处办事公所、驼马处办事公所。设参赞大臣后，军府制与扎萨克制并行。参赞大臣着重于驻防巡守、稽查卡伦、屯垦戍边等军事管理，兼管通商事务。当地的生产赋税、诉讼等政务则通过朝廷册封的当地部落首领、王公贵族管理，参赞大臣履行节制监督之责。

清光绪十年（1884年），新疆建省，下设道府厅县以便治理。光绪十四年（1888年），裁塔尔巴哈台管粮通判，改置直隶厅（塔城厅）。直隶厅上隶于新疆省下设的伊塔道，同时节制于塔尔巴哈台参赞大臣。参赞大臣主管旗营及蒙古、哈萨克部落，直隶厅办理屯垦事宜。

民国元年（1912年），塔城地区建制沿袭清制。民国2年（1913年），塔尔巴哈台直隶厅改为塔城县，仍属伊塔道辖；库尔喀喇乌苏直隶厅改为乌苏县，属迪化道辖。民国4年（1915年），从玛纳斯县析置沙湾县，属迪化道辖；设和什托洛盖县佐。民国5年（1916年），裁撤塔尔巴哈台参赞大臣，设塔城道，原属迪化道的乌苏县、沙湾县改隶塔城道。当时，塔城道辖塔城、乌苏、沙湾3个县。民国7年（1918年），从塔城县析置额敏县。民国18年（1929年），改塔城道为塔城行政区，道尹公署改为行政长公署，农牧区实行千、百户长制。是年，改和什托洛盖县佐为和什托洛盖设治局。民国29年（1940年），设古尔班宗设治局于察汗托海（老裕民），后改为察汗托海设治局，隶属塔城县。民国31年（1942年），撤销古尔班宗设治局，成立裕民设治局；改和什托洛盖设治局为和丰设治局。民国31年（1942年），设置托里设治局，隶属额敏县。民国32年（1943年），塔城行政长公署改称新疆第五区行政督察专员公署。民国33年（1944年），和丰设治局升格为和丰县；裕民设置局升格为裕民县。当时，塔城区辖塔城、额敏、乌苏、沙湾、裕民、和丰6个县。民国35年（1946年）8月，新疆省联合政府成立，塔城专员公署称新疆省塔城专员公署。当时，塔城专员公署辖有塔城县、额敏县、乌苏县、沙湾县、裕民县、和丰县。民国38年（1949年），划额敏县第八、九、十区组成克烈半县，县城设在托里。

1949年10月，中华人民共和国成立后，原塔城专员公署经改组仍沿用前称。1950年4月，专区各县相继成立县人民政府；5月29日，塔城专员公署改为塔城区行政督察专员公署。1951年12月，塔城区行政督察专员公署更名为新疆省人民政府塔城专员公署，是省人民政府的派出机构。

1952年5月，托里县成立。1954年，改和丰县为和布克赛尔蒙古自治区（县级），翌年立自治县。1969年，经自治区革委会批准，成立塔城专区革命委员会。1971年，塔城专区革命委员会改称地区革命委员会。1975年，沙湾县划归石河子地区管辖。1976年，乌苏县改为乌苏中心县。1978年，沙湾县重新划归塔城地区；同年，乌苏中心县撤销，恢复乌苏县。1979年6月，塔城地区革命委员会更名为伊犁哈萨克自治州塔城地区行政公署。1984年11月17日，国务院批准改塔城县为塔城市。1990年至2022年年底，塔城地区辖塔城市、额敏县、乌苏市（1996年撤县建市）、沙湾市（2020年12月撤县建市）、托里县、裕民县、和布克赛尔蒙古自治县。2022年年末，全地区辖4个县3个市，33个乡、36个镇、8个街道办事处，662个行政村、90个社区居民委员会（详见第17页2022年塔城地区行政区划一览表）。

【地理环境】 塔城地区区域辽阔，地势南北高，东中部低，形似马鞍。西北部为西准噶尔山地，南部为北天山山地，而中东部属准噶尔盆地。北部的塔尔巴哈台山、巴尔鲁克山、萨吾尔山和南部的北天山中段依连哈比尔尕山。地域景观奇异、资源丰富，林密水激的山地占总面积的8.2%；牧草茂密、矿藏富饶的浅山丘陵占总面积的32.9%，光热充沛、物产丰盛的平原占总面积的46.8%，鱼鳞沙丘、雄浑壮观的沙漠占总面积的12.1%。塔城盆地气候宜人，库鲁斯台草原平坦开阔，铁厂沟、和布克谷地矿藏丰饶，天山北坡绿洲无限。地区地属中温带干旱和半干旱气候区，光照充沛，春秋冷暖波动大，夏季短暂、冬季漫长，塔城盆地降水稍多。

【自然资源】

土地资源　塔城地区土地总面积837.02万公顷，地域广阔，土地资源丰富。截至2022年，全地区有农用地773万公顷，其中耕地70.52万公顷、园地0.41万公顷、林地99.03万公顷、牧草地

599.09万公顷、湿地3.95万公顷，其他用地4.73万公顷；建设用地28.1万公顷。

森林资源 塔城地区森林分布山地、谷地、盆地、平原。山区天然林主要有雪岭云杉、西伯利亚落叶松、桦树、欧洲山杨、苦杨、沙棘、野巴旦杏、梭梭等。平原天然林主要有白梭梭、胡杨、柽柳、沙拐枣、准噶尔柳等。乌苏甘家湖国家级自然保护区分布的白梭梭是中国仅存的珍稀荒漠树种之一，生物价值极为珍贵，目前也是准原始状态下世界上面积最大、保存最完整的荒漠天然次生灌木林。人工林主要树种有杨树、榆树、沙枣、旱柳、胡杨、沙拐枣、沙棘等。绿化树种有夏橡、白蜡、复叶槭、榆树、樟子松、侧柏、心叶椴、黄金树等。全地区活立木总蓄积量1053.19万立方米，有林地面积195.13万公顷，灌木林地面积110.51万公顷，森林覆盖率12.68%。

水资源 塔城地区境内有额敏河、白杨河、和布克河、玛纳斯河、奎屯河五大水系，大小河流267条，为发展农业、畜牧业、林业提供优越条件。地区水资源总量53.17亿立方米（含兵团），地区实际控制地表水资源量24.9亿立方米，地下水可开采量7.13亿立方米。

动植物资源 塔城地区动植物资源种类繁多、品种独特，除有优良的牛、羊、马等家畜外，还有野生动物400余种，其中兽类80多种，鸟类200种，爬行类、两栖类、鱼类100余种。属国家重点保护野生动物有59种，其中国家一级保护动物有雪豹、金雕、大鸨等8种，国家二级保护动物有马鹿、棕熊、雪鸡、北山羊等51种。有野生植物106科565属1581种，其中药用植物主要有贝母、党参、肉苁蓉、当归、甘草等。裕民县巴尔鲁克山自然保护区分布的野巴旦杏林属第三世纪新生代孑遗的物种，属稀有珍贵古植物，在世界上被称为植物“活化石”。

矿产资源 塔城地区矿产资源储量大、矿种配套齐全，开发前景广阔。截至2022年年底已发现矿产10大类、73个矿种，已探明储量38种。金、铜、铁等蕴藏丰富。铬铁矿是塔城地区的优势矿产，储量居全国第三位。地区有非金属矿产42种，主要矿种为石盐、钾盐、膨润土、花岗岩、石英砂、蛇纹岩等。

新能源资源 塔城地区新能源资源富集，拥有新疆著名的两大风区（即老风口—玛依塔斯、禾角克—铁列克提），风区内平均风速6.5～9.35米/秒，年可利用小时数7500小时，是新疆风能资源最为丰富的地区之一。塔城地区太阳辐射北部区域高于南部区域，全年日照时间平均在2800～3000小时，为喜光作物生长提供了良好环境，且日照时数分布相对均匀，是全国太阳能辐射最多的地区之一。

旅游资源 塔城地区自然景观神奇独特，风景名胜面广点多。境内国家A级以上旅游景区68个，塔城市有红楼博物馆、塔城手风琴文化展厅、巴克图口岸等景点，裕民县有巴尔鲁克等景区，托里县有老风口生态旅游区、亚欧大陆地理内心等景区，额敏县有野果林、海航草原、也迷里古城遗址等景区，沙湾市有温泉、鹿角湾等景区，乌苏市有佛山国家森林公园、亚洲最大的活泥火山群等景区，和布克赛尔县有江格尔文化园景区、准噶尔古城遗址、松海湾等景区。境内有S101“天山地理画廊”、G217“中国最美”公路——独库公路、G219“千里画廊、边疆风情”三条旅游精品热线，是游客观光旅游的最佳去处之一。

【人口　民族】 塔城自古以来就是一个多民族聚居的地区，有汉族、哈萨克族、维吾尔族、回族、蒙古族、俄罗斯族、塔塔尔族、塔吉克族、乌孜别克族等29个常住民族。长期以来，各民族之间广泛交往交流交融，在共同抵御外侮、共建美好家园的历程中孕育形成守望相助、亲如一家的优良传统，已连续两届成功创建为“全国民族团结进步示范地区”，涌现出一批全国、自治区民族团结先进个人和典型，民族团结成为塔城的“金字招牌”。

经济社会发展

【经济运行情况】 2022年，面对严峻复杂的全球疫情和外部环境以及国内经济恢复发展中的矛盾问题，地区深入学习贯彻党的十九届历次全会和二十大精神，认真贯彻第三次中央新疆工作座谈会精神，立足新发展阶段，完整、准确、全面贯彻新发展理念，构建新发展格局，统筹疫情防控和经济社会发展、统筹发展和安全，扎实做好“六稳”工作，全面落实“六保”任务，牢牢把握新疆塔城重点开发开放试验区获批机遇，强力推动经济高质量发展，地区经济有序运行，主要经济指标稳中有进、稳中向好。

2022年，地区生产总值（GDP）877.47亿元，按可比价格计算，同比增长5.2%。其中第一产业增加值360.74亿元，同比增长

6.5%；第二产业增加值187.51亿元，同比下降8.1%；第三产业增加值329.22亿元，同比增长2.6%。三次产业结构为41.1：21.4：37.5。三次产业分别拉动经济增长2.6、1.5、1.1个百分点。

【农业】 2022年，地区农林牧渔业总产值359.54亿元，比上年增长5%。其中农业产值267.8亿元，增长5.9%；林业产值1.08亿元，增长3.6%；牧业产值80.83亿元，增长1.5%；渔业产值0.34亿元，下降51.3%；农林牧渔服务业产值9.49亿元，增长16.3%。

2022年，地区粮食产量257.72万吨，比上年增长4.4%。小麦产量36.11万吨，增长11.1%；玉米产量220.90万吨，增长3.6%。

2022年，地区棉花产量46.94万吨，比上年增长6.3%；油料产量1.93万吨，增长12.1%；甜菜产量30.15万吨，增长38.6%。

2022年，地区猪牛羊禽肉产量9.84万吨，比上年增长3.1%。其中羊肉产量4.3万吨，增长8.0%；牛肉产量4.04万吨，下降1.7%；猪肉产量1.2万吨，增长7.3%；禽肉产量0.3万吨，下降10.6%。禽蛋产量0.53万吨，下降25.1%。奶产量8.13万吨，增长0.2%。年末牲畜存栏402.29万头（只），增长5.2%。年内牲畜出栏276.48万头（只），下降1.0%。

【工业和建筑业】 2022年，地区工业增加值95.86亿元，比上年增长1.3%。其中：地方规模以上工业增加值增长3.7%。在地方规模以上工业中，分经济类型看，国有企业增长15.5%，股份制企业增长2.8%，外商及港澳台商投资企业下降0.7%。分工业门类看，采矿业增长8.4%，制造业下降3.8%，电力、热力、燃气及水生产和供应业增长7%。分轻重工业看，轻工业增长0.5%，重工业增长3.7%。

地方规模以上工业中，石油开采业增加值比上年增长6%，石油、煤炭及其他燃料加工业下降8.4%，电力、热力生产和供应业增长7.1%，化学纤维制造业下降10.5%，酒、饮料和精制茶制造业下降14.4%，煤炭开采业增长11.8%，有色金属冶炼和压延加工业下降7.7%，非金属矿物制品业下降9.8%，非金属矿采选业增长14.3%，食品制造业增长7.1%，专用设备制造业增长33.2%。

【服务业】 2022年，地区批发和零售业增加值13.74亿元，比上年下降3.9%；交通运输、仓储和邮政业增加值12.46亿元，增长6.1%；住宿和餐饮业增加值3.28亿元，下降13.9%；金融业增加值39.29亿元，增长7.6%；其他服务业增加值211.31亿元，增长1.8%。全年规模以上服务业企业营业收入比上年下降20.83%；利润总额下降705.6%。

年末地区公路通达里程13211.48千米，其中高速公路里程597.7千米，一级公路111.05千米，二级公路1537.53千米，三级公路1800.4千米，四级公路8304.06千米，等外公路860.74千米，全年改扩建公路175.41千米。

【固定资产投资】 2022年，地区全年固定资产投资（不含农户）比上年增长25.3%。其中，第一产业投资增长81.7%；第二产业投资增长43.5%；第三产业投资增长8%。民间投资增长30.9%。基础设施投资增长17.4%。六大高耗能行业投资增长112.1%。社会领域投资下降12.1%。

全年工业投资比上年增长43.5%，其中制造业投资增长62.8%，电力、热力、燃气及水的生产和供应业投资增长99.8%。

全年房地产开发投资比上年增长38.9%，其中住宅投资增长30.4%，商业营业用房投资4.7亿元，增长85.8%。商品房销售面积38.7万平方米，增长52.6%。商品房销售额16.3亿元，增长50%。

【对外贸易】 2022年，地区完成外贸进出口总额20.03亿美元，同比增长190%。其中进口0.28亿美元，增长371.7%；出口19.75亿美元，增长48.6%。货物进出口顺差（出口减进口）19.47亿美元。

【重点项目】 2022年，地区扎实推动交通、能源、水利等一批重点项目，120个重点项目已开复工76个，开复工率63%，完成投资92亿元。综合交通方面，塔城至阿拉山口铁路项目预可研评估意见已取得；国际物流园铁路专用线项目已获自治区核准批复；国网能源和丰沙吉海煤矿铁路专用线已上报自治区核准批复。完善电网网架结构，开工建设塔城（和什托洛盖）—乌苏750千伏输电线；塔额750千伏输变电工程已纳入自治区“十四五”电网发展规划，项目建议书已经国家电规总院审查；通古特（陆东）220千伏输变电、和丰光伏和托里老风口风电升压汇集站220千伏送出工程等项目正在加快建设，112项农网巩固提升工程即将完工，全地区供电能力及可靠性全面提升。水利基础设施建设，新疆塔城重点开发开放试验区核心区生态修复工程规划报告编制和招标前期准备工作已开展，库鲁斯台草原生态修复工程、额敏县喀拉也木勒水库、塔城市锡伯图水库、托里县柳树沟水库正在加快建设，裕民县切格尔水库可行性研究已获批复，沙湾市大南沟水库工程可研已编制完成。

2022年塔城地区行政区划一览表

表1

市县	所辖镇、乡、街道办事处
塔城市	街道办事处：杜别克、和平、新城 镇：二工镇、恰夏镇、博孜达克镇 乡：阿西尔达斡尔民族乡、阿不都拉乡、喀拉哈巴克乡、也门勒乡
额敏县	镇：额敏镇、玉什喀拉苏镇、杰勒阿孬什镇、上户镇、玛热勒苏镇、喀拉也木勒镇 乡：郊区乡、二道桥乡、喇嘛昭乡、额玛勒郭楞蒙古民族乡、霍吉尔特蒙古民族乡
乌苏市	街道办事处：新市区、南苑、西城区、虹桥、奎河 镇：哈图布呼镇、白杨沟镇、皇宫镇、车排子镇、古尔图镇、甘河子镇、百泉镇、西湖镇、四棵树镇、西大沟镇 乡：八十四户乡、九间楼乡、夹河子乡、头台乡、石桥乡、吉尔格勒特郭楞蒙古民族乡、塔布勒合特蒙古民族乡
沙湾市	镇：三道河子镇、安集海镇、乌兰乌苏镇、四道河子镇、东湾镇、西戈壁镇、老沙湾镇、柳毛湾镇、金沟河镇 乡：大泉乡、博尔通古乡、商户地乡
托里县	镇：托里镇、铁厂沟镇、庙尔沟镇、哈图镇 乡：多拉特乡、阿克别里斗乡、库甫乡、乌雪特乡
裕民县	镇：吉也克镇、哈拉布拉镇 乡：哈拉布拉乡、新地乡、阿勒腾也木勒乡、江克斯乡
和布克赛尔蒙古自治县	镇：和布克赛尔镇、和什托洛盖镇 乡：夏孜盖乡、铁布肯乌散乡、查干库勒乡、巴音敖包乡、莫特格乡、查和特乡

中共塔城地区委员会

【地委书记、副书记、地委委员】

书　记：

魏建国

地委副书记：

阿依丁·托留汗（哈萨克族）

王庆东（辽宁援疆前方指挥部总指挥，厅长级，5月离任）

赵曦峰（7月任职）

朱　钢（7月离任）

李　勇（辽宁援疆前方指挥部总指挥，5月任职）

地委委员：

付政辉

李　旭（兵团第九师党委书记、政委，8月离任）

王革新（兵团第九师党委书记、政委，2022年8月任，2023年9月开除党籍和公职）

赵曦峰（4月任委员，7月任副书记）

李　勇（援疆干部，5月任副书记）

张耀华（4月离任）

薛桂强

杨　柳（宣传部部长）

赵翠芳（纪委书记、监察委员会主任，女）

柯　旭（政法委书记）

张立东（12月离任）

木合塔尔·卡里木别克（哈萨克族）

迟国君（组织部部长）

加尔肯·江布尔拜（统战部部长，哈萨克族）

毕　海（7月任）

王东升（12月任）

重要会议

【党史学习教育总结会议】 1月15日召开，地委书记魏建国，自治区党委党史学习教育第二巡回指导组副组长吴威等领导出席会议并讲话。会议强调，坚持学思用贯通、知信行统一，将党史学习教育成果进一步深化。通过党史学习教育，全地区广大党员干部“四个意识”进一步强化，为社会大局持续稳定长期稳定提供政治基础；干净忠诚担当政治品格进一步强化，为保持良好政治生态提供思想保障；责任意识实干精神进一步强化，为高质量发展开创新局提供精神动力；为民服务意识进一步强化，为党群干群关系更加密切提供机制支撑。

【地区宣传部长会议】 3月1日召开，会议总结2021年宣传思想文化工作，安排部署2022年工作。会议要求，要高举思想旗帜，深入实施思想理论培根工程，增强宣传普及吸引力感染力，推动研究阐释提质增效；要持续壮大主流思想舆论，精心组织开展爱国主义教育宣传引导，推进地区媒体融合发展；要坚持学史崇德，建立常态化长效化制度机制，大力弘扬伟大建党精神，深化“四史”宣传教育，唱响爱党爱国爱社会主义的时代主旋律；要坚持人民至上，积极探索开展文化润疆工程，弘扬中华优秀传统文化，加强文艺精品创作，推动文化产业高质量发展。要讲好塔城故事，深入实施对外宣传发力工程，加大正面宣传力度，加强国际传播能力建设；要坚持从严从实，深入实施干部素质提升工程，增强“四力”教育实践，奋力开创地区宣传思想文化工作新局面，以实际行动迎接党的二十大胜利召开。

【地区全面推行河湖长制领导小组会议】 3月3日召开，会议总结2021年地区全面推行河湖长制工作，安排部署2022年重点任务，切实推进河湖长制工作向纵深发展，努力建设天蓝、地绿、水清的大美塔城。会议强调，要分类施策、健全机制，全面提高水资源高效利用水平。坚持原则，把水资源作为最大的刚性约束；多措并举，夯实水资源管理的工作基础；稳妥推进，高质量完成退地减水目标任务。会议强调，要突出重点、治建并举，持续推动生态环境整体向好。综合施策，深入开展生态廊道恢复治理保护工作；把握难点，着力做好重点水利工程建设和维护；加强协调，有效促进水生态良性循环利用；要依法精准、科学管理，努力建设造福人民的幸福河湖。严格依法治理，切实加强水域岸线空间管理；突出源头管理，深入开展涉河湖“四乱”清理整治工作；强化系统治理，持续推进水环境治理和水污染防治。

【地区全面推行林长制领导小组会议】 3月3日召开，会议强调，要以全面推行林长制为抓手，加快推进林草高质量发展，做好“增绿”文章，拓展绿意空间，在提高森林覆盖率和草原综合植被盖度上下功夫，千方百计保“存量”，想方设法扩“增量”，毫不松懈遏“减量”；做好“用绿”文章，培植绿色产业，在提高森林草原资源的综合效益上下功夫，推进林果产业提质增效，大力发展生态旅游产业，推动林业产业融合发展；做好“护绿”文章，强化资源保护，在推动林草治理体系和治理能力现代化上下功夫，严格林地草地用途管制，大力实施科技强林强草，建立完备林草资源综合监测体系。会议要求，要健全工作体系和工作机制，切实把林长制抓实抓好抓出成效。健全责任落实机制，发挥各自职能作用，形成合力，各级林长切实承担起“当好一方林长、护好一方林草、造福一方百姓”的政治责任；健全督查考核机制，用好考核指挥棒，推动林长制不断走深走实；健全源头管理机制，切实打通落实林长制的“最后一公里”；健全公众参与机制，加强舆论宣传工作，完善信息发布平台，在全地区形成知晓林长制、支持林长制和合力推动林长制的浓厚氛围。

【地区优化营商环境工作会议】 3月15日召开，会议通报自治区营商环境评价情况，安排部署地区优化营商环境相关工作。会议强调，各县市、各部门要认清当前形势、提高政治站位，进一步增强优化营商环境工作的责任感和使命感。要敢于直面问题和矛盾，形成思想共识，把优化提升营商环境作为经济发展的生命线，一项一项抓好落实，努力做到服务客商“零距离”、办事效率“零延误”、项目入驻“零障碍”、生产经营“零干扰”。会议指出，要紧盯目标任务，聚焦关键环节，全力推动营商环境持续优化提升。要持续营造规范公正的法治环境，不断优化规范高效的行政审批流程，全力营造竞争有序的市场发展环境，健全完善便民利民的政务服务体系，切实打通惠企惠民政策落地的“最后一公里”，扎实有序推进招投标领域改革，全面提升“联审联办”的质量和效率。会议要求，要加强组织领导，建立长效机制，努力形成优化提升营商环境的合力；要进一步完善营商环境评价指标体系，科学评估政府效能、政府服务、企业负担等要素状况，促进营商环境持续优化；要广泛宣传优化提升营商环境的新思路、新举措和新成效，营造不断优化营商环境的浓厚氛围；要加强督查考核，促进工作落实，服务推动地区经济社会高质量发展，以优异成绩迎接党的二十大胜利召开。

【地委农村工作会议】 3月17日召开，会议要求，要稳字当头、稳中求进，奋力推动地区“三农”工作高质量发展。粮食生产要稳面积提产能，落实最严格的耕地保护制度，加大高标准农田建设，大力培育发展现代种业；要打造一、二、三产融合发展的全产业链，明确产业发展布局，打造农业全产业链和畜牧业全产业链，大力发展乡村旅游业；要持续巩固拓展脱贫攻坚成果同乡村振兴有效衔接，做好防止返贫动态监测和帮扶，促进脱贫人口持续增收，全力推进乡村振兴示范创建；要夯实农业农村发展基础，加快水源工程建设，加快农业机械化高质量发展，强化乡村人才培养，大力推进数字乡村建设，完善农业支持保护制度；要实施乡村建设行动，加快农村基础设施建设，推进农村厕所革命，抓好农村人居环境整治，提升农村基本公共服务水平；要加强农村生态文明建设，严守生态保护红线底线，深入实施重点生态保护工程，推进农业绿色发展，加强农产品质量和食品安全监管力度；要抓好农村改革重点任务落实，深化农村产权制度改革，推进现代农业经营体系建设，稳慎推进农村宅基地改革，统筹推进农村其他改革；要不断推进乡村治理体系和治理能力现代化，全面加强农村基层党组织建设，突出实效改进乡村治理，坚持抓党建促乡村振兴。

【地区“访惠聚”驻村工作会议】 3月23日召开，会议强调，要深入领会、准确把握自治区“访惠聚”驻村工作会议精神，对标对表、不折不扣抓好落实。要坚定不移建强基层组织，完善选育措施，提升帮带实效，厘清工作职责；要坚定不移推进强村富民，巩固拓展脱贫攻坚成果，因地制宜发展乡村产业，坚定坚决落实重点工作；要坚定不移提升治理水平，提高发现解决问题的能力，坚持“一核引领、多元共治”，发动各族群众广泛参与；要坚定不移为民办事服务，着力解决实际问题，增强思想引导实效，顺应群众服务需求，推动“访惠聚”驻村工作再创新佳绩。

【地区组织部长、老干部局长、编办主任会议】 3月23日召开，会议强调，要以做好出席党的二十大代表选举相关工作、加强党的创新理论武装、提高干部队伍专业化能力、抓党建引领基层治理、优化人才发展环境为重点，着力推动组织工作高质量发展，以优异成绩迎接党的二十大胜利召开。会议要求，要坚持不懈强化党的政治建设，精心做好迎接党的二十大胜利召开和大会精神的学习贯彻，持续深化新时代党的创新理论武装和各级领导班子思想政治建设；持续加强领导班子和干部队伍建设，落实领导班子配备结构要求，抓好干部教育培训，健全知事识人体系；突出建强村党组织带头人队伍，提升党建引领城市基层治理效能，增强新兴领域党组织覆盖质效，统筹机关、国企和学校党建工作，提升党员队伍素质；优化党管人才工作格局，深化人才体制机制改革，做好干部人才援疆工作；用心用情做好老干部工作；依法依规做好机构编制工作。

【地区人才工作领导小组会议】 4月26日召开，会议传达学习中央人才工作会议特别是习近平总书记重要讲话精神，落实自治区党委人才工作会议部署要求，审议相关文件，安排部署地区人才工作。会议强调，要明确重点任务，全方位引进培养用好人才，实施“引、育、用、留”四大工程；要通过柔性引进等方式，多措并举引进急需紧缺人才；要科学统筹持续用力抓好现有人才培育提升，结合地区实际，有针对性地培养能够助力招商引资、项目建设、乡村振兴等领域专业人才；要采取切实管用的方式把人才活力激发出来、积极性调动起来、作用发挥出来；要优化人才发展环境，协调解决好人才学习、工作、生活中的困难，用优质的服务营造拴心留人的深厚氛围。会议要求，牢固树立“抓发展必须抓人才、抓人才就是抓发展”的理念，强化组织领导，为做好新时代人才工作提供坚强保障；要全面加强党对人才工作的领导，保证人才工作的正确方向；要把人才工作纳入经济发展的总体布局，以抓第一要务的力度抓第一资源；要注重整合资源形成人才工作合力，共同抓好人才工作各项部署落实到位，在全社会推动形成尊重人才的风尚，为做好地区人才工作提供坚强保证。

【中共塔城地委扩大会议】 5月26日召开，地委扩大会议的主要任务是，以习近平新时代中国特色社会主义思想为指导，深入学习贯彻习近平法治思想，学习贯彻习近平总书记关于新疆工作的重要讲话重要指示精神，完整准确贯彻新时代党的治疆方略，牢牢抓住新疆工作总目标，依法治疆、团结稳疆、文化润疆、富民兴疆、长期建疆，按照自治区党委十届三次全会安排部署，统筹疫情防控和经济社会发展，统筹发展和安全，全面推进法治塔城建设，扎实推进治理体系和治理能力现代化，紧紧抓住新疆塔城重点开发开放试验区建设历史机遇，奋力推进社会稳定和长治久安，努力营造平稳健康的经济环境、国泰民安的社会环境、风清气正的政治环境，以实际行动迎接党的二十大胜利召开。

【地区疫情防控工作专题会议】 8月8日召开，会议要求，要深入贯彻落实习近平总书记关于疫情防控重要讲话重要指示精神，坚决贯彻落实党中央疫情防控工作的决策部署和自治区党委工作要求，按照国务院联防联控机制和《新型冠状病毒肺炎防控方案（第九版）》要求，绷紧疫情防控思想之弦、扎牢外防输入安全网。

【地委统战工作会议】 12月10日召开，会议强调，要提高站位、学深悟透，切实增强做好新时代党的统一战线工作的责任感、紧迫感和使命感，切实用党的科学理论武装头脑、指导实践、推动工作。要准确理解把握习近平总书记关于加强和改进新时代党的统一战线工作的重要思想，切实把党的创新理论转化为推动统一战线事业高质量发展的思想共识和行动自觉。要准确理解把握统一战线的重要法宝作用，为促进地区经济发展、社会进步积极贡献力量。要准确理解把握统一战线工作的本质要求，努力形成牢不可破的真团结，为经济快速发展和社会长期稳定打牢坚实基础。会议要求，要明确任务、强化落实，努力开创新时代地区统战工作新局面，扎实推进地区统战工作高质量发展。要以铸牢中华民族共同体意识为主线，不断擦亮民族团结“金字招牌”，持续加强铸牢中华民族共同体意识研究阐释和宣传教育，深入推动各民族广泛交往、全面交流、深度交融，推进民族团结进步创建和铸牢中华民族共同体意识示范创建工作，全面贯彻党的民族政策，坚定坚决地维护祖国统一、民族团结、社会稳定。促进宗教和谐和睦和顺，着力建好“三支队伍”，强化宗教事务服务管理，依法保障信教群众正常宗教需求和合法宗教活动。要防范化解统一战线领域重大风险隐患，维护统战领域和谐稳定，教育引导各族干部群众继承和发扬爱国主义传统，坚决防止各类风险叠加。要坚持走好网络群众路线，提高网络统战工作能力，通过网络实现统战工作的广泛覆盖。要统筹推进统战其他领域工作，为地区改革发展稳定凝心聚力，加强海外统战和侨务工作，充分发挥党外知识分子和新的社会阶层人士积极作用，深化民营经济统战工作，为地区经济社会高质量发展贡献力量。

重要活动

【上级领导调研】 1月28日，自治区党委书记马兴瑞到塔城地区看望慰问基层干部群众和边防官兵，就深入贯彻习近平总书记关于新疆工作重要讲话重要指示精神，完整准确贯彻新时代党的治疆方略，守边护边兴边富民、巩固发展民族团结、提升对外开放层次水平等进行调研。

6月7—9日，自治区人大常委会党组成员、副主任托乎提·亚克夫带队对塔城地区贯彻落实《新疆维吾尔自治区民族团结进步模范区创建条例》执行情况开展专项执法检查。执法检查组实地察看塔城市、裕民县、额敏县部分机关、企业、社区、村（队）、学校等，通过听取汇报、实地考察、查阅资料、入户走访、联络基层人大代表进行座谈等形式，详细了解地区贯彻落实条例情况。

6月11—12日，自治区党委副书记、自治区政府主席艾尔肯·吐尼亚孜到塔城地区，就新疆塔城重点开发开放试验区建设、农牧业现代化、口岸通关及疫情防控、生态环境保护、文化旅游产业发展等进行调研。

7月18日，国务院教育督导委员会委员、中国残联党组成员、副理事长程凯在塔城地区调研残疾人工作。

12月20日，自治区党委书记马兴瑞到塔城地区额敏县、托里县就全面贯彻落实党的二十大精神，推动中央经济工作会议各项部署落实落地，深入调研县域特色产业发展、基层组织建设、乡村振兴、生态保护等工作。强调，要进一步把思想和行动统一到党中央决策部署上来，聚焦完整准确贯彻新时代党的治疆方略，找准定位方向，发挥比较优势，培育壮大特色优势产业，推动县域经济高质量发展，更多更好惠及民生、凝聚人心。

【外省市区领导在地区考察调研】

7月4—5日，辽宁省锦州市委书记靳国卫率党政代表团在塔城地区考察调研对口援疆工作，看望援疆干部人才。

8月4日，辽宁省营口市委书记李强率党政代表团在塔城地区考察对接对口支援工作，并就深化对口支援工作进行座谈交流。

【地委主要领导调研】 1月2日，地委书记魏建国在巴克图口岸、新疆塔城重点开发开放试验区先行发展区和塔城市调研。

7月31日，地委书记魏建国到地区新冠疫情防控工作指挥部调研，看望指挥部干部职工，听取各县市疫情防控工作汇报，详细了解防控措施的落实情况。

11月7日，地委书记魏建国在托里县、额敏县等地调研，先后到托里县公安局达尔布特检查站和额敏县疫情防控指挥部等地，详细了解党的二十大精神学习宣传贯彻情况，查看疫情防控重点工作落实情况，现场指导解决困难问题，看望慰问一线防疫人员。

重要文件

【决定】 2022年，塔城地委作出的决定（部分）：

1月20日，中共塔城地区委员会、塔城地区行政公署印发关于表彰塔城地区劳动模范和先进工作者的决定。

12月31日，中共塔城地区委员会关于撤销中国共产党塔城日报社委员会、中国共产党塔城地区广播电视台党组设立中国共产党塔城地区融媒体中心委员会的通知。

【意见】 2022年，塔城地委印发的意见（部分）：

5月7日，中共塔城地区委员会、塔城地区行政公署印发《塔城地区贯彻落实〈自治区贯彻落实《法治政府建设实施纲要（2021—2025）》实施方案〉的任务分工方案》的通知。

8月18日，中共塔城地区委员会、塔城地区行政公署印发塔城地区关于落实《自治区关于深入打好污染防治攻坚战的实施方案》的措施的通知。

9月7日，中共塔城地区委员会、塔城地区行政公署印发关于深化改革完善体系加快国有企业高质量发展的实施意见。

【通知】 2022年，塔城地委办公室发出的通知（部分）：

1月24日，塔城地委办公室、地区行政公署办公室印发《塔城地区“畜牧业行动”实施意见》的通知。

3月22日，塔城地委办公室、地区行政公署办公室印发《塔城地区驻点招商工作实施方案》的通知。

10月9日，塔城地委办公室印发《塔城地区推动党史学习教育常态化长效化实施方案》的通知。

12月13日，塔城地委办公室印发《塔城地区关于进一步加强党建带妇建工作实施意见》的通知。

组织工作

【党组织和党员队伍】 2022年，塔城地区有33个乡、36个镇、8个街道、5个农牧场，662个行政村、90个社区、133个农牧业队。在行政村设立党组织662个，其中党委6个、党总支86个、党支部570个；在农牧业队设立党支部133个。有农牧民党员26360名、居民党员47574名。创建“五个好”标准化规范化党支部456个。

【二十大代表推选及学习活动】 2022年，地委组织部严格按程序组织3321个基层党支部、6.9万名党员全员参与党的二十大代表人选推荐工作，地区二人当选党的二十大代表，相关经验做法被中组部采用。以“喜迎二十大、奋进新征程”、“学思践悟二十大、踔厉奋发新征程”、“奋进新征程、建功新时代、庆祝中国共产党成立101周年”等为主题，组织开展红色观影月、红色经典诵读、党建知识竞赛、基层党员“对党忠诚”培训等系列活动，广大党员干部受到深刻的政治洗礼和思想淬炼，极大激发新时代担当作为的奋斗豪情。组织拍摄制作15部党建展播视频，点击观看量达25万人次，其中“习近平总书记视察新疆重要讲话重要指示精神反响”等视频，受到自治区党委组织部充分肯定。

【党的创新理论学习】 2022年，地委组织部坚持把学习宣传贯彻党的二十大精神作为头等大事和重大政治任务，开展领导干部专题培训、党员干部集中轮训、基层干部主题培训行动，多种形式宣传教育党员群众，迅速兴起学习宣传贯彻热潮。突出强基固本，强化政治忠诚教育，完成党的十九届六中全会精神和自治区第十次党代会精神教育培训，分级分类专题培训各级党员干部7300余人次。依托党员（远程）教育站点，组织开展“直播大讲堂”10期，培训4万余人次，组织广大基层党员干部参加新疆“党员教育大讲堂”活动7期，参训人员近5万人次。深化拓展“万名党员进党校、万名党员讲党课、万名党员进万家”活动载体，组织3.2万余名党员干部深入居民小区、田间地头，宣讲党的二十大精神，受教育党员群众达300万人次。在全疆率先组织基层一线党的二十大代表，采取“线上+线下”相结合的方式，开展覆盖全疆网络直宣讲活动，在线点赞、评论数达70.5万人次，得到自治区党委组织部高度认可。

【基层组织建设】 2022年，地委组织部始终把新时代党的治疆方略铭刻于心、扛在肩上，持续用力抓

2022年7月10日，裕民县文化体育广播电视和旅游局、县融媒体中心驻哈拉布拉乡加勒帕克塔勒村工作队深入牧区宣讲党的二十大精神（地委组织部　提供）

基层、打基础、固根基，全面做好事关长治久安的根本性、基础性、长远性工作。深化地县乡领导干部“三级示范引领”工程，充分发挥地委党建工作领导小组、地区加强基层治理议事协调机制成员单位作用，全面开展各领域党组织书记抓基层党建述职评议考核，健全完善地、县、乡、村四级责任体系，常态化运用书记领办项目、“互学互促”“要情直通车”基层党员干部“直播大讲堂”机制，推动基层组织建设各项任务落地见效。坚持把骨干队伍建设作为系统工程来抓，实施基层干部优化提升行动，开展村支书乡村振兴“擂台比武”活动，借助对口援疆省市培训资源培训基层干部26期、1538人次，推进1076名村干部能力素质和学历双提升。全面推进城乡社区工作者职业体系建设，转聘社区工作者729人。严格党员发展和教育管理，全年发展党员2200名。建立健全多元化经费保障机制，汇编壮大村集体经济典型案例，建立项目实名数据库，争取1200万元扶持资金，重点扶持24个薄弱村。整合各方资金，实施基层阵地建设项目44个。选树28个基层阵地提级指导开展“石榴籽服务站”建设，基层基础保障水平逐步提升。探索实施牧区治理“六个跟进”、边境党建“三联三共”、国家通用语言学习“五个抓好”、城市党建“一书四单”联席会议管理机制，出台《助推两新组织“强党建促发展”联合服务行动的若干措施》，建立两新组织党建“轮值”、产业联盟、“七进七送”、民营企业评议营商环境等机制，推动党的政治功能和组织功能在各领域深耕厚植、拓展延伸，在维护稳定、疫情防控、安全生产、乡村振兴的主战场上发挥作用、彰显担当。

【干部队伍建设】 2022年，地委组织部持续优化培养、选拔、管理、使用等各环节工作，建设堪当民族复兴重任的高素质干部队伍。统筹用好各类教育培训资源，举办“领导干部推动经济高质量发展能力素质提升专题讲座”6期，邀请26名国家部委、自治区厅局、高校及援疆省市干部人才到塔城专题授课，选派200余名关键岗位干部到中央、自治区参加相关培训，协调开通全国首列援疆干部教育培训专列，“请进来”“走出去”解放思想、提升能力。抽调122名干部参与疫情防控、巡视巡察等工作，确定5个团队、选派19名干部赴北京、上海等发达省市开展驻外招商，推荐选派7名县级干部到中央企业、其他发达省市、中央驻疆企业及县市挂职，在具体工作实践中提升素质、增强本领。坚持个体强整体优、结构服从功能，坚持优者上、庸者下、劣者汰，先后为地区经济部门、国有企业领导班子配备专业干部29名，提拔45岁以下正县级干部5名、40岁以下副县级干部12名，督促指导各县市、地直部门（单位）提拔使用35岁以下正科级干部46名、30岁以下副科级干部39名，配备35岁以下乡镇党政正职25名，领导班子年龄、经历、来源结构持续优化，领导班子和干部队伍干事创业活力极大激发。严格落实干部管理监督要求，突出政治监督、选任监督、日常管理监督，管好关键人、管到关键处、管在关键事，全面从严治党、从严治吏各项要求步步深入，各级党组织管党治党的意识和能力不断增强。

【公务员队伍管理】 2022年，地委组织部健全公务员录用考察、初任培训等制度12项，绘制公务员调任、干部晋升、考核、退休等16个流程图，逐步构建系统完备、科学规范、运行有效的制度体系。优化工作流程，印发《地直机关事业单位工作人员调动暂行办法》，推行“121”调配机制，大幅缩减干部调动审批时间，干部满意度显著提升。建立公务员职级职数周转制度，将空余职数的40%作为周转职数，补充给职数少、晋升难、拥堵严重的单位使用，有效化解“有职不用”和“无职可用”的矛盾。组织推荐全国暨自治区“人民满意的公务员”个人及集体评选表彰对象10个，1人获全国“人民满意的公务员”称号，自治区表彰对象集体3个、个人6名。

【人才援疆工作】 2022年，地委组织部坚持党管人才原则，压实“一把手”抓人才“第一资源”的主体责任，落实党委联系服务专家和各级领导干部直接联系专家制度，强化政治吸纳，推选607名优秀专业技术人才为“两代表一委员”，帮助解决人才实际困难500余个。围绕自治区重大人才项目，结合塔城重点开发开放试验区建设和地区经济社会发展需求，调整人才发展“十四五”规划和重点产业领域人才开发目录，编制2022—2023年重点人才项目15个。制定出台《塔城地区急需紧缺人才引进实施办法（试行）》等7项管理办法、“23条人才新政”，建立高层次人才专项“编制池”，做到“随引随办”“特事特办”，组织召开“疆来·职等你”大型线上招聘会，吸引各方人才来塔城干事创业。持续放大援疆工作的“输血”“造血”功能，深入开展“十引领、十助力”“传帮带”等活动，医疗人才、教育人才“组团式”援疆和农业“小组团”援疆工作，采取“一帮一、一带多”和“援疆人才+课题”等多种方式，帮带本地专业技术人才251人，填补本地医疗技术空白23项，完善“组团式”教育工作制度23项，解决“卡脖子”技术难题15项。制作《筑梦塔城 引凤来栖》人才专题宣传片，通过电视、广播、网络等媒体宣传人才工作和典型事迹100余次。

【组织部门自身建设】 2022年，地委组织部紧盯建设“讲政治、重公道、业务精、作风好”的模范部门，持续强化从严治部，坚持做到“谋划工作有深度、落实工作有速度、指导工作有力度、总结工作有高度、协调工作有温度”，建立健全自身建设“每周一学”、“周五必讲”、工作效能“大提升”“大协作”等10项工作机制，全面提升组工干部能力素质、提高组织工作科学化规范化水平、树立组织部门良好形象。

（刘衍金）

宣传工作

【理论学习】 2022年，地委宣传部始终坚持以习近平新时代中国特色社会主义思想举旗铸魂，把学习宣传贯彻党的二十大精神作为首要政治任务，推动各级党委（党组）理论学习中心组学习9800余次。举办习近平总书记视察新疆重要讲话重要指示精神专题培训班、党的二十大精神专题培训班，培训各级党员干部7700余人次。征订配发党的二十大报告辅导读本等学习资料5万余本，推动3300余个党组织通过“三会一课”、读书班等形式开展学习3万余次。全年累计开展“宣讲+”、巡回宣讲、线上直播、专题讲座等宣讲活动2.35万余场次，受众220万余人次，坚持引导各族干部群众深刻认识“两个确立”的决定性意义。

【加强党的政治建设】 2022年，地委宣传部坚持把党的政治建设摆在首位，推动宣传系统各级党委（党组）深入贯彻《中国共产党宣传工作条例》等党内法规，进一步压实政治责任、领导责任。坚持开展理想信念教育、政治机关意识教育，举办“铸牢中华民族共同体意识”培训班等主题班次3期，培训基层宣传思想战线干部1240人。以增强“脚力、眼力、脑力、笔力”为重点，开展县处级“干部大讲堂”31期，科级干部业务交流分享13期。持续推动落实中央八项规定、纠“四风”树新风工作，常态化运用监督执纪“第一种形态”，及时纠偏，防微杜渐。

【宣传报道】 2022年，地委宣传部深入开展党的二十大精神宣传报道，从政治高度、质量精度、时间准度等方面，转载中央、自治区主流媒体稿件8000余篇（条），刊发当地干群学习反响、贯彻情况等稿件2万余篇（条）。制定阶段性宣传报道方案51个，组织各级媒体开设“十年答卷”“奋进新征程·建功新时代”“奋斗者 正青春”等专栏112个，刊发稿件10.8万余篇（条）。持续抓好党报党刊征订工作，在14个地州市中率先完成2023年征订目标。推进完成“地区融媒体中心建设”项目，完成机构、人事等方面改革，夯实媒体融合基础工作。

【“文化润疆”工作】 2022年，地委宣传部紧紧围绕文化润疆工作重点，完成文旅类固投项目资金16.5亿元，下达各类文化事业资金2.79亿元，推进具体任务32项，重要项目、活动46项。完成《塔城地区历史文献资料汇编》《民族团结“哈尔墩经验”调查》两个重点项目报告。创作民族团结报告文学《塔城密钥》、历史小说《巴克图往事》。组织“红船依旧 精神永恒”万米画卷颂党恩活动，创作书法、绘画作品6400余幅，画卷总长超1万米。围绕“我们的中国梦——文化进万家”主题，组织开展群众性文化活动1.5万余场，比上年增长17.35%，覆盖80余万人次。面向基层配送图书、音像制品24万余册（件），实现基层行政村全覆盖，不断丰富和满足基层群众的精神文化需求。

【思想道德建设】 2022年，地委宣传部深入开展推荐评议活动，地区公路管理局额敏分局李长青被评为“中国好人”，5人被评为“新疆社会主义精神文明好人好事”，1人被评为“新时代好少年”。构建协调联动文明实践志愿服务工作体系，组建志愿服务总队7支、支队879支、分队520支，注册志愿者12.8万人，常态化开展文明实践志愿服务活动3.2万余场次。创新开展“累积冠军·文明实践”活动，策划开展“串门儿”行动和洁净家园、回报家乡等六大主题活动，由各县市党委宣传部牵头，各乡镇（街道）积极配合，组织乡镇、村（社区）机关干部、党员、人大代表、政协委员、“访汇聚”驻村工作队等人员力量，组成4至5人的“串门儿”行动组100余支，每周三定时到村（居）民家中建档走访，搜集意见建议和困难诉求，解决率达98.9%，开展各类文体竞赛活动5700余场次，15万余人参与到“洁净家园”主题活动。

【宣传成果】 2022年，地委宣传部建立宣传资料库，集纳文稿、图片、线索等优质资料7800余个、视频资料14.6T。调整地区新闻发言人队伍89人，召开例行新闻发布会15场。落实“季度主题集中采访”活动，邀请中央驻疆及自治区媒体记者128批188人到塔城采访报道。在国家级、自治区级以上各类媒体刊稿4.1万余篇（条）。拍摄制作《秘境托里》等大型纪录片、外宣专题片6部，刊发《新219国道》大型微纪录片2期，《锡伯族西迁节》《裕民山花节》等稿件被译制为英语、法语、日语等多语种在全球推送，进一步提升塔城形象、传播塔城故事。

（张阳阳）

·精神文明建设·

【社会主义核心价值观体系建设】 2022年，地区文明办围绕“喜迎党的二十大”主题，紧扣文明实践、文明创建、文明培育等内容，开展2022年公益广告作品征集，累计征集平面广告作品75个，视频广告作品28个，并择优向自治区推荐。充分利用各县市新时代文明实践中心（所、站、点）及基层宣传文化阵地和各类社会媒介大力刊播公益广告，多渠道、多载体、多频次做好“学雷锋”公益广告展播。截至年底，学雷锋主题公益广告累计滚动播放16000余条次，覆盖各族干部群众86000余人。做好“榜样力量”——新疆道德模范系列微视频展播，地区所属媒体平台及时转发推送新疆道德模范系列微视频，用好自治区主要媒体新媒体产品，加大推送和传播力度。开展2022年网上“我推荐我评议身边好人”活动，采取“自下而上推荐、逐级逐项评选”的方式，发动广大网友和城乡基层干部群众举荐身边好人好事，经过层层筛选、逐级推荐，塔城地区累计向自治区推荐15名“塔城好人”，其中3人被评为“新疆好人”，沙湾市第二小学教师夏松豪入围“第三季度”中国好人榜候选人。结合实际起草《关于印发〈塔城地区道德模范、文明家庭关爱礼遇办法〉〈塔城地区各级道德模范荣誉称号管理办法〉的通知》，常态化做好地区各级道德模范动态管理。以传统节日为载体，大力弘扬中华民族传统美德，依托新时代文明实践中心（所、站），深入开展“我们的节日”文化活动，2022年春节、元宵节期间举办联欢晚会、迎春灯会、庙会等活动，清明节期间举办祭奠英烈、扫墓踏青、寻根祭祖、赛事会等活动230余场次。引导广大群众在积极参与中传承节日文化中展现的中国精神，增强文化自信。

【文明城市建设】 2022年，地区文明办指导塔城市做好全国文明城市县级提名城市创建工作，巩固乌苏市、托里县自治区文明城市创建成果，加大沙湾市、额敏县、裕民县、和布克赛尔蒙古自治县文明城市创建工作力度。各县市开展“全民共铸文明之花”“扮靓美丽乡村”“争做核心价值观排头兵”“文明家风润心田”“文明之花绽放校园”等系列活动60余场次。持续做好各级文明城市、文明村镇、文明单位、文明家庭、文明校园动态管理，修订完善地区文明村镇、文明单位、文明家庭、文明校园测评体系。加强农村精神文明建设，围绕“推进移风易俗　助力乡村振兴”主题，持续开展“十星级文明户”“最美家庭”等评选活动。指导县市以村（社区）为单位设立荣誉榜，表扬奖励好人好事，形成学习榜样争当榜样的良好氛围；细化实化村规民约操作细则，推动形成文明乡风、良好家风、淳朴民风。地区各县市累计评选“星级文明户”31351户，“最美农民工”250名，“好母亲”1378人，“好媳妇”1749人，“最美家庭”1127户，“最美庭院”1364户。常态化组织开展文明交通、文明餐桌、文明旅游、文明上网行动，起草地区《文明行为促进条例》，倡导全社会遵守“六大文明交通行为”“十大文明餐桌行动”“十大文明旅游行为”“八大文明上网自律公约”，选树文明交通、文明餐桌典型，规范公民文明行为，培育良好社会风尚，提升社会文明程度。

【新时代文明实践中心建设】 2022年，地委办公室印发《关于塔城地区拓展新时代文明实践中心建设的实施方案》，成立地区新时代文明实践促进中心，推动各县市成立新时代文明实践促进中心（服务中心）。起草地区挂点联系制度，指导县市建立新时代文明实践中心主任办公制度、联席会议制度，坚决压实县市委书记第一责任人责任，抓好各县市新时代文明实践中心（所、站）提档升级、扩点拓面。建立完善县市、乡镇（街道）、村（社区）三级志愿服务工作网络，构建协调联动文明实践志愿服务工作体系，截至年底，全地区挂牌新时代文明实践中心7个、所82个、站879个，挂牌率100%，建立文明实践家庭点256户。全地区累计组建志愿服务总队7支、支队879支、分队520支，注册志愿者127912人，推动志愿服务精准化、常态化、便利化。坚持周调度、月清单、季考评工作机制，每季度组织开展全地区中心、所、站评估验收。完成托里县中央支持地方公共文化服务体系建设补助资金（新时代文明实践中心建设）项目建设任务，做好项目管理和绩效评估。发挥宣传宣讲、科技科普等五大平台作用，将新时代文明实践活动的重心下沉实践所、站，抓好乡镇（街道）、村（社区）每周三“累积冠军 文明实践”竞赛活动，开发“文明塔城”小程序，创新开展好“串门儿”行动和“村事我管 自建家园”六大主题活动（“洁净家园、回报家乡、共商村事、和谐邻里、扶危济困、健康身心”）。征集“串门儿”行动微故事，开设“办实事 微故事”专题专栏。由各县市党委宣传部牵头，各乡镇（街道）积极配合，组织乡镇、村（社区）机关干部、党员、人大代表、政协委员、“访汇聚”驻村工作队等人员力量，组成4～5人的“串门儿”行动组100余支，每周三定时到村（居）民家中建档走访，搜集意见建议和困难诉求，解决率达98.9%；开展各类文体竞赛活动5700余场次，15万余人参与到“洁净家园”主题活动。发挥乌苏市全国试点、沙湾市自治区试点引领作用，用好新疆维吾尔自治区新时代文明实践中心建设工作评估体系，开展“31850示范点选树”活动，累计拨付各县市50万元，用于新时代文明实践示范中心、所、站、点打造及开展活动。投入19.62万元采购活动宣传品，分配至各县市开展“累积冠军·文明实践”活动。2022年6月，在沙湾市老沙湾镇召开“累积冠军·文明实践”暨地区新时代文明实践中心建设现场观摩交流会。

【未成年人思想道德建设】 2022年，地区文明办用好中央专项彩票公益金支持乡村学校少年宫项目运转补助资金27万元，确保18所乡村学校少年宫正常运行。依托已建成的“乡村学校少年宫”和新时代文明实践中心（所、站），加强对乡村“复兴少年宫”建设工作的调研，截至年底已建成乡村复兴少年宫24所。联合地区教育局、教育工委、团委等六部门开展2022年“新时代好少年”评选工作，向自治区推荐3名好少年，其中塔城市第十小学哈德斯被评为2022年自治区“新时代好少年”，引导未成年人心有榜样、行有方向，展示未成年人奋发向上、勇于拼搏、乐于奉献的精神风貌。联合地区人社局做好2022年“最美基层高校毕业生”评选推荐工作。组织各县市乡村学校少年宫体育教师完成2022年“圆梦工程”农村未成年人体育志愿服务线上课程学习。开展七一期间革命传统教育和爱国主义教育活动，将铸牢中华民族共同体意识教育融入中小学校班、团、队会等各类活动。2022年，组织青少年广泛开展“唱支红歌给党听”“党的光辉照我心”“党的故事我来讲”“我向党旗敬个礼”“我与国旗合个影”等革命传统教育和爱国主义教育活动50余场次，引导未成年人传承红色基因，增强爱国情感。

（李 悦）

统战工作

【概况】 2022年，地委统战部在地委坚强领导下，深入学习贯彻党的二十大精神，贯彻落实中央民族工作会、统战工作会、国家宗教工作会及自治区有关会议和地委扩大会议精神，完整准确贯彻新时代党的治疆方略，持续铸牢中华民族共同体意识，不断巩固最广泛爱国统一战线，各领域统战工作取得显著成效。组织统战领域各级干部、宗教界人士、新的社会阶层人士等统战对象及时收看收听党的二十大开幕直播，进一步统一思想、指导实践、推动工作。组织召开中国伊斯兰教协会、中国佛教协会等50余名宗教界代表人士和地区新的社会阶层人士、各文化协会代表人士座谈会，学习贯彻党的二十大精神，各阶层代表人士积极畅谈感想体会，充分发挥好桥梁纽带作用。组织受到习近平总书记接见的4名宗教人士在宗教界谈体会、谈认识，不断增强“五个认同”。强化党对统战工作的领导，大统战工作格局不断完善。先后召开地委民族工作会、地区宗教工作会和地区统战部长会议，召开统一战线工作领导小组会议2次、地区宗教工作会议1次。坚持“领导小组议大事、各领域工作机制抓日常”，发挥民族、宗教、民营经济、对台、海外统战等9个专项工作机制作用，系统谋划、整体推进统战工作。学习贯彻习近平总书记关于加强和改进统一战线工作重要思想。组织全体干部深入学习中央统战、民族、宗教工作会议精神，学习习近平总书记视察新疆重要讲话重要指示精神，及时跟进学习习近平总书记重要讲话和重要论述，推动用党的创新理论最新成果武装头脑、指导工作。搭建宣传平台，地县两级统战部开通统战微信公众号，积极宣传党的理论，解读统战政策，塔城统战共推送信息1100余篇，阅览近18万次。

【依法管理宗教事务】 2022年，地委统战部加强“三支队伍”建设，选派15名干部参加中央、自治区宗教工作专题培训，2名县级干部参加自治区伊斯兰教中国化脱产研修班学习，举办统战民宗干部等培训班5期，培训400余人次；选派60名宗教教职人员参加自治区伊斯兰教经学院学历提升培训，举办宗教教职人员培训班9期（其中线上培训3期），培训438人次。认真落实宗教信仰自由政策，宗教活动场所应开尽开，保障“七进两有九配备”正常使用。1名宗教教职人员获首届全国宗教界先进个人称号。

【民族团结进步创建】 2022年，地委统战部始终坚持有形有感有效铸牢中华民族共同体意识，民族团结“金字招牌”不断擦亮。铸牢中华民族共同体意识的阐释研究工作进一步深入，配合宣传部门实施塔城地区历史文献资料汇编和民族团结“哈尔墩经验”调查两个社科研究项目，为《塔城地区地方史》的编纂提供权威历史资料。加强铸牢中华民族共同体意识宣传教育，举办“喜迎党的二十大·铸牢中华民族共同体意识”网络知识竞赛活动，3万余名干部群众参与。打造一批铸牢中华民族共同体意识主题教育馆、乡镇（社区）“石榴馆”、民族团结进步模范长廊、村史馆和家庭展馆。新命名地区级民族团结进步教育基地、示范小区（市场、街巷）等119个。会同地区文联邀请作家何建明到塔城采风，挖掘典型、讲好塔城民族团结故事。“老旗手”沙勒克江·依明的故事在北京展览馆“奋进新时代”主题成就展中被展出。额敏县成功创建为“全国民族团结进步示范县”，沙湾市、托里县等11个单位创建为“自治区民族团结进步示范县市示范单位”。哈尔墩社区“各民族互嵌式发展”项目纳入国家民委“各民族互嵌式发展计划”。全力筹备自治区民族团结进步创建工作经验交流会，积极参加自治区第十届少数民族运动会并取得优异成绩。

【地区统战部长会议】 2022年3月1日召开，会议坚持以习近平新时代中国特色社会主义思想为指导，全面贯彻党的十九大和十九届历次全会精神，总结2021年工作，安排2022年任务，表彰2021年度地区“民族团结一家亲”和民族团结联谊活动先进集体和先进个人，驻村管寺工作先进集体、先进个人及和谐寺观教堂、先进爱国宗教人士代表。

【民营经济统战工作】 2022年，地委统战部组织700名民营经济人士开展理想信念教育，凝聚思想共识。完善地厅级领导联系民营企业（商会）制度。开展涉案企业合规改革工作，优化民营企业发展环境。推进“万企兴万村”行动，引导民营企业帮销购买农牧产品1.83亿元，助力乡村振兴建设。举办4期政银企座谈会，企业与银行签订融资意向20余份，有效缓解小微企业融资难问题。

【党外知识分子、无党派人士和新的社会阶层人士统战工作】 2022年，地委统战部健全完善党外知识分子、党外代表人士、无党派人士信息库；县市全部成立新的社会阶层人士联谊会，组织30名新的社会阶层人士代表开展政治培训，围绕喜迎党的二十大征文100余篇，地区新联会正在筹备成立。

【海外统战和侨务工作】 2022年，地委统战部完善侨情库建设，组织归侨侨眷观看党的二十大开幕式，沙湾市三道河子镇被确定为自治区“侨胞之家”，认定“三侨一台”考生1人、归侨侨眷身份220人，受理办结涉侨来信来访2件，慰问归侨侨眷15人。

（刘晓天）

【社会主义学院】 2022年，地区社会主义学院累计举办各类培训班15期648人，创新开展网络教学，在采取“微信送学”的基础上，筹建“塔城社院在线教育”平台。建立中华文化室和琴棋·茶艺室。探索社会主义学院文化建设，建成院史文化廊，着力打造社会主义学院历史文化宣传平台、统战人士和统战干部教育基地。组织教师深入基层宣讲习近平新时代中国特色社会主义思想和党的十九届六中全会、第三次中央新疆工作座谈会及自治区党委十届三次全会精神、党的民族政策和法律法规16场次，受众达1000余人次。撰写理论调研文章5篇，其中2篇刊登在《卷宗》《社会科学》期刊上，1篇上报自治区参加统战理论成果评选。

2022年，地区社会主义学院不断规范、细化后勤管理服务工作，专门为学员亲属来访设立接待室。主动与地区人民医院协调沟通，开通绿色通道，建立医务室。加强食材采购、加工等环节监督，严格落实食品安全制度。

（欧玉民）

政策研究

【概况】 2022年，中共塔城地委政策研究室（地委全面深化改革委员会办公室）［简称地委政策研究室（改革办）］紧紧围绕地委安排部署和地区中心工作，聚焦招商引资、国企改革、人口人才、文化润疆、基层治理等重点领域、关键环节，组织力量深入开展调研。在疫情防控条件下，采取政策咨询、书面调研、联合调研等多种形式展开调研工作，不断总结新经验、查找新问题、提出新建议，组织撰写《关于加快推动地区招商引资高质量发展的调研报告》《关于深化国企改革加速推动地区经济高质量发展调研报告》《关于为稳边固边强边兴边提供人口人才支撑保障的调研报告》《关于深入实施文化润疆工程的调研报告》《关于地区乡镇（街道）管理体制改革的调研报告》等调研专报，地委主要领导、分管领导多次作出重要指示批示。同时，抓好上级部门约稿工作，积极组织向自治区党委政研室提供新疆塔城重点开发开放试验区、饲草料产业发展、基层党建、非公企业党建等7篇调研材料，其中《塔城重点开发开放试验区加快建设步伐》在自治区党委刊物《新疆工作》上发表。

【深化改革】 2022年，地委政策研究室（改革办）坚持以改革增动力、添活力、强实力，全面承接自治区党委深改委下达的重点改革任务，高效落实地委深改委部署要求，扎实推进七个领域的144项改革任务和9项改革试点，均取得明显成效。特别是新疆塔城重点开发开放试验区建设、融媒体改革、成立国有进出口贸易公司和水务集团、水利水电勘察设计院转企改制、优化营商环境等改革取得重大进展，并且按照自治区党委改革办统一安排，抢抓时间，协调各方，牵头完成地县两级国防动员体制改革相关工作，为推动地区高质量发展提供有力保障。坚持“一月一动态”，编印《塔城改革》7期，突出书记谈改革、改革动态、实践与探索、群众之声等内容，明确部署、反馈动态、交流经验、促进落实。同时，坚持把抓督察作为促改革的有力抓手，锚定工作重点，明确具体内容，采取清单式、台账化管理，制定《地委全面深化改革2022年工作要点任务分工方案》《地委全面深化改革委员会2022年重点改革任务台账》《2022年地委全面深化改革试点工作任务台账》《地区全面深化政法领域2022年重点改革任务台账》《自治区党委全面深化改革委员会2022年工作要点明确的重点改革任务台账》等6个工作台账，对照上级决策部署和明确工作重点，对已完成事项定期“回头看”，对未完成事项研究举措督促加快推进，做到在对照自查中发现问题、在审视成效中反思差距、在真抓实干中补齐短板，有力促进工作落实。

【上级领导调研考察活动】 2022年6月14—15日，自治区党委政研室副主任、改革办副主任张世俊一行7人在塔城地区进行改革督察调研，了解掌握2022年全面深化改革推进情况，开展社会治理体制机制综合改革试点、工程建设项目审批制度专项改革试点、金融助力沙湾市乡村振兴专项改革试点情况，新疆塔城重点开发开放试验区建设、国防动员体制改革、国资国企改革推进情况。

（李召福）

机构编制

【概况】 2022年，地委编办牢固树立过“紧日子”思想。在严控总量的同时，着力加大创新挖潜力度，优化编制资源配置，严格机构设置、严格空编使用，截至年底按照“撤一建一”原则，设置机构4个，统筹调剂行政编制、事业编制，保障重点工作落实。严格把好用编前置审核，年内审核人事调动113人次，确保调入人员“人岗相适”，促进编制效益最大化。做好机构编制实名制数据库管理工作，办理人员入编手续404批次、减员手续100名。扎实做好公务员、事业单位工作人员、“绿色通道”招录人员编制审核工作，批准事业单位招聘计划409名、紧缺人才（绿色通道）招录计划291名。开展机构编制管理评估试点，贯彻落实《机构编制管理评估办法》，制定印发《塔城地区机构编制执行情况和使用效益评估试点工作方案》，围绕不断理顺关系、优化结构、激发活力、提升效能上出发，对地区交通运输局、林草局开展评估试点，塔城市、乌苏市党委编办对县市的相应部门单位进行评估，其他县市自行选择评估内容和单位开展执行情况和使用效益评估，通过指导自评、实地多维评估，从增强指标体系的科学性操作性，完善评估流程、评估方式等总结经验，为更好统筹调配机构编制资源积累经验。

【机构改革】 2022年，地委对部分机构设置进行规范，统一地县两级工商业联合会（总商会）、法律援助机构和县市人大常委会工作机构设置。持续推进重点领域改革，整合地区日报社、广播电视台，组建地区融媒体中心，制定《地区本级应急管理综合行政执法队伍机构设置建议方案》，做好应急管理综合行政执法改革工作。加强重点领域改革调研，开展乡镇街道管理体制改革、群团机构改革、法院内设机构改革、基层动植物疫病防控体系现状等专项调研推进。事业单位机构编制标准化建设，完成地直中学编制分配，指导各县市完成中小学教职工编制核定到校工作。规范地区政务服务与公共资源交易中心、动物疾病控制与诊断中心、地区卫生学校等18个事业单位编制岗位结构。着力服务常态化疫情防控，提高重大突发公共卫生事件处置保障能力，对卫健委、卫生综合行政执法局、疾控中心、公立医院、妇幼保健院、乡镇卫生院、社区卫生服务中心进行摸底，起草《地区疾病预防控制体系机构组建建议方案》，完成地区医院、中医院、妇幼保健中心等医疗卫生机构的内设机构调整。着力推进经济高质量发展，持续加强新疆塔城重点开发开放试验区相关政策学习，认真借鉴、分析研究乌鲁木齐市经济技术开发区（头屯河区）、高新区（新市区）“区政合一”等机构设置演变情况，起草《新疆塔城重点开发开放试验区管理机构设置方案（沟通稿）》，征求多方意见，修改机构设置建议方案20余稿，与自治区党委编办书面沟通3次。邀请自治区党委编办主要领导前往重点开发开放试验区指挥部实地调研，全力推动开发开放试验区机构设置。着力保障发展安全。加强重点行业、重点领域安全监管能力建设，围绕安全生产重大工作部署，调整矿山安全监管职责，地县应急管理部门加挂“矿山安全监督管理局”牌子，设立矿山安全服务保障中心，地县两级统筹调剂行政、事业编制，转隶行政、事业人员17人。加强粮食领域安全能力建设，成立地区粮食和物资储备安全保障中心。

【事业单位登记管理】 2022年，地委编办限时办结事业单位登记1家、注销3家、变更53家，完成2021年事业单位年度报告123家，指导县市完成929家，年度报告率100%。加强事业单位监管。落实“双随机、一公开”监管工作机制，抽查45家事业单位法人公示信息。收缴6家单位印章，对以前收缴64枚印章与公安局对接进行销毁。做好统一社会信用代码工作。完成机关、群团和事业单位初领、补（换）领、撤销以及信息变更统一社会信用代码12家。

【监督管理】 2022年，地委编办统筹协调推进权责清单比对认领及乡镇权力清单的梳理工作，形成30个部门（单位）3020项权责清单。为推进基层治理能力和治理体系的科学完善，先后两次征求乡镇（街道）法定权力清单等4项清单指导目录的意见建议，并按要求上报自治区党委编办。抓好“三定”规定制定和修订实施工作，严格按照规范流程对地区本级事业单位“三定”规定、机构编制方案进行全面摸底梳理，按照部门申报、编办审核、征求意见、合法性审查等流程，与部门反复沟通、反复论证，对文稿材料反复斟酌，高质量高标准确保“三定”规定修订与制定工作科学化，审核完成地区法学会等4家单位“三定”规定（草案）。不断完善监督检查协作配合机制，建立健全与巡察、审计部门机构编制监督检查的协调配合机制，及时配合向巡察办提供两轮24个被巡察单位的机构编制数据资料。与地委组织部密切配合，将机构编制监督检查纳入地委巡察选人用人专项检查，提升监督质效。持续开展“条条干预”专项整治，维护机构编制纪律的严肃性权威性。

（张　文）

地直机关党建

【概况】 2022年2月28日，地区机关党的建设工作会议召开，会议学习贯彻习近平总书记在中央和国家机关党的建设工作会议上的重要讲话精神，贯彻落实2022年自治区直属机关党的建设工作会议精神和地委工作要求，提出“围绕一个中心、落实七项任务”的工作思路，印发《地直机关2022年党建工作要点》，涵盖7个方面26项重点任务，让机关各级党组织明确机关党建“抓什么”“怎么抓”和基层党组织“干什么”“怎么干”及“达到什么标准”，进一步理顺工作思路，压实工作任务。

结合机关党建重点工作和基础工作实际，制定完善双重组织生活报备、理论学习中心组学习报告、换届选举、发展党员等工作台账，实行动态管理，对于工作滞后的及时提醒，结合上门调研服务指导发现问题，建立清单，抓好整改，确保机关党建各项制度、措施落地见效。

2022年，地直机关工委严格执行基层党组织任期制度，完善按期换届提醒督促，认真审核、从严把关延长或者提前换届情形，加强对基层党组织选举工作的组织领导，选优配强支部书记。年内，新成立党支部13个，撤销党支部1个；应换届党组织92个，已完成换届党组织76个，经批准延期换届党组织1个，已进入换届程序党组织15个；改、补选党组织24个，基层党组织战斗堡垒和党员先锋模范作用得到充分发挥。

【学习宣传贯彻党的二十大精神】 2022年，地直机关工委通过线上集中学习、交流研讨与线下个人自学相结合方式，持续跟进学习党的二十大精神特别是报告全文和新修订党章，做到先学一步、学深一层；动员地直机关180个党组织、3000余名党员干部学习宣传贯彻党的二十大精神，制作播出以地直机关学习党的二十大精神反响为主要内容的“第一方阵”短视频1期。解除静态管理后，按照自治区党委和地委要求，工委委员会、理论学习中心组率先开展党的二十大精神专题学习，组织党支部开展学习、交流；安排、制作播出以地区自然资源局2个党支部学习贯彻党的二十大精神为主要内容的“第一方阵”短视频1期；结合实际制定党的二十大精神宣讲方案，主要领导带头在单位宣讲，县级干部积极参加地区党员领导干部学习贯彻党的二十大精神专题培训班，持续深入学习党的二十大精神。

【党员教育培训与发展】 2022年，地直机关工委通过佩戴党员徽章、党费集中交纳日、创建党员先锋岗、党员承诺践诺等措施，引导党员增强党员意识。积极倡导志愿服务，督促地直机关广大党员干部落实“双报到”，组织开展“5·8”人道主义日活动。严把发展党员程序关、质量关，抓好政治审查关键环节，严禁“带病发展”。2022年内，举办4期党务干部培训班，培训104人，比上年增加3个班次、64人次；新任职党支部书记培训班1期，培训17人；以“现场讲座+视频会议”的方式，为地县两级纪委监委、法院、公路管理局和塔城市直机关等5家部门（单位）讲授机关党建实操，培训760人；举办发展对象培训班4期，发展73名新党员，为党组织注入新鲜血液、增添新的活力。

【调研服务指导】 2022年，地直机关工委通过上门服务、实地调研、座谈交流、征求意见等形式，重点查看加强党的政治建设、学习贯彻全国“两会”精神、落实地区组织工作会议、机关党的建设工作会议精神、社会组织党支部党建工作、推动落实中央八项规定精神纠“四风”树新风等工作开展情况，现场反馈调研发现问题并提出解决办法，帮助基层厘清工作思路、完善工作措施、提升工作质量。

【基层党建项目】 2022年，地直机关工委结合调研服务指导掌握的实际情况，召开工委委员会议专题研究立项，及时成立领办项目推进小组，形成书记直接抓、分管领导协助抓、相关科室负责人和业务骨干日常抓的工作制度。工委书记全程研究推进措施、跟进进展情况、适时提出意见，解决项目推进中发现的问题难题，做到领办项目始终抓在书记手上。项目推进中，工委领导前后8次实地调研示范点特别是综合示范点建设进度，召开1次工委委员会议专题研究推进工作。

【党建示范工作】 2022年，地直机关工委筛选部分党建基础工作较好的机关基层党组织，将其工作中的特色亮点加以指导、提升，形成单项工作品牌，面向其他党组织、党务干部开展现场示范、视频展播；选取部分落实年度党建工作重点任务、跟进学习贯彻上级重要要求做得好的机关基层党组织，将其阶段性工作或某项工作好的做法和取得的成效，进行现场示范、视频展播。全年累计开展13期单项工作示范，7期重点工作示范，70家地直部门（单位）党组织14次累计派157人现场观摩学习。工委及时制作20期“第一方阵”短视频供学习借鉴，每期浏览量均在2000次左右。

【“五个好”标准化规范化党支部创建】 2022年，地直机关工委对照自治区下发的创建要求，结合各领域工作实际，研究制定《地直机关创建“五个好”标准化规范化党支部、建设“四个合格”党员队伍工作方案》，分类设置地直机关、离退休干部职工、社会组织、国有企业4个领域创建基本标准，为规范创建提供有力依据。在指导所属党支部创建和自评的基础上，由工委领导带队、抽调地直机关16名党务干部组成4个考核组，深入70家单位对170个党总支部、党支部开展创建工作对标考核，采取“互学互促+民主测评+个别访谈+实地查验结果”等方式，逐项对照创建正向标准和反向指标“过筛子”“把好脉”，引导各级党组织以创促学、以学促干，不断提升机关党支部标准化规范化水平。

【党费收缴使用和管理】　2021年度地直机关工委管理党费收支情况：2021年度累计收入管理党费93.89万元（其中地委拨付0.6万元，党员缴纳92.92万元，党费存款利息收入0.37万元）。管理党费累计支出74.68万元（其中上缴地委2020年度党费55.03万元，慰问生活困难党员和老党员支出1.85万元，党员教育及其他支出17.8万元）。

（张容花）

机要保密

【工作会议】　2022年，地委机要保密局组织召开地委密码工作领导小组会议、保密委员会全体会议、地区机要保密工作会议，传达学习习近平总书记关于机要保密工作会议的重要指示批示和中央、自治区有关会议精神，审议党政机要密码工作、保密事业发展、电子政务建设和管理“十四五”时期发展规划，地委密码领导小组和保密委员会工作规则、2022年工作要点等重要材料，听取部分县市党委保密委主任和地委保密委委员工作述职，总结2021年工作，安排部署2022年工作。

【法规宣传教育】　2022年，地委机要保密局“线下+线上”渠道双管齐下，线下利用全民国家安全教育日、世界电信日等重要节点开展《中华人民共和国密码法》《中华人民共和国保守国家秘密法》宣传教育活动，在地标建筑、车站、广场、公园等重要场所张贴海报、横幅标语，展出宣传展板、发放宣传单，并在出租车、广场、警务站LED屏滚动播放宣传标语，循环播放宣传短视频和宣传标语；受邀为地区财政局、口岸委、自然资源局等单位讲授保密课10次，受教育人员3600余人；组织力量赴部分县市开展保密巡回宣讲活动，受教育人员300余人。线上走进地区广播电视台《法治讲谈》栏目，宣讲密码、保密法律知识，解答相关问题；通过塔城日报、塔城地区电视台、融媒体中心抖音公众号、微博短视频、网络直播、视频宣传、发送手机短信等形式开展多层次宣传工作。

【保密检查查处】　2022年，地委机要保密局按计划开展检查工作，通过开展日常检查、专项检查、联合检查、进驻式检查等，有力地促进各部门（单位）保密工作水平提升；将党政领导干部保密工作责任制总体落实情况纳入党委、政府督查督办重要内容和纪委监委的监督检查内容，将保密工作纳入地委巡察试点工作，将健全完善党管保密的制度机制纳入各级党委巡察工作内容，成立保密巡察试点工作领导小组并下设办公室，选派干部参与巡察试点工作，巡察单位18家；配合自治区对塔城中信天成印刷有限责任公司开展相关资质审查工作，通过审验并颁发资质证书，开展检查2次；加强涉密文件信息资料管理、涉密人员管理、定密管理、网络保密管理，定期分析研判保密工作中的风险隐患，采取有效措施加以解决，强化重点部门部位保密防护，确保安全。

【援建工作】　2022年，辽宁省保密援疆工作组深入塔城地区及县市考察调研保密工作，重点围绕当地人才技术储备、保密干部培训、信息化系统建设、涉密人员管理、销毁中心（站）运行管理等保密工作开展情况进行现场调研和座谈交流。

【党委系统信息化管理】　2022年，地委机要保密局发挥电子政务内网支撑平台作用，要求各单位工作单机接入电子政务内网内部域，内部域已全面覆盖地县乡三级及部分行政村。推进密码应用保护工作，完成地区党委电子政务内网内部域中心节点密码应用改造工作，要求运营商、塔城市智慧城市、乌苏市浪潮云计算中心面向党政机关提供租用等服务前，开展密码应用保障系统建设。

（涂晓丽）

老干部工作

【概况】　截至2022年年底，塔城地区有离退休干部23063人，其中离休干部95人，退休干部22968人。退休干部中，正厅级10人，副厅级20人，县处级899人，科级及以下22039人。

【思想政治建设】　2022年，地委老干局深入学习贯彻习近平新时代中国特色社会主义思想、党的十九大和二十大精神，学习贯彻《关于加强新时代离退休干部党的建设工作的意见》，通过组织专题学习、举办培训班等形式，教育引导离退休干部深刻领会“两个确立”的决定性意义，不断增强“四个意识”，坚定“四个自信”，做到“两个维护”。组织召开地区离退休干部党的建设工作推进会，将离退休干部党建工作纳入党的建设总体布局，与其他领域党建工作做到同部署、同推进、同落实、同考核。制定下发《关于进一步加强和改进离退休干部工作的通知》，全面落实离退休干部阅读文件、参加重要会议和重大活动、通报情况等制度。召开地区2021年度经济社会发展形势情况通报会，组织老干部参观考察塔城重点开发开放试验区。依托老干部党校、离退休干部党支部、老干部活动中心和老干部（老年）大学等主阵地作用，组织离退休干部深入学习党的创新理论，引导离退休干部自觉将思想、行动同党中央保持高度一致。认真贯彻落实《自治区离退休干部党支部标准化规范化建设指导意见》。本着“有利于活动、便于管理、应建尽建”和“四就近”原则，采取条块结合、区域联合、行业联建、社区（楼宇）共建、资源共享、活动共办等多种形式灵活设置党组织，抓好离退休干部党员的组织和工作覆盖。在全地区87个离退休干部党支部中全面推进标准化规范化建设工作，先后组织召开协调会3次、举办专题培训班3期、现场观摩交流1次，打造试点2个县市、试点党支部17个。同时，强化经费保障，按规定落实离退休干部党员人均100元教育活动经费，离退休干部党组织书记每月300～500元工作补贴，累计落实经费16.29万元。

【作用发挥】 2022年，地委老干局持续巩固深化“增添正能量·共筑中国梦”活动，充分发挥离退休干部的政治优势、经验优势、威望优势，主动创造条件，搭建好“发挥余热做贡献”平台，扎实开展好“我看中国特色社会主义新时代”“建言二十大”调研活动，引导离退休干部讲好中国共产党故事、中国特色社会主义故事和新疆故事。注重丰富老干部精神文化生活，结合实际组织开展专场文艺晚会、球类棋类比赛、志愿服务等系列活动，组织引导老干部把思想和行动统一到新疆总目标上来。充分利用离退休干部信息库，开发利用老干部人力资源。组建成立地区老专家科普报告团、“五老”宣讲团、社区志愿服务队、夕阳美舞蹈队等，通过搭建教育基地、“家庭党校”、老干部工作室、红色讲堂等平台载体，组织引导老干部在全面推进依法治疆、参与疫情防控和基层治理、助力乡村振兴、化解矛盾纠纷、传承优良传统、树立良好家风、净化社会风气、推进塔城重点开发开放试验区建设等方面献智出力。推动关心下一代工作与老干部工作的深度融合。认真学习贯彻《关于加强新时代关心下一代工作委员会工作的意见》，锚定立德树人根本任务，在青少年中全面开展“老少同声颂党恩，携手喜迎二十大”主题教育、“青少年党史学习月”活动，引导青少年传承红色基因、争做时代新人。组织“五老”宣讲团进企业、进农村、进机关、进校园、进社区、进军营、进网站，多层次全方位立体式讲好党的光荣传统和优良作风。截至年底，开展各类宣讲191场次，受教育群众1.5万余人。强化学校、家庭、社会三位一体的青少年法治教育格局，开展“关爱明天、普法先行”青少年普法教育活动，切实维护未成年人的合法权益。沙湾市检察院未成年人法治教育保护基地被中国关工委授予“全国青少年普法教育先进集体”称号，乌苏市人民检察院一级检察官高英被授予“全国青少年普法教育优秀辅导员”称号。

【服务管理】 2022年，地委老干局推动信息化与老干部工作深度融合，用信息化手段做好新时代老干部教育服务管理，动员广大离退休干部推广使用“离退休干部工作”“新疆老干部”微信公众号、“金色天山”离退休干部服务管理平台，老干部可以方便快捷浏览时政要闻、工作动态等相关信息，更好满足老干部的各种需求。组织各级老干部工作部门动员2000余名离退休干部收看2场网上专题报告会，不断增强离退休干部政治

2022年7月25日，地委老干部局与辽宁省委老干部局开展“红色精神永传承 辽塔两地情谊浓”主题党日活动 （尉木 摄）

意识和党性修养。不断完善推进“54321”（即五个深入、四个宣传、三个落实、两个满意、一个目标）服务管理体系建设，落实“后盾单位尽责、社区组织尽力、儿女子孙尽孝、职能部门尽职、医疗部门尽心、财政部门尽保”的“六位一体”服务机制，真正把服务离退休干部工作做到家、做到位、做到满意。组织地厅级老干部参加健康体检。贯彻《关于自治区特殊困难离退休干部帮扶工作的意见》，落实帮扶资金2.6万元。加大对独居、失能、空巢以及企业离休的老干部服务力度，通过开展党内关怀、推进志愿服务、纳入社会救助、拓宽帮扶资金渠道等办法，切实帮助解决实际困难和问题。全面建立离休干部信息档案，严格落实离休干部“一人一策”服务机制。做好对易地安置离休干部的日常关怀，通过走访探望、打电话、发短信、视频聊天等形式加强联系，对医药费报销等相关事宜进行全程代办，组织专人赴异地处理丧葬事宜，确保他们的各项待遇落到实处。健全完善老干部工作制度机制，制定并完善“一办法、三制度”，即《塔城地区县处级及以上离退休干部逝世后丧事处理办法》《塔城地区定期向老干部通报情况制度》《塔城地区县处级及以上离退休干部因病住院出现重大病情报告制度》《塔城地区离退休干部用车保障制度》，有效指导县市和地直各部门精准化服务、规范化管理。按照自治区党委老干部局“每年不少于4次”的要求，定期开展走访慰问，“两节”走访慰问实现全覆盖。

（尉　木）

党史、地方志工作

【党史工作】 2022年，地委史志办完成《中共塔城地区简史（1950—2012）》正式出版发行，全书27万字，地区首部简史编研工作结束。完成《塔城丰碑（1921—2021）》补充修改工作，已上报自治区党委宣传部申请内部书号，全书40万字。向中央党史和文献研究院申请2023年度中央党史和文献研究宣传专项引导资金20万元，启动《中共塔城地区历史大事记（1921—2021）》（合订本）整理、编辑工作，已完成初稿90万字。扎实开展塔城地区党史纪念设施展陈内容摸底自查工作。

【地方志工作】 2022年，地委史志办《塔城地区志（1990—2010）》于2022年8月正式出版发行，全书260余万字，在全区地州市级中排名靠前。根据《关于深入开展名镇志、名村志、特色志编纂工作的通知》，认真做好《额敏县霍吉尔特乡志》《沙湾市安集海农庄村志》等4部名镇（名村）志的申报工作。完成《塔城地区全面小康志》《托里县扶贫志》《和布克赛尔蒙古自治县扶贫志》《裕民县扶贫志》篇目设计、资料收集等前期准备工作。根据2022年度第三十次委员（扩大）会议要求，定期向地委督查室上报贯彻落实情况，持续推进个别县市工作力量薄弱、编修进度缓慢、经费保障不足的问题。

【年鉴工作】 2022年，地委史志办印发《关于做好〈塔城年鉴（2022）〉编辑出版工作的通知》，及时收集整理2021年度地区重大活动图片，形成年鉴彩页专版，通过稿件收集、整理和编辑工作，已形成年鉴样书。完成《塔城年鉴（2021）》“三审三校”工作。做好《新疆年鉴》《伊犁年鉴》“塔城地区概况”及县市概况稿件上报工作和年鉴大事记记录工作。

【史志服务工作】 2022年，地委史志办开展史志书籍“七进”。向机关单位、共建社区、社会各界赠送《塔城地区志》《塔城年鉴》《塔城70年》《新疆维吾尔自治区红色旅游指南》等资料近千套，进一步发挥史志“存史资政育人”的作用。参加各类学习培训。积极参加各地州、县市党史、地方志视频评审工作，交流工作经验，相互学习提高。组织开展第七期全国年鉴主编网络培训2场次，参加其他各级各类培训60人次。加强审读工作。先后审读其他地（州）市地方志2本、大事记1本、简史1本；审读县市年鉴2本、地区相关音视频3个，简介材料2个，确保意识形态领域安全。

（地委史志办）

党校工作

【教学培训】 2022年，地委党校累计完成培训30期，培训1393人次；承接党史馆参观学习121场次、地区反腐倡廉教育基地参观学习104场次，累计受教党员干部5017人次；结合自治区党委党校（行政学院）送教下基层项目，地直各部门（单位）、地区各县市乡镇单位领导干部参加培训，受教干部40人次；以送教下基层的形式，选派7名骨干教师赴县市党校进行专题授课，选派8名教师担任县市党校精品课比赛评审。举办地委党校（地区行政学院）第六届精品课教学比赛、地区党校（行政学院）系统第六届精品课教学比赛，12个专题入选塔城地区党校（行政学院）系统精品课专题库。

【科研咨询】 2022年，地委党校专兼职教师发表论文10篇，均为副省级刊物；参加第一届北疆区域兵地党校系统理论研讨会获奖论文5篇，其中二等奖3篇，三等奖2篇；理论研讨会入选论文3篇；参加湘潭大学“马克思主义中国化”理论研讨会论文1篇；参加中国科学院“马克思主义基本原理与学习贯彻党的二十大精神”理论研讨会论文1篇；决策咨询1篇，得到地区主要领导批示。

【宣传宣讲】 2022年，地委党校5名教师先后在地委组织部举办的党员教育“直播大讲堂”、地委宣传部举办的党的二十大精神线上宣讲报告会、地区人大工委举办的专题培训会上，通过网络直播的形式进行专题授课；10名教师在地区广播电视台《党校教师讲二十大》专栏中，分期深度解读党的二十大精神；开展深入开展依法治疆、完整准确贯彻落实新时代党的治疆方略等专题宣讲16场次，受教党员干部4000余人次。

【合作交流】 2022年，召开第一届北疆区域兵地党校系统理论研讨会，会议由伊犁州党委党校（行政学院）主办，塔城地委党校（地区行政学院）和地区党建研究会承办，北疆区域兵地党校系统12家党校常务副校（院）长及分管科研工作领导、专家学者、教师代表90余人参加会议；首次承接自治区党委党校（行政学院）、博州党委党校（行政学院）6个主体班次240余名师生，赴4个县市20余个现场教学点开展专题教学，获赠“治教严谨、施教有方”锦旗；地区新任职县级干部培训班30余名师生，赴阿勒泰可可托海干部学院开展红色教育；组织中青班30名学员赴兵团干部学院开展分段式教学，实现资源共享；向各县市委党校、行业部门推荐清华大学继续教育网上优质课程17门，受教党员干部近5000人次。

2022年7月6日，第一届北疆区域兵地党校系统理论研讨会在地委党校开幕

（宋建伟 摄）

【教学研究与成果】 2022年，地委党校在全疆党校（行政学院）系统第五届精品课暨第三届教学管理优秀奖表彰大会上，地委党校（地区行政学院）获教学管理优秀奖，2个课程分别被评为全地区党校（行政学院）系统第五届精品课地（州、市）组、县（市、区）组精品课，获奖比例位列全疆党校（行政学院）系统首位；塔城地区第一个自治区级干部教育培训基地——小白杨干部教育培训基地（暨中共塔城地委党校分校）顺利揭牌。

（赵佳琦）

伊犁哈萨克自治州人大常委会塔城地区工作委员会

【人大工委主任、副主任】

主　任：

阿米娜·瓦尔汗（女，哈萨克族）

副主任：

张卫平（12月退休）

玛依努尔·加汗（女，哈萨克族）

黄佳俊（12月任副主任人选）

赛肯·卡德尔斯孜（哈萨克族，12月任副主任人选）

重要会议

【地委人大工作会议】　2022年4月11日下午，地委人大工作会议召开。地委书记魏建国出席会议并讲话。地委副书记、行署专员阿依丁·托留汗主持会议。地区人大工委党组副书记、主任阿米娜·瓦尔汗传达学习习近平总书记在中央人大工作会议上的重要讲话精神和自治区党委人大工作会议要求。

【工委会议】　2022年3月18日，召开地区人大工委2022年第一次会议。会议由地区人大工委主任阿米娜·瓦尔汗主持，副主任玛依努尔·加汗、秘书长安金龙及委员共12人出席会议。地委副书记、行署专员阿依丁·托留汗作行署工作报告，地委副书记朱钢参加会议并讲话，“一署一委两院”以及地区有关部门（单位）主要负责人，各县市人大常委会1名负责人，部分全国、自治区人大代表列席会议。会议听取和审议行署工作报告、地区中级人民法院工作报告、塔城检察分院工作报告，审查和批准2021年地区国民经济和社会发展计划执行情况与2022年地区国民经济和社会发展计划草案报告、2021年地区财政预算执行情况和2022年地区财政预算草案报告。

6月30日，召开地区人大工委2022年第二次会议。会议由地区人大工委主任阿米娜·瓦尔汗主持，副主任玛依努尔·加汗、秘书长安金龙及委员共11人出席会议。“一署一委两院”以及地区有关部门（单位）主要负责人，各县市人大常委会1名负责人，部分全国、自治区人大代表列席会议。会议听取和审议地区2021年度环境状况和环境保护目标完成情况、地区职业教育工作、2021年地区本级财政预算执行及其他财政收支审计的工作报告。

12月23日，召开塔城地区人大工作委员会2022年第三次会议。会议由地区人大工委主任阿米娜·瓦尔汗主持。副主任张卫平、玛依努尔·加汗、秘书长安金龙及委员共11人出席会议。“一署一委两院”、各县市人大常委会1名负责人，地区有关部门主要负责人，部分自治区人大代表列席会议。会议听取和审议地区2021年国有资产管理情况报告、地区旅游工作、地区贯彻实施《新疆维吾尔自治区信访条例》工作、行署2021年关于审计查出问题整改落实情况的报告，还听取《新疆维吾尔自治区乡、民族乡、镇人民代表大会工作条例》工作情况报告。

12月23日，召开塔城地区人大工作委员会2022年第四次会议。会议由地区人大工委主任阿米娜·瓦尔汗主持。副主任张卫平、玛依努尔·加汗、秘书长安金龙及委员共11人出席会议。“一署一委两院”、各县市人大常委会1名负责人，地区有关部门主要负责人，部分自治区人大代表列席会议。会议听取和审议地区招商引资工作、地区中级人民法院关于加强审判监督工作、塔城检察分院关于法律监督工作、地区2022年财政预算执行及变更情况报告。

检查　调研

【检查《中华人民共和国监察法》实施情况】　2022年5月24—27日，地区人大工委分别赴和布克赛尔蒙古自治县、裕民县、塔城市，对《中华人民共和国监察法》实施情况开展执法检查。针对检查出的问题，检查组建议：加强党对反腐败工作的集中统一领导，实现对所有行使公权力的公职人员监察全覆盖，进一步推动《中华人民共和国监察法》的有效实施，使依规治党与依法治国、党内监督与国家监督在全地区有机统一，推进国家治理体系和治理能力现代化。

【检查《新疆维吾尔自治区信访条例》实施情况】　2022年9月5—9日，地区人大工委开展《新疆维吾尔自治区信访条例》执法检查。执法检查组借鉴自治区人大常委会执法检查模式，深入塔城市、额敏县、托里县、裕民县、和布克赛尔蒙古自治县展开执法检查。针对检查出的问题，检查组建议：加大学习宣传工作力度，把《新疆维吾尔自治区信访条例》的宣传教育融入接访和办信过程中，同时结合“八五”普法活动，多渠道、多方位开展宣传，教育引导群众通过正常渠道有序解决纠纷，全力维护信访工作秩序。加强与人大代表、人民法庭、人民调解员等的密切配合，动员更多社会力量参与到信访工作中来，形成做好信访工作的合力。健全和完善信访工作机制。严格落实首办责任制，及时就地化解信访问题。加强信访队伍建设，确保信访工作正常、高效运转。

【调研职业教育工作】　2022年4月12—15日，地区人大工委组织地区教育局、财政局、人社局等部门对地区职业教育工作进行专题调研。调研前邀请教育局同志对调研组开展专题培训。针对调研过程中存在的问题，调研组建议：进一步扩大宣传职业教育法。强化师资培训，多渠道解决师资问题，加强对“双师型”教师队伍操作技能的培养。加大实训基地和基础设施建设力度。政府要加强统筹协调，最大化整合资源，加强职业学校与人社等相关部门的协作交流。

人大立法

【《新疆塔城重点开发开放试验区条例》立法工作情况】　2022年，地区人大工委配合完成《新疆塔城重点开发开放试验区条例》（简称《条例》）立法工作。制定印发《〈新疆塔城重点开发开放试验区条例（草案）及其说明〉编制工作方案》，筹备召开地区试验区条例立法工作启动会，组织赴喀什经济开发区、乌鲁木齐高新区、经济技术开发区，就《条例》立法前期工作进行实地考察和座谈交流，学习借鉴外地的经验做法，筑牢立法基础。积极主动向自治区财经工委汇报立法工作开展情况，协助其制定《条例》起草工作方案。配合自治区人大常委会开展立法调研2次，广泛征求了意见建议3次，上报意见建议60条。《新疆塔城重点开发开放试验区条例》已在自治区十三届人大常委会第三十六次会议上表决通过，自2023年1月1日起施行。

【《库鲁斯台草原生态保护条例》《塔城市河流生态保护条例》修订工作】　2022年，地区人大工委积极主动配合伊犁哈萨克自治州人大完成对《库鲁斯台草原生态保护条例》《塔城市河流生态保护条例》的修订工作，两部条例在自治区十三届人大常委会第三十四次会议顺利通过，已于2022年12月24日施行。

【“小切口”立法和基层立法联系点】　2022年，地区人大工委按照“小切口、大纵深、真管用、能落实”的原则，指导和布克赛尔县制定《和布克赛尔蒙古自治县餐饮服务从业人员佩戴口罩的规定》。积极发挥基层立法联系点的作用，推荐乌苏市工业园区设立为伊犁哈萨克自治州人大常委会基层立法联系。按照“有件必备、有备必审、有错必纠”的要求，进一步加大规范性文件备案审查工作力度。

人大监督

【监督工作概况】　2022年，地区人大工委紧扣自治区党委工作部署、地委中心工作安排、司法公平正义和民生热点难点问题，突出监督重点，推动党的决策部署贯彻落实，推动法律法规有效实施，推动“一署一委两院”依法行使职权。加强对地区职业教育、法治建设、2021年环境状况和环境保护目标完成情况等重点工作和法律法规实施情况的监督，发挥监督工作在实现社会稳定和长治久安总目标中的服务保障工作。

【宪法法律宣传实施】 2022年，地区人大工委坚持以宪法为根本活动准则，开展宪法法律学习宣传教育，组织实施国家宪法日、自治区宪法法律宣传月活动，严格落实宪法宣誓制度，弘扬宪法精神。组织伊犁哈萨克自治州人大常委会决定任命的国家工作人员进行宪法宣誓，激励国家公职人员忠于宪法、维护宪法、履行法定职责。

【经济工作监督】 2022年，地区人大工委加强对行署全口径预算决算的审查和监督，审查批准2021年地区财政预算执行情况和2022年地区财政预算草案报告、2021年地区国民经济和社会发展计划执行情况及2022年地区国民经济和社会发展计划草案的报告、2021年地区本级财政预算执行及其他财政收支审计情况的报告；听取和审议行署2021年关于审计查出问题整改落实情况的报告和2021年地区本级财政预算执行及其他财政收支审计报告。开展地区国有资产管理、招商引资、旅游工作专题调研。跟进对新疆塔城重点开发开放试验区建设调研意见建议落实情况。研究批准行署《关于提请批准塔城地区2022年新增地方政府债务限额分配及政府债券预算调整方案的报告》。

【环保工作监督】 2022年，地区人大工委配合自治区人大常委会开展2022年天山环保行执法检查，对地区2021年环境状况和环境保护目标完成情况进行专题调研，并在塔城地区人大工作委员会2022年第二次会议上对《中华人民共和国环境保护法》进行专题培训，并发放宣传手册60余份。听取并审议通过《地区2021年度环境状况和环境保护目标完成情况报告》，持续推动打好污染防治攻坚战。

【司法工作监督】 2022年，地区人大工委着眼于维护社会公平正义，听取和审议法院、检察院工作报告，对地区中级人民法院加强审判监督工作、地区检察分院法律监督工作进行专题调研，并在工委会上听取和审议工作报告。充分发挥人大代表的监督作用，组织人大代表旁听地区中级人民法院案件审理，并邀请法官对人大代表开展庭审前的培训，累计收集人大代表对庭审意见建议3条，分别反馈至地区中级人民法院、地区检察分院和司法局，依法监督法院、检察院公正司法。

【监督工作成效提升】 2022年，地区人大工委举办《中华人民共和国各级人民代表大会常务委员会监督法》专题讲座。配合自治区人大常委会和伊犁州人大常委会开展集中视察、立法调研等活动12次。通过综合运用听取和审议报告、执法检查、专题调研、视察、询问等法定监督形式，加强对“一署（府）一委两院”监督，提高监督工作的针对性，增强监督的实效，全力推动解决群众“急难愁盼”问题，做到“人大干的，就是百姓盼的”，不断提升人民群众的获得感、幸福感和安全感。

代表工作

【代表学习培训】 2022年，地区人大工委围绕自治区党委、地委中心工作和代表履职需求，坚持线上学习培训与线下集中培训、地区内培训与地区外培训相结合，提升代表综合素质。2022年，举办全地区乡镇（街道）人大主席及人大代表履职能力提升培训班，培训150余人次；以视频形式举办1期自治州第十五届人大代表初任培训班，参加培训代表80余人次；举办《中华人民共和国全国人民代表大会和地方各级人民代表大会代表法》视频讲座，190名人大代表及人大干部

2022年12月1日，塔城地区人大工委《监督法》讲座举行　（赵英　摄）

参加讲座；组织地区及县（市）人大各1名领导前往自治区党校培训；组织地区各级人大代表和干部33人参加延安人大代表和干部履职能力提升培训班；在第二次工委会议上举办《中华人民共和国环境保护法》专题培训，地区人大工委委员、县（市）人大领导和代表43人参加培训；县乡人大开展人大代表履职能力培训74场次，培训代表4000余人次。

【接受人民监督】 2022年，地区人大工委不断完善《塔城地区人大工委组成人员联系驻塔全国、自治区人大代表工作制度》和《塔城地区各级人大代表联系人民群众工作制度》，推进联系代表工作制度化、规范化、常态化。坚持和落实邀请代表参与工委、县（市）人大常委会有关会议、三查（察）活动，听取代表对立法工作、监督工作、代表工作以及自身建设等方面的意见建议。先后有300余名代表列席工委、县（市）人大常委会会议和三查（察）活动。先后组织50余名各级人大代表参加地区行署、地区中级人民法院、塔城检察分院等部门和单位组织的案件审理、开放日等相关活动。

【代表履职】 2022年，地区人大工委围绕党委中心工作，常态化开展“万名代表进万家”主题实践活动，深入宣传宣讲、办好实事好事、提出有价值的议案建议。开展“喜迎党的二十大 万名代表进万家”主题实践活动，印发《塔城地区关于开展“喜迎党的二十大 万名代表进万家”主题实践活动的通知》，充分发挥地区各级人大代表作用。截至年底，先后有4000余名各级人大代表通过走进代表“家室站”、参加代表小组活动、参与“民族团结一家亲”活动、“访惠聚”驻村工作等多种渠道开展主题实践活动，开展宣传宣讲380余场次，听取和反映群众意见建议3894条，解决群众关心关注的热难点问题3696件，提高群众对基层人大组织和人大代表的满意度。

【代表议案建议】 2022年，地区人大工委通过代表个人提出、各级人大协助保障、有关国家机关提供素材，不断提升代表议案建议质量。组织代表围绕分批对社会稳定、经济发展、人居环境整治、乡村振兴、安全生产等工作开展专题调研视察活动，有力推动相关工作的落实。组织驻塔城全国、自治区人大代表，围绕乡村振兴和新疆塔城重点开发开放试验区建设情况、文化旅游产业发展等方面，进行专题调研和集中视察活动，累计发现问题6条，提出意见建议10条；年初，驻塔城全国、自治区人大代表向全国、自治区、自治州“两会”提交议案建议49条，内容涉及稳定、防疫、教育、农业、交通、环保等各方面。督促承办单位通过主要领导或分管领导带队实地调研、座谈、交流，具体办理部门与代表电话、信函沟通等多种形式，加强与提出议案建议的代表沟通、联系，做到件件有沟通、事事有回应。

【“家室站”建设】 2022年，地区各级人大以人大代表“家室站”建设为抓手，扎实推进代表“家室站”规范化升级，促进代表履职环境、履职能力、履职质量的提升。召开全地区代表“家室站”规范化建设推进会，研究下发《关于落实“八项机制”持续推进人大代表“家室站”规范化建设的指导意见》《塔城地区党政领导干部带头进站联系群众工作的指导意见》，组织各县市人大常委会分管领导，赴伊犁州、克拉玛依市、昌吉州开展“家室站”考察学习。经过规范优化，全地区共建成代表“家室站”232个，其中地区“人大代表之家”1个、各县（市）“人大代表工作室”7个、乡镇（街道）“人大代表联络站”67个、村（社区）“人大代表联络站”157个，基本实现站点建设和代表进站活动“两个全覆盖”。

（赵　英）

塔城地区行政公署

【行政公署专员、副专员】

专　员：

阿依丁·托留汗（哈萨克族）

常务副专员：

薛桂强

副专员：

李　勇（援疆干部，5月离任）

王新军（6月任）

阿　里（蒙古族）

闫　枫（6月离任）

毕　海（7月离任）

托力肯·铁力敢（哈萨克族）

斯坎旦·克尤木（维吾尔族）

李　彬（8月任）

综　述

【行署专员办公会议】　2022年，塔城地区行署召开专员办公会议20次，部分会议情况如下：

1月6日，第一次专员办公会议召开。会议研究通过《塔城地区处置、盘活“僵尸企业”指导意见》《关于强化“小升规”企业培育的意见》《塔城地区天然气利民工程社会稳定风险评估报告》《巴克图口岸国门生物安全方案》等事项，听取地区2021年度住房公积金欠缴影响职工贷款情况汇报，安排部署相关工作。

1月17日，第二次专员办公会议召开。会议研究通过《塔城地区招商引资工作考核办法（试行）》《塔城地区防汛抗旱应急预案》《塔城地区城市建设“空中蜘蛛网”问题专项整治两年行动方案（2022—2023年）》《新疆塔城地区矿产资源总体规划（2020—2025年）》等事项。

1月29日，第三次专员办公会议召开。会议研究通过《关于2021年度地区粮食安全县市长责任制考核结果的通报》《塔城地区进一步贯彻落实〈自治区关于进一步深化国有企业改革的若干意见〉的意见》等事项。听取地区防范化解重大风险工作开展情况汇报，安排部署相关工作。

2月23日，第四次专员办公会议召开。会议研究通过《2022年社保基金财政专户定期存款方案》《〈新疆塔城重点开发开放试验区建设实施方案〉任务细化方案》《塔城地区天然气投资开发有限责任公司天然气利民工程建设项目战略框架协议》等事项，研究地区2021年度安全生产、应急管理和消防安全工作考核定等事宜。

3月15日，第五次专员办公会议召开。会议研究通过《塔城地区2021年国民经济和社会发展计划执行情况与2022年地区国民经济和社会发展计划的草案》《关于2022年地区本级部门预算安排（草案）》《关于申请设立塔城综合保税区的请示》《中国（新疆）自由贸易试验区塔城片区总体方案》《关于推动塔城地区城乡建设绿色发展的实施方案》《塔城地区驻点招商工作实施方案》等事项。

3月24日，第六次专员办公会议召开。会议研究通过《塔城地区兵地融合发展工作领导小组规则等4项工作机制》《塔城地区“十四五”促进边境县（市）发展实施方案》《塔城地区工业主导产业布局和高质量发展规划（“十四五”）》《关于进一步加大对中小企业纾困帮扶力度的实施意见》《塔城地区突发环境事件应急预案》《关于调整塔城地区城乡居民医疗保险政策的请示》《关于提高塔城地区城乡居民大病保险筹资标准的请示》《塔城地区气象事业发展“十四五”规划》《关于加强地区基层消防力量建设和火灾防控工作的实施意见》等事项。

4月7日，第七次专员办公会议召开。会议研究通过《塔城地区关于贯彻落实自治区西部大开发“十四五”重点工作任务措施清单》《塔城地区贯彻落实〈自治区贯彻落实法治政府建设实施纲要（2021—2025年）实施方案〉的实施方案》《塔城地区卫生健康事业“十四五”发展规划》《关于推动落实〈新疆维吾尔自治区全面推行农村公路“路长制”实施方案〉有关事宜的请示》等事项。

4月27日，第八次专员办公会议召开。会议研究通过《塔城地区关于纳入自治区“十三五”规划已核准煤矿项目开发建设意见的报告》《塔城地区“六重”清单工作方案》《塔城地区关于进一步加快新能源汽车推广应用和充电基础设施建设实施方案》《塔城地区突发地质灾害应急预案》《塔城地区“惠民生办实事”事项清单》等事项。

5月11日，第九次专员办公会议召开。会议研究通过《塔城地区矿业高质量发展实施意见》《塔城地区金矿产业发展实施方案》《关于开展G219线塔裕一级公路收费标准测算工作的请示》《关于塔城地区S317、S343PPP公路建设项目包退库的请示》等事项。

6月10日，第十一次专员办公会议召开。会议研究通过《塔城地区优化营商环境实施意见》《塔城地区商贸企业高质量发展工作实施方案》《关于乌苏市陶粒页岩矿等3个矿业权出让的请示》《塔城地区2021年度巩固拓展脱贫攻坚成果同乡村振兴有效衔接考核评估反馈问题的整改方案》《塔城地区妇女发展规划（2021—2025年）》《塔城地区儿童发展规划（2021—2025年）》等事项。

6月16日，第十二次专员办公会议召开。会议研究通过《塔城地区推进经济稳增长一揽子政策措施》，并就做好相关工作提出明确要求。

7月1日，第十三次专员办公会议召开。会议研究通过《塔城地区加快承接纺织服装等劳动密集型产业转移促进就业方案》《塔城地区关于加快先进装备制造业高质量发展的实施意见》《塔城地区纺织服装等劳动密集型产业高质量发展实施方案（2021—2025年）》《2022年塔城地区促进商业消费活动工作方案》《关于老风口生态区一万亩耕地按照“30年土地承包农业用水”标准核定水资源费的请示》等事项。

8月8日，第十四次专员办公会议召开。会议研究通过《塔城地区关于深化改革完善体系加快国有企业高质量发展的实施意见》《塔城地区“十四五”退役军人服务和保障规划》《塔城地区高标准农田建设规划（2021—2030年）》《塔城地区切实加强林木管护工作方案》《塔城地区儿童友好城市建设方案》《塔城地区贯彻落实〈新疆高质量建设丝绸之路经济带核心区实施方案〉分工方案》《塔城地区“十四五”就业促进规划和重点工作任务分工方案》《塔城地区生态环境保护“十四五”规划》等事项。

8月26日，第十五次专员办公会议召开。会议研究通过《关于进一步完善地区城镇职工、城乡居民基本医疗保障政策的通知》《塔城地区职工基本医疗保险门诊共济保障实施细则》《塔城地区司法所规范化建设三年行动实施方案（2022—2024年）》《塔城地区关于进一步加强民用爆炸物品安全监管工作实施方案》《塔城地区关于进一步提高政府监管效能推动高质量发展工作方案》等事项。安排部署保密工作。

11月29日，第十八次专员办公会议召开。会议研究通过《塔城地区贯彻落实〈关于贯彻落实习近平总书记重要讲话精神进一步深化与中亚五国地方交流合作的实施意见〉重点任务分工方案》《塔城地区统筹疫情防控和经济社会发展做好近期经济工作的实施方案》《塔城地区信息化“十四五”规划》《塔城地区职业教育发展“十四五”规划》《塔城地区助企惠民纾困优惠政策公告》等事项。

12月16日，第十九次专员办公会议召开。会议研究通过《塔城地区地质灾害防治“十四五”规划（2021—2025年）》《塔城地区国土空间生态修复规划（2021—2035年）》《塔城地区加快推进政务服务标准化规范化便利化的实施方案》《塔城地区数字政府建设方案（2022—2025）》《塔城地区火灾事故调查处理规定实施意见》等事项。

12月30日，第二十次专员办公会议召开。会议研究通过《塔城地区现代农业产业园建设工作方案（2023—2025年）》《塔城地区“十四五”粮食产业高质量发展规划》等事项。听取地区粮食巡察问题整改和粮食安全责任制考核准备情况和地区60岁以上老人疫苗接种工作进展情况，安排部署相关工作。

【行署工作会议（部分）】 2022年3月15日，地区召开优化营商环境工作会议。会议坚持以习近平新时代中国特色社会主义思想为指导，认真贯彻落实中央经济工作会议精神、贯彻落实中央、自治区党委和地委关于“放管服”改革、优化营商环境的决策部署要求，进一步转变工作作风、明确目标任务、细化措施落实，为助推地区经济高质量发展、加快新疆塔城重点开发开放试验区建设营造良好的发展环境。

3月31日，地区召开安全生产和防灾减灾救灾工作视频会议。会议坚持以习近平新时代中国特色社会主义思想为指导，深入学习贯彻落实习近平总书记关于安全生产、防灾减灾救灾的重要指示精神和全国安全生产电视电话会议、自治区安全生产委员会全体会议精神、深刻汲取“3·21”东航航空器飞行事故和近期自治区、地区多起事故教训，分析当前地区安全生产所面临的严峻形势和存在的突出问题，全面部署、精准施策，坚决防范遏制重特大事故，以优异成绩迎接党的二十大胜利召开。

5月27日，行署召开2022年第一次全体会议。会议深入贯彻落实自治区党委十届三次全会、自治区第十三届人民政府第十二次全体会议和地委扩大会议精神，按照地委的部署要求，特别是地委书记魏建国的重要讲话要求，安排部署下一阶段落实措施，全力以赴做好今年各项工作，确保全年各项目标任务圆满完成。

5月30日，地区召开经济高质量发展现场会。会议深入贯彻落实中央经济工作会议、全国稳住经济大盘电视电话会议精神，贯彻落实自治区党委十届三次全会、自治区第十三届人民政府第十二次全体会议和地委扩大会议精神，按照自治区党委和地委关于经济工作的各项安排部署要求，相互学习借鉴发展经济的典型经验做法，以强有力的举措，全力以赴做好第二季度经济工作，确保地区经济持续健康发展。

6月7日，地区召开全面推进自建房安全专项整治行动电视电话会议。会议深入贯彻落实习近平总书记关于湖南长沙“4·29”居民自建房倒塌事故的重要指示精神，贯彻落实自治区全面推进自建房安全专项整治行动电视电话会议和《自治区自建房安全专项整治行动方案的通知》精神，对当前自建房安全专项整治行动工作进行再安排、再部署，进一步统一思想、强化措施，消除自建房风险隐患，切实保障各族群众生命财产安全。

6月23日，地区召开畜牧业高质量发展现场会。会议深入学习贯彻习近平总书记关于畜牧业发展的重要讲话和重要指示批示精神，完整准确贯彻新时代党的治疆方略，全面认真落实自治区党委十届三次全会和地委扩大会议精神，坚持问题导向，破解难点问题，切实发挥各县市、各部门主体作用，以“标准化、规模化、集约化”的发展思路，推动地区畜牧业高质量发展，持续带动农牧民增收致富。

9月23日，地区召开安全生产工作会议。会议认真贯彻落实习近平总书记关于安全生产重要讲话和重要指示精神，贯彻落实全国、自治区安全生产电视电话会议精神，贯彻落实9月21日自治区党委常委会会议精神，深刻汲取近期事故教训，分析面临的形势任务，进一步安排部署国庆假期、党的二十大期间安全防范重点工作，全力防范化解重大安全风险，坚决遏制各类重特大事故发生，切实保障人民群众生命财产安全和社会大局稳定。

11月18日，地区召开爱国卫生运动工作推进会。会议坚持以习近平新时代中国特色社会主义思想为指导，全面贯彻落实党的二十大精神，认真落实《国务院关于深入开展爱国卫生运动的意见》、自治区人民政府《关于积极开展爱国卫生运动　助力疫情防控工作的通知》精神，坚持以人民健康为中心，动员全地区广大干部群众凝心聚力，深入开展爱国卫生运动，改善生产生活环境，培养健康文明生活方式，打赢打好新冠疫情防控攻坚战，为推动地区经济社会高质量发展奠定坚实基础。

12月6日，地区召开安全生产和防灾减灾救灾工作视频调度会议。会议深入学习贯彻党的二十大精神，学习贯彻习近平总书记关于安全生产重要论述精神，贯彻落实自治区安全生产视频会议和地委第38次委员扩大会议精神，深刻吸取近期事故灾害教训、分析当前安全生产和防灾减灾形势，总结经验教训、认真举一反三、压紧压实责任，有效防范化解重大安全风险，坚决防范和遏制重特大事故灾害发生，为地区经济社会发展营造安全稳定的环境。

【行署主要领导调研】

1月11—14日，地委副书记、行署专员阿依丁·托留汗赴哈尔滨市大庄园实业集团考察畜牧业产业发展项目并进行招商引资。

1月28日，地委副书记、行署专员阿依丁·托留汗陪同自治区党委马兴瑞书记看望慰问基层干部群众和边防官兵。

2月1日，地委副书记、行署专

员阿依丁·托留汗在社会福利院、地区医院急救中心、地区应急管理指挥中心和塔城市自来水公司进行春节期间慰问走访。

4月6日，地委副书记、行署专员阿依丁·托留汗在额敏县额敏河进行巡河。

4月10日，地委副书记、行署专员阿依丁·托留汗在塔城市就爱国卫生运动开展情况进行暗访。

5月2—4日，地委副书记、行署专员阿依丁·托留汗在乌苏市、沙湾市调研工业企业、项目建设旅游安全、水库运行等工作。

8月1—3日，地委副书记、行署专员阿依丁·托留汗在额敏县、和布克赛尔蒙古自治县、托里县、裕民县夏牧场进行调研。

8月12日，地委副书记、行署专员阿依丁·托留汗在额敏县、塔城市调研指导疫情防控和保供稳价工作。

12月20日，地委副书记、行署专员阿依丁·托留汗陪同自治区党委马兴瑞书记在额敏县、裕民县调研县域特色产业发展、基层组织建设、乡村振兴、生态环保等工作。

（张　君　章　晟）

综合政务

【政务信息】　2022年，行署办公室采编《塔城政务信息》225期1465条，其中自治区采用98条，全疆排名第九；报送自治区专报约稿73期、自治区采用25条、被地区领导批示14次。

【办会工作】　2022年，行署办公室坚持精简高效的办会原则，把控会议时间节点、细化办会标准流程，高标准严要求组织筹备各类会议。全年服务保障国家、自治区各类视频会议145场，行署党组会议25场、行署党组理论学习中心组集体学习21场、专员办公会议20场、专题会议60余场，组织筹办地区现场会7场。

【督查督办工作】　2022年，行署办公室牢固树立“大督查”意识，全面跟踪、认真督查、及时反馈。紧紧围绕自治区和地区研究决定的重大事项，全年督促办理会议安排事项140余件，跟踪落实行署领导重要批示件400余件，编发督查督办通知20余件，有效提高督查工作的有效性和时效性，提升政府系统的公信力和执行力。同时，办理国务院、自治区人民政府“互联网+督查”平台和“中国政府网”群众留言1700余件，确保群众反映的急难愁盼问题件件有人接、事事有人管。

【政务服务】　2022年，行署办公室组织相关部门赴县市开展优化营商环境专题调研，及时发现存在的问题、提出可行性意见建议，持续强化政策保障，先后制定《塔城地区推进经济稳增长一揽子政策措施十个方面58项政策措施》《塔城地区优化营商环境实施意见》《关于强化“小升规”企业培育的意见》《塔城地区处置、盘活“僵尸企业”指导意见》《关于进一步加大对中小企业纾困帮扶力度的实施意见》等政策性文件，助力地区经济高质量发展。全面做好“互联网+”、政府信息公开等工作，发布信息3600余条，受理领导信箱有效群众来信130件，办结率100%，不断提升政务新媒体平台影响力，门户网站连续两年在自治区政府每季度网站普查中稳定保持在前三名，2022年第二季度获得自治区政府网站普查第一名。

【制度建设】　2022年，行署办公室结合工作实际，从公文处理、内部管理、保密管理等方面，对办公室各项制度进行全面审视和系统梳理，全年制定完善办公室各项工作制度40项，有力保障办公室工作的制度化、规范化、科学化开展，形成程序更规范、衔接更紧密、服务更优化、运转更高效的工作新格局。

（张　君　章　晟）

重要文件

【行署印发的文件（部分）】

1月10日，印发《塔城地区农副产品加工业高质量发展实施方案（2022—2025年）》。

3月28日，印发《塔城地区行署贯彻落实〈自治区人民政府工作报告〉重点工作任务分解方案》。

3月28日，印发《塔城地区气象事业发展“十四五”规划》。

3月31日，印发《塔城地区突发环境事件应急预案》。

4月12日，印发《塔城地区卫生健康事业“十四五”发展规划》。

7月1日，印发《塔城地区优化营商环境实施意见》。

7月19日，印发《塔城地区妇女发展规划（2021—2025年）》和《塔城地区儿童发展规划（2021—2025年）》。

12月29日，印发《塔城地区加快推进政务服务标准化规范化便利化的实施方案》。

【行署办公室印发的文件（部分）】

1月10日，印发《关于强化“小升规”企业培育的意见》《塔城地区处置、盘活“僵尸企业”指导意见》。

1月29日，印发《塔城地区银行业金融机构支持地方经济高质量发展评价激励暂行办法》《塔城地区城市建设“空中蜘蛛网”问题专项整治两年行动方案（2022—2023年）》。

3月24日，印发《塔城地区推动公立医院高质量发展实施方案》。

3月29日，印发《关于进一步加大对中小企业纾困帮扶力度的实施意见》。

4月29日，印发《塔城地区全面推行农村公路“路长制”实施方案》。

5月6日，印发《塔城地区工业主导产业布局和高质量发展规划（“十四五”）》《塔城地区贯彻落实〈自治区全民科学素质行动规划纲要实施方案（2021—2025年）〉工作方案》。

5月20日，印发《2022年塔城地区能源供应保障工作方案》。

6月2日，印发《塔城地区矿业高质量发展实施意见》《塔城地区金矿产业发展实施方案》。

7月7日，印发《塔城地区不动产登记“交付即交证”工作实施方案》《塔城地区不动产登记“交付即交证”工作实施细则》《塔城地区加快先进装备制造业高质量发展的实施意见》。

7月8日，印发《塔城地区纺织服装等劳动密集型产业高质量发展实施方案（2021—2025年）》。

8月12日，印发《塔城地区贯彻落实〈自治区关于加快新疆棉销售和优化棉花加工产能的工作方案〉的分工方案》《塔城地区关于坚持以高质量发展为目标大力发展粮食产业经济的实施意见》。

8月25日，印发《塔城地区关于进一步加大对中小微企业和个体工商户助企纾困力度若干政策措施》。

9月18日，印发《塔城地区关于抓好当前和今后几个月经济工作的若干政策措施》。

9月19日，印发《塔城地区加快农村寄递物流体系建设工作方案》《塔城地区深化医药卫生体制改革2022年重点工作任务》《塔城地区进一步加强草原禁牧和草畜平衡监督管理工作实施方案》。

10月23日，印发《塔城地区核酸检测能力再提升工作方案》《塔城地区集中隔离点储备能力提升和方舱医院建设工作方案》。

11月12日，印发《塔城地区贯彻落实〈自治区外来务工人员稳岗留工7项措施〉的实施方案》。

12月9日，印发《塔城地区行政许可事项清单（2022年版）》。

12月23日，印发《塔城地区火灾事故调查处理规定实施意见》。

（张　君　章　晟）

政务服务与公共资源交易中心

【优化政务服务】　2022年，地区政务服务与公共资源交易中心通过组织召开座谈会、征求地直各部门意见建议、借鉴广州深圳等全国其他省市先进经验等方式，研究制定并报请行署审议印发《塔城地区优化营商环境实施意见》，明确企业开办、工程建设审批、获得水电气、不动产登记、纳税、跨境贸易、人才服务保障、获得信贷、市场主体退出9个方面50条具体内容，细化地直各部门职责任务。全面推行企业、个体工商户、农民专业合作社网上在线自主申报，节省各类市场主体办事时间与人力成本。整合市场监管、公安、税务、银行等多部门力量，配备专职人员为企业开办提供“保姆式”服务，确保企业开办四个环节“一日办结”。在全疆率先推行“塔礼包”服务并发放23个，为新开办企业免费刻制公司章、税务章、财务章、法人章，实现企业开办费用“零成本”，为推动塔城重点开发开放试验区建设和地区高质量发展提供强有力保障。梳理编制政务服务事项清单，完成地区本级行政权力事项583项、公共服务事项183项梳理建档工作。优化审批服务流程，在地、县市两级政务服务大厅全面推行一次性告知制、限时办结制、服务承诺制等工作制度，窗口人员责任意识、服务水平得到进一步强化，全地区行政许可事项承诺办理时限均在法定办理时限的基础上压减70%以上。制定出台特邀监督员选聘办法和相应工作制度，从“两代表一委员”、社会组织、市场主体等社会各界人士中通过公开聘请和定向特聘相结合的方式聘请11名政务服务特邀监督员，对地区各级政务服务场所进驻窗口单位和窗口工作人员政策落实、服务态度、服务效率等情况开展监督评议。在地区政资中心一楼设立24小时自助服务大厅。将社保、医保、公安、市场监督、水电气等功能进行全面整合，让群众享受到24小时“不打烊”的政务服务，切实增强企业和群众幸福感和获得感。

【政务服务“一网通办”】　2022年，地区政务服务与公共资源交易中心梳理发布涉及人社、医保、市场监督、公安等部门“跨省通办”

地区、县市事项228项，建立与疆内其他地（州）市和地区内各县市互通协作机制，办理“跨省通办”事项6万件次。推动实施地区15个高频事项“一件事一次办”主题集成服务优化整合。推行政务服务事项网上办理模式。全地区在一体化平台上累计发布依申请行政审批和公共服务事项4616个，可网办事项比例达97.6%，即办事项比例47.27%，网上办件38.1万件次，累计上传历史证照33万件，平台个人和法人注册用户达74万个。完成5457个政务服务事项的3.7万条数据目录信息项编制上传工作，实现目录资源等数据在地区与自治区平台之间共享交换。

【“12345”便民热线服务】 2022年，地区政务服务与公共资源交易中心通过有效运用地区“12345”政务服务便民热线，规范“接诉即办”流程，为群众提供全天候服务，及时回应群众求助事宜，全力当好企业群众诉求“总客服”。不断提升各类工单转派及时准确和答复，实时更新热线知识库，推送热点问题答复统一口径，接诉即办，确保快速落实。针对疫情防控要求，编制地区“12345”政务服务热线每日疫情专报118期，为地委、行署科学决策提供参考依据，切实解决好企业群众的“急难愁盼”。全年累计接听企业和群众来电9.62万通，接听率97.6%，办结率99.9%，回访满意率96.7%。接听群众对往返塔城防疫政策咨询、交通出行、核酸检测、医疗救助、物资保障等涉疫诉求累计31440件，办结31422件，办结率99.94%，回访满意率94.8%。

【公共资源交易】 2022年，地区开发建设公共资源交易电子化综合性平台并已上线投入运行，完成“不见面开标”、“标证通”、CA数字证书及电子签章等数据接入，已基本实现全疆范围内互联互通互认。正式启用地区电子保函平台及投标保证金系统，实现企业入驻“零门槛”“零成本”。累计完成各类市场交易主体注册入库1140家，办理投标保证金256笔，服务企业累计356家次，办理电子保函业务320单，服务企业164家，为企业有效释放现金流3802.26万元。推进多类型电子招投标系统运用，提升企业线上、线下及远程异地开评标服务效能，作为自治区、伊犁州、阿勒泰地区公共资源交易中心副场，助力自治区、伊犁州、阿勒泰地区21个项目远程异地评标，涉及项目交易金额达8.58亿元。完成涉及建设工程、勘察设计、交通、水利、农林、施工监理、政府采购、土地矿产交易等进场交易项目718项，涉及交易金额130.29亿元。减免援疆、工业园区、安居富民、定居兴牧四项建设项目场地及设施服务费累计37项，涉及金额18.95万元。

（王　袁）

外事工作

【概况】 2022年，地委外事工作委员会办公室设在地区行署外事办公室，接受地委外事工作委员会的直接领导，承担地委外事工作委员会具体工作。12月，经地委编委批复“成立地区对外联络服务中心”，具体负责地委外事工作委员会办公室工作。

【外防疫情输入工作】 2022年，地区成立口岸外事组，严格按照自治区、地区“外防输入、内防反弹”的工作要求，实行周调度会商机制，每周一调度各县市口岸外事组掌握情况、推出问题、做好研判，对急、特、重的情况及时形成专报，上报地区疫情防控指挥部，为地区科学精准做好疫情防控提供决策依据。

【“一带一路”及塔城重点开发开放试验区工作】 2022年，地区外办根据《〈新疆塔城重点开发开放试验区建设实施方案〉2022年任务分解方案》，做好牵头工作，继续配合地委政法委、教育工委等单位做好涉及外事部门等具体任务。根据《关于做好塔城西部大开发重点工作贯彻落实有关的通知》，结合外事工作职能，配合相关部门做好哈萨克斯坦阿拜州、东哈州参加中国—亚欧博览会的邀请工作。

【中国哈萨克斯坦国界联检工作】 2022年，地区外办按照自治区外办《关于开展2022年国界第一次联合检查非接触式野外作业的通知》精神，成立中国哈萨克斯坦国界第一次联合检查非接触式野外作业塔城段第二、第三两个联检组，从地市外办、塔城军分区参谋部、塔城边境支队抽调22名骨干配合外交部和自治区外办业务人员开展工作。野外工作于7月19日正式启动至8月25日结束，历时36天。

【对外友好工作】 2022年，地区外办积极与自治区外办沟通对接，起草上报《关于推动塔城地区友城工作的报告》，加快推进缔结友城关系，建立健全友城之间的正常联系交往机制。督促已缔结友城关系的县市通过电话、视频等途径，运用“云外事”交流模式，增进联络交流，为下一步加强经贸、科技、人文等领域的务实合作打基础铺路子，提升友城工作的吸引力和影响力。

（霍素玲）

信访工作

【概况】 2022年，地区信访局坚持以习近平新时代中国特色社会主义思想为指导，深入学习贯彻党的二十大精神和十九届历次全会精神，认真学习贯彻习近平总书记关于加强和改进人民信访工作的重要指示精神和习近平总书记视察新疆时的重要讲话精神，全面贯彻落实第九次全国信访工作会议、自治区党委十届五次、六次全会精神以及全区信访工作会议精神，衷心拥护“两个确立”、忠诚践行“两个维护”，增强“四个意识”、坚定“四个自信”、做到“两个维护”，主动学习和践行伟大建党精神，切实履行信访部门“为民解难、为党分忧”的政治责任，始终在思想上政治上行动上同以习近平同志为核心的党中央保持高度一致。完整准确贯彻新时代党的治疆方略，紧紧围绕社会稳定和长治久安总目标，畅通和规范群众诉求表达、利益协调、权益保障通道，推动信访工作始终同党和国家发展大局同向发力、同频共振，把自治区党委决策部署、自治区信访局工作安排和地委工作要求落地落实落细，推动地区信访工作提质增效。

【推动信访工作】 2022年以来，地委、行署高度重视高位推动地区信访工作，深入学习贯彻习近平总书记关于加强和改进人民信访工作的重要指示精神和党中央、国务院《信访工作条例》，自觉对标对表国家治理体系和治理能力现代化，加强对地区信访工作的顶层设计，定期听取信访工作汇报，对重要信访工作重大信访事项亲自安排、亲自部署、亲自协调；地委、行署主要领导亲自接访、亲自包案、直接过问、示范带动，逢会必讲信访，先后11次研究部署地区信访工作。地区信访部门全面落实地委、行署工作要求，下大气力解决信访突出问题，更好地维护群众合法权益、促进社会和谐，实现地区信访工作高质量发展、信访形势持续向好。

【学习宣传贯彻《信访工作条例》】 2022年，中共中央、国务院颁布的《信访工作条例》已于5月1日正式施行。地区各级党政机关把学习宣传贯彻《信访工作条例》（以下简称《条例》）作为一项重要政治任务，以学习贯彻《条例》的实际成效推动法治信访建设。地区信访系统从4月1日开始，每天组织学习《条例》，做到先学一步、学深一层；组织全地区332名信访干部和信访干事参加自治区信访业务在线学习考试；地区信访局举办《条例》培训班，对全地区信访干部就《条例》做专题讲座，进行全面深入解读、培训。通过电子屏滚动、制作宣传标语、宣传展板，加大《条例》宣传力度，发放宣传手册5万余册；与依法治地办、地区电视台协作举办《条例》法治讲堂，在全社会掀起学习宣传《条例》的热潮。地委全面依法治地委员会办公室把《条例》纳入地区“八五”普法重要内容，地委宣传部门把《条例》作为地区各级党政机关党委（党组）理论学习中心组专题学习内容，地区各级党校（行政学院）把信访工作作为党性教育内容纳入教育培训。地区人大工委9月5—9日对《条例》的学习宣传贯彻进行执法检查，推动《条例》的深入全面贯彻实施，为《条例》在塔城地区落地落实落细发挥重要作用。

【信访制度改革】 2022年，地区信访局以社会治理创新为动力推进信访工作改革，不断健全信访信息系统，将信、访、网、电等信访事项全部纳入信访信息系统流转，确保每件信访事项的受理、办理过程都在网上全程留痕，做到信息全录入、办理全公开、数据自动生成。不断提升信息化水平，完善提升信访网上投、事项网上办、结果网上评、问题网上督、形势网上判的“一网式”信访综合管理服务机制，形成全程跟踪、动态评价、回访督办的信访工作新模式，为群众提供更为便捷的诉求表达和权益保障渠道。不断提升群众满意度，以信访信息服务平台为载体，实时网上信访过程和结果可查询、可跟踪、可督办、可评价，信访群众可以随时查询信访事项办理进展情况、进行满意度评价，实现“让数据多跑路、让群众少跑腿”。学习宣传《信访工作条例》《新疆维吾尔自治区信访条例》，加大信访“一微一端”宣传力度，引导群众由“信访”向“信法”转变。推进诉访分离，将涉法涉诉信访问题转同级政法部门依法处理。落实依法分类处理各项规定，及时梳理完善依法分类处理信访诉求清单，准确分类、及时处理群众信访诉求，开展依法分类处理信访诉求工作。落实党委、政府责任制和“一把手”负责制，主要领导负总责，分管领导具体负责，其他领导按照“一岗双责”要求抓好分管范围内的信访工作，阅批群众来信，接待来访群众，包联化解重点信访事项。强化责任追究。对推诿扯皮、不认真解决群众诉求造成不良影响的，对因决策失误、工作失职损害群众利益导致信访事项发生且造成严重后果的，依法依规追究责任。截至年底，地区没有发生违反信访工作纪律情况和涉信访舆论负面炒作情况。

【信访业务规范化建设】 2022年，地区信访局加强信访业务规范化能力培训，先后举办信访业务集中培训班2次，通过“线上+线下”培训方式，对地、县市、乡镇（街道）信访干部和村（社区）信访信息员进行专题培训，进一步厘清信访事项受理办理、转送交办、复查复核、督查督办、答复送达等标准和程序，培养一批信访业务行家里手。加强信访业务规范化制度落实，将信访业务规范化建设作为地区信访绩效考核的重要内容，严格落实首办负责制，建立信访业务规范化“双负责制”：谁交办、谁负责，谁受理、谁负责，落实“日审核”“周排查”“月通报”工作机制，对超期受理办理信访事项的责任单位进行通报批评，以责任落实推动信访业务规范化水平提升。

【信访治理典型经验】 2022年，塔城地区基层信访部门坚持好发展好新时代新疆特色“枫桥经验”，全力推进基层信访治理，打造先进典型，宣传推广塔城经验，促使矛盾纠纷在基层调处，问题在基层解决，真正打通服务信访群众的“最后一公里”，让各族群众通过每一件信访案件的解决真真切切感受到党和政府的关怀。2022年以来，地区信访部门在各类媒体刊登宣传稿件27篇，其中中央主流媒体4篇（《人民日报》1篇、人民日报社城市先锋行1篇、中央电视台2篇），自治区主流媒体23篇（《新疆日报》12篇、新疆电视台2篇、《新疆法制报》7篇），促使矛盾纠纷在基层调处，问题在基层解决，真正打通服务信访群众“最后一公里”，让各族群众通过每一个信访案件的解决真真切切感受到党和政府的关怀。

【信访部门自身建设】 2022年，地区信访局坚持以习近平新时代中国特色社会主义思想为指导，聚焦总目标，对标对表国家治理体系和治理能力现代化，坚决纠正信访工作中的形式主义、官僚主义问题，进一步转变作风，狠抓工作落实。切实加强素质能力建设。坚持以提升能力为核心，自觉加强学习实践，不断提高地区各级信访干部做好群众工作、处理复杂问题的能力水平，大力提高信访干部政治素质和专业化能力。分级分类组织开展政治理论、政策法规和信访业务培训，深入开展“业务大学习、岗位大练兵”活动，2022年以来，塔城地区信访局组织信访业务培训两次；抓好信访业务在线学习平台学习，积极参加自治区信访局在线学习考试，全员参学率超过70%，考试平均成绩超过自治区平均分。夯实基层信访基础。以提升基层信访治理效能为契机，在地区全部乡镇（街道）设立信访工作联席会议，在全部村（社区）配备信访信息员、设立信访调解室、建立网上信访代理点，大量矛盾隐患在基层一线得到及时发现、就地化解，有效防范矛盾升级、问题扩大。加强队伍建设，地、县信访部门均配齐配强信访部门领导班子和干部队伍，解决好没有工作机构、工作力量不平衡等问题。

（毛据提）

机关事务管理

【资产管理工作】 2022年，地区启动资产高效管理的公物仓建设和制度化管理体制机制，加强对机关事业单位资产的集中统一管理，明确管理主体、方式，建立资产实物的清单和电子台账。统筹公房调配管理和公物仓资产集中统一管理，提升房产和资产合理配置水平，探索推进资产共享、修复循环利用的模式。建立地区本级实体公物仓4个，及时调配400余件次办公物资。

【标准化建设】 2022年，塔城地区牢牢围绕“标准化赋优”指导思想，逐步织密机关事务标准体系框架。在公务接待方面，会同财政部门印发《关于进一步优化地区党政机关国内公务接待工作的方案》《塔城地区党政机关商务活动接待实施细则》《塔城地区本级机关事业单位食堂服务管理办法》，联合纪委监委印发《公务接待正负面清单及案例指引》等一系列有效管用的标准性文件。在办公用房管理方面，制定《塔城地区本级人才公寓干部周转住房管理办法》《塔城地区本级党政机关办公用房使用权登记管理规定》《地区本级厅级干部周转住房改造装修及生活物品采购标准（内控制度）》等制度规定。在公务用车方面，制定《特殊工作用车实行阶段性自行集中管理办法》《公务用车正负面清单及案例指引》《塔城地区党政机关公务用车巡检考核暂行办法》等制度规定。在公共机构节能方面，以节约型机关、节水型单位、节约型公共机构创建为抓手，不断强化节能管理，细化绩效考评，健全节能管理体系，充分发挥公共机构节能示范引领作用。

【信息化建设】 2022年，地区机关事务管理局依托自治区机关事务信息化平台，建立塔城地区机关事务数据资源目录体系，形成数据资源开放共享清单，逐步实现服务管理智能化。完成76家党政机关公房测绘工作，面积约25万平方米，录入平台信息面积约15万平方米。测绘工作完成率100%。办公用房信息化管理格局初步形成。地区公务用车编制信息录入率100%，车辆信息采集录入率100%，不断推动公共机构节能信息化平台资源配置和有效利用，开展能耗统计、节约型机关创建、节水型单位创建、垃圾分类统计、碳排放统计等工作，提升资源共享效能。

【公务接待】 2022年，塔城地区开展全疆首例推动落实中央八项规定精神纠“四风”树新风专项整治工作，地区机关事务管理局抽调骨干力量，参与违规公款吃喝等隐形变异“四风”问题、机关食堂管理、公车管理等专项整治工作。发现问题及时下发限期整改反馈单，并制定出台相应的规章制度及长效机制。加强机关食堂、商务接待管理。对服务保障范围、执行标准、审批程序、经费管理等做规定，提升接待水平和服务质量。

【办公用房管理】 2022年，地区机关事务管理局严格规范县市和地区部门办公用房管理，调配5家单位公房使用面积约1000平方米，督促11个部门（单位）腾退超面积公房1700平方米。收回临时机构办公设备183个。完成地区本级313个，县市2486个机关事业单位公房数据审核汇总工作，全面掌握地区办公用房数据。联合纪委监委对地市党政机关办公用房开展抽查和整改落实情况“回头看”，累计检查单位18家，检查办公用房249间，发现问题12个，限期要求整改到位。做好集中办公区和周转房的维修、亮化、绿化等工作，对集中办公区的物业公司开展月测评、打分，季度征求意见方式予以监督。完成首批人才公寓干部周转房4栋160户建设和入住工作。抓好厅级和县处级周转房分配、维修和物品配备等管理工作，累计投入资金110余万元。

【公务用车管理】 2022年，地区机关事务管理局通过专项整治和巡检，完善各项制度、办法、规定，及时制定出台地区“两办法一指引”工作提示，持续推进公车管理法治化进程。针对公车老旧无法满足工作需求等问题，制定《塔城地区进一步加快新能源汽车推广应用和充电桩设施建设方案》完成充电桩招商引资建设6000万元，完成地直单位首批集中统一租赁新能源汽车工作，党政机关使用新能源车示范引领作用凸显。2022年度地区公务用车购置方案已报批并完成经费预算工作，相关单位已进入采购阶段。抓好公车编制、购置、处置和日常管理审批等相关业务流程。完成对地区本级四套班子公务用车和部门越野车、商务车集中统一管理，严格落实“三单一办法”，公务用车管理体制机制不断完善。

【公共机构节能】 2022年，地区机关事务管理局落实“碳达峰、碳中和”战略目标，实现2022年度能源资源消费统计3项重要项目指标持续下降。争取项目资金38万元，完成10家重点用能单位能源审计工作。完成108家自治区级节约型机关创建单位网上申报、核查、自评工作。围绕节能宣传周采取线上线下同步、能源紧缺体验、参与云活动等方式营造节能环保氛围。塔城地区在自治区节能降碳微视频征集活动中入围作品6个。塔城市微视频《低碳生活，绿见未来》获得4573票人气作品。开展公共机构生活垃圾分类示范点遴选工作，累计有2个部门、1家医院、1所学校申报自治区级生活垃圾分类示范点。全地区机关食堂均设有节约用餐、餐厨垃圾回收等提醒标识和反食品浪费监控摄像头，引导全地区干部职工养成爱粮惜粮的良好习惯。

（胡庆文）

行署驻乌鲁木齐办事处

【招商引资工作】 2022年，塔城行署驻乌鲁木齐办事处制定招商引资工作方案，明确责任目标，分解工作任务。办事处主要领导亲自带头，多方搜集信息，与自治区党委组织部及自治区财政厅、发改委、民政厅等厅局联系，争取项目资金；先后与新疆能源集团、金风科技、中石化疆北分公司、国家开发投资集团、耀华集团、北大荒农服集团、四川阆中商会、中铁二十一局、新疆泽慧公司等公司企业开展座谈走访，带企业到地区进行实地考察洽谈，邀请他们来塔城投资兴业。其中塔城市与北大荒农服集团签订框架协议，新疆泽慧公司项目进入选址阶段，中石化疆北公司的“油气光电服”项目进入立项阶段。通过多方努力，通过办事处招引新疆金嘉怡矿业有限公司在托里县黄金资源整合开发利用项目已成功落地。通过与自治区财政厅对接，引入1亿元国家专项资金。完成招商引资任务1.2亿元，完成任务的120%。

【对外宣传工作】 2022年，塔城行署驻乌鲁木齐办事处大力宣传塔城国家重点开发开放试验区的投资优势和优惠政策。积极联络委托自治区党委、政府和各厅局的领导以及在地区工作过的离退休老领导进行宣传推介，争取高位推动；与广东“粤贸行”平台团队、中国华融集团、河南商会、宁夏辽宁商会等大型团队一起座谈推介；向乌鲁木齐市综合保税区“西大门保税直购中心”“经开区丝绸之路交易中心”推介地区招商引资项目；通过线上形式与辽宁深圳商会、浙江商会、江苏商会进行宣传，发放“油画塔城”“开发开放试验区宣传册”等1000余份，向地区上报招商信息13条。

【名优产品的展示销售工作】 2022年，塔城行署驻乌鲁木齐办事处充分利用办事处地理位置好，客流量大的特点，在办事处迎宾楼醒目位置设立“塔城礼物”宣传专柜，展示销售地区红花油、黑加仑、禧安椒等名优特色产品。做好乌苏鲜啤的宣传销售工作，由办事处牵头，与地区宁城宾馆和地区宾馆经理前往乌苏市与嘉士伯公司和乌苏精酿鲜业公司两家公司就乌苏鲜啤在地区及乌鲁木齐的展示销售进行协调对接。将乌苏鲜啤引入办事处酒店进行展示销售，让来宾能够享受到最新鲜、口感最佳的啤酒。同时办事处还通过专业广告公司制作乌苏啤酒及其他特色产品的大幅宣传海报在办事处醒目处悬挂，有效地提升塔城名优产品的知名度和宣传效果。

【政务服务工作】 2022年，塔城行署驻乌鲁木齐办事处先后为地区在乌鲁木齐市海德酒店召开的重点开发开放试验区的新闻发布会、地区两会代表团、地区参加自治区党委十届三次、四次、五次全会代表团和地区亚欧博览会代表团做好了服务工作。对于每个任务，办事处都制定服务方案，明确责任，把代表团的车辆、食宿、行程、会议场所、会务服务、资料印制、办公设备的保障、文件接收传递等工作细化到人。完成亚欧博览会地区代表团的服务任务，办事处全程闭环随团服务，主动与自治区商务厅、组委会联络，协调三家酒店和四辆车为代表团做好保障，从疫情防控、布展撤展、亚欧论坛、招商签约等方面全力做好防疫检查、出行送餐等服务工作，顺利完成任务。

【服务保障工作】 2022年，塔城行署驻乌鲁木齐办事处充分发挥政务服务和招商引资的重要平台作用。为地区四套班子领导在乌鲁木齐办理公务做好保障，为地区各单位、各县市在乌鲁木齐重要会议、招商引资活动提供便利。先后为地区财政局、发改委、农业农村局等单位与自治区相关厅局和企业的对接提供会议场所和会务服务。全程参与地区人大、发改委、司法局与自治区人大、发改委有关《塔城重点开发开放试验区条例》研讨会的服务工作，为试验区的建设做出贡献。进一步拓展服务领域，为塔城中等职业技术学校联系确定新疆医科大学附属企业、新疆疆遇大巴扎文旅投资公司作为学生就业见习基地。在具体服务工作中，办事处积极与机场、南航公司、高铁站、公路检查站协调沟通，制定快速通行的具体措施，为地区人员提供更快捷、更周到的服务。

【服务援疆干部和援疆团队】 2022年，塔城行署驻乌鲁木齐办事处对每一批援疆干部、组团式医疗团队都安排专人负责，主动掌握他们的行程、食宿及出行安排，事先掌握疫情防控政策，事事想在前面、干在前面，解决援疆干部的后顾之忧，让他们处处感受到家的温暖，接待援疆干部10批90余人次。

【国有资产监督管理】 2022年，塔城行署驻乌鲁木齐办事处固定资产进行盘点、登记造册。协调资金改造维修服务客房16间。建立联席会制度，先后6次召开办事处、宁城宾馆、承包企业之间的三方会议，对疫情防控、安全生产、政务服务等工作提出要求，定期对承包企业的疫情、安全工作进行检查督促，确保承包企业安全正常运转。帮助企业解决困难，协调解决某市拖欠酒店费用28万元。

（王道明）

中国人民政治协商会议新疆伊犁哈萨克自治州委员会塔城地区工作委员会

【政协工委党组书记、主任、副主任，秘书长、副秘书长】

党组书记、副主任：

张耀华（5月任）

党组副书记、主任：

居玛哈孜·哈德尔别克（哈萨克族）

党组成员、副主任：

马学武（回族）

阿依丁·哈布肯（哈萨克族）

王东升（12月离任）

秘书长：

卡日甫汗·铁木尔汗（哈萨克族，6月任）

副秘书长：

刘孟林

综　述

【委员全体会议】　2022年2月25日，政协塔城地区工作委员会召开2022年委员全体会议。会议传达学习自治区、伊犁州"两会"精神，回顾总结2021年工作，安排部署2022年工作任务，通报政协塔城地区工作委员会2021年委员提案工作情况，各县市政协作会议发言。

【协商会议】　2022年4月22日，政协塔城地区工作委员会召开2022年第一次季度协商会议。会议围绕"关于加快塔城重点开发开放试验区建设，助推经济高质量发展"主题进行专题协商，会上通报《关于加快塔城重点开发开放试验区建设，助推经济高质量发展的调研报告》，各县市政协、政协委员围绕大会主题进行交流发言，提出意见建议。

2022年6月23日，政协塔城地区工作委员会2022年第二次季度协商会议在托里县召开。会议围绕"持续抓好库鲁斯台草原修复治理"和"抓好'奎—独—乌''乌—昌—石'大气污染治理，推进区域空气质量提升"主题进行专题协商，会上通报《关于库鲁斯台草原生态修复保护和推进"奎—独—乌""乌—昌—石"大气污染治理的调研报告》，各县市政协、政协委员和基层单位围绕大会主题交流发言。参会人员对托里县库鲁斯台草原生态修复保护情况进行实地视察。

2022年11月12日，政协塔城地区工作委员会2022年第三次季度协商会议以视频形式召开。会议围绕"加快推进旅游业发展，打响文旅融合新品牌"主题进行专题协商，会上通报《关于加快推进旅游业发展，打响文旅融合新品牌的调研报告》，各县市政协、政协委员、各有关单位围绕大会主题交流发言。

2022年12月15日，政协塔城地区工作委员会2022年第四次季度协商会议以视频形式召开。会议围绕"基层公共医疗卫生服务体系建设"主题进行专题协商，会上通报《关于基层公共医疗卫生服务体系建设的调研报告》，各县市政协、政协委员、各有关单位围绕大会主题交流发言。

重要活动

【上级调研活动】　2022年2月21—23日，自治区政协常委、自治区政协经济委员会主任来景刚带领调研组围绕"加强和改进基层政协工作""积极营造法治化市场化国

2022年4月22日，地区政协工委组织各县市政协领导和政协委员在塔城重点开发开放试验区调研 （政协工委 供稿）

际化营商环境”等工作在塔城地区开展专题调研。

5月15—17日，自治区政协党组成员、副主席窦万贵带领调研组在塔城地区围绕充分发挥“访惠聚”作用开展专题调研。

6月20—22日，自治区政协党组成员、副主席努热木·斯玛依汗带领调研组在塔城地区围绕落实《中华人民共和国草原法》《中华人民共和国土地法》开展专题调研。

6月22—23日，山西省政协党组成员、副主席王立伟一行在塔城地区围绕“大力推进农产品商贸进出口平台建设，打造山西特优农业高质量发展新引擎”为主题进行专题考察。

8月2—3日，自治区政协党组成员、副主席迪力夏提·柯德尔汗带领调研组在塔城地区围绕“以铸牢中华民族共同体意识为主线做好新时代民族工作”开展专题调研。

8月3—4日，湖北省政协党组成员、副主席彭军一行在塔城地区围绕“发展陆港经济、打造内陆开放新高地”开展考察学习。

委员会工作

【提案工作】 2022年，政协塔城地区工作委员会坚持提案在于“精”而不在于“多”，推动提案质量、办理质量、服务质量同向发力，不断提高提案工作质量和水平。编印《2022年提案参考目录》，共260个建言献策参考课题，切实把好提案立案关，做好提案交办工作。政协委员共提交提案58件（自治区政协全委会提案6件，伊犁州政协全委会提案52件。其中1件提案获自治区十一届政协优秀提案表彰；2件提案获伊犁州十三届政协优秀提案表彰），所有提案均得到答复。地区各级政协委员反映社情民意信息52条，部分社情民意信息被自治区政协提案委关注，6条信息被伊犁州政协委员通讯采用，地区政协工委被评为伊犁州政协2021年度社情民意信息先进集体。

【委员视察】 2022年，政协塔城地区工作委员会结合伊犁州政协常委会、地区政协工委协商会议，组织政协工委、县市政协领导和部分委员开展3次集中视察考察活动，围绕“喜迎二十大、委员在行动”主题开展2次委员微视察，引导委员切实履行职责、积极参政议政、充分建言献策，为助推地区经济高质量发展贡献力量。

【委员管理】 2022年，政协塔城地区工作委员会坚持委员管理规范化。坚持和完善委员责任担当制度，规范委员服务管理、落实委员履职档案、开展委员履职情况统计、强化委员履职考核，全体会议期间通报1次委员履职情况，有效调动委员履职积极性。1名政协委员获自治区十一届政协提案先进个人表彰，3名政协委员被伊犁州政协评为优秀政协委员，1名政协委员获伊犁州2021年度社情民意信息先进个人表彰。制定《关于开展关心关爱住地直单位各级政协委员工作办法》，不断建立健全工委班子成员联系服务委员以及关心关爱委员机制，对驻村工作和履职突出的10名政协委员进行实地慰问，有效激发委员的履职活力和履职热情。

【委员培训】 2022年，政协塔城地区工作委员会坚持委员培训常态化。组织赴南京、伊犁州培训委员11名。完善《塔城地区政协委员集中学习制度》，组织地区各级新换届委员，围绕“能力素质大提升”主题，以视频轮训的方式开展全地区政协委员集中培训3场次（700余人次），基本实现政协委员年度培训全覆盖，推动委员综合素养和履职能力得到显著提升。

【联系界别群众】 2022年，政协塔城地区工作委员会引导委员通过

2022年11月12日，塔城地区政协工委2022年第三次季度协商会议召开
（政协工委　供稿）

调研、视察、慰问、走访等方式，深入部门（单位）认真听取界别人士意见建议，深入界别群众中及时了解愿望诉求、反映难点问题，累计联系界别人士和界别群众80余人次。

【“书香政协”建设】　2022年，政协塔城地区工作委员会持续强化书香政协建设，制定《塔城地区政协系统进一步推进委员读书活动实施方案》，以“书香政协·塔城讲堂”为依托，构建“书香政协”新载体，形成“线上+线下”协同推进、“读书+履职”有机结合的良好格局。组织开展委员读书分享活动2场次，举办“书香政协·塔城讲堂”10期（1100余人次），围绕学习宣传贯彻自治区十届三次全会和地委扩大会议精神召开委员专题研讨会议1场次（30余人次），在带动政协委员深化认识、凝聚共识、筑牢防线和团结奋进上起到良好成效。

参政议政

【调研成果转化】　2022年，政协塔城地区工作委员会先后组织专题调研4次，召开季度协商会议4次，协商会议主要围绕“加快推进塔城重点开发开放试验区建设，助推经济高质量发展”“抓好污染防治和生态建设，推动绿色低碳发展（持续抓好库鲁斯台草原修复治理，抓好“奎—独—乌”“乌—昌—石”大气污染治理，推进区域空气质量提升）”“加快推进旅游业发展，打响文旅融合新品牌”“卫生健康服务体系建设”建言献策，向地委上报建议案4份。各级政协委员在协商议政会做大会发言19人次，提出意见建议50余条。

【民主监督】　2022年，政协塔城地区工作委员会推选1名委员作为地区行政服务中心特约监察员、1名委员作为社会廉政监督员、2名委员作为法院义务监督员，组织政协委员参加法、检两院庭审、开放日以及部门专项工作等民主监督活动16人次。

【协商联谊】　2022年，政协塔城地区工作委员会以落实政协工委联系基层政协工作制度为平台，积极与县市政协、与基层联络机构开展协商互动活动。完善政协工作经验交流会制度，召开2022年地区政协工委工作经验交流会，组织县市政协展示工作亮点、查找差距不足、相互学习借鉴、共同进步提升，为持续加强和改进地区政协系统工作质效打下坚实基础。

（徐樊盼）

2022年9月8日，塔城地、市政协“喜迎二十大奋进新征程”主题党日活动暨民族团结联谊活动举行
（政协工委　供稿）

中共塔城地区纪律检查委员会·塔城地区监察委员会

【地区纪委书记、监委主任，纪委副书记、监委副主任】

纪委书记：

赵翠芳（女）

纪委副书记：

阿尼瓦尔·苏里坦（哈萨克族）

朱新川

汪春乾（女，援疆干部）

李荣远

监委主任：

赵翠芳（女）

监委副主任：

阿尼瓦尔·苏里坦（哈萨克族）

朱新川

汪春乾（女，援疆干部）

李荣远

综　述

【重要会议】 2022年2月7日，地区党风廉政建设和反腐败工作会议召开。会议深入学习贯彻党的十九大和十九届历次全会精神，认真学习贯彻十九届中央纪委六次全会精神，特别是习近平总书记重要讲话精神，完整准确贯彻新时代党的治疆方略，牢牢抓住社会稳定和长治久安总目标，按照自治区纪委十届二次全会的安排，回顾总结地区2021年党风廉政建设和反腐败工作，全面安排2022年工作任务，坚持严的主基调不动摇，坚持不懈把全面从严治党向纵深推进，以优异成绩迎接党的二十大胜利召开。地委书记魏建国出席会议并讲话。

会议总结地区纪检监察工作2021年取得的成绩，指出要保持全面从严治党永远在路上的清醒和坚定，以自我革命精神锚定目标、保持定力、精准施策，推动党风廉政建设和反腐败斗争取得新成效。会议明确做好2022年纪检监察工作的总体要求，强调要突出工作重点，坚持不懈把全面从严治党向纵深推进。会议要求，要切实增强把全面从严治党向纵深推进的责任感、使命感，不断开创党风廉政建设和反腐败斗争新局面。地委委员、地区纪委书记、监委主任赵翠芳主持会议并作工作报告。

【重要制度、文件】 2022年3月3日，印发《塔城地区纪委监委2022年“轮驻+协作”监督工作指导意见（试行）》。

2022年4月7日，印发《塔城地区纪检监察机关监督检查工作指引（试行）》。

2022年5月30日，印发《塔城地区纪检监察机关落实安全首课和领导首谈制度》。

【纪检监察队伍建设】 2022年，地区纪委监委发挥党建引领作用，持续推进党支部标准化规范化建设，严格落实党建工作责任制，健全完善地区纪委（监委）委员会议议事规则，推进规范化建设。深入开展调查研究，推行班子成员包联县市、部室包联乡镇工作机制，围绕依法治疆、乡村振兴、干部作风等重点工作开展专题调研，推动解决制约纪检监察工作高质量发展的堵点难点问题。提升专业素养和履职能力，深化全员培训，累计开展培训20期1200余人次，组织“在线测试”3场1900余人次；注重实践锻炼，选派干部到基层一线挂职，有计划、分批次安排年轻干部参与重大违纪违法案件查处、重点工作任务督导，组织跟案锻炼161人、跟班培训155人、跟组巡察51

人。严格监督约束执纪执法权，自觉接受最严格的约束和监督，严格执行监督执纪工作规则、监督执法工作规定等法规制度。开展内部督查工作，对2个县市纪委监委开展内部督查。加大严管严治力度，锤炼严深细实作风，坚决防止“灯下黑”，2022年全地区累计受理纪检监察干部问题线索38件，立案9人，给予党纪政务处分6人，运用监督执纪“第一种形态”批评教育帮助39人次。

监督执纪

【政治监督】 2022年，中共塔城地区纪律检查委员会、监察委员会（以下简称地区纪委监委）聚焦习近平总书记重要指示批示精神和党中央决策部署，梳理形成综合类政治监督清单158项，紧盯责任落实、措施落实、作风纪律落实及时跟进监督，累计发现问题1099个，并督促问题整改。坚持全面从严治党首先从政治上看，始终把严肃政治纪律特别是反分裂斗争纪律摆在首位，坚持“盯”在监督上、“辨”在考察上、“查”在惩处上，全地区立案审查调查违反政治纪律案件5件，处分5人。深化专项整治，统筹力量深入开展疫情防控、安全生产、生态环保、农村乱占耕地建房、统计造假等专项监督，共查处问题165件、处理181人，发现并反馈整改问题775条。深入推进粮食购销领域专项整治见行见效，严肃查处一批粮仓“硕鼠”，共处置粮食购销领域问题线索52件，立案42件，给予党纪政务处分34人，移送检察机关6人。开展困难群众救助补助资金审计发现问题专项治理，发现并督促整改问题98个，追回资金53万余元。

【专责监督】 2022年，地区纪委监委认真履行监督第一职责，加强对权力运行的制约和监督，加强对“一把手”和领导班子监督，发现并纠正苗头性问题134个，查处乡科级以上“一把手”27人，上级“一把手”与下级“一把手”开展监督谈话1348人次。落实《全面从严治党主体责任清单、第一责任人责任清单、“一岗双责”责任清单、监督责任清单》，把“责任清单”转化成为“成果清单”，地县纪委与下级党委班子成员集体谈话和纪委书记与下一级党委书记谈话247人。深化运用“四种形态”。坚持惩前毖后、治病救人，运用“四种形态”批评教育帮助和处理3023人次，各形态占比分别为57.9%、35.4%、3.6%、3.1%。督促各级党组织认真落实《自治区各级党委（党组）运用“第一种形态”实施办法》，对运用不主动、不经常的及时提醒，推动全地区各级党组织规范运用“第一种形态”1337人次。

【日常监督】 2022年，地区纪委监委在监督检查中发现违纪违法问题线索1407条，主动约谈3465人次，统筹运用谈话函询618人次，提醒谈话554人次，批评教育226人次，会同各级党委（党组）召开党风廉政建设专题会议793次，参加监督单位民主生活会935次。将思想政治工作的政治优势贯穿审查调查全过程，结合日常监督情况，对2968名谈话对象开展思想政治工作，开展回访教育1017人次。严把党风廉政意见回复关，全地区回复党风廉政意见4.5万人次，提出暂缓或否定性意见596人次。

惩治腐败

【惩腐肃贪】 2022年，地区纪委监委充分发挥“三不腐”综合治理优势，紧盯重点领域和关键环节，有针对性地集中整治、全力攻坚，地区各级纪检监察机关累计受理信访举报2070件，处置问题线索2957件，立案审查调查1320件，给予党纪政务处分1259人，采取留置措施16人，移送检察机关23人。坚持受贿行贿一起查，加强行贿人信息库建设，查处并移送检察机关行贿人员1人。在纪法震慑和政策感召下，4人向纪检监察机关主动投案，18人向纪检监察机关主动交代问题。深入开展以案促改，通报曝光严重违纪违法典型案例291件，召开警示教育大会735场次，督促发案单位召开以案促改专题民主生活会，完善规章制度240个。做深做实廉洁教育。深入开展第二十四个党风廉政教育月活动，扎实开展“八个一”主题活动，聚焦重点领域和岗位开展廉洁从政从业教育316次、年轻干部廉政谈话749场次、党纪法规学习测试活动674场次，举办“清风满天山”“家风耀天山”“廉洁过节”廉洁文化共建活动446场次。

【纠治“四风”】 2022年，地区纪委监委持续巩固中央八项规定堤坝，坚持把违反中央八项规定精神作为纪律审查的重点，坚决纠治形式主义、官僚主义，深入治理贯彻党中央决策部署只表态不落实、维护群众利益不担当不作为、向基层摊派任务、搞“指尖上的形式主义”等问题，共查处形式主义、官僚主义问题50件，给予党纪政务处分49人；严肃查处违规发放津补贴或福利、公款吃喝、收送礼品礼金、公款旅游、大操大办婚丧喜庆、私车公养等享乐主义、奢靡之风问题66件，给予党纪政务处分65人。开展落实中央八项规定精神纠“四风”树新风专项整治，围绕“三公”经费管理使用、违规公款吃喝“四风”等隐形变异、公务用车管理、部门（单位）内部食堂管理4个重点开展治理，全面开展干部作风大排查、大整治，累计发现问题126个，通报曝光违反中央八项规定精神典型案例28批169件178人，通报党员干部、公职人员酒驾醉驾案件7件。

【维护群众利益】 2022年，地区纪委监委坚持把巩固拓展脱贫攻坚成果同乡村振兴有效衔接与整治“微腐败”结合起来，制定“一县一监督清单”“一部门一监督清单”，统筹“四项监督”力量，查处乡村振兴领域腐败和作风问题5件、给予党纪政务处分6人。深化营商环境专项治理，发放“营商环境监督卡”，采取“室+组+地（县）+巡”联动监督模式，常态化、高频次、全覆盖开展优化营商环境监督检查，累计查处破坏营商环境案件18件，给予党纪政务处分18人。扎实开展民生领域专项监督，聚焦基层治理，围绕5项重点工作开展专项监督，查处群众身边腐败和作风问题93件，给予党纪政务处分93人，通报曝光7起32件32人。加强村集体“三资”监督管理，通过建好“三张清单”、突出“四个重点”，将经济体量大、矛盾问题突出的38个村队纳入提级监督试点范畴，立案16件，给予党纪政务处分16人，追回资金42万余元。

【一体推进“三项改革”】 2022年，地区纪委监委严格落实双重领导体制，主动向自治区纪委监委和地委请示报告工作，加强对下级纪委监委线索管理、立案审查调查、处分处置工作的领导。建立派驻机构履职台账，充分发挥派驻监督“探头”优势和“前哨”作用，2022年全地区54个派驻纪检监察组共立案270件。健全完善监督执纪执法制度机制，印发《塔城地区纪检监察机关监督检查工作指引》等规范，严格权限、规则、程序，确保监察权在法治轨道上运行。强化与审计、统计、财会、司法等各类监督贯通协同配合，及时移送线索、开展联合监督、共同督促问题整改，发挥各自职能职责优势，推动各类监督同心同向、同步同行。深化扩展“室组地”片区协作，印发《2022年“轮驻+协作”监督工作指导意见》，构建“室组地”紧密型“联系体”，完善“1+1+3+*N*”片区协作联动机制，采取“一轮一方案、一轮一重点、一轮一总结”模式，开展“轮驻+协作”监督，对项目多、资金大、矛盾问题集中的单位开展协作监督167次、协作办案125件。

巡察工作

【政治巡察】 2022年，地委巡察办充分发挥全面从严治党利剑作用，编制《塔城地委巡察工作规划（2022—2026年）》，围绕“三个聚焦”强化政治监督，地区本级完成3轮巡察，巡察单位36个，发现问题1134个、线索128件；督促指导7个县市巡察单位345个，发现问题5534个、线索372件。构建巡察上下联动格局，充分发挥巡察系统作用和组织优势，对4个部门开展上下联动巡察，对1个部门开展县市间交叉巡察，通过巡乡带村，巡察乡镇（街道）18个、村（社区）63个；推进巡察与其他监督有机衔接、贯通融合，运用“巡纪联动”“巡审联动”等方式对2个部门、4个乡镇开展巡察；常态化开展选人用人、意识形态工作责任制专项检查，探索将保密工作纳入巡察试点，凝聚监督合力。

【巡察监督】 2022年，地委巡察办强化巡察整改和成果运用，坚持以巡促治，健全《对被巡察党组织新任职主要负责人履行巡察整改责任提醒暂行办法》等整改制度6项，对巡察发现的普遍性、系统性问题，向有关部门提出意见建议240条，健全完善制度902项。开展巡察整改专项督查19次，对29个单位开展整改成效评估，向17个被巡察党组织下发纪律检查建议书，约谈党组织主要负责人29人。

（侯　森）

群众团体

工会办事处

【劳动技能竞赛】 2022年，地区工会办事处围绕重大民生、工程项目、现代服务业等领域，开展多领域多层次的劳动和技能竞赛，进一步加强新时代职工技能人才队伍建设。联合地区人社局开展塔城地区第一届职业技能竞赛暨新疆维吾尔自治区第一届职业技能大赛塔城地区选拔赛；与塔城公路管理局、地区人社局联合开展第一届“丝路交通杯”“永远跟党走 建功‘十四五’ 奋进新征程 聚力强交通”主题劳动竞赛；联合地区公安局举办公安机关“喜迎二十大 忠诚报平安”比武竞赛。2022年开展劳动竞赛活动63场次，涉及技能30余项，参与职工5.5万余人，展示职工才能、提升技能搭建平台，同时充分调动职工学业务、练技能的积极性和主动性，全面提升整体业务水平和实战能力。

【选先进树典型】 2022年，地区工会办事处弘扬劳模精神、劳动精神、工匠精神，激发广大职工建功立业的干劲，做好先进典型选树活动，推荐“全国五一劳动奖章”1名、“工人先锋号”1个，自治区“开发建设新疆奖状”1个、奖章5名，“工人先锋号”2个。印发《2022年开发建设塔城奖和塔城地区工人先锋评选表彰工作的通知》，根据标准严格审核把关，通过层层反复筛选，对“开发建设塔城奖状”20个、奖章48个及“工人先锋号”32个单位进行表彰奖励。

【创新活动成果】 2022年，地区工会办事处根据发展实际、行业类型等情况，深入推进地区职工“群众性、引领性、创造性”创新活动。组织动员基层工会广泛开展技术攻关、技术革新、发明创造等职工技术创新活动，深入挖掘职工群众创新潜力，鼓励职工立足本职、岗位创新，解决制约生产发展的热点、难点和关键问题，切实促进职工科技成果转化。2022年申报成功“五小”群众性创新活动优秀成果596个、示范性创新活动优秀成果3个，劳模引领性创新活动优秀创新成果34项，关键核心技术创造性优秀创新成果1个，累计申报634项成果，比上年增长142%，位列全疆地州前列。

【群众入会工作】 2022年，地区工会办事处聚焦货车司机、快递员、外卖配送员等新就业形态劳动者群体，推行“重点建、行业建、兜底建”模式，通过建立区域性、行业性工会联合会，推动新业态群体入会。由地委组织部牵头，地区工会联合相关部门和各县市总工会，着力持续推进“两新”组织建会，努力实现有形有效覆盖，2022年符合组建条件的1250家全部建会，建会率100%。利用“天山工惠”网上入会平台，对已建会的行政事业单位、企业数据合并，通过开展集中入会行动等措施，实现新就业形态群体劳动者“一次入会，动态接转”，2022年新就业形态劳动者行业联合建会企业178家，入会率84.6%。

【职工文体活动】 2022年，地区工会办事处为深入贯彻落实新时代党的治疆方略，充分展示塔城地区各族职工群众的精神风貌，丰富广大职工群众文化生活，在全地区营造健康文明、昂扬向浓厚氛围，推动文化润疆工程落地见效，6月至8月中旬，举办塔城地区“喜迎二十大 职工展风采”第一届职工杯文体活动，地直15个代表队1000余名职工参与，并完成篮球、乒乓球、羽毛球和象棋四个项目的体育赛事；排练文艺节目16个。

【医疗互助保障工作】 2022年，地区工会办事处贯彻落实自治区总工会实施的“工会惠民行动”，提高职工医疗保障水平，切实维护广大职工合法权益，为职工办实事、好事。在督促各县市总工会做好在职职工互助医疗保障活动的同时，通过开通咨询电话，充分利用微信公众号、工会在线等方式，开展相关宣传工作，提高职工参保的积极性。2022年，参保单位471家、参保人数22246人，比上年参保人数增长53%。在职职工累计享受互助保障1764人次、互助金52.97万元，切实为生病住院的职工减轻负担。

【“疫工补”任务】 2022年10月，地区按照自治区总工会对受疫情影响造成生活临时困难职工家庭发放送温暖资金救助600元的要求，地区工会组织各县市总工会召开视频会议，安排部署相关工作，由专人通过电话沟通联系开展具体指导，全力推动此项工作落到实处。通过前期摸排、后期核实，截至12月底，自治区下拨补助资金500万元全部发放到位后，超额完成122.62万元，累计发放补助资金622.62万元。

【安全生产工作】 2022年，地区各级工会联合相关部门开展形式多样、内容丰富的宣传培训、操作演练等活动。扎实推进地区各级工会积极开展“安康杯”竞赛活动，通过健康警示教育和科普宣传、安全技能竞赛等群众性安全生产活动，有效消除安全隐患，遏制事故发生，2022年有96家企事业单位参赛报名“安康杯”竞赛活动。积极参与涉及职工安全生产与职业卫生健康权益法条的修改、论证，深入建筑工地、交通运输、邮政快递、环卫保洁以及公安机关等开展调研，同时配合各相关部门开展事故调查、善后等工作4起，切实履行法律赋予工会组织维护职工生命安全和职业健康的责任。

【劳动领域安全】 2022年，地区工会办事处为强化劳动领域安全，制定印发维护劳动领域安全应急预案，将“10个1”机制与工作实际紧密结合，建立运转落实“五个坚决”要求长效机制，逐级签订工会劳动领域安全工作责任书。健全劳动领域政治安全信息报送机制，及时化解影响职工队伍稳定的突出问题。对全地区交通、住建、环卫、园林等系统欠薪及务工人员工作和生活状况进行调查，并对交通运输行业情况进行专项调查。同时，切实发挥“12351”职工维权热线作用，受理拖欠工资案件37起，已全部办结。

（杨彩凤）

共青团塔城地区委员会

【助力新冠疫情防控工作】 2022年，地区团委成立地区团委疫情防控工作领导小组，完善《塔城地区团委落实疫情防控八项预警机制方案》。在当地疫情防控指挥部的统筹下，储备社会志愿者，有序参与专业医护服务、便民服务、秩序维护等志愿服务工作，动员各级团组织组建青年突击队283个，吸纳青年志愿者4050名，注重青年志愿典型宣传，推报参加自治区和全国级志愿服务先进人物评选，向各县市拨付特殊团费6万元支持抗疫工作。积极联合社区大党委开展疫情防控工作，捐赠价值3400元防疫物资。

【助力人才发展】 2022年，地区团委招募大学生471人，其中新招募应届生299人，续签147人，在岗446人，疆外户籍399人，占比85.62%，男196人，女250人，中共党员98名，研究生11名；开展“青马工程”培训班、专场就业招聘会、公务员考试公益辅导班等5场次，并赠送每人价值8000元线上面试辅导课程。春节期间，为395名在岗志愿者家庭邮寄价值4万元新疆干果和《致家长的一封信》；以地直志愿者为试点，提高志愿者补贴总额至3600元，努力达到新录用公务员标准。将西部计划纳入地区“人才引进”计划，积极动员报名；组建西部计划宣讲团赴新疆高校推介塔城地区发展和留人政策，联合辽宁省团委，在大连海洋大学、大连民族大学等开展线上宣讲。

【助力乡村振兴】 2022年，地区团委加大“团团巴扎”电商助农力度，积极推荐塔城地区土特产品参加“团团巴扎·新疆味道”团干部带货活动，开展直播带货5场次，累计参与达3.1万人次，直播带货金额5.2万余元。大力开展“美丽中国·青春行动”，开展环境卫生整治、环境美化等志愿服务工作1200余场次；为乡村振兴包联村队

4名学生发放助学资金2万元；结合“共青团圆梦微心愿”活动，帮助12名家庭困难学生实现微心愿；联系捐赠价值2.5万元路灯5盏；联合企业团委组织大型机械设备开展村队积雪清理、环境卫生整治、路面平整；发挥辐射作用，为所在乡中心小学捐赠书包315个，价值6万元，组织青联委员包联建设“希望小屋”1个。

【助力青年创业就业】 2022年，地区团委开展大学生“扬帆计划”，提供就业实习岗位262个；开展社会领域创业青年创客训练营2场次，100名社会领域青年参加培训；推荐9个项目参加团中央、自治区青少年发展中心“创业扶持计划”，获得创业基金18万元；推荐32个创业项目参加自治区创业大赛，1个项目获得广汇集团投资意向。

【对口援建工作】 2022年，地区团委争取扩大夏令营名额由70人增至323人，金额由每年52万元增至290万元。实施“三交”项目11个，组织20名团干部、25名青联委员、青年企业家、10名新媒体工作者赴辽宁省开展考察交流。争取援疆“十四五”规划青少年心理健康教育项目300万元，联合高校马克思学院开展课题研究，对地区2000名中小学少先队员和团员进行青少年心理健康教育和铸牢中华民族共同体意识问卷调查。

【打造“青”字号品牌】 2022年，地区团委举办“童心守望·青春起航”共青团圆梦微心愿3场次，为环卫清洁工作者、一线建筑工人子女、单亲家庭、残疾青少年等518名少先队员圆梦价值10.2万元。制定每月一主题在学校、村社区开展“共青团爱心生日会”1864场次，通过“99公益日”筹集共青团爱心生日会项目资金20.4万元，通过少年儿童喜闻乐见的形式传达党组织的关怀。地区各级少先队先进典型做法在全国少工委、《中国儿童报》、中国红领巾、未来网、中新网、《塔城日报》、队事集、各县市零距离等发布刊登310条。3月18日，向民政部门申请获批慈善组织和公开募捐资格认定，通过公开募捐筹集“共青团爱心生日会”项目资金20余万元，“共青团圆梦微心愿”爱心书包4100个，完成青年创业协会变更注册和会议筹备工作，开展乡村振兴好青年培训班2场次，评选地区级“青年文明号”30个、“青年岗位能手”30名，推报荣获全国“青年岗位能手”1名。

【打造“我是小小石榴花”品牌】 2022年，地区团委开展青少年民族团结融情活动300余场次，覆盖2.5万人，开展对口援疆夏令营7期239人；开展迎冬奥、学工、学农、学军、学警等主题夏令营（冬令营）、周末营、警令营、一日营、岗位体验营、民俗营等6大主题营153场次，覆盖5300人；开展兵地、城乡、辽宁塔城书信手拉手7000对，覆盖2.8万人。

【先锋培养工程】 2022年，地区团委组织少先队队委培训11场次，县级技能大赛6场次，大中队辅导员培训7场次，技能大赛6场次。发挥名师带头，扎实开展“红领巾奖章”争章活动，完善少先队员荣誉激励体系全覆盖，推荐全国优秀少先队辅导员2人、优秀少先队员2人、优秀少先队集体2个。争取中国少年儿童出版社支持，为地区各中小学捐赠小型鼓号队38个、依托社会资源配备大型鼓号队4个，价值16万元，地区团委购置价值4.3万元大型鼓号队设备支持壮大塔城地区鼓号队。

【学法我先行活动】 2022年，地区团委1名干部兼任地区检察院未检科检察官助理，开展未成年人学法教育，依托校外辅导员开展“护蕾行动”110余场次，覆盖6.5万名青少年，开展“红领巾模拟法庭活动”30场次；开展第七届青少年模拟法庭大赛活动40余场次，覆盖各族青少年1.6万人，通过亲身体验，让青少年在实践中懂法、知法、守法，树立法治信仰，有效预防青少年违法犯罪。

【辽宁与新疆“一地两师”青联委员、青年企业家互动考察交流】 2022年6月27日至7月22日，辽宁团省委、塔城地区、新疆生产建设兵团第八师、第九师团委组织辽疆两地青联委员、青年企业家开展双向考察交流活动。对辽宁产业集群、青年发展、人文历史等领域进行深入考察，围绕青年创业就业情况和数字化产业集群的发展等主题，参观辽宁省电子商务直播示范基地、华府青创空间等优质创业基地，走进中航沈飞民用飞机有限责任公司、禾丰食品股份有限公司，对先进的企业文化与经营模式进行细致考察。考察团围绕七一党的诞生日这一主题进行系列红色专题活动，对东北红色历史进行深入了解，在辽沈战役纪念馆开展党史学习教育；在锦州文化艺术中心，开展“强国志　青春说”辽宁青联大讲堂—“百年党史百年辉煌”专题讲座，邀请专家学者进行授课；在锦州港股份有限公司组织两地青联委员及企业家代表围绕七一党的诞生纪念日这个重要时间节点，结合地区、企业特点，围绕青联委员履职、发挥功勋企业作用，带动更多中小以及小微企业发展等话题进行热烈对话。

7月16—22日，辽宁团省委副书记带领辽宁省青联委员、青年企业家来新疆“一地两师”考察交流。考察团一行重点参观塔城国家重点开发开放试验区，在塔城市、额敏县、乌苏市、石河子市等地，深入当地产业园区、国有企业、小微企业、农牧专业合作社等，走访考察塔城地区、新疆生产建设兵团第八师、兵团第九师主产业发展情况，分别召开招商座谈会，与当地创业青年及相关企业开展合作洽谈，双方就自身发展和未来设想及合作方向进行深入交流，搭建良好的沟通合作平台，为今后辽宁与新疆“一地两师”贸易合作奠定良好基础。

【团中央调研铸牢中华民族共同体意识教育工作】 2022年7月27—29日，自治区团委宣传部副部长陪同团中央维护青少年权益部维权工作处副处长一行3人，先后到塔城职业技术学院、塔城市第二小学、塔城市新城街道伊宁社区、塔城青年创业孵化基地、额敏县桥东社区、额敏县杰勒阿嘎什镇纳仁恰汗库勒村等地，参观群众活动阵地，调研社区少工委、青年之家，与辽宁前指、地区教育局、地区民政局、公安局、卫健委、统战部领导及学院（学校）校长、教师、大队辅导员代表等同志座谈交流。

（卢　健）

妇女联合会

【妇女思想政治引领】 2022年，地区妇女联合会深入学习宣传党的二十大精神，举办各族各界妇女学习贯彻党的二十大精神座谈会，邀请党的二十大代表郝香利等6名妇女宣讲党的二十大精神，探讨贯彻落实举措。深化“百千万巾帼大宣讲”活动，组建地、县、乡、村四级“石榴花”宣讲队，开展“跟党奋进新征程　巾帼建功新时代”巾帼大宣讲暨自治区三八红旗手“四进”示范宣讲活动，组织“石榴花”宣讲队进农村、进社区、进校园、进企业宣传习近平新时代中国特色社会主义思想、党的二十大精神、第三次中央新疆工作座谈会精神等，累计开展宣讲5600余场次。以“强国复兴有我”为主题开展形式多样、丰富多彩的纪念三八国际妇女节112周年系列活动。举办“巾帼心向党，喜迎二十大”红歌比赛、广场舞大赛、文艺会演、妇女书画作品展等活动8场，慰问女性先进、典型30余名，慰问困难妇女50余名，展播先进、优秀女性事迹80余个，开展三八联谊活动1200余场。充分发挥“塔城女声”主阵地作用，聚焦“强国复兴有我”主题，以“巾帼心向党　喜迎二十大”群众性主题宣传教育活动为重点，每周通过“塔城女声”微信公众号发布信息，及时将基层妇联开展的各项活动进行推广宣传，截至年底累计发布180余条。与时俱进，跟随媒体发展潮流，开通塔城地区妇女联合会官方抖音号、视频号，扩大宣传引领渠道。持续推出“致敬了不起的她”专题，以地区各行业、各领域优秀女性先进事迹为载体，分“学榜样、展风采、送温暖、齐奋发”四个篇章推出精彩活动，致敬每一个了不起的“她”，增强优秀妇女获得感、幸福感。开展“巾帼心向党　说句心里话”的活动，让广大妇女尽情抒发对党和国家的无限忠诚和热爱，激发各族妇女的家国情怀、爱国热情和民族精神。开展“大评比”活动，选树家庭优秀典型，评选勤俭持家“好母亲”1378人、孝老爱亲“好媳妇”1749人。

【城乡妇女发展】 2022年，地区妇女联合会与地区农业农村局、乡村振兴局联合印发《关于深化“美丽庭院”建设工作的实施方案》，以“四好三美一卫生”为目标开展“美丽庭院”建设活动。各级妇联组织以“美丽乡村”建设为主题，以“美丽庭院”建设为抓手，“三聚焦”用活“美丽庭院”助力乡村振兴，创新开展“美丽庭院”建设工作，新挂牌自治区级“美丽庭院”1500户。联合地区人社局、地区工会举办第一届职业技能竞赛，助推塔城地区家政业提质增效；举办首届巾帼手工创业创新大赛，培育妇女手工人才，推动妇女手工高质量发展。救助低收入“两癌”妇女患者22名，每人发放救助金1万元；发放“两癌”防治宣传折页800份；举办关爱女性健康讲座10余场。创建2022年自治区“巾帼示范基地”1个，提质升级往年“巾帼示范基地”2个；申报“靓发屋”项目5户，每户发放价值1.5万元的美容、美发、电视、书架等营业设备。

【家庭教育工作】 2022年，地区妇女联合会推动建立家庭教育指导服务体系，依托城乡“妇女之家”、妇女爱国主义教育基地、新时代文明实践中心（所、站）建立家长学校和家庭教育指导服务站点639个；依托本地家庭教育专家、五好家庭、最美家庭代表，家庭教育爱心人士和村（队、社区）干部建立家庭教育辅导员队伍，充实人员1771人；依托检察院、法院、人社局等部门业务骨干建立塔城地区“家庭建设”智库，吸纳专家11人。常态化开展最美家庭寻找活动，持续发挥示范引领作用。推荐揭晓地区“最美家庭”60户，其中9户家庭获自治区“最美家庭”，1户家庭获全国“最美家庭”；1户家庭获全国五好家庭。召开家庭教育宣传周工作安排部署会，明确家庭教育促进法主要责任单位任务分工及任务。宣传周期间，邀请当地家庭教育专家深入社区和地直单位举办家庭教育知识讲座3场，利用文化广场大屏幕播放家庭教育宣传片8部，展播家庭教育宣传标语100余处，制作发放《中华人民共和国家庭教育促进法》口袋书2.24万本。开展“家风耀天山”主题巡展活动，其中线下巡展5场次，线上巡展22场次，展出新疆“最美家庭”典型事迹50户。联合地区纪委监委举办“家风耀天山”主题巡展活动启动仪式，为2021年度全国以及塔城地区“最美家庭”代表现场授予鲜花与光荣册；2021年度全国“最美家庭”代表再屯娜·卡利穆瓦分享她的家风故事，参观百户“最美家庭”事迹展览3000余人次。联合地区纪委监委、地区电视台等5家单位举办“石榴花开　清风满天山”家庭家教家风宣讲大赛，地区电视台全程录播，14组选手入围地区总决赛，选手们用生动、朴实的语言讲述一个个有关家风、家训、家国情怀的感人故事，努力传承和培育优良家风，支撑起全社会的好风气，推动好家风在塔城大地传承、弘扬。开展“石榴花·小手拉大手·全家一起学”家庭学用国家通用语言文字活动，通过使用国家通用语言开展亲子共读古诗词和名著书籍，亲子共诵中华传统文化经典，亲子共讲优秀家风故事，亲子共吟家书家规家训，亲子共唱爱国歌曲等活动，提升家长使用国家通用语言的能力和水平，营造良好的家庭文化环境。

【维护妇女儿童权益】 2022年，地区妇女联合会开展普法宣教活动，以《中华人民共和国宪法》《中华人民共和国民法典》《中华人民共和国妇女权益保障法》《中华人民共和国未成年人保护法》《中华人民共和国家庭教育促进法》《中华人民共和国反家庭暴力法》《中华人民共和国农村土地承包法》等法律法规为主要内容，开展“4·15”国家安全教育日、“6·16”安全生产咨询日、“5·15”家庭教育宣传周、三八维权周、禁毒宣传月和“建设法治新疆·巾帼在行动”等宣传活动1600场次，参与人员5万余人次，发放宣传资料2万余份，张贴宣传标语800余处，开展入户释法宣传1038户3633人次，形成浓厚的法治宣传氛围，进一步强化妇女维权意识，促进家庭文明和睦。开展塔城地区“巾帼大讲堂”维权专题2场次，通过视频形式，面向乡镇、村社区妇联干部开展维权专题培训，全地区787名妇联干部参加，提升妇联干部维权能力。积极发挥妇联组织作用，充分发挥基层管理优势，将入户走访、调查上报、先期处置婚姻家庭纠纷作为基层妇联组织的重要职责，常态化、多元化化解家庭矛盾纠纷，做好源头治理。塔城地区县级以上妇联累计接待来电来访82件，办结80件，办结率97.6%。开展“石榴花·关爱援疆医护人员暖心行动”，看望慰问辽宁省第七批“组团式”援疆医疗人才和柔性援疆专家；持续开展“恒爱行动”，面向各族困难儿童发放爱心毛衣1000余件；关爱困难妇女，发放价值6.8万元的“情暖母亲爱心援助”母亲邮包230个。

【妇联组织和基层组织建设】 2022年，地区妇女联合加强“两新”组织中妇女组织建设，地区妇联党组书记先后2次带队调研，以伊犁州政协委员名义提交“两新组织中开展妇女组织建设工作的提案”被采用，督促相关单位合力促进工作开展。出台塔城地区非公企业妇女组织“三亮四有五抓”工作实施办法，建立14个工作示范点，召开视频调度会，分享县市好经验好做法，促进两新组织妇女组织作用发挥；拓宽工作覆盖面，对新业态新就业群体建妇女组织全面部署抓落实。开展互观互学活动，组织县市妇联书记、主席和部分乡镇妇联副主席深入6个县市围绕妇联重点工作互观互学活动，提升妇联干部的眼界、拓宽工作的思路。全面落实“基层妇联领头雁培训计划”，线上举办妇联系统“巾帼大讲堂”活动5期，开展家庭教育、婚姻家庭纠纷调解、维权等业务培训，切实提升妇联干部综合素质和业务水平；借助辽宁援疆项目，组织5名地区、县、乡妇联干部参加辽宁省妇联举办的社会治理能力提升培训班；组织6名乡、村二级妇联主席参加了自治区妇联干部示范培训班；组织地区妇联干部、6个县市妇联主席参加自治区妇联县市妇联主席示范培训班。

【“石榴花”巾帼援疆行动】 2022年，地区组织10名女企业家依托互联网参加辽宁省妇联举办线上女性人才素质能力提升培训班，激励带动参训妇女自信自强、守正创新；组织5名地区、县、乡妇联干部参加辽宁省妇联举办的社会治理能力提升培训班，进一步提升妇联干部的业务素质。组织辽宁省专家“送训进疆”开展电商、家政培训，累计培训城乡妇女400余人。组织辽宁省女企业家协会代表到塔城地区考察调研，交流发展经验，寻求合作机遇，共促两地企业发展。共享家庭教育资源，助力塔城地区家庭教育水平提升。邀请辽宁省家庭教育学会常务副会长潘士君老师，通过腾讯会议网络授课的方式为塔城地区的家长授课。辽宁省妇联提供线上“促进家庭和谐美满，成就孩子真正幸福”系列家庭教育公益讲座20课时，幸福婚姻家庭专题系列讲座20课时，0～13岁儿童发展指导课27课时，青少年成长指导课6课时，其他各类家庭教育课约40课时。辽宁、塔城两地妇联联合开展“辽宁一家亲·家庭教育及儿童关爱服务”两地儿童牵手活动。组织两地100名儿童代表牵手结对，通过赠送绘画、爱心书包，网络互动交流等形式开展活动，促进两地儿童交往交流交融。

（杨翠萍）

科学技术协会

【服务科技工作者】 2022年，地区科协技术协会（地区科协）在第六个“全国科技工作者日”，召开科技工作者代表座谈会，倾听意见建议。在主要媒体刊发“致地区科技工作者的一封信”，集中宣传推介24名最美科技工作者。组织科技工作者代表录制“创新争先、科技自立自强”献言短视频，被“天山科技云”平台采用，反响强烈。率先完成第五次全国科技工作者状况调查问卷500份抽样调查工作。组织3.1万名科技工作者注册自治区科协“天山科技云”平台，为科技工作者提供科技成果供需对接、科技政策查询推送等一站式公共科技服务。推荐地区动物疾控中心农业推广研究员程子兵获“新疆最美科技工作者”称号；推荐新疆隆惠源药业有限公司（额敏公司）总工程师刘耕获自治区企业“创新达人”称号；推荐地区老科协阿地里获新疆老科协奖；推荐额敏奇缘农业科技发展有限责任公司总经理逯保伟被评为中国农技协乡土人才；推荐沙湾市第一中学老师宋柯平被评为中国科协“筑梦·流动十年”宣传活动优秀志愿者。

【全民科学素质工作】 2022年，地区召开“十四五”全民科学素质工作推进会，印发《塔城地区贯彻落实〈自治区全民科学素质行动规划纲要实施方案（2021—2025年）〉工作方案》《全民科学素质成员单位2022年重点目标任务》。开展2022年全国科普日塔城地区系列科普活动，各县市、地区学（协）会及成员单位积极配合，参与线上线下活动的专家、科技工作者、科普志愿者和各族群众达30多万人次，在全国科普日网站发布活动257项，名列全疆第二，地区科协获全国优秀组织单位。组织成员单位和各县市党员干部群众，积极参加2022年自治区全民科学素质网上答题活动，把答题活动作为学习科学知识的过程，塔城地区战队名列前茅，地区科协获优秀组织单位。围绕各类节点和纪念日，组织地县市科协8支科技志愿服务队，采取“科普+成员单位”的形式，深入乡镇村队，街道社区举办“防灾减灾日”“国际生物多样性日”等各类群众性科普宣传活动160多场次，参与活动的专家、科技工作者、科普志愿者达800多人次，受益群众11万多人次，形成社会化大科普工作格局。

【科技助力乡村振兴行动】 2022年，地区科协深入开展“科技之冬”大培训活动，各县市、地区各学（协）会及成员单位协同联动，举办各类培训班1181场次，开展咨询服务1.55万人次，培训农牧民13.2万人次，发放各类科普宣传品、科普宣传资料9.7多万余册，录制发布各类科普短视频180部，点击浏览量达19.3万人次，塔城地区的做法在自治区科协“科技之冬”活动推进会上作典型经验交流。精准实施基层科普行动计划，投入项目资金80多万元，奖补28个先进集体和个人，培育一批有较强示范引领作用的农村科普示范基地和科普带头人。

【青少年科技教育】 2022年，地区科协举办地区第九届青少年科技创新大赛，推荐的51项作品在自治区第36届青少年科技创新大赛中获奖，塔城地区科协获优秀组织单位。组织中小学生积极参加第四届新疆青少年创意编程与智能设计大赛，获得各类奖项79个。4所中小学被命名为自治区级青少年科技活动特色学校和示范学校，向青少年科技活动特色学校赠送科普图书

647册。开展“我和妈妈学科学”新疆系列活动，发布科普短视频500余个，激发青少年传播科学知识、宣传美丽家乡的热情。

【科技助企赋能】 2022年，地区科协找准科协服务地区经济高质量发展切入点，为企业发展赋能。首次举办新疆创新方法大赛塔城地区分赛，来自各县市的22个团队、40多名企业科技人员参加创新理论培训，获奖团队被推荐参加新疆创新方法大赛，2个企业参赛项目获三等奖，地区科协获得优秀组织单位奖。按照接长手臂、扎根基层的组织建设要求，在地区高新技术企业、制造型企业、服务型企业和自治区级工业园区建成企业科协7家，园区科协1家。在塔城职业技术学院成立地区唯一一家高校科协。

【学（协）会工作】 2022年，地区召开反邪教协会第四次代表大会，指导地区教育学会按期换届。地区各学（协）会发挥优势，开展多层次、多形式的科普宣传和科技服务活动。地区气象学会面向公众、青少年大力普及气象科普知识、提供气象科技服务，被中科协命名为2021—2025年度全国科普教育基地；地区护理学会利用“全国爱眼日”“世界高血压日”等节点纪念日，组织医护人员深入社区、村队开展医疗惠民活动，深受各族群众好评。

【老科协工作】 2022年，地区率先成立新疆老科协老年科技大学塔城地区分校，县市老年科技大学教学点全覆盖，使老年人老有所学，得到自治区老科协充分肯定。成立塔城地区老专家科普报告团，来自各行各业的30名老科技工作者加入报告团，积极发挥余热，为老科技工作者老有所为搭建新平台。

【科普公共服务】 2022年，地区科协将科普工作融入文化润疆工程，争取科技馆免费开放奖补资金159万元，用于县域科技馆展品展具更新维护、各类科普体验活动等。组织科技工作者走进电视台、电台演播室，围绕科学防疫、防灾减灾等录制播出“科普塔城”广播节目45期，“科普微课堂”123期，发布科普视频485个，收听收看达20多万人次。编发科普宣传手册32000册，制作科普宣传品41500件。举办第三轮中国流动科技馆塔城地区巡展活动，接待各族群众和青少年8万多人次。申报乌苏市科技馆等5家单位为2021—2025年自治区级科普教育基地，新命名地区级科普教育基地14个，进一步拓展科普宣传阵地。

【强化自身建设】 2022年，地区科协不断深化科协改革，全力做好地区科协系统换届工作。6月9日，塔城地区科学技术协会第三次代表大会召开，地委书记魏建国、地委副书记、行署专员阿依丁·托留汗，自治区科协党组成员、副主席李鸣出席会议并讲话。指导7个县市科协先后完成换届，新产生的地县市科协班子中来自基层一线的科技工作者占到一半以上，有效提升地区科协系统组织力。抓干部能力素质培养，举办科协系统业务培训班4期，外出学习2人。注重宣传工作，地区科协在自治区科协官网被采用信息122篇，位列全疆第二。

（董　虹）

工商业联合会（总商会）

【概况】 2022年，地区工商联（总商会）常委及执委109人，其中主席（会长）1人、常务副主席（副会长）1人、专职副主席2人、企业家副主席14人、企业家副会长9人、秘书长由专职副主席兼任、常委9人、执委73人。

【思想政治引领】 2022年，地区工商联坚持以习近平新时代中国特色社会主义思想为指导，加强民营经济人士思想政治引领，4月25日，经地委批准同意，召开地区工商联（总商会）第五次代表大会，选举产生新一届领导机构和领导班子109人，其中民营经济人士85名，完成政治交接，巩固民营经济领域统战工作根基。加强代表人士的培训教育，组织民营经济代表人士参加“法治建设峰会”“民企合规月月谈”“稳中求胜　数字赋能”“同心抗疫　助企纾困　携企同行”、商会管理人员专题培训、年轻一代民营企业家专题培训等线上线下培训，累计培训500余人次。召开五届一次执委会议和五届一次常委会等专题会议，引导民营经济代表人士深入学习贯彻党的十九届六中全会精神和第三次中央新疆工作座谈会精神，特别是习近平总书记在新疆调研考察时的重要讲话精神和党的二十大精神，地区民营企业家300余人参与培训，进一步提高民营经济人士政治判断力、政治领悟力、政治执行力。

【服务经济工作】 2022年，地区工商联主席带队，走访7个县市召开座谈会7场次，与各行业企业负责人交流座谈，深入了解收集疫情防控形势下民营企业的实际情况和困难，撰写《关于塔城地区民营经济发展情况的调研报告》。推进惠企政策落实落地，开展“春雨润苗”专项行动，召开7场座谈会讲解退税退费相关政策，惠及小微企业150余家。开展“送政策、送服务、防风险”活动，邀请多部门业务专家开展“专精特新”、产业发展等方面的政策讲解，160家民营企业参加培训。推荐27家企业参与自治区重大科技项目申报。畅通民营企业困难诉求渠道。充分发挥地县两级民营企业投诉中心作用，及时受理反映、协调民营企业“不公正待遇”“离疆出疆”等营商环境方面的困难诉求10起，依法维护、保障民营企业合法权益。按照工作安排，摸排统计机关事业单位、国有企业拖欠中小微企业账款154项1.49亿元，为自治区减轻企业负担领导小组防范化解拖欠中小微企业账款问题，提供资料。缓解融资难融资贵。会同建设、邮储等银行机构召开银企对接会，与银行签订合作协议，畅通银企对接渠道，面向企业讲解银行普惠金融政策，各县市举办政银企座谈会4场次，累计参加企业83家，企业与银行签订融资意向20份。发挥经济联络作用开展以商招商。密切联系驻疆外省商会，推送地区招商引资项目库及政策，为地区各单位各县市对接自治区各异地商会，开展招商引资提供前期联系对接。引导驻塔城异地商会组织在招商引资工作中内引外联、以商引商、发挥作用。

【法律维权服务】 2022年，地区工商联印发《法治民企行动方案》，开展“民营企业家学法活动”，运用微信等新媒体编发微视频5期。启动涉案企业合规改革试点工作，联合印发《塔城地区涉案企业合规第三方监督评估机制工作办法（试行）》《塔城地区涉案企业合规审查实施细则》，组建塔城地区涉案企业合规第三方监督评估机制管委会，塔城地区工商联负责管委会日常工作，建立68人的第三方专业评估人员名录库。在全疆率先开展民营企业涉案合规工作，完成3起，最大限度地减少和消除刑事诉讼对涉案企业的负面影响。

【引导民营企业履行社会责任】 2022年，地区工商联引导民营企业参与乡村振兴，印发《塔城地区“万企兴村”定点帮扶方案》，54家企业定点帮扶54个乡村示范村，实现村企合作，塔城地区工商联工作经验在自治区现场会推介。民营企业产业带动农牧产品销售价值6744万元，购买农牧产品金额11622万元。引导民营企业稳就业保民生，组织开展“民企高校携手促就业”“民营企业招聘月”“金秋招聘月”等活动，136家民营企业提供就业岗位3000余个，其中面向农牧民提供就业岗位2400余个，农牧民在民营企业中实现稳定就业。引导民营企业助力疫情防控，倡议民营经济人士充分发扬优秀企业家精神，树立“义利兼顾、以义为先”的理念，积极参与驻地疫情防控工作，69家会员企业411人参与疫情防控，向社会捐款捐物价值522.98万元，凝聚起民营企业同心抗疫的磅礴力量。

【上级领导调研】 2022年2月26日，自治区工商联一级巡视员努尔力·尤努斯一行3人，到塔城调研推动民营经济高质量发展，观摩开放实验区规划展示馆，走访塔城地区川渝商会、西部实业有限公司、新疆绿草原食品有限公司、新疆华凌三农草原有限公司等企业，召开座谈会，了解民营企业发展现状和发展思路。

3月1日，自治区工商联党组成员、副主席斯日古楞一行6人，到塔城调研对口帮扶示范村，在沙湾市乌兰乌苏镇召开座谈会，参观头浮村蓝翔樱桃种植合作社，实地察看李家坪村闲置宅土地、镇区特色农产品直销店、谷香园食品加工厂、皇宫村产业振兴规划区、泉源村腾龙湾冷水鱼合作社、苏家庄村保鲜库建设地点、苏家庄原休闲采摘园等地，了解掌握对口帮扶村队发展思路和需求。

（陈永江）

文学艺术界联合会

【文艺活动】 2022年，地区文学艺术界联合会（简称地区文联）积极发挥联动优势，着力建立上下联动机制，组织文艺小分队和文艺志愿服务者，全面开展“文艺进万家 健康你我他”学雷锋文艺志愿服务、“迎新春、走基层”文艺惠民巡演、第21届“送春联 过大年”文化惠民活动等各类文艺演出、辅导培训等多种形式和内容丰富的文艺志愿服务活动35场次，参与文艺志愿者4000余人次，服务群众5万余人次。为喜迎党的二十大胜利召开，地区文联会同相关部门，主办“红船依旧 精神永恒”万米画卷颂党恩、“宣传总体国家安全观、档案法 喜迎二十大”书法作品展、地区第二次工艺美术作品网络展、“我为塔城高质量发展献一策”征文比赛暨征集“城市宣传语”活动，“静待花开　只等你来”额敏县首届乡村文化旅游文艺采风、“山花故里、诗景裕民”草原诗会、“油画塔城第三届蒲公英杯青少年书法临帖大赛”、“喜迎二十大　职工展风采”临创书法大赛和展览活动”、“喜迎二十大　奋斗新征程”美术书法摄影作品线上展览等各类活动20余场次。为深入学习宣传贯彻党的二十大精神，地区文联坚持以人民为中心的创作导向，紧紧围绕“艺心向党”，组织地区书协积极举办“翰墨塔城情　礼赞二十大”书法网络展、篆刻作品网络展，组织地区作协开展“颂歌献给党　铸就新辉煌”主题征稿线上展，与新疆生产建设兵团第七师胡杨河市文联联合举办兵地“喜迎二十大　奋斗新征程”美术书法摄影作品线上展等各类活动，用艺术的形式学习宣传贯彻党的二十大精神，弘扬中华优秀传统文化。已开展网络展12期，展出作品200余幅。以自治区实施《新疆文联系统人才培养培训计划（2021—2023）》和“千人培训”工程为契机，创造条件，拓宽培训渠道，以“请进来、走出去”相结合的模式，通过邀请专家授课、送干外培，组织并参加中国文联“名家名师话美育”网络公共课、岗位练兵、举办“世界读书日”公益讲座、“喜迎二十大”基层哈萨克文学写作培训班、拍摄中国文艺志愿者在行动特别节目全网上线5分钟视频等形式，大力培育文艺人才，有效推进“文化润疆”工作和“百千万”工程实施。塔城地区加强文艺队伍建设，开展文艺骨干培训。2022年5月初举办塔城少数民族作家培训班；12月初，举办塔城文艺骨干网络培训班。9月，塔城地区书法艺术普及基地揭牌，书法培训中心开启对外定期免费培训。

【文艺创作】　2022年，地区文联深入推进三项精品文艺创作工程，扎实推进文化润疆。推广本土原创歌曲《敞开了唱酒歌唱吧》，在前期邀请知名歌手纪敏佳演唱推广的基础上，再次邀请乌兰图雅演唱推广，倾心打造“一杯民族团结的酒，醉了二十九个民族的心”的塔城民族团结音乐名片。为展现塔城各民族相融共生、和谐发展的地区特色，打造出地区民族团结的特色文化品牌，邀请原中国作协第七、八、九届副主席，中国作协报告文学学会会长何建明到塔对塔城地区民族团结典型故事进行深入采访，创作报告文学，展现塔城各民族相融共生、和谐发展的地区特色，打造出地区民族团结的特色文化品牌，20万字的新疆民族团结报告文学创作已完成，并进入出版发行阶段。同时，在为民族团结报告文学的创作搜集整理素材的过程中，本地作家创作的塔城民族团结“非虚构”文学《塔城密钥》也已经完成，起到“师带徒”显成效，“传帮带”共成长的作用。当地作家创作的历史小说《巴克图往事》，40万字，反映百年口岸经商历史演变，以站在世界的视角看塔城，还原塔城发生的历史事件与世界的紧密联系，讲述巴克图在时代变迁中传播红色文化、维护祖国统一、爱国爱疆的情怀，显现出塔城厚重的历史文化，已进入出版发行阶段。

讲好塔城故事，以文艺创作提升塔城文化软实力，先后编辑出版塔城历史文化丛书、四大特色丛书、“在塔城”旅游文集等20余本本土书籍，为宣传塔城发挥良好的文艺作用。各县市文联也编辑出版一批符合本地特色的文学作品，得到社会的肯定。《美在塔城》《歌在塔城》等图书被国家图书馆收录，《塔城史话》被评为全国社科类百部优秀书籍。成功举办《歌在塔城》《经典文艺作品集》《美术作品集》新书发布暨文学作品创作座谈会，为繁荣创作、服务人民，在新时代的新征程上奋力展现塔城文艺工作的新作为新气象奠定良好基础。

【文化交流】　2022年，塔城地区加大各类项目资金支持力度，为深入推进“文化润疆”工程奠定坚实基础。争取援疆项目4个，落实资金达788.61万元；争取地区“文化名人”工作室项目5个，涉及资金20多万元；争取新疆文联项目4个，涉及资金20多万元；落实塔城市新时代文明实践中心项目1个，涉及资金5万元，各类项目资金和活动的落地实施，为实施“文化润疆”工程奠定坚实的经济基础。

【组织建设】　2022年，地区文联继续以深化改革为动力，不断激发地区文联的组织力、向心力、吸引力和行业影响力。继续深化改革和加强基层组织建设，形成地区、县市、乡镇（街道）、村（社区）四级联动的良好格局。以深化文联体制改革为动力，不断总结经验，深化改革步伐，切实增强地区文联的凝聚力、向心力、吸引力和行业影响力。

2022年，地区文联整合地区美术馆（书画院）力量，聘任9名国内名家大家担任地区美术馆（书画院）名誉馆长、院长和高级文艺顾问，为提升塔城地区整体文艺水平奠定基础。加强文艺阵地建设，争取800平方米书画展厅和书画院展馆1座，为地区文艺工作更好开展奠定物质基础。

（马燕丽）

残联人联合会

【残疾人康复工作】 2022年，塔城地区残疾人联合会（简称地区残联）争取上级项目补助资金194.54万元，为全地区2205名残疾人提供免费康复救助。在定点机构为88名残疾儿童进行线上、线下康复训练；为70名符合条件精神病患者按照每人每年900元标准给予服药补助；在定点机构和社区卫生院为50名18岁以上的肢体残疾人提供康复训练。联合卫健委组建家庭医生团队1009支，为1690名年老体弱、行动不便的重度残疾人开展上门服务，共签约残疾人2.2万人、签约率达87.2%。选派康复工作管理人员和机构专业技术人员15人次参加自治区残联举办的各类培训班，各县市举办社区康复协调员暨业务培训班5期80人次。完成精准康复服务管理系统录入3136人，录入率97.76%；辅具服务管理系统录入465人，录入率达到97.08%；完成救助儿童数据录入81人，录入率达到124.5%。下拨辅助器具采购资金29.7万元，为残疾人适配辅助器具404件，适配率达到96.63%。

【残疾人就业工作】 2022年，地区残联组织县市残联参加中国残联举办的按比例安置残疾人就业联网认证培训和操作培训2次，15名工作人员全部通过考核，取得按比例就业年审员资格证书。与相关部门联合开展各类就业援助、民营企业招聘15场次，直播带岗1场次，走访登记失业残疾人员家庭123人，帮助53名残疾人找到就业岗位。开展用人单位按比例安排残疾人就业审核认定工作，通过线上、线下审核用人单位159家，安置360名残疾人就业。指导7名考生参加2022年全国盲人医疗按摩人员资格考试，为4家盲人按摩店申请扶持项目配套资金1.6万元。城镇新增就业年度任务160人，完成率100%；农村新增就业年度任务132人，完成率100%；城乡年度培训年度任务245人，完成率100%。完成就业年龄段未就业残疾人状况调查工作，调查率100%。

【残疾人社会保障工作】 2022年，地区残联认真贯彻落实自治区党委、地委就加快困难群体生活困难补贴发放工作作出的部署和要求，召开地县残联理事长视频会议1次、下发工作提示函2份，实施《关于认真做好2022年受新冠肺炎疫情影响的就业创业期间残疾人发放生活困难补贴工作的通知》，发放一次性补贴351户、28.08万元。配合民政部门做好重度残疾人护理补贴和困难残疾人生活补贴发放工作，已发放困难残疾人生活补贴83580人次、1002.96万元，重度残疾人护理补贴112885人次、1354.62万元。

【残疾人宣文、体育工作】 2022年，地区残联发表稿件137篇，塔城地区电视台、i塔城报道2次。组织县市残联摸排残疾人运动员13名，向行署申请专项经费7.5万元，为参加自治区第七届残疾人运动会暨第四届特奥会做好保障。

【残疾人组联、维权工作】 2022年，地区残联接待残疾人及其亲属来电、来访5次，满意度100%。申请残疾人家庭无障碍改造中央项目400户、140万元，指导县市残联按照要求完成改造服务。年度新办及到期换证1910人，通过跨省通办（新办）残疾人证42人、到期换证25人、迁移49人，清理违规持有残疾人证266人。实施困难智力、精神和重度残疾人残疾评定补贴项目，为符合条件的100名残疾人每人补贴150元，累计补贴1.5万元。累计投入救助慰问资金5.3万元，救助慰问困难或重度残疾人家庭81户。各级残联开展送温暖活动，慰问残疾人困难家庭155户。

（李 辉）

红十字会

【红十字会组织建设】 2022年，地区红十字会坚持党的领导，充分发扬民主，采取自下而上、上下结合、反复酝酿、逐级推选的方法，严格按照推荐提名、确定考察人选、组织考察、报审等环节，推选自治区红十字会第五次会员代表大会代表人选11名、理事候选人人选2人。推选代表于12月中旬参会并完成大会各项工作任务。引导督促各县市红十字会明确基层组织建设工作任务，依法依责规范开展工作，着力夯实红十字事业发展基础，地区新发展红十字会基层组织56个，新发展团体会员38个，新增个人会员565人。推动志愿服务发展，新增志愿服务队10支，新增志愿者246人；在塔城市、裕民县各选择1个养老机构建立曜阳养老志愿服务基地，在社区、乡镇建立曜阳养老志愿服务站，开展志愿服务，加强对养老服务从业者和老年人的生命教育，引导他们正确认识生命的过程、意义，积极应对人口老龄化。

【红十字会宣传工作】 2022年，地区红十字会结合“5·8”人道公益日互联网众筹项目，与塔城市红十字会联合在塔城市文化广场开展为期3天的红十字会博爱周专题宣传活动，对“大病儿童人道需求关怀”“救在身边 助力救援”“器官捐献者子女助学”“关爱明眸计划”“爱心急救包·守护巡边人计划”的五个项目及器官捐献、救助项目等相关内容进行全面宣传，累计发放宣传单、倡议书约500份；对困难群众、孤寡老人、孤残儿童等易受损群体及红十字志愿者组织开展慰问，发放价值7.09万元的大米、面粉、清油、棉衣、棉被、毛衣等各类爱心物资。

【“三救”工作】 2022年，地区红十字会完善备灾救灾体系建设，加强救援队伍建设，做好红十字会19支志愿服务队伍的注册工作。指导县市红十字会扎实开展持证应急救护培训和普及性应急救护培训工作，累计完成持证培训2700余人，普及性应急救护培训9200余人次。通过自治区网上平台，申报小天使基金、天使阳光基金大病救助项目共3例，其中1例已经得到3万元资助。指导乌苏市实施自治区红十字会艾滋病预防与关怀项目，对7个乡镇（村队）、5个社区500余名基层群众进行艾滋病防治和应急救护知识的培训。

【“三献”工作】 2022年，地区红十字会结合“5·8”博爱周、献血日、应急救护培训班等多种形式，普及“三献”知识，提高知晓率。联合塔城市红十字会，组织新城街道哈尔墩社区大党委成员单位、志愿者开展“生命的意义”的人体器官捐献缅怀纪念月主题活动，宣传讲解器官捐献知识，集体观看《器官捐献·毅路前行》，共同朗诵诗歌《生命的礼物》，共唱歌曲《让世界充满爱》，营造捐献光荣的社会氛围。协调塔城市人民政府牵头，与塔城市民政局、塔城市红十字会召开协调会，并赴墓园现场察看，为地区遗体和人体器官捐献者缅怀纪念园的筹建奠定基础。组织县市红十字会配合地区中心血站开展集中献血活动，全地区累计3129人次无偿献血1137600毫升；完成造血干细胞捐献255例，超额完成全年计划任务；遗体捐献1例。

（姚淑芳）

社会科学界联合会

【理论研究】 2022年，地区社会科学界联合会（简称：地区社科联）紧贴新时代党的治疆方略，组织地区各级协会、学会、研究会及县市社科工作者申报自治区社科基金项目14个和新时代党的治疆方略课题3个，其中塔城地区开放大学申报的“新疆以‘榜样的力量’铸牢中华民族共同体意识研究”课题已取得明显成效，年底以研究报告形式完成结项。积极组织地、县社科工作者及学者参与第十九届新疆社会科学界学术年会和青年学者论坛，申报调研报告2篇、征文1篇。

【学会管理】 2022年，地区社科联认真做好地、县两级各学会、协会、研究会组织、协调、服务工作，充分发挥社科联组织引领作用。按照《地直社会科学界社会团体的管理办法》，已对15个地直社会团体及7个县市23个社会团体工作开展情况进行摸底调查，督促各学会、协会、研究会完善其资料，指导工作活动开展。

【基层调研】 2022年，地区社科联根据自治区社科联关于开展基层社科联工作调研的通知，积极组织七县市社科联就社科联基本情况、工作开展情况、工作意见建议及干部队伍现状进行调研，地区社科联形成书面调研及时报告上报自治区社科联。

【业务培训】 2022年，地区社科联为贯彻落实习近平总书记在全国哲学社会科学座谈会上的重要讲话精神，提高塔城地区地、县两级社科联干部和地区联席会议制度成员单位业务骨干新时期哲学社会科学理论水平和综合素质，更好地履行文化润疆工作主体责任，增强意识形态领域阵地安全意识，适应全社会新时代对哲学社会科学知识的需求，经报地委分管领导、地委组织部同意，7月29日至8月2日，地区社科联在地委党校举办为期5天的“塔城地区地县两级社科联系统业务骨干培训班”，地县两级社科联全体业务骨干和地直社会科学普及工作联席会议成员单位业务骨干27人参加培训。

（郭　晶）

法 治

政法委与综治工作

【概况】 2022年，地委召开政法系统学习宣传贯彻党的二十大精神视频会议，制定印发《塔城地区政法系统深入学习宣传贯彻落实党的二十大精神实施方案》，紧盯“1个紧密围绕，5个始终坚持，27条具体举措”，落实日督促、日学习、日反馈，切实用党的二十大精神统一思想、指导实践、推动工作。

依托“我为群众办实事”“百万警进千万家”“法治文化基层行”等活动，推进党的二十大精神进机关、进企业、进学校、进村社、进家庭。持续开展“牧区课堂”“边境课堂”“马背宣讲队”等接地气的流动讲堂，变“上课”为“送课”，累计开展培训、送学542场次，覆盖政法干警、农牧民8万余人，打通学习宣传贯彻落实党的二十大精神“最后一公里”。

【法治建设】 2022年，塔城地区制定贯彻《法治中国建设规划（2020—2025年）》《法治社会建设实施纲要（2020—2025年）》《法治政府建设实施纲要（2021—2025年）》实施方案，明确法治建设工作目标和重点任务。建立法治建设考核评价机制，制定《塔城地区法治政府建设与责任落实督察工作实施细则（试行）》，将党政主要负责人履行法治建设第一责任人职责情况，列入年终述职内容和考核指标体系，做到各级主要领导述法工作全覆盖。制定《塔城地区加强和规范行政机关负责人出庭应诉工作实施方案》，将行政机关负责人出庭应诉、行政败诉等情况纳入法治政府考核，地县行政机关负责人出庭应诉率达90%，比上年度增长38.8%。畅通线上线下反映问题渠道，实现执法司法问题线索受理常态化运行，组织评查地区重点案件384件，依法纠正政法干警程序和文书制作等方面问题10件。优化营商环境，制定《塔城地区政法机关营造法治化营商环境实施意见》，聚焦“塔城地区开发开放试验区建设”战略目标，研究制定地区助企纾困服务保障措施7条，执结相关案件10件，为企业挽回经济损失1793.65万元。深化法治社会建设，组织实施“八五”普法，各级党校集中培训领导干部3320人次，落实领导干部带头讲法律课185次，教育党员干部5.6万余人次。开展宪法法律宣传月、“美好生活·民法典相伴”等各类普法活动2100余场次，营造全社会崇尚法治良好氛围。全面推广网上立案、调解、交费、送达，通过移动微法院、律师服务平台共计立案8831件。选配村居“法律明白人”4727人，实现行政村“法律明白人”全覆盖。深化“分调裁审”机制运用，建立特色调解室78个，入驻调解平台调解组织312个，快审快结各类小额诉讼案件2880件。

【平安塔城建设】 2022年，地委政法委全力推进平安塔城和市域社会治理现代化建设，按照“发案少，秩序好、服务优、群众满意”的总要求，深入开展高标准、宽领域、大范围、多层面的平安创建活动，形成“全民参与、平安有我”生动局面。截至2022年年底，地区7个县市全部被命名为自治区优秀平安县市，46个乡镇被命名为自治区优秀平安乡镇场。投入89.26万元，对11个平安塔城建设先进集体和28位先进个人、7个便民警务站、15名民（辅）警和15名优秀护边员开展表彰奖励。推进市域社会治理试点工作，研究制定《塔城地区2022年市域社会治理现代化重点工作任务清单》，坚持清单管理、限期落实、动态销号，有力有序推动各项重点工作任务落实落细。其中塔城地区“发挥政治引领作用”经验和“随手拍”做法，分别在中央政法委举办的试点创新第一届研讨会和全国第九次市域社会治理现代化试点工作交流会得到肯定。夯实基层基础，地区82个乡镇（街道）全部配齐乡镇政法委员，明确7项职责任务，加强对基层政法维稳工作的统筹协调。完成地县乡村四级综治中心建设，公开招聘村级综治专干888人，全覆盖配备“一村一专干”。

【矛盾纠纷化解】 2022年，地委政法委完善健全矛盾纠纷机制，深入贯彻落实新时代“枫桥经验”，依靠党政、政法、司法、信访和群众组织力量，建立法官工作室站、毡房调解室、农牧户调解室和派出所调解室，推动“入户走访+群防群治+专业化解”的多元化解格局，全年排查纠纷5930件，化解5923件。深化诉源治理工作，制定《地区关于加强诉源治理推动矛盾纠纷源头化解实施方案》，依托“多元化解矛盾纠纷工作站”，将诉源治理与基层治理深度融合，坚持法官、律师、基层干部与政法力量联动，建立49个法官工作室，下沉128名法官参与多元解纷，诉讼率比上年下降25.32%。

【打击诈骗】 2022年，地委政法委加强社会面宣传，充分发挥“网”“报”“刊”“微”等多媒体作用，印发宣传资料12万余份，制作宣传片51部，持续打好宣传战。强化线索核查办理，探索建立线索“收、转、办、结、督、复”的“六步”办理方法，确保每条线索查证见底、结论可靠、群众满意。防控社会领域新风险，紧盯行业监管部门问题漏洞，制发“三书一函”46份，提升治理效能。地县两级四大行业领域健全完善联合办案、防范治理等方面制度机制60个，侦破电信诈骗案件287起，抓获犯罪嫌疑人186人；破获利用网络实施“网络赌博”等案件9起，追赃挽损73.4万余元。全链条破获“额敏县马某被裸聊敲诈案”，抓获犯罪嫌疑人10人，揪出幕后“金主”1人，打掉团伙2个，追缴赃款10万余元，查获涉及全国裸聊视频300余部。破获养老诈骗案件4起，抓获违法犯罪嫌疑人4人，追赃挽损43.35万元。

【边境管理】 2022年，地委政法委结合年度工作实际，制定《塔城地区2022年度边防工作要点》，明确年度工作目标任务，统筹推动军兵警地和部门之间联管联防联控，常态化联合开展议边踏边、应急演练、清山净域、边境防火等重点工作。加强边防政策法规宣传，教育引导全地区各族群众提高“边的意识”，对发现提供有价值信息线索的群众予以重奖，营造全民守边的浓厚氛围。与塔城军分区联合印发《关于全面推进边防基础设施普查工作的通知》，完成项目普查实施阶段工作任务。制定《关于全面整改地区护边员“一卡通”补助资金专项治理工作存在问题的实施方案》，深入查找短板漏洞，提出整改意见，确保专项整改工作提质增效。

【政法队伍建设】 2022年，地委政法委全面贯彻执行《中共新疆维吾尔自治区委员会贯彻〈中国共产党政法工作条例〉实施细则》，精心构建地区“1+7+4+*N*”制度体系，构成制度体系的“四梁八柱”。地区政法各单位修订完善《党组（党委）在执法办案中发挥领导作用》等460余项制度，不断提高党领导政法工作制度化、规范化、科学化水平，有力推动政法工作条例各项制度措施落到实处。

持续巩固政法队伍教育整顿成果，制定《塔城地区贯彻落实〈自治区关于贯彻落实关于巩固全国政法队伍教育整顿成果推进全面从严管党治警的意见〉实施方案》的实施方案，抓实全面从严管党治警10项重点工作。建立“环节+部门+岗位”问题溯源整治机制，围绕民生保障、执法司法、政法服务等领域排查并有效整改各类问题隐患、顽瘴痼疾507个，一体推进“六大顽瘴痼疾+行业顽疾”专项整治。政法系统涌现出全国“人民最满意公务员”李茜、全国“优秀人民警察”丁永刚、“平安中国”先进个人木合亚提·库尔班等为民服务典型。

推进全面从严管党治警，贯彻执行《新时代政法干警“十个严禁”》，开展公开承诺活动26场次，发放卡片2100余张，从思想上筑起拒腐防变堤坝和防线。严格落实中央八项规定及其实施细则精神，开展干部作风专项整治纠“四风”树新风工作，教育引导政法干警知敬畏、存戒惧、守底线，确保“刀把子”牢牢掌握党和人民手中，进一步凝聚形成地区政法队伍建设工作强大合力。

（王仰光）

法治政府建设

【概况】 2022年，地区司法局切实履行依法治地办职责责任，推动自治区“一规划两纲要”落实落地，研究制定地区落实“一规划两纲要”重要举措分工方案、依法治地工作要点等文件，细化措施并督促抓好贯彻落实。贯彻落实《自治区实施〈党政主要负责人履行推进法治建设第一责任人职责规定〉办法》，将党政主要负责人履行推进法治建设第一责任人职责情况列入年终述职内容和考核指标体系，制定地、县、乡三级主要负责人述法清单，组织地、县、乡三级开展2021年度述法工作，使其达到全覆盖；切实做好法治督查工作，制定全面依法治地年度督察工作计划、实施细则（试行），深入7个县市、12个地直部门（单位）等62个点位开展实地调研，现场督办堵塞漏洞48处，切实做好自治区党委依法治疆办督察组迎检准备工作。针对督察组反馈问题，制定整改责任清单和整改方案，并抓好督促整改落实。截至12月31日，自治区反馈问题督办整改完成率达98.7%。

【“三统一”制度落实】 2022年，地区司法局认真贯彻落实《党内规范性文件合法性审查制度》《自治区行政规范性文件管理办法》，全面落实“三统一”制度和推行行政规范性文件合法审查机制。截至12月31日，出具合法性审查意见建议书5件，审核行署专员办公会议题40余件，审查办法、方案、规划等各类文件及研究地区重大项目、招商引资等材料、协议163件。开展全地区权责清单的合法性审查工作，审查32个部门（单位）的权责清单累计3610余项，出具审查意见书32份。

【优化营商环境】 2022年，地区司法局整合基层优秀法律人才成立县级公共法律服务团队7个，围绕疫情、欠薪等社会关注热点，采取分批蹲点服务、周期巡回服务等方式，扎实开展法治基层行、“万所联万会”等活动，持续助力服务优化营商环境。截至12月30日，深入村镇开展法律知识讲座70余场；深入民营企业开展全面“法治体检”活动240余场，举办法律讲座28场，提出意见建议870余条；开展涉企矛盾纠纷排查化解专项行动29次，排查化解纠纷39件；现场解答法律问题1000件，免费发放宣传资料近万份。

【行政执法“三项制度”落实】 2022年，地区开展行政执法规范年活动，开展评查行政执法案卷1883个，覆盖率达60%以上。联合制发《关于加强行政检察与行政执法监督衔接工作意见（试行）》，指导乌苏市建立依法治市行政执法监督网格化平台，对各执法单位执法情况开展全方位全过程监督；完成地区执法主体资格确认工作，组织专题培训30余次，换发行政执法证件3123个。

【行政复议改革工作】 2022年，地区司法局充分发挥行政复议监督职责和化解行政争议主渠道作用，累计办理行政复议案件44件，审结39件，终止2件，纠错16件，纠错率47%。制定《塔城地区加强和规范行政机关负责人出庭应诉工作实施方案》，推动行政诉讼案件旁听制度的全面落实。截至12月31日，地、县行政机关负责人出庭应诉率达90%，比上年增长38.8%。

（王 懿）

公 安

【概况】 2022年，塔城地区公安机关紧紧围绕党的二十大安保主线，以“时不我待、只争朝夕”的干劲，把全部精力聚焦在经济基础下的民生事业中，深入推进“断卡”“昆仑”“断链”等专项行动，扎实开展夏季治安打击整治“百日行动”，严厉打击“黄赌毒”“盗抢骗”“两抢一盗”、电信诈骗及食药环领域等危害群众生命财产案件，破获各类案件5825起，打击处理6085人，追缴群众损失1.29亿余元，地区刑事案件比上年下降25.07%，实现塔城地区现行命案连续十年全破、八类案件连续两年全破的打击犯罪新成效。有机整合治安、派出所、警务站及群防群治力量，动态调整、启动公安武警联勤联巡和社会面防控高等级勤务，投入巡控力量确保地区党政军警机关、民生基础设施和重点企业、公园商超等人员密集场所的安全稳定。常态化联合交通、应急管理等职能部门开展道路隐患排查和交通违法违规行为严查严处，累计开展680余次宣传教育活动和320余次道路隐患风险排查行动，查处21.97万起道路交通违法行为，做到地区道路交通全年相对平稳。全年累计有248人、69个集体被记功嘉奖，其中2个集体分获评“全国优秀公安局”“全国优秀公安基层单位”，1个集体记“集体一等功”，1人获“全国优秀人民警察”称号，1人获“全国公安机关爱民模范”称号，2人获“全国公安成绩突出青年民警”称号。

【打击刑事犯罪】 2022年，塔城地区各级公安机关刑侦部门，完成党的二十大安保任务，积极投入疫情防控，严厉打击各类突出犯罪。全年累计立各类刑事案件2301起，破1533起，破案率66.62%，破案绝对数2157起，抓获处理违法犯罪人员2068名，八类案件破案率达100%。实现现行命案连续十年全破，盗抢骗、电信诈骗等侵财类案件稳中有降。2022年，地区各级公安机关刑侦部门有1个集体记一等功，5个集体记三等功；1人记个人一等功，1人记个人二等功，12人记个人三等功。

【打击有组织犯罪】 2022年，塔城地区各级公安机关深入开展《中华人民共和国反有组织犯罪法》宣传贯彻活动，聚焦信息网络、交通运输、工程建设、自然资源“四大领域”，部署开展教育、医疗、金融借贷、市场流通新四大行业领域整治。组织召开整治会议4场次，出动整治力量1000余人次，发放整改通知书5份，公安提示函19份。强化对“裸聊敲诈”案件的研判攻坚力度，先后侦办自治区公安厅督办的2022年地区6起“裸聊敲诈”案件，全部破获，抓获违法犯罪人员25人，追赃挽损23.4万余元。有力打击黑恶势力嚣张气焰。

【打击治理电信网络新型违法犯罪】 2022年，塔城地区公安局成立外出打击专案组，强化打击力度，累计破获电信网络诈骗案件340起，抓获犯罪嫌疑人220人。先后“全链条”破获额敏县马某被裸聊敲诈勒索案、沙湾市许某被冒充客服诈骗案，同时开展“断卡”“断流”专案行动，累计破获案件27起；全方位织密织牢反诈防护网，接收预警信息70842条，预警70842条，预警率100%，成功劝阻91人，劝阻金额90.14万元；采取紧急止付措施32967次，劝阻拦截资金2034.25万元，全维度挤压电信诈骗违法犯罪生存空间；2022年全地区累计注册安装“国家反诈中心”App人员累计528204人，注册率94.7%；制作反诈视频265部，公安部采用1部，自治区公安厅采用42部，制作宣传海报102张，发放宣传单20余万份，受教育群众40余万人。

【打击传统盗抢骗犯罪】 2022年，塔城地区各级公安机关刑侦部门聚焦量大面广的传统侵财犯罪，以防范打击盗窃犯罪为突破口，强力攻坚，年内地区累计立“盗抢骗”案件864起，比上年下降29.41%，破案率65.39%，上升19.15个百分点；组织开展严打严防盗窃犯罪专项行动，2022年累计立盗窃案件521起，下降15.56%，累计破获案件349起，破案率66.99%，比上年上升12.37个百分点。沙湾市成功破获一起自治区公安厅督办的集钻孔技术、装管抽油、运输、销赃于一体盗窃成品油案。

【打击经济犯罪】 2022年，塔城地区各级经侦部门严厉打击金融、涉税、假币、商贸等领域突出经济犯罪，深入开展专项行动，地区累计受理案件118起，比上年同期下降41.9%；立案98起，下降35.1%，补立年前案件13起；破案57起，破案率为58.2%，破年前案件19起，涉案金额17.03亿元，挽回经济损失578.59万元，侦查终结案件21起，移送起诉17起，抓获犯罪嫌疑人51人。其中，塔城地区公安机关共立涉众型经济犯罪案件4起，涉案金额5900万元，抓获犯罪嫌疑人7人，挽回经济损失987万元；组织开展“4·26”“5·15”打击和防范经济犯罪宣传活动，发放宣传材料1.1万余份，悬挂宣传标语31条，发布预警信息180余条，发宣传稿件789篇，其中国家级202篇、自治区级176篇、地区级20篇、微博宣传391篇。

【网络安全宣传】 2022年，塔城地区公安机关网安部门认真筹备、开展国家网络安全宣传周活动，联合多方力量深入广场、商圈、机关单位、校园等场所开展宣传活动，悬挂横幅7条，张贴宣传画报10张，LED显示屏10个，接受群众咨询500余次；利用新媒体优势对“防范电信网络新型违法犯罪宣传活动”进行全面、深度报道，制作防骗宣传短视频7部，组织转发2万余次。

【打击毒品犯罪】 2022年，塔城地区各级禁毒部门以实施“清源断流”战略为核心，深入开展专项行动各子行动。地区累计破获毒品案件26起，抓获犯罪嫌疑人26人。2022年，塔城地区各级禁毒部门认真组织开展“除根”行动，深入易制毒化学品企业核实易制毒化学品存放地点、出入库台账，督促企业加强易制毒化学品购买、使用、仓储等环节的管理，全面消除安全隐患。联合市场监督管理局开展检查727家次零售药店，检查兽药店65家次，主要对药品销售、库存、实名登记情况进行检查，监督其严格落实相关法律法规，把好各类药品销售关，严禁违规销售精麻药品的行为。

【机场安保工作】 2022年，塔城地区公安局机场分局进一步完善应急处突方案，联合特警、周边派出所、机场辖区单位，组织多警种综合性应急处突演练21次，分局常态化应急拉动150余次，应急处突能力有明显提升。分局组织机场各单位常态化开展联防联勤，对航站楼、公共区域等部位开展车巡、步巡，组织开展安保测试16次，纠正轻微交通违法行为650余起，全年保障航班2550架次（进港1276架次、出港1274架次），进出港旅客14.9万人次，疫情防控期间保障包机13架次1692人，办理临时乘机身份证明256份，查处危害民航运输秩序类案件4起，严打率100%。

【打击危害食品安全犯罪】 2022年，塔城地区公安局食品药品环境犯罪侦查部门联合相关行政部门开展联合执法162次，出动警力486人次，车辆162辆次，检查各类场所1220处次（餐饮场所335处，熟食品加工厂、小作坊118处次，农贸市场145处次，大型食品批发市场86处次，商超292家次，屠宰场68家次、畜牧饲养销售56家次，冷链食品120家次）。发现问题隐患85处，整改85处。向行政部门移交案件线索13条。查处销售假冒违法行为208起，查处不规范经营商家11家、无证经营3家、酿酒黑作坊1家、过期肥料38145公斤，过期种子3350公斤、过期食品2169瓶（袋）。2022年共立危害食品安全刑事案件2起，与上年同期相比增长100％。

【打击危害药品安全犯罪】 2022年，塔城地区公安局食品药品环境犯罪侦查部门与市监局、卫健委开展联合检查312次，出动警力451人次，检查各类场所1042处。检查诊所156家次、医疗机构215家次、药品经营门店354家、保健品店68家、寄递业76家、化妆品经营场所173家次。核查涉药品类线索12条，向行政部门移交案件线索12条，查获过期药品199盒。2022年，共立危害药品安全类刑事案件2起，与上年同期相比增长200%。缴获含西地那非（俗称伟哥粉）成分的“壮阳药”185千克，生产原料752千克、生产加工设备1台。

【打击危害生态环境安全犯罪】 2022年，塔城地区食品药品环境犯罪侦查部门联合自然资源局、环保局开展联合执法126次，检查各类场所650处次，其中水源地125处次、砂石厂102处次、汽修汽配店102家、养殖场136家次，木材加工场所185处次。向有关行政部门移交案件线索7条。2022年共立危害生态环境安全刑事案件55起，比上年（51起）同比增长7.8％。其中侦办的塔城地区沙湾市众泰汇鑫化工有限公司污染环境案被公安部列为部督办案件。

【打击侵犯知识产权和制售伪劣商品犯罪】 2022年，塔城地区食品药品环境犯罪侦查部门联合相关行政部门开展联合执法92次，检查各类场所834家次，其中影院75家次、书店246家次、农资产品经营店铺356家次、印刷业157家次。向有关行政部门移交案件线索3条。2022年共立侵犯知识产权和制售伪劣商品犯罪刑事案件18起，比上年增长20％。3月8日，塔城地市食药环侦查机关联合市场监督管理局对辖区烟酒专卖店进行突击检查。

【打击涉野生动物犯罪】 2022年塔城地区食品药品环境犯罪侦查部门开展联合执法37次，巡查野生动物栖息地156处次，开展林区巡逻96次，检查养殖场、野生动物栖息地156处、重点林区管护站、重点区域98处，向相关行政部门移交案件线索1起。救助野生动物65头（只）（国家一级保护野生动物3只、国家二级保护野生动物46只、自治区三有动物16只）。2022年共立涉野生动物刑事案6起、野生动植物类刑事案件13起。收缴4694株大芸、狐狸制品12件，收缴雪莲225棵、野生马鹿肉块42.89公斤、狐狸制品3件、红隼1只、狼崽4只、石鸡62只。

【禁毒宣传】 2022年，塔城地区各级禁毒部门坚持以重要时间节点和常态化宣传相结合，开展形式多样的全民禁毒宣传活动，通过各级各类媒体广泛宣传，营造浓厚的全民禁毒氛围，“健康人生、绿色无毒”理念进一步深入人心。2022年内累计开展禁毒宣传活动795场次，开展大型宣传活动7次，发放宣传资料7万余份、宣传品3300余份，悬挂横幅30余条，解答群众咨询800余次，受教育群众达13.21万余人。

【治安管理】 2022年，塔城地区公安机关治安部门加强社会面“五巡”工作，有效震慑街面犯罪活动。严格落实自治区公安厅“五巡”要求，进一步完善公安武警联勤武装巡逻勤务机制，切实强化社会面巡逻防控，地区投入巡控力量救助群众1815人。处理民事纠纷1933起。

【危险物品管理】 2022年，塔城地区公安机关牢固树立安全发展理念，通过切实强化风险意识，完善和落实“从根本上消除事故隐患”的工作机制，大力开展危险化学品安全整治工作，严格落实剧毒、易制爆危险化学品流向登记、治安防范等管理制度，积极会同行业主管部门开展剧毒、易制爆危险化学品流向专项整治。督促企业落实管理主体责任，并督促有关单位和行业系统建立健全单位自查、日常检查、随机抽查、系统巡查工作机制，不间断开展“拉网式”“地毯式”排查，最大限度查处问题、挖出风险，盯住不放、限期整改，做到应管尽管，严格规范监管，有力维护社会大局持续平稳。

【行业场所管理】 2022年，塔城地区公安机关持续加强行业场所治安管理，采取明察暗访相结合的方式，以查纠消除隐患为目标，深入各类场所进行集中清查整治，重点检查消防设施器材、疏散通道、保安管理、内部安全制度落实等情况进行检查，严厉查处和打击行业场所内违法犯罪行为，规范行业场所的治安秩序，并加强日常监管，严格落实各项安全管理制度。

【交通安全管理】 2022年，塔城地区公安机关交管部门深入推进“减量控大”、“百日行动”、货车超载、酒醉驾、“一盔一带”以及节假日安保等各类专项整治工作，筑牢高速公路、国省道主干线、农村道路、城市道路秩序管理。坚持现场与非现场相结合、常态管理与专项整治相结合，加大现场查处力度，严管严查各类严重违法行为。以城乡接合部、城市路口为重点路段，以早晚高峰、夜间、周末、节日等为重点时段，严管严查“两闯”“三驾”“四危”“四不”等严重违法。全年查处各类违法行为22.23万余起，其中无证驾驶1756起，酒醉驾1118起。

【道路交通隐患排查】 2022年，塔城地区公安机关交管部门在全地区开展道路隐患拉网式大排查行动，重点对减速带损毁缺失、标志标牌和安全防护设施缺失、路面标线不合理、交通信号灯缺失等隐患进行排查梳理。316处事故多发点段得到治理，持续清理重点车辆、驾驶人安全隐患。清理重点车辆6000余辆，“八类”重点车辆检验率达到99.8%以上，报废率达到100%。重点驾驶人换证率、审验率、满分学习率达到99.95%以上；定期走访检查重点运输企业，通报安全形势和隐患排查情况，督促落实隐患排查整改措施。严把驾驶人准入关口，规范驾驶人资格条件审查办理程序，落实机动车驾驶证业务全流程监控、定期抽查和定期异常业务分析研判等监管措施。

【交管“放管服”改革工作】 2022年，塔城地区公安机关交管部门将车管业务延伸至汽车销售商、二手车交易市场、派出所、便民（辅）警务站、邮政网点、保险网点、医院网点、驾校网点等240个网点。贯彻落实以“放管服”改革75项、“最多跑一次”的发展思想，不断优化“警医、警邮、警保、警企”合作服务模式，广泛建立交管服务站。严格落实好“四个减免”、18类业务“一证办”，全面推行受理、缴费、取证“一窗办”。塔城地区申领电子驾驶证21.8万笔，申领电子免检标志4.2万笔。运用“交管12123”“网上办、掌上办”实现轻微事故快速处理，进一步优化道路交通事故处理和保险理赔流程，实现道路交通事故现场自行协商、认定、保险快速定损、快速理赔，为群众提供便捷、快速、高效的道路交通事故快处快赔服务。“交管12123”App录入轻微交通事故4304起。

【交通安全宣传教育】 2022年，塔城地区公安机关交管部门发挥“两微一抖”平台优势，充分利用窗口LED屏、城区道路交通诱导屏、沿街商铺LED屏幕等宣传阵地，关注报道重点车辆和驾驶人隐患“清零”、公路交通安全区域联合整治、“一盔一带”安全守护、酒驾醉驾及货车专项整治等专项行动，普及“路口礼让斑马线”、防范“二次事故”、不占用应急车道、不抢道不加塞等交通安全常识；持续开展“七进”宣传，强化“交管12123”、“警企交通安全微信群”精准宣传提示，进一步提升社会公众交通安全意识、法治意识和文明意识。全地区被各类央级媒体采用图文稿件65篇。开展“七进”交通安全宣传2000余次，发布“两微一抖”交通安全宣传4万余条，发布“两公布一提示”3000余次，发布警示提示信息3万余条。

【出入境“放管服”工作】 2022年，塔城地区出入境管理部门严格落实国家移民管理局推出的“只跑一次”“全国通办”“我为群众办实事”11项利民措施等便民制度及各项移民和出入境便民利民措施，优化互联网服务功能，通过出入境智能签注机、自助照相机、前台受理一体化等服务，缩短办证时间，大大减少群众办理业务的时间，依托公安出入境微信公众号，实现群众足不出户就能办理出入境业务的网上预约、进度查询、在线解答等业务，切实做到权利“应放尽放”方便群众办事。使用自助照相设备289人次，提供延时服务47人次，为外籍华人提供签证、居留便利6人次，申办出入境证件微信支付289人次。

【110接处警】 2022年，塔城地区公安机关接报警216211起，其中有效警情35150起，群众求助报警13293起，积极为群众救危解难使“人民公安为人民”的宗旨得到充分体现。针对求助类非警务警情的实际情况，积极协调电力、热力、医院等政府职能部门，建立了权责分明的警情联动处置工作机制，在形式上依托“三方通话”报警服务平台和“12345”热线形成联动，拓宽群众报警求助事项快速处置渠道，切实提升服务群众质效。

【疫情防控】 2022年，塔城地区公安局疫情指挥部坚持“外防输入、内防反弹”的任务目标，严守辖区疫情防控阵地，高度重视、严密组织、全警动员、全力以赴，把人民群众生命安全和身体健康放在首位，为联防联控疫情蔓延、维护社会治安做出重要贡献，以实际行动践行“人民公安为人民”的庄严承诺。

【法治宣传教育】 2022年，塔城地区公安机关按照“谁执法谁普法”普法责任制的要求，各县市公安机关通过设置宣传咨询台、悬挂横幅、发放宣传资料、摆放宣传展板、现场咨询等形式，集中向广大人民群众开展宪法宣传。同时，塔城地区公安机关结合公安工作职能职责，深入开展“进机关”“进乡村”“进学校”“进企业”“进单位”等普法宣传活动，送法到群众身边，向群众广泛宣传与群众生产生活息息相关的《中华人民共和国民法典》《中华人民共和国消防法》《中华人民共和国义务教育法》《中华人民共和国治安管理处罚法》《中华人民共和国退役军人保障法》等法律法规，并对防范电信诈骗、疫情防控、禁毒、企业劳动人事等法律知识进行重点宣传，着力提高群众运用法律武器维护自身合法权益的意识，让法治观念深入人心。2022年，塔城地区公安机关共开展法律“六进”800余次、受教育群众30万余人，发放宣传单（手册）27万余份。

（李书翠）

检　察

【地区检察分院负责人】

检察长：

古丽加娜提·吉尔吉斯（女，维吾尔族，12月任检察长候选人）

党组书记、副检察长：

苏　昕

副检察长：

沙吾列提·哈勒克（哈萨克族）

郭学林

陈书亚

政治部主任：

曹春理（女）

【刑事检察】 2022年，地区检察分院深入推进反恐法治化常态化，严把危安暴恐案件“五个关口”，累计批捕15人，起诉20人。坚持源头治理。结合检察办案、入户宣讲等推动反恐宣传教育，从源头上增强社会稳定的内生动力。积极参与共建共治共享治理格局。通过“学习+宣传”的方式，学习宣传《中华人民共和国反有组织犯罪法》，增强人民群众的法治意识和防范能力。以检察建议为抓手，积极参与相关领域社会治理，制发15份涉及重大行业领域整治的检察建议，积极推进市域治理。地区检察分院办理的邓某某组织领导黑社会性质组织罪一案入选最高检典型案例。积极应对社会治安新变化新形势，依法履行办案职能，切实维护社会稳定。依法严惩故意杀人、故意伤害致死等严重暴力犯罪，批捕78人，起诉121人，严惩群众关切的“黄赌毒”“盗抢骗”“食药环”等突出犯罪活动，批捕91人，起诉189人，有力促进平安塔城建设。多措并举推动“一号至八号检察建议”刚性落实。坚持服务大局，主动作为，找准精准融合融入“结合点”，聚焦专业严谨“关键点”，紧盯监督刚性“发力点”，切实推动检察建议在地区内落地落实，实现治罪与治理并重。依法能动履职，针对办案发现的社会治理问题，制发社会治理类检察建议39件，当好法治参谋。坚持和发展新时代“枫桥经验”，邀请人大代表、政协委员和各界人士担任听证员，常态化开展检察听证415件，借力借智释法说理、定分止争。

【经济检察】 2022年，地区检察分院依法严惩严重侵犯民营企业财产、损害企业利益的各类经济犯罪，批捕各类破坏市场经济秩序犯罪16人，起诉47人。强化知识产权综合司法保护，服务创新驱动发展。整合刑事、行政、公益检察职能，构建知识产权“三检合一”办案机制，做到同步提前介入、同步审查案件材料，确保三个效果有机统一，起诉侵犯知识产权犯罪8人。精准服务保障打好防范化解重大风险攻坚战，持续做好辖区“中亿百联”“财来财往”等涉众型非法集资案件办理工作。落实好服务保障措施“18条”，用心用情用力为各类市场主体保驾护航。健全同工商联沟通联系机制，发挥主导作用，分院与地区工商联、财政局等九家单位召开联席会议，成立“塔城地区第三方机制管理委员会”，牵头会签《涉案企业合规第三方监督评估机制工作办法（试行）》《涉案企业合规审查实施细则》，为改革持续发力筑牢根基。牵头建立68人的第三方专业评估人员名录库。办理企业合规案件3件。帮助企业找到违法违规风险点，提出有针对性的检察建议，引导企业树牢法治意识，堵牢经营漏洞，规避法律风险。建立健全反洗钱工作机制。地区检察分院牵头与地区监察委员会、地区中级人民法院等5家单位会签《塔城地区反洗钱协作配合实施办法（试行）》，强化协作配合，形成打击洗钱犯罪合力。充分发挥主导作用，在深挖洗钱线索上下功夫，地区检察机关累计向公安机关移交洗钱犯罪线索12条，监督公安机关立案11件，批捕洗钱犯罪5件，起诉4件，2篇反洗钱典型案例入选《2021年新疆检察百佳案例汇编》，切实维护金融管理秩序。深入贯彻落实《关于新疆检察机关依法能动履职服务保障沿边口岸经济带高质量发展的意见》，充分发挥分院与塔城海关缉私分局“侦查监督与协作配合办公室”作用，更好依法服务保障沿边口岸经济带高质量发展，助推塔城重点开发开放试验区建设。

【未成年人检察】 2022年，地区检察分院开展“护蕾行动”，发挥“护蕾行动”领导小组办公室统筹协调作用，牵头制定《塔城地区“护蕾行动”指导工作方案》，对各县市“护蕾行动”落实情况进行督促指导。对近3年性侵未成年人案件开展质量专项评查工作，其中2件以审判监督程序提起抗诉，专项评查工作经验做法被区院在全地区推广。坚持对性侵未成年人犯罪“零容忍”，严厉打击性侵未成年人犯罪，批捕45人，起诉49人。坚持“捕、诉、监、防、教”一体化履职，依法惩戒、精准帮教罪错未成年人，不批捕未成年人犯罪案件15人，不起诉7人，附条件不起诉5人。严格落实特别程序。为未成年犯罪嫌疑人提供法律援助8人次，开展社会调查57人次，开展心理疏导71人次，开展家庭教育指导51人次，对14名涉罪未成年人进行犯罪记录封存。建成集未成年被害人接受询问、身体检查、心理疏导于一体的“一站式”办案场所4个。建立未检工作室4个。分院制定《关于法治副校长委派与管理工作实施意见》，积极推进未成年人保护和预防遭受性侵害的法治宣传，沙湾市检察院获“全国青少年普法教育先进集体”称号；乌苏市检察院1人获“全国青少年普法教育优秀辅导员”称号。全地区78个乡镇、775个村队、8个街道、103个社区、426所学校法治宣传教育全覆盖。开展法治进校园活动215次，覆盖人数16万余人。

【司法为民检察工作】 2022年，地区检察分院践行以人民为中心的发展思想，牢牢把握人民群众对公平正义的新期待，用心用情用力办好群众身边的每一起“小案”。拓宽养老诈骗犯罪线索收集渠道，做实做细老年人全方位保护工作。采取“线上+线下”相结合的宣传模式，切实提升群众对打击整治养老诈骗专项行动的知晓率和参与率。组织专项宣传活动8次，发放宣传资料3500余份，接受法律咨询300余人，利用“两微一端”发布防养老诈骗宣传信息248篇，被自治区级各类平台采编26篇次，被国家级各类平台采编1篇次；拍摄宣传片16个，被自治区级各类平台采用10个，在全社会营造打击养老诈骗的浓厚宣传氛围。畅通诉求反映渠道，落实群众信访“件件有回复”制度，接收群众信访279件，7日内程序性回复达100%，3个月办理过程或者结果答复达90%以上。严格落实院领导包案办理首次信访案件工作制度，两级院领导包案办理22件，包案率达100%。积极探索开展简易听证，两级院组织简易听证6件。充分发挥公开听证在提升检察机关公信力和促进息诉息访方面的作用，有效化解矛盾，控制信访增量。拓宽工作思路，畅通多元救助，探索建立“司法救助+社会救助”双向衔接机制，地区检察分院与地区教育局、民政局等11家单位研究制定《关于建立检察机关国家司法救助与社会救助、帮扶双向衔接机制的意见》，形成救助、帮扶合力。救助21人，发放救助资金18.1万余元。地区两级院以民事支持起诉专项活动为抓手，坚持多元化、便民化、人性化履职，着力强化弱势群体权益保护，累计受理民事支持起诉974件，帮助农民工讨薪403万余元。

【基层院建设】 2022年，地区检察分院坚持抓基础管长远，持之以恒固本培元，不断夯实检察事业行稳致远的坚实基础。完善地区检察分院领导联系基层院制度，落实一对一包联指导机制，做到精准指导、真帮实扶，不断夯实检察工作高质量发展的基层基础。指导基层院找准自身特色，甄选创新亮点，持续推进基层院“一院一品”建设工作创新发展。地区检察分院领导下基层指导县市院工作15次，定期通过视频方式对基层院检察工作情况进行调度，了解存在的问题和困难，点对点、面对面地进行指导帮助，共同推进工作开展。加强对基层院党组班子建设的指导，积极主动与地委组织部就加强地区基层院领导班子建设、优化两级院领导班子的入口等问题进行沟通，加大向地委推荐优秀干部充实基层院班子力度。协助地委组织部考察分院2名部门主任担任基层院主要领导，对2个基层院主要领导提出调整意见，基层院正职交流4人，班子成员交流6人，新进班子成员5人，45岁以下班子成员12人，持续推动基层院领导班子专业化建设。以“脱薄争先”为重点，研究制订《2022年塔城地区检察机关相对薄弱基层院帮扶计划》，通过在政治建设、业务工作、队伍建设、检务管理、基础保障等五个方面狠抓落实。聚焦人的问题，分院党组强化协管职能，积极与地方党委和组织部沟通，调整充实薄弱院主要领导1人。地区检察分院赴薄弱院帮扶、指导、检查工作10次，“线上”帮助工作55次。3个先进基层院先后选派6人到薄弱院开展帮扶工作，全力推动薄弱院“脱薄争先”，取得新成效。

【检察基础工作】 2022年，地区检察分院把案件管理、检察技术、检察宣传等基础工作做实做细，为自身高质量发展提供坚强支撑。发挥案件管理分流台、晴雨表和质检站作用，通过业务分析研判、加强案件质量评查更好发挥科学管理功能。深化业务数据分析研判工作，常态化按月发布主要业务数据。狠抓案件质量评查，开展地区性侵未成年人刑事案件质量评查82件、重点案件评查77件。狠抓案卡填录工作，每月对案卡填录情况开展数据专项核查和通报，督促纠正案卡填录不当问题。主动与辽宁省检察机关加强沟通联系，与辽宁省院签订2022—2024年支受援协议，援助资金50万元，选派6名干部到辽宁省对口支援检察机关岗位锻炼。选派20人赴辽宁省开展学习交流，组织开展两地检察机关党组织共建活动。全力做好预算安排、资金统筹、财务核算、装备配置、政府采购、固定资产清查等工作，服务保障各项检察工作顺利开展。加强检察听证室规范化建设。投入资金126万元，完成地区两级检察院听证室设备安装工作。落实认罪认罚听取意见同步录音录像制度，完成两级院认罪认罚听取意见同步录音录像室建设，保障听取犯罪嫌疑人、被告人及其辩护人或者值班律师意见实质化、规范化。两级院投入4.6万元组织20人开展无人机培训及实战演练，为检察办案提供信息技术保障。两级院投入456万元有序推进档案数字化建设，为地区各项工作检察更好的发展提供档案保障。地区检察分院党组高度重视信息宣传工作，多措并举加强谋划，提高信息的质量。围绕检察业务，持续打造“未”爱发声、“刑”影不离、“典”亮人生、“护蕾行动”进行时等具有检察特色的普法宣传栏目。围绕党的二十大，开设“学习二十大精神”专栏，持续发布地区检察人员学习党的二十大、党章、法治金句等心得反响，畅谈体会，表达心声，宣传形式和宣传效果得到区检院领导的肯定。共发布3017篇信息，其中原创1235篇，被自治区级各平台采用611篇次，被国家级各平台采用265篇次。拍摄短视频177部，拍摄的《检察官抽丝剥茧 让“案中案”重见天日》被自治区检察院选中作为新疆“新时代检察汇”之一报最高人民检察院参评。分院绘制《防范养老诈骗 “图”个明白》漫画被最高检微信公众号采用。与地区广播电视台签订合作协议，在“i塔城”App开设专栏，发布信息近900篇，单篇阅读量均在1500次以上，营造良好外部环境和舆论氛围。

【司法体制改革】 2022年，地区检察分院聚焦重点，统筹兼顾，提高改革整体效能，蹄疾步稳、纵深推进各项改革任务落实落地，制定《塔城地区检察机关关于推进自治区以下地方法院、检察院人财物统一管理改革的方案》，完成两级院财务统管工作。稳步推进两级院人员编制上划工作。严格落实“谁办案谁负责，谁决定谁负责”要求和“随机分案为主，指定分案为辅”的轮案机制，明确各业务条线检察人员在司法办案中的职责权限，深化突出检察官的办案主体地位。健全检察权运行监督管理机制，加强对检察官司法办案的监督制约，确保司法责任落到实处。坚持“一体化办案”机制，以“四大检察”不同职能为基础组建办案团队，构建跨院级跨层级办案团队，形成跨部门协作、条线互通的系统监督模式。组建的公益诉讼办案团队、行政检察办案团队、刑事执行检察办案团队有力推动工作开展，达到联合办案模式、人员优势互补、凝聚打击合力的效果。

（贾建强　郭学林）

法　院

【地区中级人民法院负责人】

院　长：

穆哈什·库尔班哈力（哈萨克族，7月离任）

胡热西·吾克尔达依（哈萨克族，7月任）

党组书记、副院长：

吴红兵

副院长：

明　丽（女）

任福正

政治部主任：

张　勇

【概况】　2022年，塔城地区中级人民法院紧紧围绕“努力让人民群众在每一个司法案件中感受到公平正义”目标，忠实履行宪法法律赋予的职责，充分发挥法治对改革发展稳定的引领、规范、保障作用，落实各项司法政策、依法审理各类案件，以服务大局、司法为民、公正司法的实际行动坚定捍卫“两个确立”、坚决做到“两个维护”，生动诠释对党和人民的忠诚。2022年，塔城地区中级人民法院下辖7个基层人民法院，全地区设有14个人民法庭。

【案件受理】　2022年，塔城地区两级法院累计受理各类案件44070件，审结39319件，结案率89.22%。其中中院受理各类案件2757件，审结2407件，结案率87.31%。

【政治建设】　2022年，塔城地区中级人民法院把学懂弄通习近平新时代中国特色社会主义思想作为首要任务，持续深入学习党的十九大和十九届历次全会精神，迅速掀起学习宣传贯彻党的二十大精神热潮，深入开展“两个确立”主题教育，常态化开展大学习大培训大讨论和党史学习教育，分批次全覆盖组织两级法院干警开展“两个确立”和党的二十大精神主题政治轮训2期六批次，深入开展党的二十大精神专题学习研讨29次，教育引导广大干警自觉做“两个确立”的坚决拥护者、“两个维护”的坚定践行者。

【优化营商环境】　2022年，塔城地区中级人民法院积极探索服务保障“塔城地区开发开放试验区建设”新思路新路径，制定法院助企纾困服务保障措施7条，针对企业破产、合同执行等领域出台服务保障措施16条。依法妥善处理“欧太铬业”“徐矿铁煤”“美泰源”企业破产案件；建立健全知识产权案件审理机制，依法公开审理知识产权案件11件；坚持善意文明执行理念，助力盘活国有资产，为企业挽回经济损失1793万元。2022年两级法院累计受理民商事案件21235件，审结19107件。

【执行惠民】　2022年，塔城地区中级人民法院健全解决执行难长效机制，深化综源治理，联动共治、齐抓共管，接续开展“涉民生”“金秋利剑”“夜鹰行动”集中执行活动5次，专项执结案件2219件，执行到位2000余万元；全力破解查人找物难题，成功查找长期下落不明被执行人131人，集中曝光一批失信被执行人192人，32人迫于压力履行义务；进一步强化落实“四讲四改”要求，巩固深化执行领域突出问题专项整治成果。2022年两级法院累计受理执行案件20796件，执结18343件，执行到位16.97亿元。

【依法行政】　2022年，塔城地区中级人民法院充分发挥行政审判职能，积极探索府院联动新路径，健全行政机关负责人出庭应诉机制行政机关负责人出庭应诉率高达90%，比上年上升38.8%，依法行政意识明显增强；充分发挥司法建议书在法治建设中引导、规范和监督作用，针对行业监管中房屋拆迁、不动产备案登记等领域发出司法建议5份，行政机关对司法建议的反馈意识显著提高。2022年两级法院累计受理行政案件140件，审结118件，组织行政机关旁听庭审、座谈交流24次110人。

【诉源治理】　2022年，塔城地区两级法院坚持和发展新时代“枫桥经验”，把非讼纠纷解决机制挺在前面，助推构建党委领导“四治融合”的基层社会治理新格局，充分发挥“总对总”在线诉调对接机制作用，建立特色调解室78个，汇聚调解员321名，312个调解组织入驻人民调解平台，平台推送调解各类矛盾纠纷65482件，逐步实现从源头上减少诉讼增量的任务目标，两级法院一审收案数量比上年下降36.54%（减少比例为8177件），一大批矛盾纠纷在诉前得到有效化解。

【基层治理】　2022年，塔城地区中级人民法院结合工作实际积极探索非讼纠纷诉前化解机制。塔城市人民法院全面推进新时代“枫桥经验”，科学探索出“社会管理+司法调解”新模式，创新建立信访矛盾纠纷排查化解“34567”工作机制，形成以塔城市矛盾纠纷调解中心为基础，集纠纷排查、矛盾化解、诉调对接、诉讼服务、信访化解等功能于一体的四级联调，线上线下化解纠纷的工作新机制，将矛盾纠纷化解在前、化解在小，受到地委好评。和布克赛尔蒙古自治县人民法院联合兵团第十师北屯市司法局一八四团司法所、巴里巴盖垦区人民法院，构建以和什托洛盖镇人民法庭为中心的矛盾纠纷化解“兵地一体化、共荣共建”的治理新格局，签订框架协议、健全相关机制，形成矛盾纠纷化解“一盘棋”的大好局面。

【人民法庭】 2022年，塔城市恰夏镇人民法庭聘请全国优秀人民调解员巴梅兰担任法庭调解员，开展家事纠纷调解；额敏县玉什喀拉苏镇人民法庭与“访惠聚”工作队有效衔接，成立“兴农、珍惜”特色调解室，积极化解婚姻家事、土地纠纷；沙湾市老沙湾人民法庭积极推行富民兴疆政策，打造“四胜”涉农专业法庭，创新“四季案件四法结”经验做法，集中解决土地承包、民间借贷纠纷；乌苏市哈图布呼人民法庭在疫情期间延伸司法服务，积极采取“远程庭审”“电话调解”“电子诉讼”等办案模式，全力保障疫情期间农牧民的合法权益；托里县铁厂沟镇人民法庭探索实行“马锡五审判方式”，在偏远乡镇集中开展巡回审判，传递新时代法治好声音；和布克赛尔蒙古自治县和什托洛盖镇人民法庭创建“江格尔和谐调解室”，打造“牧区+社区”巡回法庭，为乡村振兴提供有力司法服务。2022年，基层人民法庭依法审结各类案件1755件，调解1496件，调解率85.24%。

【司法为民】 2022年，塔城地区两级法院无纸化办公日趋成熟，审判辅助系统搭建协同办案、法律检索、类案推送等64项辅助程序，电子卷宗实现随案生成、深度应用，科技法庭与监狱、看守所远程提讯效果显著，司法大数据应用得到加快发展；两级法院“一站式”诉讼服务中心全面建成立体化诉讼服务渠道，实现全流程在线办理立案、调解、开庭、送达、保全、委托鉴定等诉讼事项，跨域立案实现全国通办，网上立案11002件，网上缴费11905件，电子送达28785件。

【法院改革】 2022年，塔城地区中级人民法院落实“让审理者裁判”，逐步有序放权，将9个审判团队回归庭室管理，转变审委会职能定位，实质化运行专业法官会议，提高案件质量。制定权责清单，构建全流程监督管理机制，自动识别、智能监管“四类案件”104件，将案件质效作为重要绩效考核指标，倒逼办案质量持续向好发展。深入推进两级法院人财物统一管理和审级职能定位改革，完成县市法院财务上划和人员摸底，稳步推进基层法院新类型民事案件提级审结，深入开展繁简分流改革，快审快结各类小额诉讼案件2923件，适用简易程序审结案件10035件，快立快办人民调解司法确认3662件，案件审理周期得到有效缩短，加快兑现当事人合法权益实现。

（赵含青）

司法行政

【概况】 2022年，塔城地区有市县司法局7个、基层司法律所78个。

【“八五”普法】 2022年，地区司法局制定印发2022年普法与依法治理工作要点、普法责任清单等文件，开展自治区宪法法律宣传月、“美好生活·民法典相伴”主题宣传月、“法治讲堂·法治宣传教育基层行”等活动6200余场次，入户释法5.1万余户。组织地区2.74万余名国家工作人员参加线上学法考法活动，考核通过率达99.9%以上。运用各类媒体常态化开设“依法治疆新实践”“忠诚护航二十大 强国复兴有我”等专栏，审发《“宪”在让法治意识深入人心》《依法治疆新实践 法治宣传在基层》等相关稿件1680余篇，开办社教类电视节目《法治讲谈》22期。推送微信公众号、抖音平台法律法规宣传作品2100余条。征集“社会治理视域下多元纠纷解决机制”等法治论坛征文作品21部，地区“以案释法”工作受到自治区通报表扬。积极创建全国和自治区民主法治示范村，累计推荐申报全国级民主法治示范村（社区）1个、自治区级6个，复核通过全国级民主法治示范村（社区）7个、自治区级3个。切实抓好宣传习近平法治思想主体责任。制定印发《关于开展学习宣传〈习近平法治思想学习纲要〉工作方案》，落实党委（党组）理论学习中心组学法、重大事项决策会前学法、“一把手”讲法制度，领导干部带头讲法治课4160余人次，宣传教育党员干部6.6万余人次；订发《习近平法治思想学习纲要》12600余册，发放习近平法治思想宣传手册2.3万余册。常态化开展“法治讲堂·法治教育基层行”宣讲活动，做好“法治讲堂·逢九必讲”法治大培训工作，培训各级领导干部及国家工作人员4.1万余人次。加强青少年法治宣传教育，完成青少年法治宣传教育“双百”目标，各中小学、幼儿园法治副校长配备率均达100%，开展模拟法庭大赛、主题班会、竞赛评选等活动4300余场次、发放宣传资料7.4万余册，中小学生法治知识教育面达到100%。建立青少年法治教育示范基地9个，其中自治区级1个、地区级1个、县市级7个。持续加强法治文化阵地建设，优化打造法治公园（广场）10个，法治文化街46条；改造法治文化墙1321面，完善法治宣传园地（画廊）260个，充实法律图书角1036个，覆盖村（社区）法治宣传栏1341个，基层“五四三”法治文化阵地达到全覆盖。

【人民调解工作】 2022年，地区围绕为党的二十大胜利召开创造安全稳定的政治社会环境这一主线，制定印发塔城地区《关于开展矛盾纠纷“大排查 大化解”专项活动的通知》，深化诉源治理推进矛盾纠纷源头化解责任落实；充分发挥政法（综治）部门协调联动处置机制作用，统筹基层落实重点排查、报告等常态化工作机制，切实发挥好人民调解“第一道防线”作用。截至12月31日，地区各级各类人民调解组织调解矛盾纠纷3173件，调解成功率为99.24%。做好地区各人民调解委员会换届和培训工作，开展人民调解专题培训14场次，4727名调解员培训达到全覆盖；评选地区级“最美人民调解员”119名。

【公共法律服务平台建设】 2022年，地区推进落实《塔城地区2021—2025年公共法律服务体系建设规划》，地区各级公共法律服务实体平台建设达到全覆盖。截至12月31日，地区各级实体平台共提供各类法律服务12213人次。指导县市打造乡（镇、街道）试点法律服务工作站7个，法律服务工作室24个，工、青、妇、老、残、监所等重点部位法律援助工作站（室）150个。截至12月31日，各法律援助点位共受办法律援助案件283件，提供线上线下法律咨询服务2.1万余人次，挽回经济损失347.4万元；做到应援尽援，刑事辩护达到全覆盖。采取“以强带弱、结对帮扶”等措施，强化偏远区域法律服务质效。动员塔城市公证处协助裕民县、和布克赛尔县公证处办理公证业务，两地办证量比上年增加60%以上。

【基层法律服务】 2022年，地区进一步优化“法律明白人”队伍，选优配强村居“法律明白人”3112人，确保地区每个行政村（居）有3名以上骨干“法律明白人”服务基层群众，达到村（居）全覆盖。持续推进“一村一法律顾问”工作，推动云服务助力打通法律服务基层的“最后一公里”。全年落实律师驻点村队（社区）值班823次；建立村（社区）法律服务群75个，覆盖群众2万余人，为群众提供免费法律服务5000余次。持续推动公证事项实现网上一次性办理，落实“最多跑一次”服务、跨省通办服务、困难群体上门服务走深走实。截至12月30日，办理公证6054件，网上咨询办证565人/件，提供免费服务780余次，办理“跨省通办”业务实现100%。公证、司法鉴定年减免费用近20万元。

（王　懿）

巴克图出入境边防检查

【概况】 2022年，巴克图出入境边防检查站紧密围绕“疫情要防住、经济要稳住、发展要安全”总要求，科学统筹疫情防控和口岸发展，统筹服务发展和维护安全，持续强化口岸国门主阵地的主责担当，不断提升口岸管理服务水平，矢志不渝为擦亮地区“塔城重点开发开放试验区”金字招牌策应助力，在坚决守住口岸疫情防线的基础上，纵深推进外贸经济稳步增长，为推动地区经济社会高质量发展积极贡献边检力量。

【疫情防控工作】 2022年，巴克图出入境边防检查站牵头规范“清空入境车辆工具箱、后置哈萨克斯坦界桥交接车辆驾驶员等候区”等关键环节，把牢“外防输入”首道关口。

科学制定处置预案，明确整建制换勤流程，调配“专用”脱卸间，常态开展疫情防控“勤前培训考核、勤中督导落实、勤后隔离观察”，确保民警刚性落实防疫消杀制度。并结合口岸基础设施投建，出台《口岸限定区域施工人员21条须知》，在限定区域南侧开辟施工人员专用通道，安全推进口岸通关升级改造工程，全面守好口岸“内防感染”底线。

持续加强“常态会晤”机制，靠前开拓“云外事、云交流、云合作”工作思路，主动充当对外联系“桥梁”，及时了解哈萨克斯坦通关防疫政策、毗邻地区疫情形势，对接防疫工作新要求，传导地区提升口岸通关效率期望，切实做到对口岸双边疫情形势心中有数，为口岸防疫政策、通关模式调整积极提供决策支撑、发挥“纽带”作用。针对疫情状态下的通关需求，制定勤务流程图、岗位职责清单，不断规范勤务组织，为疫情期间勤务规范有序运行打牢基础，最大限度服务出入境车辆快验快放，保障货运畅通高效，促进口岸外贸增长。

【服务口岸经济发展】 2022年，巴克图出入境边防检查站持续深化“放管服”，提供优质便捷的口岸服务，着力用高效的政务环境、公正的执法环境、多元的通关环境，切实做到便民利企，全力促进口岸贸易“全年稳、全年红”。主动跟进“塔城重点开发开放试验区”建设步伐，立足丝绸之路经济带重要支点、向西开放桥头堡区位优势，靠前服务互贸大局，贯彻《新疆塔城重点开发开放试验区建设总体规划》《关于加快推进新疆塔城重点开发开放试验区高质量建设的若干政策》，出台《常态化疫情防控条件下服务驻地经济发展十条措施》，推出“三优化、三前置”工作法，有力保障“快进快出、即检即走”，口岸通关效率大幅提升，流量持续攀升。

因地制宜，服务发展，推动升级通关模式，积极报请“新疆出入境边防检查总站”成立专家组就两种新型通关模式可行性和风险深入开展论证调研，反复向“国家移民管理局”报告探索意见，成功争取“界桥处接驳外籍车辆、手续办理远程分离、验讫章同步加盖”三项政策倾斜，为试验区发展提供政策支持，减少通关成本，为企业降低费用，切实增强通关效率这一口岸核心竞争力。

扎实推进“最小勤务作战单元+党员先锋队+快速通道+绿色通道+节日通关+延时通关”组合举措，持续深化执法执勤监督，加强党风政风行风评议，主动走访涉外企业，广纳意见建议，并立足口岸通关能力长远规划，积极建言献策，着力营造公平公正的边防检查执法环境，全心全意做好口岸通关服务。2022年内，累计检查出入境车辆3.5万辆次，协调哈方延时通关100余次，延时服务270余小时；收集企业工作建议22条、采纳企业合理需求13项；组建普法小分队开展出入境管理法律法规宣传20余次；收到外贸企业赠送锦旗4面、感谢信4封；推动“执勤保障用房1栋、车体检查厅2座、限定区域卡口扩建”项目落地，服务口岸发展能力持续提档。

【维护口岸安全稳定】 2022年，巴克图出入境边防检查站贯彻落实地区关于口岸管理的各项工作部署，深入分析口岸面临的复杂形势，细化完善执勤工作正负面清单、十类勤务岗位职责清单，强化勤务交接工作总结，持续梳理每月勤务安全预警提示，丰富不同天气、模式、车型的检查手段，摸索总结车体检查规律，持续加大限定区域安全巡查和车辆检查力度，特别是从严落实口岸安全准入和资格准许制度。

与哈萨克斯坦持续加强双边信息互通，提升境外预警效能，协同开展“友谊边界—2022”联合边防行动，积极构建“共同打击犯罪、联合保障通关、携手维护稳定”的国际警务合作新常态。

（王博文）

军　事

塔城军分区

【思想政治建设】 2022年，塔城军分区坚持加强政治建设、强化政治引领、培塑政治忠诚，强固“两个确立”思想根基。抬高站位抓理论武装。坚持以党的十九届六中全会、党的二十大和习主席最新讲话为主要内容，精心组织党委中心组、中校以上军官理论轮训，认真研读军委、陆军指定学习书目，设计“十个”具体动作学习贯彻党的二十大精神，军分区、团级单位领导干部为官兵宣讲150余场次。注重实效抓思想引领。坚持以主题教育统揽“十个正确对待”基础教育、纪律教育，依托“1+3+1”教材体系、陆军“一报一网一刊”开展经常性教育，推开思想政治教育精准授课教学法，探索“学习强军”学习平台理论学习模式，强力推进深化政治整训。着眼特色抓强军文化。组织开展“小白杨伴我戍边40年”系列活动，统筹推进戍边文化地图、强军思想园、戍边故事园、教导队强军文化和军史场馆、营连荣誉墙建设，大力宣扬分区部队经验做法和先进典型，全年在中央级媒体刊稿近200篇。

【练兵备战水平】 2022年，塔城军分区坚持围绕能战胜战能力，聚焦解决“五个不会”问题，以打仗姿态锤炼过硬部队。组织党委机关专题研究，形成百余篇理论成果；梳理防区边境斗争事件、编撰《塔城防区边防斗争事件选编》，数十篇要讯、研究成果在军区以上单位刊发。坚持落实常委“每月一课”，持续狠抓“1关2官”考评，广泛开展“小白杨”“龙虎榜”群众性练兵竞赛活动，集中组织“科技素养提升行动”专攻精练，军分区成绩位列师级单位第一。科学筹划编制“十四五”规划，完成年度主责项目。整治作战数据库、补充夜训器材、完善教导队教学训练场，完成专修室、智能报靶系统、红蓝对抗系统建设，逐年完善训保设施。

【边境管理】 2022年，塔城军分区坚持科技赋能、精准控边、建强一线，打造“三防”管理铜墙铁壁。制定《军分区党委常委“下沉指挥、蹲点带勤”工作规范》，修订边境管理方案，深入开展“边防政策法规学习宣传月”活动，军分区和团党委常委下边防、到一线全年参勤带勤，总数位边防军分区前列。创新开展执勤模式，协调边防团、沿边人武部联合开展工作。新建光缆、升级改造监控前端、建设边防连阵地工程、维修整治边防公路，军分区《战斗化执勤哨所建设规范》在军区推广。

【国防动员工作】 2022年，塔城军分区着眼挖掘潜力资源，建设新质力量，推动国防动员高质量发展。加强组织领导。协调召开军地党委议军会，督促落实军地双重领导、双向兼职、述职考评制度，党管武装有了新加强。抓实动员准备。研究制订地区民兵建设“十四五”规划，强力推进民兵整组工作，基干民兵按建制编组定位，新建新域新质力量。依令开展国防动员军地联演联训，组织基层武装部、民兵连正规化试点，清查整治民兵装备，国防动员能力逐年提升。促进融合发展。有序推开民兵执勤哨所建设，选派专武干部带队驻勤，为边防稳固、社会稳定提供有力支撑。克服疫情影响，与地方政府联合办公，高质量征集新兵。

【基层建设基础】 2022年，塔城军分区聚焦“三个过硬”时代标准按纲抓建、精准抓建，不断厚实基层基础。制订《抓基层打基础保稳定工作计划》《抓建基层计划》，严格落实“三会一条线”，统筹安排工作，大力压减“五多”，为基层自主抓建创造条件。组织基层党组织成员纲要培训、一线带兵人能力培训和政治机关干部、营连主官带兵能力培训。建立部门以上领导基层联系点，军分区和团常委全年下部队检查指导、蹲连住班人均60天。运用陆军安全风险提示、安全警示教育片组织法治微课和安全法纪教育，贯穿全年开展“五涉”案件问题教育整治，安排常委带队开展每季安全大检查。解难帮困激活力。下大力为基层办实事办好事，协调官兵子女入学入托，组织不孕不育官兵家庭参加集中诊治，对困难官兵和执行任务官兵家属进行慰问救济。

【综合保障能力】 2022年，塔城军分区围绕服务主业、支撑打赢，推动综合保障提质增效。疫情防控有效有力。根据最新防疫政策，及时优化调整防控措施，按需购买核酸检测设备，储备防疫物资，为官兵、家属协调解决看病就医、探亲休假、上班上学问题。为战抓保聚焦聚力。请领配发战备训练弹药、装备，组织炊事员、油料员、军械员集中培训，新建自救互救专修室、卫勤专业训练室，防区军用公路、巡逻路、阵地设施勘察建库。服务基层倾心倾力。为基层营连更换老旧炊事设备、改造食堂；翻新整治分区机关办公楼、教导队综合楼、家属院；为家属院安装天然气，服务保障含金量、含情量更加充盈。

【管党治党工作】 2022年，塔城军分区按照军区党委“好班子”标准，严格政治历练、党性淬炼，推动党的领导和党的建设水平不断提升。围绕“五个带头”“四个讲清”召开民主生活会，修订完善《军分区党委工作规则》《军分区党委加强自身建设措施》，分批对团级党委班子进行重点帮建，贯彻军区“七个严抓”管住管严“关键少数”。研究制定《军分区加强人才队伍建设措施》，选派官兵到斗争一线轮换代职加强实战历练，安排官兵赴院校“回炉”深造，全方位提升人才队伍建设质量。围绕“迎接和学习贯彻党的二十大”开展纪律教育，组织师级领导干部经商办企业情况自查自纠，严格审核晋职晋衔、送学培训、转业退役等，部队风气更加纯正。

【双拥共建工作】 2022年，军地各级党政机关、驻地部队与各族干部群众继承和发扬“军爱民、民拥军”优良传统，同心实现新时代双拥工作新发展。地委专题研究解决塔裕公路开设出入口、边防基础设施建设、军分区官兵家属就业与工作调动以及家属院天然气设施建设等5个方面的矛盾困难，82个军地单位结对共建，各级党政单位为驻地部队、退役军人、优抚对象送去慰问金142万元、慰问品75万元。地县两级党委认真落实党委议军会议、军地联席会议、双拥工作领导小组会议等制度，及时研究解决双拥工作中的重点难点问题。军分区部队积极克服新冠疫情的不利影响，按照“精准掌握实情、精算任务需求、精确统筹推进、精细保障落实”的思路，采取“与团村结对共建、军民结对认亲、携手兴边富民等活动捆在一起抓”的办法，依据团村五年帮扶规划，及时深入了解共建村（社区）发展需求、发展环境，创新运用思想扶贫、产业扶贫、技能扶贫、教育扶贫、医疗扶贫、救助扶贫、消费扶贫等方式，重点援助行政村10个，投入费用59万余元，稳步做好参与巩固拓展脱贫攻坚成果同乡村振兴有效衔接工作。

（刘 智）

塔城边境管理支队

【政治建警】 2022年，塔城边境管理支队坚持让政治工作在最基层最艰苦的地方闪光，扎实开展“喜迎二十大、忠诚保平安”主题实践活动，制定学习贯彻党的二十大精神实施方案，部署“典型谈二十大”“三行情书向二十大表白”等主题宣讲活动，营造学习党的二十大精神的浓厚氛围。组建50余支党的二十大精神宣讲队，将党的声音第一时间传递到偏远分散的农牧民群众中。牢固树立“以事业凝聚人、以典型激励人”的鲜明导向，涌现出全国公安二级英模贾依河、全国公安系统五四青年节成绩突出青年民警段磊磊先进典型，二工镇、沙孜派出所被评为自治区第19届“青年文明号”，134名民警被记功嘉奖。

【边境管理】 2022年，塔城边境

管理支队深入落实全国边境管理工作会议精神，主动加强与地委政法委、地区公安局沟通协调，精心谋划并全面铺开平安边境模范系列创建活动。实施移民管理大数据战略，主动优化“335”边境地区管理体系，积极参与地区“智慧边防”和新疆生产建设兵团第九师“军警民”联防平台建设，争取180万元为额敏大队建成边境管理中心，科技信息的前瞻性、支撑性作用逐步凸显。积极跟进塔城重点开发开放试验区建设，为重点工程、重大项目开辟“绿色通道”，主动向“一地两师”上报报告92份，参与同级地方党政工作，党委政府领导下的“六位一体”边境管理合力得到最大释放。

2022年3月13日，边境管理派出所民警在辖区开展爱心助农活动

（高泽　摄）

【辖区治安】　2022年，塔城边境管理支队立足捍卫国家主权、维护边疆稳固大局，以平安边境建设为契机，准确把握党的二十大安保工作核心要素和关键环节，全量列出党委责任、矛盾纠纷等“七项清单”，配套实施扬威造势、零点行动等“七个动作”，务实推行各级主官“九个一遍”，对要素实施“解剖式”分析和“清单式”管理。2022年内，实现接处警、案件量比上年下降，查处率、打击处理人数同比上升的“两降两升”目标，执法公信力大幅提升，支队“百日行动”工作成效受到公安部督导组充分肯定。

【基层基础】　2022年，塔城边境管理支队坚持把派出所工作置于基础性先导性地位，印发《“枫桥式公安派出所”创建三年规划》，结合支队3个“1+1”创优争先树典型活动，相继推出一批样板派出所、样板警务站、样板警务室和示范调解室，打造出“义警队”“反诈市场”“学子驿站”等特色品牌。紧盯群众急难愁盼的问题，固化“警网融合、智慧小区、站室合一”社会治理经验，创新“码上办、管边民警内外双岗、一办一庭两所矛盾纠纷联调联处”等服务管理机制，辖区综合治理能力水平大幅提升。

【服务群众】　2022年，塔城边境管理支队坚持以人民为中心的发展思想，常态化开展“我为群众办实事”活动，优化办理通行证、调处矛盾纠纷、助力疫情防控、服务乡村振兴等为民举措，为群众办实事23类1万余件，解决劳资薪酬2480.8万元，收到锦旗、感谢信198面（封），4个派出所接力救助危急孕妇事迹，受到50余家媒体集中报道，2.3亿人次点赞评论，辖区群众的获得感、幸福感、满意度大幅提升。

【从严治警】　2022年，塔城边境管理支队坚持全面从严治警主基调，落实党委主体责任和纪委监督责任，常态化推进“政治监督、顽疾整治、警示教育”措施落实，严肃处理违纪问题，对年度考核基本称职的同志进行诫勉谈话，以铁的纪律确保队伍绝对纯洁稳定。开展队伍教育整顿回头看活动，通过专题学习、警示教育、领导宣讲宣教、谈心谈话等强化民警纪律观念。

【队伍管理】　2022年，塔城边境管理支队始终坚持“稳中求进”总基调，把安全稳定作为兜底工程，建立风险防控和隐患排查“双重预防”机制，固化安全分析、驻点帮扶、知危创安促发展等9项规定动作，召开队伍教育管理恳谈会、经验交流会，系统推进管理理念、方式方法、制度机制“三个变革”，队伍管理制度机制更加完善，安全稳定发展根基更加牢固。

【文化育警】　2022年，塔城边境管理支队紧盯新媒体时代队伍思想呈现的新变化，鼓励民警自觉落实“四个报告一个依靠”，制作战时政工长图、九宫格手机屏保、手绘电子漫画，推出“边关夜谈”“边关听我说”“心声吐槽”等寓教于乐的思政教育新方式，1部政工微

2022年6月24日，边境管理派出所民警在辖区开展法律法规宣传

（高泽　摄）

课获评移民局“一堂好课”。关注民警心理健康，依托心理辅导机构开展线上线下专业服务，外聘心理团队不间断开展心理辅导6场次，受益人数800余人次。

【实战练兵】　2022年，塔城边境管理支队聚焦“四化”队伍建设标准和要求，深入开展处突、疫情防控、警犬运用等实战练兵，抽调人员历时近2个月完成塔城片区应急演练任务，练出精气神、练出战斗力。持续深化“千警竞发”练兵比武，出台“双五条”练兵机制，抓好新警成才和“后浪”培训成果转化，夯实队伍长远发展厚实基础。

【暖警惠警】　2022年，塔城边境管理支队始终秉持“家国安危、边关冷暖”的真挚情怀，坚持赋权于基层，将基层民警休假权限下放至所站主官，将异地帮扶、家属就业、子女入学、爱心基金、困难慰问、重大病号补助等针对性帮扶做到民警心坎上，开展惠警政策解读6次，推荐24名民警跨总站（系统）调动，17名民警实现跨县市调动团圆，协调解决民警子女入学入托，实体化运行两级“亲情服务队”落实组织关爱、人文关怀，确保队伍安心安身安业。

【后勤建设】　2022年，塔城边境管理支队全面贯彻落实移民局、总站后勤保障工作会议精神，统筹抓好财务经费、基建项目、装备物资、资产管理以及民警“吃穿住用行”等一揽子现代化保障，两证办理完成率达99%，预算执行率达77%，协调驻地防疫部门争取防疫物资4860余件。重视改善民警生活环境，全力抓好住宿、吃水、用电、取暖等基础设施建设，广大民警心更暖、劲更足。

【综合保障】　2022年，塔城边境管理支队坚持把民警对美好生活的向往作为奋斗目标，深化惠警掌中宝小程序应用，倾心关注民警精神心理健康，组织全体民警在三甲以上医院体检，高效率推进额敏县戍边公寓房建设项目，派出所业务技术用房顺利完工，推行社会化保障和主副食品集中统一配送，高标准完成北疆片区星级食堂评比，通过“绿色进警营、住上标准间、美味到舌尖”等系列暖警举措，形成队伍上下一家人、千余民警一条心的发展局面。

（高　泽）

人民防空

【人防组织指挥体系】　2022年，地区人防通信保障中心编制完成地区人防第二代机动指挥所信息系统建设项目项目建议书，推动《塔城地区人防“十四五”规划》编制工作。初步完成地区人防应急指挥中心信息化建设。

【人防工程建设管理】　2022年，地区人防通信保障中心规范人防审批程序，提高审批效率，进一步缩小与国家标准的差距。依法收取人防易地建设费。

【人防通信保障演练】　2022年，地区人防通信保障中心做好电台正常通联和接收训练工作，参训率达95%以上。完成“9·18”防空警报试鸣活动，累计发布和转发防空警报试鸣公告30余万次，受教育人数达50余万人。组织开展人防野外拓展训练1次，提高干部职工应急处突和人防通信业务技能水平。以“5·12”防灾减灾日、“9·18”人防宣传日为契机，组织开展宣传教育和疏散演练活动，不断增强群众的国防和防灾减灾意识。

（李　丽）

对口支援

综　述

【概况】　2022年，辽宁省对口支援新疆工作前方指挥部坚持把对口支援项目作为促进民族团结的重要平台和载体，突出抓好智力支援、产业支援促进就业、保障和改善民生、促进各民族交往交流交融、文化教育支援五项重点工作任务。2022年实施援疆项目169个，下达援疆资金6.89亿元。

【智力援建】　2022年，辽宁省对口支援新疆工作前方指挥部安排援疆资金8548万元，组织实施乌苏市乡村振兴人才保障、沙湾市优秀干部人才素质提升、中国医科大学医疗组团式援疆等32个智力支援项目。为确保在做好疫情防控各项工作的要求下，保障受训干部人才安全，辽宁援疆前指协调开通援疆专列，分6批次陆续组织地区3000余名干部人才赴辽宁省参加培训。先后组织5名少数民族干部赴辽宁省各支援地级市挂职，提升业务能力、开阔视野。选派各行业领域优秀专家开展短期“送训进疆”活动，通过讲座、示教等方式累计培训受援地各类干部人才12000余人。先后组织800名“村（社区）党支部书记、村（社区）主任、村（社区）妇女主任”“三类”村（社区）干部赴辽宁省开展考察学习。系统地提升受援地干部人才能力素质，增强履职能力，切实将所学知识运用在实践工作中。

【产业支援促进就业】　2022年，辽宁省对口支援新疆工作前方指挥部安排援疆资金17849万元，组织实施塔城市农业示范基础设施建设、额敏县特色食品产业园建设、沙湾市鹿角湾景区改造升级等34个产业支援促进就业项目，有效推动到塔城企业拓展壮大、本地群众就业增收，实现援受双方互利共赢、共同发展。召开辽宁援疆助力乡村振兴推进会议，研究分析受援地当前农业农村面临的新形势、新任务和新要求，研究受援地群众乡村振兴重点工作。聘请院士团队作为技术支撑，帮助申报和建设额敏县国家现代农业产业园和国家农业现代化示范区，搭建塔城地区数字农业社会综合服务平台，示范引领数字农业发展方向；聘请山东农业大学专家开展红花和芍药机械采收科研攻关工作。辽宁省农业科学院6名专家进驻塔城地区成立辽宁省农科院塔城分院，并从11个下属研究所选派27名农业专家以“组团式”方式入塔城进疆工作，组织开展农业科技专题培训讲座30余场，召开新品种展示观摩会、果树修剪实践操作培训等10余次，培训指导受援地农民2600余人次，帮带培养受援地乡土技术人才100余人。

【保障和改善民生】　2022年，辽宁省对口支援新疆工作前方指挥部安排援疆资金26908万元，组织实施塔城市推进落实“四好农村路”建设、乌苏市古尔图镇基础设施优化提升工程、托里县铁厂沟镇安全饮水提升改造等57个保障和改善民生项目，进一步完善基本公共服务体系，改善各族群众居住生活环境。结合塔城地区各族群众对中医的实际需求，辽宁援疆前指主动担当作为，举行辽宁援疆中医文化普惠行动，开展临床示教、教学查房、学术交流、义诊等活动，传承中医文化、弘扬中医国粹，使塔城地区各族群众真正感受到辽宁援疆带来的看得见、摸得到的实惠。在第27个全国“爱眼日”期间，中国医科大学第七批“组团式”医疗援疆专家在塔城地区人民医院联合开展大型义诊活动，为受援地群众全方位科普近视、白内障、青光眼等眼病防治知识，呼吁受援地各族群众关注用眼健康，积极防治眼科疾病，增强爱眼护眼意识。在第72个六一国际儿童节期间，中国医科大学第七批“组团式”医疗援疆专家在塔城地区人民医院联合开展主题为“关爱妇女儿童健康”的多学科大型义诊活动，提高受援地各族妇女儿童健康保健意识，普及妇儿相关医学知识，让更多边疆妇幼患者得到更优质的诊疗服务。

【促进各民族交往交流交融】2022年，辽宁省对口支援新疆工作前方指挥部安排落实援疆资金2915万元，组织实施中国沈阳“和平杯”国际青少年足球邀请赛、塔城市青少年曲棍球队交流交往项目11个各民族交往交流交融项目，以铸牢中华民族共同体意识为主线，持续加大“三交”领域资金、力量投入，不断拓展项目的广度和深度。锡伯族欢度“西迁节”期间，辽宁援疆前方指挥部、塔城地区“民族团结一家亲”活动领导小组共同主办辽宁援疆干部人才“八共同、八联谊”活动。举行辽宁援疆文化润疆工程现场推进会暨辽宁“六地”精神进新疆进兵团进塔城主题活动，将辽宁“六地”红色资源引入新疆，创新文化润疆新模式，深挖辽宁红色文化资源，增进辽疆两地红色精神交流互鉴，助力铸牢中华民族共同体意识。中华民族传统节日端午佳节期间，辽宁省对口支援新疆工作前方指挥部联合塔城地委宣传部、组织部、统战部共同举办“粽情八千里·辽塔心连心”端午联谊活动，辽宁援疆干部人才与结亲的民族亲戚、塔城地区职业技术学院的各民族学生代表一起包粽子、系彩绳、制香囊，共度端午佳节，共品端午文化，传播爱国主义情怀，增进文化认同，铸牢中华民族共同体意识。在实施交往交流交融项目的过程中，“援”“受”双方事先酝酿，相互尊重，充分考虑对方的需求与难点，及早谋划，精心做好人员选派工作，从性别、民族、特长等方面都做深入考虑，确保民族的多样性，同时兼顾男女性别比例适当平衡。充分考虑辽宁、塔城两地各民族文化交融的积极因素，组织当地社区与受援地群众开展各类歌舞活动，辽宁、塔城两地各族群众共同载歌载舞、欢聚一堂。

【文化教育支援】2022年，辽宁省对口支援新疆工作前方指挥部安排援疆资金12719万元，组织实施塔城市“一带一路”文化艺术传承中心、裕民县北哈拉布拉民俗村、“辽塔情深·携手共进”纪录片等36个文化教育项目，进一步发挥文化在提升各族群众综合素养、丰富精神生活、促进社会稳定等方面的辐射带动作用，有效凝聚人心。辽宁省委、省政府从辽宁省各大高职院校遴选17名专家，组成“组团式”教育援疆团队支援塔城职业技术学院。领队、副领队分别担任学院院长、副院长，全力助推塔城地区职业教育发展，为受援地3000余名学生及其家庭提供良好的职业教育环境，拓宽了就业渠道。指导和支持塔城职业技术学院举行“情深不辞天山远，辽塔心连寄霓裳——辽塔师生云线启动职业教育活动周暨‘国色芳华’文化润疆中华传统文化服饰赠送仪式”，通过辽塔两地师生持续开展文化润疆系列活动，厚植受援地群众的爱国情怀，弘扬传统文化，进一步拓展受援地群众参与的深度和广度。组织塔城地区受援地学校与辽宁省援疆城市各学校之间开展结对共建、中小学开展手拉手联谊活动，结对学校139所，结对学生112854名，结对率达100%，学校开展活动289场次，受援地参与师生60244人次。辽宁省教育领域“小组团式”援疆教育人才赴塔城地区援疆教师120人，对口支援受援地15所学校，组建“组团式”团队8个，与受援地组成结对子教师158对。深化受援地校园足球改革，引领和带动受援地校园足球整体发展，选拔受援地种子选手赴辽宁进行专业培训，帮助受援地青少年学生成长成才。

2022年，支持新改扩建中高等职业学校、中小学校和幼儿园，助力当地实现“农村最美的地方是学校”的目标，13万余名师生就地就近就业就学；积极推进新疆籍学生赴辽宁就读工作，在“一地两师”接收其他地方高中班学生335名、其他地方初中班学生791名。以“青蓝工程”为导引，帮助受援地教师改进教学方法、提高教育教学能力，努力为受援地培养一支带不走的高质量师资队伍。

（刘晓庆）

县市对口援建工作

【沈阳市对口援建塔城市】2022年，沈阳市对口塔城市援建项目19个，安排援疆资金9813万元。其中

“交钥匙”项目5个，援疆资金60沈阳市43万元。“交支票”项目14个，援疆资金3770万元。固投类项目10个，安排援疆资金8133万元。非固投类项目9个，安排援疆资金1680万元。

智力支援。2022年，安排援疆资金2035万元，通过实施沈阳市柔性专家人才组团支援塔城市卫生（医疗）、塔城市医疗卫生干部人才培养等项目，“组团式”援疆专家开展“传帮带”帮扶工作，服务群众3100余人次，参与手术879例，科间会诊839人次，疑难病例讨论651例，参加义诊88次，完成医院首例治疗或手术4项，填补塔城地区区多项空白，使塔城市人民医院在冠脉精准介入治疗方面达到疆内领先，加强支援受双方的人才学习交流建设。

产业支援促进就业。2022年，安排援疆资金350万元，通过实施塔城丝路创新创业基地二期工程项目，建设农业研发成果展示、农业精深加工产品展区、农业科技成果孵化及科技引领服务区、名优农产品线上销售中心科技大市场等功能的创新创业二期基地。

保障和改善民生。2022年，安排援疆资金4758万元，通过塔城市人民医院南区建设项目、塔城市推进落实“四好农村路”建设项目、塔城市村级办公阵地改建等项目，改善基层医疗卫生环境和提升基层医疗卫生服务水平，为基层人民群众出行提供便利，进一步增强基层社区和村队的党组织凝聚力、战斗力。

促进各民族交往交流交融。2022年，安排援疆资金150万元，通过开展中国沈阳“和平杯”国际青少年足球邀请赛和塔城市青少年曲棍球队交流交往等项目，促进沈阳市、塔城市两地人才培养交流，增进两地之间的感情和认同感。

文化教育支援。2022年，安排援疆资金2520万元。通过实施塔城市基层百姓文化场所建设项目、塔城市实验小学艺体楼等项目，加快塔城市基础文化设施建设，改善基层人民群众的文化教育环境，弘扬中华民族传统文化，提升塔城市人文环境水平。

【辽阳市对口援建额敏县】 2022年，辽阳市对口额敏县援建项目24个，项目援疆资金6146万元。其中新建项目3个，续建21个，交钥匙项目2个，援疆资金656万元；交支票项目22个，援疆资金5490万元。固投类项目16个，援疆资金4875万元；非固投类项目8个，援疆资金1271万元。截至年底6个项目已完工，2021—2022年已完成投资1.48亿元，援建内容涉及教育、文旅、人才、交往交流交融及基层组织阵地建设等各方面。

智力支援。额敏县柔性引才项目总投资500万元，2022年投入援疆资金100万元，方案已编制。额敏县人才保障服务中心项目总投资2450万元，援疆资金2450万元，2022年投入援疆资金320万元。援疆资金交钥匙项目，可行性研究已批复。

产业支援促进就业。额敏县乡村旅游产业孵化园（实训基地）项目总投资1300万元，援疆资金1000万，2022年援疆资金200万元，项目已完工；额敏镇塔斯尔海村文旅产业基础设施建设项目总投资1300万元，援疆资金1300万元，2022年投入援疆资金150万元，项目已完工；额敏县特色食品产业园项目总投资2402万元，援疆资金2402万元，2022年投入援疆资金200万元，项目已完工；额敏优质特色产品生产和销售企业开拓区内外市场补贴项目总投资200万元，2022年投入援疆资金100万元。2021年补贴资金已发放，2022年项目补贴正在申请中，2022年度补贴其余资料正在收集整理中，准备发放补贴；额敏县电商企业和平台线上展销促销补贴项目总投资300万元，2022年投入援疆资金100万元。2022年度补贴其余资料正在收集整理中，准备发放补贴；额敏县和辽宁两地开展品牌节庆促消费活动项目，总投资100万元，2022年投入援疆资金50万元。正在实施，完成投资20万元；额敏县鲜食玉米加工冷冻库及创业就业孵化园基础设施建设项目（交钥匙项目）总投资1587万元，其中援疆资金1387万元，地方配套200万元，2022年投入援疆资金336万元，项目总进度完成80%；额敏县面食加工园项目总投资1000万元，援疆资金1000万元，2022年投入援疆资金500万元；额敏县扶贫产业基地污水处理站建设项目总投资630万元，援疆资金630万元，2022年投入援疆资金430万元，污水池基础已完成；额敏县现代农业产业园建设项目，总投资2205万元，援疆资金2205万元，2022年援疆资金560万元。已聘请第三方编制额敏县国家现代农业产业园可研、申报方案等服务，招标工作已经完成，合同已经签订。中标单位：北京农科时代规划设计研究院有限公司，该公司已经编制完成额敏县现代农业产业园可行性研究报告和规划设计；聘请第三方开展对额敏县国家现代农业产业园红花、芍药等智能播种采收机械科技攻关研制等服务的招标工作已经完成，中标单位为山东农业大学，合同已经签订。额敏县农业农村局对上户镇、加尔布拉克农场、霍吉尔特镇、郊区乡等已上报且符合要求的地块（建设百果园的地块）进行核查，此项工作正在实施中，完成投资155万元。

保障和改善民生。2022年，额敏县人民医院传染科配套附属设施及设备购置建设项目，总投资2000万元，援疆资金2000万元。主体已完工，完成投资1000万元。额敏县额敏镇西郊村道路及配套附属设施建设项目，总投资602万元，援疆资金602万元，2022年援疆资金200万元。该项目已完成总工程量约95%，完成投资约570万元。额敏县春秋牧场牧道建设项目，总投资1000万元，援疆资金1000万元，2022年援疆资金200万元。已完工，完成投资1000万。额敏县牧区牧道维修建设项目，总投资2858万元，援疆资金2858万元，2022年援疆资金150万元。2021—2023年任务已完工，完成投资760万元。额敏县村级（社区）组织阵地及配套附属设施建设项目，总投资2400万元，援疆资金2400万元，已复工，完成投资300万元，其中喀拉也木勒镇阿克霍依玛村主体建设已完成，正在定做塑钢窗，准备安装门窗；阔什比克良种场阔什比克村正在基础施工，还未封顶。2022年援疆资金350万元，甘泉村阵地建设项目完成新建村组织阵地700平方米及配套附属设施建设（其中内部装修还未完工，已完成总工程量的97%）。

促进民族交往交流交融。2022年，额敏县交往交流交融项目，总投资650万元，2022年援疆资金100万元。已编制完成实施方案，因为疫情原因影响实施进度。额敏县青少年交往交流交融项目，总投资125万元，2022年援疆资金25万元。已编制完成实施方案。

文化教育支援。2022年，额敏县也迷里古城遗址公园建设项目，总投资1000万元，援疆资金1000万元，2022年援疆资金200万元。由于调整建设地点，正在进行主体建设，完成投资530万元。额敏县新时代文明实践中心、站所点建设项目，总投资1000万元，援疆资金1000万元，2022年援疆资金536万元。已完成整体建设，完成投资700万元。额敏县援疆教师生活补助项目，总投资1492万元，2022年援疆资金236万元。正在实施，完成投资40.5万元。额敏县教师周转房及学生宿舍改造建设项目，总投资1200万元，援疆资金1200万元，2022年援疆资金600万元，该项目已完工，完成投资1200万元。额敏县博才幼儿园及附属设施设备建设项目，总投资1200万元，援疆资金1200万元，2022年援疆资金300万元。主体完成，完成投资750万元。

【营口市对口援建乌苏市】 2022年，营口市对口乌苏市援建项目累计12个、援疆资金4072万元。其中新开工固定资产投资类2个，投资250元，续建固定资产投资类4个，投资2542万元。非固定资产投资类6个，投资1280万元。

智力支援。2022年，安排1357万元援疆资金，实施4个援疆项目。乌苏市骨干教师业务学习培训项目，2022年教科局与新疆国家开放大学签订35天的暑期集中培训协议，由专家对135名不适应教学岗位教师开展普通话能力培训。培训学院采取线上线下相结合、自学自练与教师指导相结合、“练口”与测试相结合等方式进行培训监督，并重点围绕音节练习、阅读练习和命题说话练习开展辅助指导。疫情解封后，进一步加大集中培训力度，组织学员参加普通话测试，力争取得二级乙等普通话证书。乌苏市卫生系统技术人员培训项目，受疫情影响未外出培训。乌苏市干部人才能力提升项目，实施方案已编制完成，按照地委组织部关于项目实施的相关工作提示，积极制定线上培训方案，完成项目实施工作。乌苏市乡村振兴人才保障项目（交钥匙工程），项目建成后，将为辽宁营口援疆干部人才提供集周转住房、饮食、健身、学习于一体的综合服务，同时解决乌苏市引进人才阶段性住房问题，从而达到吸引人才留住人才的目的，为实现乡村振兴提供人才保障和智力支持。

产业支援促进就业。2022年，安排1396万元援疆资金，实施2个援疆项目。八十四户乡温室大棚改造项目，项目已拆除拱棚13座，拆除温室大棚墙体26个，基础施工完毕。121座大棚改造后可快速投入运营，已形成新的经济增长点，带动百姓增收致富。乌苏市农用无人机统防统治示范推广项目（交钥匙工程），已完成飞防服务作业面积2.33万公顷，完成培训人员50人。

保障和改善民生。2022年，安排305万元援疆资金，实施3个援疆项目。乌苏市村队基础设施建设项目，2022年在夹河子乡三道坪村实施，已完成给水管道开挖、绿化带土方回填、风景树种植、地坪、围墙等工程。2022年石桥乡基础设施优化提升工程，已完成路灯安装等工程。这两个项目的实施，改善村队多年脏乱差现象，改善人居环境，助力乡村振兴。乌苏市公共服务保障项目（交钥匙工程），主要购置公路养护应急巡查车1辆及交通工程质量检测设备，投入使用后，将进一步提升公路管护能力。

促进各民族交往交流交融。2022年，安排50万元援疆资金，实施1个援疆项目。乌苏市与辽宁两地交往交流交融项目，项目的实施，使得两地文化交往活动有深入开展，人文交流呈现异彩纷呈。

文化教育支援。2022年，安排964万元援疆资金，实施2个援疆项目。乌苏市海河路幼儿园项目，已完成教学楼主体三层、值班室、大门、消防水池、泵房等工程，项目建成后，将解决城区小学学位紧缺和入学难的问题。乌苏市援疆教师生活补助项目，依据援疆教师工作成绩及特长，合理调整援疆教师岗位，积极开展援疆教师讲座、经验谈等活动，加大经验传授。

（刘晓庆）

【鞍山市对口援建沙湾市】 2022年，鞍山市对口沙湾市实施援疆项目21个，总投资6400万元全部为援疆资金，其中“交钥匙”项目5个，援疆资金2525万元，占年度资金的35.4%，“交支票”项目16个，援疆资金3875万元，占年度资金的64.6%。当年安排固投项目12个，援疆资金4978万元，资金占比83%；非固投项目9个，援疆资金1422万元，资金占比17%。截至年底，已开工项目19个，开工率为90.5%。累计申请资金2376.7万元，拨付率为37.13%。

智力支援。2022年，安排援疆资金672万元，实施3个援疆项目，坚持把引进和培养人才作为援疆工作的重点，围绕人才短板制约，加大优秀专业人才支援力度，推动援疆干部人才向基层倾斜、向关键领域倾斜、向关键岗位倾斜。坚持优秀干部重点培养，把培养和使用结合起来，学习回来要有推动工作的新成效。

产业支援促进就业。2022年，安排援疆资金260万元，实施3个援疆项目，通过对沙湾特色农产品精包装、转化，从而开拓特色产品外销市场，开展消费扶贫，依托沙湾旅游景区，采用“线下实体+线上营销”策划推广，推动休闲农业和乡村旅游融合发展，带动沙湾餐饮、商贸流通，构建沙湾特色产品销售疆内疆外“两张网”。

保障和改善民生。2022年，安排援疆资金3548万元，实施10个援疆项目，切实解决群众最关心、最现实、最直接的利益问题。完成便民服务智能终端、智慧政务综合管理系统建设；沙湾市7座水库环境设施监测、雨水情监测；西戈壁干渠及配套渠系建筑物建设，受益12个村队，灌溉面积0.52万公顷；加强妇幼保健计划生育服务中心诊断设备提升；煤矿区群众安全保障能力提升；加大公安、消防帮带培训力度及应急救援服务能力提升；加大对村（社区）基层组织建设的支持力度；不断完善基础设施薄弱村队的道路建设、过水路面改扩建、牧民定居点道路改造。

促进各民族交往交流交融。2022年，安排援疆资金200万元，实施1个援疆项目，深入开展援受两地之间、对口行业部门之间互访交流，有计划组织受援地基层干部群众、宗教人士及社会各界人士代表到全国其他地方参观学习。组织“手拉手”、冬夏令营活动，促进新疆与全国其他地方各族青少年增加了解、增进感情，铸牢中华民族共同体意识。

文化教育支援。2022年，安排援疆资金1320万元，实施4个援疆项目。推进“组团式”教育援疆，选派10名教师到沙湾中小学开展支教，进一步提升沙湾市义务教育教学水平及本地教师的帮带提升。

【本溪市对口援建托里县】 2022年，本溪市对口托里县实施援疆项目17个，援疆资金4532万元，其中“交钥匙”项目2个，援疆资金910万元；“交支票”项目15个，援疆资金3622万元。

智力支援。2022年，实施智力支援项目4个，援疆资金556万元。项目完成后，预计分批组织科级干部、优秀干部、基层优秀青年干部赴辽宁培训学习，进一步增强两地青年的文化互促和情感交融，进一步提升托里县干部人才的思想政治素质和业务水平工作，拓展思维，学习先进理念，为今后更好地开展工作奠定基础。托里县干部赴本溪培训项目（2021—2025年）：总投资761万元，均为辽宁援疆资金，年度投资100万元。托里县引进西部大学生服务项目（2021—2025年）：总投资1152万元，均为辽宁援疆资金，年度投资256万元。托里县援疆项目管理、评估智力扶持项目（2021—2025年）：总投资500万元，均为辽宁援疆资金，年度投资100万元。托里县柔性人才引进项目（2021—2025年）：总投资500万元，均为辽宁援疆资金，年度投资100万元。

产业支援促进就业。2022年，实施产业促进就业项目1个，托里县鹰嘴豆农产品精深加工厂房二期建设项目：总投资450万元，均为辽宁援疆资金。已完成室外给排水、采暖、消防管道、室外供电，正在厂房主体施工，已完成总工程量的80%。项目建成后的经济辐射能力，将促进周边地区的农业产业结构调整，促进托里县经济建设，增加财政税收，加速当地基础设施建设，改善投资环境，创造大量的就业机会，解决下岗人员的再就业问题。

保障和改善民生。2022年，实

施保障和改善民生项目8个，援疆资金1996万元。此类项目投入使用后，可能效提高托里县生活、幸福指数，有效提高医疗处置能力，保障各族群众财产、生命安全。托里县发热门诊建设项目（2021—2022年）：总投资390万元，均为辽宁援疆资金，年度投资90万元。托里县哈萨克医医院附属设施改扩建建设项目（2021—2022年）：总投资260万元，均为辽宁援疆资金，年度投资60万元。托里县流调中心业务用房建设项目（2021—2022年）：总投资180万元，均为辽宁援疆资金，年度投资30万元。托里县乡村振兴建设项目（2021—2025年）：总投资3772万元，均为辽宁援疆资金，年度投资726万元。哈图镇标准化厂房钢构主体安装、管理用房内部装修，已完成总工程量的70%。托里县推进“四好农村路”建设项目（交钥匙，2021—2022年）：总投资178万元，均为辽宁援疆资金，年度投资120万元。托里县应急救灾饲草料储备库建设项目（2021—2022年）：总投资580万元，均为辽宁援疆资金，年度投资200万元。托里县吐孜特朗格村级阵地及双语幼儿园建设项目：总投资530万元，均为辽宁援疆资金。已完成围墙、室外管网、村级办公用房和幼儿园主体施工、室内外抹灰、地坪硬化，正在水暖、电器安装，已完成总工程量的90%。托里县便民公共服务设施建设项目（2022—2023年）：总投资600万元，均为辽宁援疆资金，年度投资240万元。

促进各民族交往交流交融。2022年，实施各民族交往交流交融项目1个，总投资250万元，均为辽宁援疆资金，年度投资50万元。已完成实施方案批复，资金已到位，计划2023年3月份实施。此项目完成后，能够有效提高各民族交往能力，增加两地感情，充分发挥新时代文化的引领作用，全面贯彻落实党的民族政策，加强和创新民族团结工作。

文化教育支援。2022年，实施文化教育援疆项目3个，援疆资金1480万元。此类项目投入使用后，可有效解决老年人活动场所的问题；可不断满足当地百姓日益增长的精神文化需求；可有效保障600余名低收入学生就学难问题。托里县老年活动中心（专业技术人才活动中心）建设项目（交钥匙、2021—2022年）：总投资1540万元，均为辽宁援疆资金，年度投资790万元。前指统筹实施，正在修改可行性研究报告。托里县低收入家庭学生补助项目（2021—2025年）：总投资1500万元，均为辽宁援疆资金，年度投资300万元，各乡镇上报的学生资料在进行审核。托里县援疆教师等人才办公及个人补助项目（2021—2025年）：总投资1950万元，均为辽宁援疆资金，年度投资390万元，已完成年度任务。

【锦州市对口援建裕民县】 2022年，锦州市对口裕民县援疆资金计划实施13个援疆项目，援疆资金4243万元，其中“交钥匙”项目2个，援疆资金1800万元，占年度资金的42.4%；“交支票”项目11个，援疆资金2443万元，占年度资金的57.6%。基本建设类项目6个，援疆资金3171万元，占年度资金的79.4%；非基本建设类项目7个，援疆资金872万元，占年度资金的20.6%。

智力支援。2022年，安排援疆资金262万元，通过实施裕民县柔性医疗专家人才项目、裕民县柔性干部人才引进项目、裕民县干部人才培训项目，柔性引进援疆专技人才53名，开展技术培训、学术交流18场次，实地送技术指导服务380余场，进一步提升裕民县各领域专业技术人员业务水平和服务能力。通过“小组团”形式，柔性引进医疗专家11名，通过集中授课、临床指导等方式，帮带培养裕民县医疗人才100余名，诊疗妇女儿童80余名、白内障患者35名。组织金融、城市建设、旅游文化等领域30名领导干部赴苏州开展培训，开阔干部视野，启发工作思路。

产业支援促进就业。2022年，安排援疆资金350万元，通过实施裕民县区内外农产品营销推介项目、裕民县助力消费扶贫项目、裕民县特色红花蜂蜜致富脱贫项目，壮大裕民县特色农牧产业发展，为裕民县农牧产品销售和广大农牧民增收致富开辟新路径，同时搭建平台，拉着企业走出去，通过推广平台，把裕民的产品推向全中国。

保障和改善民生。2022年，安排援疆资金1600万元，通过实施裕民县推进“四好农村路”建设项目、裕民县人民医院住院综合楼建设及设备完善提升购置项目，改善裕民县广大农牧民出行安全，提高医疗机构的服务能力，增强医疗保障合力，解决城乡居民“看病难、看病贵”等问题，提高人民群众的生产生活条件。

促进各民族交往交流交融。2022年，安排援疆资金100万元，引进20名大学生志愿者，引导和鼓励高校毕业生到裕民县工作，培养造就一批既有现代科学文化知识、又有基层工作经验和强烈社会责任感的优秀大学生志愿者，使之成为青年干部、青年人才队伍的重要来源渠道，为裕民县发展提供有力青年人才支撑。

文化教育支援。2022年，安排援疆资金1931万元，通过实施裕民县援疆教师等人才办公及个人补助项目、裕民县教育信息化2.0推进建设项目、裕民县哈拉布拉乡北村特色美食街建设项目、裕民县北哈拉布拉村民俗村建设项目（辽沈纪念馆、城南忆事、锦裕五味里）、裕民县第三小学建设5个项目，充分发挥援疆教师的示范引领辐射作用和智力援疆项目的助推作用，硬件软件并举、输血造血并重，打造裕民县教育人才高地。借助裕民县特色民族文化资源，利用援疆资金创建独具魅力的乡村旅游，显露乡村特色，提升文化品位，创建民俗文化品牌，全面提升文化润疆的深度。

【盘锦市对口援建和布克赛尔蒙古自治县】 2022年，盘锦市对口和布克赛尔蒙古自治县援疆项目11个，全部为援疆资金，总投资1801万元，非固投类项目5个，已完工1个，援疆资金740万元。固投类项目6个，援疆资金1061万元，已完工2个。

支援非固投类项目。2022年，援助和布克赛尔蒙古自治县干部人才培训项目实施方案已批复，和布克赛尔县民族交往交流交融项目实施方案已批复，和布克赛尔县联动招商推进产业发展带动三产就业项目已批复实施方案，和布克赛尔县文化交流项目已完工，和布克赛尔县援疆教师办公及个人补助项目已批复实施方案。

支援续建项目。2022年，和布克赛尔蒙古自治县查干库勒乡赛尔山现代畜牧科技养殖孵化园建设项目总投资923万元，草料搅拌室已完成，一到九号牛舍主体完成，园区内供排水，电缆，草料搅拌室的建设，土建部分基本完工，完成总工程量的93%。和布克赛尔县夏孜盖乡田园综合体建设项目总投资450万元，已完成总投资的90%。和布克赛尔县和什托洛盖镇田园综合体建设项目总投资450万元，已完成新建30座冷棚，每座1000平方米及相关配套设施，已完成工程量的85%。

支援新建项目。2022年，和布克赛尔蒙古自治县巴嘎乌图布拉格牧场乡村振兴建设项目总投资200万元，粉刷住宅和围墙20000平方米，采购2辆专用车辆，配套建设人行道1660米、路灯55盏等，已完工。和布克赛尔镇巴音托洛盖社区示范点建设项目总投资100万元，对和布克赛尔县巴音托洛盖社区800平方米阵地整体进行改善，美化，办公设备进行采购，已完工。和布克赛尔县铁布肯乌散乡学校改造项目总投资200万元，新建200米运动场1座及配套附属设施，运动场硬化已完成，跑道沥青面铺设完成，花砖铺设完成，围栏基础施工完成，完成总工程量的80%。

农业·乡村振兴

综　述

【概况】 2022年，塔城地区按照“稳粮、优棉、促特色”的工作思路，继续调整优化产业结构和区域布局，在有效应对各种风险挑战和新冠疫情的不利情况下，全力确保粮食和重要农产品有效供给，实现农业增效和农民增收，对稳定经济社会发展大局发挥“压舱石”作用。

2022年，全地区农作物总播面积61.45万公顷，第一产业增加值360.74亿元，比上年345.93亿元增长4.28%；农村居民人均可支配收入21914元，比上年20576元增长6.5%。

【农机化工作】 2022年，地区已安装北斗卫星导航农机自动驾驶系统5318套，有植保无人机1052架、残膜回收机6287架，农业机械总动力达265.43万千瓦。应用卫星导航驾驶设备完成作业67.67万公顷，完成无人机植保、棉花脱叶作业130万公顷，耕、种、收机械化水平分别为100%、99.61%、97.9%，主要农作物耕种收综合机械化水平达99.26%。“互联网+农业”、北斗导航、无人机驾驶、农用无人机统防统治等信息化、数字化管理服务方式推广应用步伐加快，自动化、智能化控制装备应用取得突破性进展，农机精准作业能力显著增强。沙湾市、额敏县、塔城市获得全国主要农作物生产全程机械化示范县称号。

【农产品质量安全】 2022年，地县两级检测机构全部通过双认证工作，作用发挥明显，完成当地生产芹菜、韭菜、豇豆等17类蔬菜大批量抽检工作。2022年乌苏市、沙湾市、托里县已完成扩项升级现场评审工作，检测参数分别达169项、100项和90项，超额完成自治区要求县级检测机构检测90项以上的目标，地区本级将扩至300项以上，超额完成自治区要求296项以上的目标，检测能力有很大的提高。2022年额敏县被农业农村部等八部委列入第三批国家农业绿色发展先行区创建名单。

【农业综合行政执法】 2022年，地区农业农村局查处涉农违法案件330起，结案326起，结案率高达98.79%。地区农业综合行政执法支队获2022年自治区“人民满意的公务员集体”称号，2个农资案卷被推荐参加农业农村部全国农业综合执法优秀案卷评选。

【农业防灾减灾】 2022年，地区农业农村局设立病虫害人工监测点67个，发布病虫情报、警报和动态102期，病虫动态108期，短期预报准确率达95%，中长期预报准确率达85%。主要农作物病虫害累计发生面积134.93万公顷次，防治134.96万公顷次，病虫害造成的损失率仅为3.49%，主要农作物绿色防控技术覆盖率52%，病虫害专业化统防统治覆盖率45.1%。

【农业产业化工作】 2022年，地区农业农村局全面实施农产品加工业提升行动，制定出台《塔城地区农副产品加工业质量发展实施方案（2022—2025年）》，突出发展粮食、油料、棉花、水产品、特色农产品、蔬菜等农产品加工业，以培育壮大加工龙头企业为突破口，以实施重点工程为抓手，加快提升农产品加工企业现代技术装备水平、精深加工水平，着力构建龙头企业带动、品牌引领、科技支撑、产加销一体化的现代农产品加工业体系。全地区录入农产品加工企业平台264家（包括国家级龙头企业1家、自治区级龙头企业41家），2022年新认定和监测的地区级龙头企业41家。2022年推荐新疆天康汇通农业有限公司申报中国农业企业500强，全地区农产品加工产值216.14亿元，带动就业人数13126人。紧紧围绕“稳粮、优棉、促特色”发展思路，农业产业区域布局进一步优化，初步建成塔额盆地绿色粮油生产功能区、乌苏市沙湾市优质机采棉生产保护区和全域特色产业生产优势区，逐步培育形成粮油类、棉花类、特色农业类、市场流通类等一批集聚度高、产业规模大、发展前景好的农产品加工业链条，制定出台《塔城地区加快农业全产业链培育发展实施方案》，空间布局由“平面分布”转型为“集群发展”，主体关系由“同质竞争”转变为“合作共赢”，农业产业化取得初步成效，产业集聚发展呈现新格局。建成国家、自治区“一村一品”示范村镇10个、农业产业强镇2个、优势特色产业集群3个。建立健全利益联结机制，发展契约型、分红型、股权型合作模式，形成龙头企业牵头、新型经营主体跟进、小农户参与的农业产业化联合体，全地区登记注册农民合作社3619家，创建国家级示范社18家、自治区级示范社95家、地区级示范社1978家。全地区成立土地股份合作社160余家、合作面积1.73万公顷，全国家庭农场名录系统录入家庭农场28000家，注册登记家庭农场2100家，创建自治区示范家庭农场10家，培育农业产业化联合体5个，培育创业就业孵化园5个。

【农产品品牌发展】 2022年，地区农业农村局制定出台《塔城地区农村电子商务提质增效三年行动实施方案》，实施“绿色”品牌培育计划，依托农业产业化龙头企业和农业产业化联合体，围绕优势特色产业，培育“绿色”农产品品牌。裕民县巴什拜羔羊肉、无刺红花籽油与和布克赛尔蒙古自治县有机棉花等3个农产品进入全国名特优农产品名录。裕民无刺红花、巴什拜羊肉与塔城打瓜籽、飞鹅及安集海辣椒、绿疆草原风干肉等6个农产品进入新疆农业品牌目录，5家企业进入新疆特色农业好产品名录，新增“两品一标”认证产品81个。

【乡村休闲旅游发展】 2022年，地区农业农村局推进农业与旅游、教育、文化、康养、民俗风情等产业深度融合，发展休闲度假、农耕体验、创意农业、旅游观光、乡村手工艺等新业态、新模式。支持建立休闲农业园，鼓励农民利用庭院发展乡村民宿，支持建立现代农庄，2022年推荐裕民县和额敏县申报全国休闲农业重点县。

【农业招商引资】 2022年，地区农业农村局按照《塔城地区2022年招商引资工作方案》安排部署，积极开展招商引资工作，制定《塔城地区农业农村系统2022年招商引资工作方案》，科学分配5亿元的招商引资任务。编制涵盖畜牧、粮食、林果、蔬菜、油料、特色农产品等11类、418个项目的《新疆塔城地区农业类领域招商引资项目汇编》。开通“塔城农业招商”微信公众号平台，运用新媒体扩大农业招商引资项目的社会知晓率和形象力，详细介绍塔城农业概况、名特优农副产品和招商政策，发布各类招商信息56期，累计收到网上、电话接洽116次。邀请宁夏乐牧高仁农业开发有限公司、华人会资本集团、新疆能源集团千泉实业有限公司等15家企业来塔城考察。截至11月13日，到位招商引资资金3.077亿元。

【农村土地制度改革】 2022年，地区稳步推进农村土地制度改革，坚持以农村承包地“三权分置”为改革重点，持续推进农村土地承包确权颁证工作，印发《关于进一步做好农村土地经营权流转工作的通知》，推荐乌苏市为土地承包（流转）网签试点县市，截至年底土地流转面积11.2万公顷，流转率为49%，比自治区流转率，高出10个百分点。

【农村集体产权制度改革】 2022年，塔城地区持续深化农村集体产权制度改革，6个县市成立农村集体经济组织“三资”管理核算中心，实现管理平台化、制度化、专业化，逐步探索“政经”分离路径，520个村（组）已将集体经济组织账务与村委会账务分离。

【国有农牧场改革】 2022年，地区巩固深化国有农牧场改革，完善土地承包租赁收费价格机制，根据资源类型、面积，考虑职工、从业人员社会保障因素，合理确定价格，发挥市场机制作用，防止低价、固化租金。强化管理后全地区国有农牧场土地平均租赁费均价300元左右，有19.43万公顷土地经作价出资（入股）、授权经营注入农垦企业，作价出资（入股）、授权经营金额67014.85万元，1.52万公顷土地实现土地使用权抵押贷款，抵押担保金额43000万元。

（高　峰）

种植业

【粮食作物】　2022年，地区农业农村局严格落实粮食安全党政同责，层层压实地、县、乡、村四级责任。地委将保障粮食安全放入贯彻落实自治区党委一号文件实施方案中，行署下发粮食和重要农产品生产目标任务责任书。在小麦生产方面，根据不同麦区发展定位，积极推广优质品种，2022年种植小麦7.37万公顷，较约束性目标任务7.33万公顷，完成100.46%，以绿色发展和市场需求为导向，围绕优质专用小麦、绿色有机小麦和配方粉研发生产目标，积极引导农民发展小麦订单种植，大力推进优质、高产、特色小麦生产，提升强筋、中强筋、有机、富硒和专用面食产品加工原料的供给能力。在玉米生产方面，按照玉米饲料加工、工业加工、食用加工需求，发展优质高产籽粒玉米、全株青贮玉米生产，积极引导优质蛋白、爆裂、鲜食等特种玉米生产。2022年种植正播籽粒玉米21.04万公顷，较约束性目标任务20.13万公顷，完成104.52%。2022年全地区粮食播种面积28.5万公顷，较约束性目标任务27.53万公顷，完成103.52%，预计产量339.05万吨，比上年增加3.61万吨，产量创历史新高。

【棉花产业】　2022年，地区继续巩固乌苏市沙湾市优质商品棉生产基地地位，创新棉花生产经营方式，复制沙湾市“种子企业+土地股份合作社+农机合作社+轧花企业+棉纺企业”和单品单种、单收单轧、单轧单批次市场直供纺织企业的棉花全产业链模式，在乌苏市、托里县进行推广。积极打造和布克赛尔蒙古自治县有机棉全产业链发展，取得一定成效。2022年种植棉花24.53万公顷，总产量55.89万吨。

【特色产业】　2022年，地区坚持以供给侧结构性改革为主线，以产业兴旺为重点，以市场需求为导向，积极引导调整优化种植结构，发展特色农作物种植，扩大油料作物种植面积，提升特色农业生产水平，初步建成塔城盆地的打瓜，裕民县的红花，沙湾市的加工辣椒，乌苏市、沙湾市、塔城市、额敏县、裕民县的加工番茄等一批集中连片、上规模的特色农产品生产基地。2022年累计种植特色作物7.08万公顷，比上年增加1.39万公顷，其中油料作物1.32万公顷（含花生0.147万公顷，较约束性目标任务0.133万公顷，完成110.5%）、甜菜0.41万公顷、蔬菜1.19万公顷、瓜果0.007万公顷，其他农作物5.49万公顷［含打瓜1.76万公顷、药材0.09万公顷、苜蓿0.57万公顷、青贮饲料0.76万公顷、食葵1.58万公顷、籽用葫芦（南瓜）0.71万公顷、其他作物0.027万公顷］。

【耕地地力保护】　2022年，地区落实测土配方施肥面积52.33万公顷、覆盖率达91.2%，农田废旧地膜回收率达到85.16%，农作物秸秆综合利用率增长到91.46%。农药包装废弃物回收率达到65.89%，处理率89.73%。

【高标准农田建设】　2022年，塔城地区高标准农田建设项目全面推进，截至11月13日，地区项目整体建设进度达92%，资金支付率73.5%，其中高标准农田项目建设进度达94%、资金支付率67.8%。超额完成2019—2021年度历年挪用涉农资金偿还计划，已偿还欠款15999.1万元，占2022年还款计划的147.8%。

【种业振兴】　2022年，塔城地区建设小麦、玉米、棉花等农作物制种基地1.97万公顷，严打非法转基因玉米制种，组织各县市全覆盖完成0.75万公顷玉米制种地块检测，地区按比例抽查0.256万公顷，地、县市两级均未发现非法转基因玉米制种，为保障种子生产安全打下坚实基础。

【科技推广与服务】　2022年，地区农业农村局围绕粮食增产、大豆油料扩种、重要农副产品稳定供给等重点任务，提供技术服务支撑。地、县两级联动遴选推介20项农业主推技术，建设15个农业科技示范基地，培育350个科技示范户，农业主推技术到位率达到95%以上。2022年，申报的玉米10.5万～12万株/公顷全程机械化籽粒直收配套技术推广应用，获得全国农牧渔业丰收农业技术推广成果三等奖。

（高　峰）

林草业

【林草生态建设】　2022年，地区林业和草原局完成营造林0.86万公顷，完成村庄绿化96个，新增村庄绿化面积0.06万公顷，完成2022年造林绿化结果上图面积0.39万公顷。完成防沙治沙治理面积3.2万公顷。完成种草改良任务5.97万公顷，完成草原监测样地271个，加密点82个的调查与取样工作，完成率达到85%，全面掌握地区草地资源种类、结构、质量，为林草治理体系和治理能力提供基础保障。全面推进塔—额盆地国家湿地生态脆弱区生态保护修复项目、草原生态补助奖励机制、天然林保护项目、国家级自然保护区项目、湿地保护修复项目、国家重点野生动植物保护补助项目，572万公顷天然牧草地、79.5万公顷国家级公益林、8.29万公顷天然林、20.87万公顷湿地得到有效保护。

【森林资源保护】 2022年，地区林业和草原局制定《关于塔城地区落实第三轮草原生态保护补助奖励政策切实做好禁牧和草畜平衡有关工作的通知》《塔城地区进一步加强草原禁牧和草畜平衡工作实施方案》《塔城地区载畜量测算说明》等指导性文件，压细压实草原管理各项工作任务。依据2022年林草湿综合监测、草原基况调查数据，核定全地区载畜量250.38万只羊单位。不断强化草场代牧、违规放牧和超载过牧管理，清理违规放牧和超载过牧牲畜37.51万头（只）次，开创地区范围外“零代牧”的良好局面。成立地区库鲁斯台草原综合治理工作专班，统筹协调库鲁斯台草原湿地退化修复治理工作，组织召开草原生态保护工作调度会11次，制定《中央生态环境督察反馈塔城地区库鲁斯台草原生态问题整改方案》，明确责任分工，细化工作措施，绘制完成库鲁斯台草原综合治理现状图，为2023年修复治理工作顺利推进提供准确数据支撑。持续加强林业有害生物防治，制定《塔城地区林检局指导服务工作机制》，全年对县市提供监测、防治技术指导4次，调查面积1.75万公顷，522.09万株，未发现检疫性有害生物传入塔城地区。研究制定执行《塔城地区白蜡窄吉丁综合防控工作方案》，有效降低虫口密度。全地区完成林业有害生物监测面积36.02万公顷，比上年增加2.84万公顷，监测覆盖率96.74%；林业有害生物防治面积0.70万公顷，林业有害生物防治率100%，无公害防治率99%；产地检疫各类苗木2159万株，调运复检苗木1245.43万株。积极与新疆师范大学、自治区治蝗办合作，建立草原蝗灾监测预警体系并加以推广应用，研究成果《新疆草原蝗虫暴发机理及监测预警技术研发与推广应用》获“自治区科技进步奖一等奖”。与中国农科院植保所、自治区治蝗办协同合作，加快推进乌苏市国家级鼠害监测站项目建设，打造新疆荒漠草原主要害鼠——黄兔尾鼠监测示范点，为全国示范推广提供可借鉴的实践经验。组织开展空气炮草原灭鼠推广应用试验，填补地区多年来治理地下害鼠鼹形田鼠的空白。完成草原有害生物普查面积7.08万公顷，发现草原有害生物58种。2022年，全地区草原生物危害面积6.48万公顷，防治面积6.35万公顷，防治率98%。

【林草资源管理】 2022年，地区林业和草原局深入开展打击毁林专项行动和年度森林督查，累计摸排核实2013年以来疑似图斑3435个，查处整改违法图斑313个，原地恢复植被0.02万公顷，收缴罚款822.73万元。完成国家林草局推送塔城地区草原变化图斑2312个，完成率100%。对2018—2019年建设项目临时占用林地期满收回情况进行全面核查，已核查塔城市、乌苏市、沙湾市、和布克赛尔蒙古自治县建设项目临时占用林地125宗，许可占用林地面积1077.4794公顷。探索建立“林长+检察长”“林长+森林警长”联动机制，强化与警检沟通协调，实现行政执法、检查监督有效衔接，畅通地、县两级林草部门与公安机关联系渠道，选派28名工作人员到食药环分局跟班办案，提升林草执法人员的业务能力，并与乌鲁木齐铁路检察院、地区公安局食药环分局开展联席会议、案件评查4次；不断推动破坏森林草原案件查处力度，2022年全地区涉林违法案件发生数量比上年减少50%。持续开展打击野生动物非法贸易“清风行动”，严厉打击乱捕滥猎滥食野生动物等违法行为，2022年，全地区未发生野生动物疫情及涉野生动物非法贸易相关信息和经营野生动物的情况。

【林草改革】 2022年，地区林业和草原局持续高效推行林长制，着力推进党政同责、属地负责、部门协同、源头治理、全域覆盖的林长制长效机制建设，围绕林长制33项工作任务，制定出台一揽子规章、制度、办法，规范林长制运行。完成自治区片区林长责任区及责任林区划定工作，调整充实地区林长制工作领导小组、明确林长责任区及责任林区，全地区设置林长、副林长1794人，监管、管护员3389名，将全地区林草资源划分网格2037个，建立四级林长定期巡查、管护所站常态监督、管护员日常巡护相结合的全覆盖管护模式，2022年内累计开展巡林17153次，下发督办函3次，涉及问题清单11项已完成销号，部分涉及林草工作的难点问题得到有效解决。持续深化“放管服”改革，扎实做好自治区党委托地区级实施的20个权责事项，采取无缝对接、平稳交接、有效承接的方式，全面做到“放得下、接得住、管得好”。地区级11个审批事项全部进驻地区政务服务和公共资源交易中心，并建立领导班子轮值坐班大厅窗口服务群众机制，实现自治区、地区两级事项“一窗受理、家门口办”。2022年，依法依规受理各类行政许可事项127宗，有效办结“12345”平台咨询3个，全年零投诉。

【特色林果提质增效】 2022年，地区林业和草原局加强林果技术培训，组建由区地县70余名组成的专家服务团，以塔城市高酸海棠、沙湾市葡萄、裕民县黑果肋花楸等18个提质增效示范园建设为重点，加大指导农牧民果树种植和管理，开展技术培训和服务指导148场次，培训农民3018余人次。地区中心苗圃引种栽培自治区认定的苹果良种“甘露1号”“公主1号”，树木生长良好，为下一步扩繁奠定基础。稳步推进庭院经济发展，制定印发《塔城地区林果庭院经济发展意见》《塔城地区适宜树种选择目录》，2022年塔城地区栽植力蒙苹果、国峰7号李等果树25.44万株，实现农民增收和示范带动的双提高。完成塔城市高酸海棠、额敏县黑加仑和乌苏市桑树66.67公顷特色林果提质增效示范园项目建设，达到项目示范带动促进林果提质增效、果农增收的目的。

【林草科技】 2022年，地区林科所通过援疆干部的沟通协调，与辽宁省沙地治理与利用研究所合作，申报成功地区科技项目“塔城盆地针叶树引种试验研究”，引进针叶树苗木2280株，引进北美乔松、兴安落叶松两个品种的苗木种子进行播种。引进“塔城公主123号”（苹果）和“塔城甘露”（苹果）在地区苗圃进行栽植试验，地区及各县市科技人员开展多层次、多形式的林果技术培训和服务指导，采取集中培训、田间地头现场指导等全方位方式，加大林果业种植技术培训覆盖面，开展培训155场次，培训3285人次。

加大草原生态修复力度，培育乡土草种基地建设，分别在塔城市、裕民县种植优质草种333.33公顷。组织地县市草原技术部门绘制1：25、1：10万的禁牧草原分布图。制定《塔城地区草原合理载畜量测算说明》《塔城地区禁牧和草畜平衡管理办法》，为地区天然草原保护做好技术服务和政策支持。联合自治区草原总站在库鲁斯台草原开展草原生态修复试验，制定《新疆低地盐化草甸退化草地治理技术规范》，为地库鲁斯台草原保护和建设提供理论依据。加强草原有害生物防治，联合中国农科院植保所、自治区蝗虫鼠害预测预报防治中心站深入推进乌苏市国家级草原鼠害监测预报站点建设，完成划定黄兔尾鼠监测核心监测区0.67万公顷。联合新疆师范大学、自治区蝗虫鼠害预测预报防治中心站共建“中亚区域跨境有害生物联合控制国际研究中心野外观测实验站”，有效提升虫鼠害的检测防治力度。

（张晶晶）

【重大事件】

2022年1月14—17日，中国农科院植保所刘晓辉、王大伟教授，自治区蝗虫鼠害预测预报防治中心站一行与地区技术人员在乌苏市巴音沟草原开展黄兔尾鼠鼠害监测、数据采集等工作。

2022年4月，塔城地区蝗鼠测报防治站获自治区科技进步奖一等奖。地区蝗鼠测报防治站刘程才获自治区科技进步奖一等奖（排名第十一）。

2022年4月22日，塔城地区林草工作会议召开。

2022年5月14—19日，自治区林业和草原局派出技术指导组对塔城地区塔城市白蜡窄吉丁的防控工作进行现场调查和技术指导。

2022年6月18日至8月15日，中国农科院植保所、新疆师范大学、新疆农业大学等高校科研院所专业团队在地区开展草原虫害、鼠害、毒害草、病害普查工作。

2022年7月24日，地区林科所与新疆克孜加尔湖农林开发旅游有限公司签订产学研合作协议。

2022年9月21—22日，国家林业和草原局防火司副司长陈雪峰一行3人到塔城地区开展森林防火包片蹲点工作，分别在塔城市南湖国有林管理局、兵团第九师一六一团、裕民县自然资源局现场检查，对塔城地区及兵团九师联合工作给予高度赞扬。

2022年10月10日，塔城地区林业有害生物防治检疫局与克拉玛依市林业有害生物防治检疫局签订《塔城地区与克拉玛依市林草有害生物联防联治协议书》。

2022年11月23日，印发《塔城地区林长+森林警长制工作实施办法》。

（张晶晶）

水　利

【水利规划及建设】 2022年，地区坚持把水资源优化配置作为塔城经济社会发展的基础性保障工程，着力构建多源调配、丰枯互济的供水保障体系。坚持系统观念，加强统筹谋划，有序推动《塔城地区“十四五”水安全战略规划》《水资源利用和保护规划》《地下水水资源利用和保护规划》《中小河流（200～3000平方千米）治理总体方案》《农田灌溉发展规划》等专项规划编制审批，全面启动《塔城地区水网建设规划》和“十四五”规划中期评估调整工作，为优化水资源配置奠定基础。主动研究政策调整，抢抓时间、做足功课，全面加快重点项目前期工作。先后完成托里县柳树沟水库、裕民县切格尔水库、沙湾市宁家河中型灌区续建配套与节水改造工程、玛纳斯河沙湾市柳毛湾镇沙门子村段防洪工程等31项小型水库、灌区改造、饮水安全、病险水闸除险加固、防灾减灾项目相应阶段技术报告编制、审查、审批，为地区2023年水利工程建设顺利实施提供前期保障。完成水利建设任务，续建、新建水利工程34项，年度计划投资任务10.44亿元，通过分片包干、定期调度、现场帮扶指导等方式，加快建设进度，完成投资10.80亿元，完成率103.45%。地区稳步推进锡伯图水库、吉尔格勒德水利枢纽4项重点水利工程，其中吉尔格勒德水利枢纽工程完成下闸蓄水阶段验收。塔城市阿不都拉水库及水库下游水土保持综合治理工程除险加固工程等24项中小河流治理、水土保持、维修养护、农村饮水安全、病险水闸除险加固、移民后期扶持项目全面完工并发挥效益。

【水旱灾害防御】 2022年，面对复杂多变的洪旱情势，地区各级水利系统压紧压实责任，科学精准处置，有效保障人民生命财产安全。组织或参与多部门会商研判5次，形成专题洪旱形势分析报告2份，汛前实现132个山洪灾害监测预警站点位与自治区平台数据同步，上线率达97.8%，通过水旱灾害监测预警平台发布洪水灾害预警信息800余条。先后派出2个汛前检查组开展水库、堤防、水闸、水电站及在建工程全覆盖检查2次，发现各类安全风险隐患98处，汛前整改率达到97%。严格落实水库、水闸、堤防“三个责任人”安全责任制，修编完善审批“三个方案”，组织运行管理人员培训159人次。稳步推进额敏县喀拉也木勒渠首和裕民县哈拉布拉渠首除险加固工程、完成5座水闸安全鉴定、6座水库降等报废注销、4座水库注册登记。投入1061万元完成29座小型水库维修养护等工作，塔城市、额敏县、托里县、裕民县完成水利工程管理与保护范围划定报告审批及公示。加强汛限水位动态监管和防洪调度，充分发挥重点调蓄工程作用，结合各类水情监测实际，实行水库、水闸、堤防联调联控，通过拦、蓄、引等方式确保主要河流洪水行洪安全。

【水资源管理】 2022年，地区水利局坚持动态调整、弹性配置，强化水资源刚性约束，提高水资源集约节约利用水平，用足用好地表水，科学确定地下水管理指标，为保障国家粮食安全提供强有力的水利支撑。严格用水总量控制，坚决遏制不合理用水需求，稳步推进一级取水口信息化计量设施安装，推行农业取用水超计划（超定额）累进加价制度，水资源费应收尽收。2022年用水总量31.39亿立方米，较2021年减少4.05亿立方米，减幅11.43%。加强地下水资源合理开发利用管理，压减地下水2.55亿立方米，关停机电井26眼。全年累计征收水资源费3.85亿元，比上年增加1.18亿元，增幅44%。征收水费2.4亿元，比上年增加2000万元，增幅9%，进一步提升水资源集约节约高效利用水平。乌苏市县域节水型社会达标建设已通过水利部复核验收，塔城市、沙湾市、和布克赛尔蒙古自治县县域节水型社会达标建设顺利通过自治区验收。全地区累计建成27家节水型企业、241家公共机构节水型单位、65个节水型小区达标创建工作，全社会参与节水的积极性、主动性不断提高。准确把握塔城地区水情，针对塔额盆地3—5月汛期、乌沙片区6—8月汛期的实际，通过前期科学研判，积极指导县市合理调整蓄水时段，提前蓄水，充分利用冬闲水和汛期洪水，确保水库多蓄水、蓄满水，切实保障地区用水安全。2022年全地区水库调蓄总水量4.2亿立方米，比上年同期多调蓄1亿立方米。加强与农业农村、林草等部门会商对接，召开会商会15次，科学分析研判来水、需水、用水状况，在地表水来水较历年偏少30%情况下，及时优化调整灌溉供用水计划，做到科学合理调配供水，灌溉供水得到有效保障。累计提供农业灌溉水量29.27亿立方米，保障67.74万公顷耕地、林地、草地的灌溉用水需求，实现枯水年仍获农业增产、农民增收的显著成效。

【河湖治理保护】 2022年，地区水利局紧盯河湖长制六项任务，以河湖治理体系和治理能力提升为重点，扎实推进河湖长制各项工作落实到位。地、县、乡、村四级河湖长在做好疫情防控工作的同时，累计巡查责任河湖20029次，协调解决各类涉河湖问题348件。地、县两级河湖长召开巡河湖联席会议27次，组织水利、生态环境、自然资源等部门开展联合执法检查28次，查处涉河湖违法案件15起，有力震慑打击涉河湖违法行为，形成保护河湖的强大合力。优化调整20条规模以上、35条规模以下河流管理范围329处，河湖管理范围和岸线利用规划成果更为科学合理。全面开展妨碍河道行洪问题和河湖四乱清理整治，排查发现的8个妨碍河道行洪问题和29个涉河湖四乱问题均已建立台账并整改销号。加强河道采砂监督管理，积极开展河道非法采砂专项整治行动，查处涉河采砂违法案件4起，行政处罚4人，处罚金额4.3万元，切实维护河道采砂管理秩序。额敏河、喀浪古尔河、四棵树河等9条河流生态流量目标制定与保障方案已上报自治区水利厅待复核。定期开展水质监测，地区11条重点河流，18个水质监测断面水质均在Ⅲ类及以上标准，监测结果均达标。

【水土保持监管】 2022年，地区水利局坚持系统治理，综合施策，严格落实水土流失预防保护和监管制度，着力构建全社会共同参与的水土保持工作格局。2022年实际完成水土流失综合治理面积398.45平方千米，任务完成率190.7%。其中完成水土保持26.36平方千米，草原治理60.53平方千米，种草8.26平方千米，封禁治理303.3平方千米。实施完成水土保持重点工程治理建设项目1项，治理水土流失面积16.06平方千米，有效改善塔城地区生态环境，为建立良性生态系统创造有利条件。规范生产建设项目水土保持方案审批，通过线上审批服务，受理审批公路、风电、光伏等各类生产建设项目的水土保持方案66个。严格落实水土保持“三同时”制度，加强对生产建设项目水土保持方案实施情况监督管理，地区累计开展监督检查90余次，下发通报73份，发现问题均已整改完成。全面落实自治区推送的64项疑似违法违规图斑核查，通过视频、现场指导等方式核查，并按时限完成整改。依法规范水土保持补偿费征收，全年征收水土保持补偿费4296万元，比上年增加2755万元，增幅179%，创历史新高。积极争取100万元援疆资金，用于塔城地区水土保持监测站点一期建设，托里县铁厂沟镇风蚀水土保持监测站已建设完成，并已纳入国家水土保持优化布局范围。地区水土保持监测站点已全覆盖。

【农村供水工作】 2022年，地区水利局持续提升农村饮水保障水平，提高农村供水利用效率，不断夯实乡村振兴水利基础。积极推进灌区水利工程“一张图”数据录入，进一步完善全地区灌区、渠道、渠首、水库、水闸等信息系统。积极做好大型灌区认定及资金申请，将乌苏市车排子灌区、塔城市阿布都拉灌区2项纳入自治区大型灌区名录，并报自治区审定通过。同时，委托自治区水利水电科学研究院对样点灌区农田灌溉水有效利用系数进行测算。经测算，地区农田灌溉水有效利用系数达到0.645，超过全疆0.573的平均水平。筹措落实各项农村供水建设资金0.8亿元，实施农村供水保障工程17项，维修养护3项，巩固提升9.31万名农村人口供水保障水平。农村集中供水率、自来水普及率、供水保证率分别达到99%、98.5%、96%，农村供水工程体系更趋完备，运行管护体系日益完善，供水保障能力明显提升。同时，积极配合托里县、裕民县迎接国家巩固拓展脱贫攻坚成果同乡村振兴有效衔接后评估核查（第三方评估及综合核查评估），通过核查组核查，地区农村供水保障能力得到充分认可。组织县市开展2轮农村供水安全大排查，发现的28个问题全部完成整改。农村饮水安全管理“三个责任”全面落实，进一步完善“三项制度”，促进农村供水工程长效运行。大力推行农村供水“明白卡”，畅通各级水利部门监督电话和供水单位服务热线，及时回应群众诉求，全年在线办结13条、实地核查解决2条饮水问题，问题数量比上年同比下降65.9%，群众对农村供水安全满意度有新的提高。

【水利监督管理】 2022年，地区水利局坚持依法行政，紧盯问题短板，压实主体责任，强化监管措施，着力提升水利监督水平。制定《塔城地区水利安全生产工作要点》《塔城地区水利行业安全生产大检查方案》，开展3轮检查，累计派出11个检查组，排查整治安全隐患279处，按照闭环管理要求全部完成整改，为全面统筹做好水旱灾害防御、农村供水保障、水利工程建设、水利工程运行管理等各项水利安全生产工作奠定安全基础。全面落实水利工程质量责任终身制，各级质量监督机构履行政府监督职责，落实质量工作主体责任，按照职责权限对地区续建、新建的水利工程办理质量监督手续，实现水利工程建设质量监督全覆盖。扎实开展水利工程建设质量提升专项行动，先后对地区库鲁斯台工程草原生态修复工程、喀拉也木勒水库、锡伯图水库、吉尔格勒德水利枢纽和4个中小河流治理等重点水利工程开展质量监督巡查，同时，检查指导县市水行政主管部门开展质量巡查工作，确保项目质量与安全巡查全覆盖，累计查出质量与安全问题331项，下发巡察整改通报10份，整改完成率100%。全面落实水行政执法三项制度，严格执法人员监督管理，集中开展“防汛保安”打击违法取用水专项执法行动，全年查处水事违法案件207起，处罚金额共计456.9万元，维护良好的水事秩序。和布克赛尔蒙古自治县水政监察大队办理的“河道内建设妨碍行洪的构筑物案”得到水利部黄河水利委员会的高度评价，并在自治区“法律与你同行”广播普法栏目宣传播出。

【水库移民工作】 2022年，地区水利局坚持以人为本，不断完善扶持方式，加大扶持力度，实现移民安置区经济社会的可持续发展。严格水库移民补助资金发放管理，明确资金发放名单、补贴政策、补贴标准，并在政府网进行公示，会同财政部门审核确定纳入水库移民后期扶持范围人口1029人，补助资金均已通过“一卡通”发放到位，累计发放补助资金61.74万元，切实保障水库移民后期扶持人口的合法权益。争取中央大中型水库移民后期扶持项目资金1359.88万元，实施额敏县玛热勒苏镇、沙湾市大泉乡杨家庄村等4项移民后期扶持项目，通过项目实施，增加水库移民的就业岗位，改善项目区村队环境，提升群众生活质量，切实发挥政策帮扶效益。组织开展乌苏市四棵树河吉尔格勒德水利枢纽工程等3项水库工程移民阶段验收并顺利通过验收，切实推进重点水利工程建设进程。

【水利改革】 2022年，地区水利局充分发挥市场在资源配置中的决定性作用，进一步增强水利发展动力和活力。水利水电勘察设计院转企改制工作基本完成，塔城地区水务集团有限公司组建工作全面启动，公司组建方案已通过地委审改委、行署专员办公会审议，通过体制改革，进一步拓宽水利融资渠道，增强地区水利发展后劲。各县市全部完成以2015年为基准价的农业灌溉水价测算批复工作，地区平均执行水价0.2332元/立方米，达到测算平均水价的88%，居全疆第二位。开展搭建云平台、优化数据库建设，完善地区水利信息化平台。地区55座水库397路视频监控、13478眼机电井“井电双控”监测数据已全部接入信息化平台，实现全天候数据共享，为地区水资源精细化精准化管理提供数据支撑。

（扎格尔）

畜牧业

【畜禽生产】 2022年，全地区牲畜年末存栏426.8万头（只），增长5.93%；其中生猪存栏16.49万头，比上年增长4.94%；牛存栏57.85万头，增长22.11%；羊存栏339.45万只，增长3.58%。家禽存栏261.1万羽，同比增长17.54%。牲畜出栏375.41万头（只），增长4.15%，其中生猪出栏16.49万头，增长4.94%，羊出栏314.39万只，增长2.16%，牛出栏28.66万头，增长19.08%；家禽出栏382.73万羽，增长17.05%。肉类、奶类、禽蛋总产量分别达到14.52万吨、16.04万吨和1.43万吨，增长17.85%、26.48%、5.79%。

【畜牧业发展】 2022年，中央下达塔城地区畜牧兽医类资金累计33339万元，其中草原生态奖励补助资金27355.5万元、2022年中央动物防疫等补助经费2117万元，中央农业生产发展项目资金3188.5万元，2021年中央农业生产和水利救灾资金（第十批）400万元。自治区财政下达资金278万元，其中扶持畜牧业发展资金180万元，动物防疫补助资金98万元，2022年草原生态奖励补助资金27355.5万元，已支付27135.0987万元，支付率为99.19%。

【牲畜安全越冬度春】 2022年，地区越冬牲畜399.59万头（只），其中农区174.8万头（只）、冬牧场178.7万头（只）、牧业定居点46.09万头（只）；转场情况。转场牲畜180.90万头（只），其中大畜34.15万头（只），小畜146.75万头（只）。转场线路共23条，转场过程中设置应急饲草料供应点9个。实际转场157.55万头（只），其中采取机械化转场49.04万头（只），饲草料储备情况。全地区计划储备越冬度春牲畜饲草料215.61万吨，其中饲草191.76万吨、饲料23.85万吨。截至2022年年底已储备饲草料242.41万吨，其中饲草219.53万吨，饲料22.88万吨；冬牧场储备饲草料18.58万吨、牧业定居点储备饲草料28.23万吨、农区储备饲草195.6万吨；自治区、地、县、乡四级饲草料储备库储备饲草料0.8万吨，其中1座自治区、4座地州级防灾应急饲草料储备库储草备料0.39万吨，基本满足牲畜越冬度春需要。

【动物疫病防控】 2022年，地区春季重大动物疫病集中强制免疫工作自2月1日起启动，截至7月底结束，牲畜口蹄疫免疫355.26万头（只），总体应免免疫密度98.34%；高致病性禽流感免疫禽类266.69万羽（只），总体应免免疫密度99.58%；羊小反刍兽疫免疫羊87.44万只，牛结节性皮肤病免疫牛8.91万头；牛羊布病免疫2.2万头（只）；地区秋防工作从8月1日起正式启动，由于疫情防控影响，个别县市秋防推进较慢或处于阶段性的停滞状态，影响地区整体推进进度，基本结束时间比上年有所推迟。口蹄疫牛已免81.5万头、羊280.04万只、猪13.22万头，高致病性禽流感已免各类禽类183.2万羽（只），小反刍兽疫已免羊126.93万只。

【标准化规模养殖】 2022年，地区畜牧兽医局在“十四五”期间推动实施畜牧业“五大振兴”行动，打造十万级鹅产业、百万级牛猪产业、千万级肉羊产业、大力发展蛋鸡、肉鸡产业。养殖鹅20万羽、肉牛80万头、生猪28万头、肉羊603万只；积极申报畜牧业产业集群项目，助力畜牧业高质量发展。已落实新疆褐牛产业集群项目中央补助资金1560万元，新疆伊犁马产业集群项目中央补助资金100万元；积极促进畜禽规模化、集约化生产。肉牛产业发展方面：塔城市已建成肉牛产业园区1座，静态存栏达3万头以上，年出栏肉牛2万头以上，养殖分场已开工建设，建成后肉牛静态存栏可达2万头以上。额敏县已建成肉牛养殖园区4个，现存栏肉牛达1万头以上；肉羊产业发展方面：塔城市正在建设湖羊种羊场1座，项目建成后存栏可达2万只以上，年出栏肉羊20万只以上，额敏县已建成多胎羊养殖园区1座，年可存栏多胎羊2万只。托里县正在建设肉羊产业园区，计划年存栏达5万只以上，出栏20万只以上。家禽产业发展方面：托里县已落地实施6000万羽肉鸭全产业链项目，项目已开工建设。生猪产业发展方面：沙湾市亚宁生态养殖场一期已建设完成，生猪存栏1万头，乌苏市新建生猪养2个殖场，存栏生猪分别达2万头、0.8万头。

【畜禽产业化发展】 2022年，地区制定肉牛、肉羊、家禽、牛奶全产业链实施方案，明确思路和措施，以规模化养殖和畜产品深加工为重点，加大招商引资力度，积极引进华凌畜牧肉牛产业、绿色循环蛋鸡产业、山东百福升鸭产品深加工产业、阿勒泰丰驼源等大型企业来塔投资畜牧业，发挥带动示范作用。积极实施品牌战略，打造“谢利盖”巴什拜羔羊肉、“鹅雁”新疆飞鹅系列产品和布克赛尔蒙古自治县“优贡”有机牛羊肉、塔城市“彩云牧歌”精品分割牛羊肉，“巴什拜羔羊肉”已获得地理标志认证。

【畜禽良种繁育】 2022年，地区畜牧兽医局完成畜禽遗传资源普查工作，全地区畜禽遗传普查963个行政村，行政村普查率达到100%，普查登记普通牛、绵羊、山羊、马、驴、鹅、骆驼、猪8个大类27个品种。新发现1个品种为也迷离原鸡；抓好种畜禽生产及良种推广。开展也木勒白羊选育、巴什拜羊高繁类型的选育群，结合表型选择及基因型选择对巴什拜羊36个育种核心群体开展选育和接羔育幼。组建也迷离原鸡30个家系的核心群，进一步选育原鸡进行孵化1000余只，完善生产性能测定技术及外貌评定方法。地区已完成3.93万头牛改良任务，完成率为83%；创建自治区级以上核心育种场、保种场情况。地区有2个自治区级核心育种场，新疆褐牛育种场和巴什拜羊育种场，2个自治区级育种场，新疆飞鹅保种场和新吉细毛羊繁育场；积极推进马产业，按照《新疆维吾尔自治区马遗传改良计划（2017—2025年）》，参与自治区科技厅“十三五”马产业科技重大专项课题“良种马培育与生产关键技术推广项目”，在塔城地区建立1个核心示范区、6个辐射示范区，推进良种马繁育生产关键技术集成与推广示范等技术的成果转化，累计改良马2000匹，实现良种马匹附加值提升和农牧民养马经济收入增长的积极成果，并获“全国农牧渔业丰收奖”——农业技术推广成果奖二等奖。

【畜产品安全监管】 2022年，地区强化畜产品质量安全日常监管，每个定点屠宰场（点）派驻2名检疫员实行24小时驻场，严格按照检疫规程实施检疫，对进场的牲畜严格地查验动物检疫合格证明，坚决杜绝病害动物和动物产品进入流通环节。对病死畜禽严格执行“四不准一处理”，即不准宰杀、不准食用、不准出售、不准转运、必须无害化处理的要求；累计开展瘦肉精检测牛羊14072份，生猪6003头份，未发现阳性牲畜。开展畜产品安全抽样工作，累计配合自治区兽药饲料监察所完成畜产品抽样412份，未发现阳性样品。对全地区的奶牛场、生鲜乳运输车、生鲜乳收购站进行饲料、生鲜乳抽样33份，抽样结果均为阴性，截至年底累计调运199.85万头（只、羽），其中跨省调运畜禽6.79万头（只、羽），省内调运193.06万头（只、羽）。进一步严格屠宰检疫，对全地区32个屠宰场（点）实行检疫人员（官方兽医）派驻，严格查验进厂动物的检疫证明、标志和来源，实行同步检疫。畜牧兽医大数据平台显示，地区2022年屠宰检疫家畜禽1.41万吨。

（张广辉）

乡村振兴

【概况】 2022年，地区乡村振兴局贯彻落实自治区党委农村工作会议精神，立足新发展阶段，统筹疫情防控和经济社会发展、统筹发展和安全，牢牢守住不发生规模性返贫底线，按照自治区党委、政府巩固脱贫成果同乡村振兴有效衔接工作部署，扎实有序推进各项工作落地落实落细取得实效。

【返贫监测和帮扶】 2022年，地区坚持动态监测、实时预警、未贫先防、突贫速扶、常态清零目标要求，持续推进防返贫动态监测和帮扶。5月、10月，先后2次组织近2.5万人次力量对全地区7个县市79个乡镇18万户55万名乡村人口开展重点排查及全面摸底，精准识别出监测对象，确保不漏一户一人。按照缺什么、补什么的原则，精准制定“一户一案”帮扶措施1149项，确定帮扶责任人812人，实现99户318人稳定消除风险。持续与人社、民政、医保、残联、卫健、农业农村等行业部门信息数据互通比对，做到数据信息共享，帮扶措施共建共管，守住不发生规模性返贫的底线。

【稳岗就业】 2022年，地区始终将抓好脱贫劳动力稳岗就业作为增收致富突破口，及时开展精准就业服务，动态实现脱贫人口“应就业尽就业”。2022年，实现脱贫人口外出务工就业16989人，完成目标任务的102.96%。充分发挥就业帮扶车间及公益性岗位吸纳脱贫劳动力作用，带动有劳动能力的脱贫群众在“家门口”就业，6个帮扶车间带动或吸纳73名脱贫劳动力（含监测对象）就业，开发公益性岗位3628个，比上年新增21个。

【扶贫资产及项目建设】 2022年，地区乡村振兴局进一步明确发展目标、理清工作思路，细化工作措施，托里县、裕民县、和布克赛尔蒙古自治县3个脱贫县按照“巩固成果、补齐短板、促进振兴”的工作思路，突出特点、聚焦产业完成巩固拓展脱贫攻坚成果同乡村振兴有效衔接“十四五”规划及实施方案编制。扎实推进资产管理，完善2013—2020年项目资产29.61亿元、3145个扶贫项目确权移交。建立县乡村三级台账，完成资产风险排查，建立风险防控机制。加大项目建设力度，2022年实施建设项目326个、资金12.64亿元。按照“村申报、乡审核、县审定”和“四议两公开”程序，优化完善2023年衔接资金项目库建设项目898个、资金48.52亿元。

【厕所革命】 2022年，地区坚持小厕所大革命，小厕所大民生发展理念，持续推进农村厕所革命工程，有效提升群众幸福感、获得感。全力推进户厕新建整改，落实“两有两化四防”标准，突出改厕实效，2022年新建户厕3039座，完成年度目标任务的104.5%。整改问题户厕13350座，完成年度目标任务的110.2%。开展户厕问题摸排整改“回头看”，对全地区18万户农户17万座户厕开展“回头看”，全面准确录入系统管理。有序抓好农村厕所革命整村推进及粪污一体化项目实施，60个村整村推进达标，顺利完成塔城市1个行政村农村粪污一体化处理示范村试点项目，持续推进沙湾市3个行政村项目建设。

【庭院经济】 2022年，地区按照“宜农则农、宜牧则牧、宜林则林、宜合则合”的基本原则，坚持因地制宜，示范引领，充分发动群众，合理布局，科学利用现有庭院土地、圈舍、空间，以合作社、订单式种植销售为抓手，大力发展蔬菜林果种植、畜牧家禽养殖、庭院休闲旅游等，通过制定庭院经济示范创建标准，庭院经济加快发展任务书，召开地区庭院经济现场观摩会等措施，不断推动庭院经济发展规范提升上水平。2022年，全地区发展庭院种植7.7万户、0.53万公顷；养殖大畜48.49万头（只）、小畜125.47万头（只）、家禽145.4万羽，其中订单养殖20.87万头（只、羽）；发展庭院旅游农牧家乐878户，庭院加工548户，实现庭院“绿起来、种起来、养起来”，户均增收1500元以上。

【人居环境】 2022年，地区制定印发《塔城地区农村人居环境整治提升五年行动方案（2021—2025）》《2022年塔城地区农村人居环境整治提升工作要点》等指导性文件，为持续推进人居环境整治提供有力支撑。推进“户集、村收、乡镇场转运、县市处理”农村生活垃圾收运处置体系建设，2022年，清理农村生活垃圾6.75万吨，乡转运4.63万吨，县处理5.2万吨。推进生活污水处置，全地区实现农村生活污水接入城市主管网治理村41个，乡（镇）生活污水集中处理的村58个，建有集中收集池转运到县污水处理厂的村18个。开展村庄清洁行动，全面清理私搭乱建、乱堆乱放，整治残垣断壁，清理房前屋后垃圾、沟渠等，拆除残垣断壁118.5千米、新建围墙150.51千米，全地区乡村面貌焕然一新，美丽乡村建设成效显现。

【示范引领工作】 2022年，地区坚持规划先行，自然资源、住建、农业农村、水利等相关部门对12个自治区乡村振兴重点示范村的规划进行评审，完成12个重点示范村创建方案及项目清单，制定105个示范村创建方案及建设需求。通过多方争取，2022年投入12个自治区重点示范村各类资金78个、资金2.31亿元，完工率100%。建立地县乡村四级领导干部包联机制，强化创建工作跟踪指导；配合审计部门开展12个重点示范村跟踪审计；会同农业农村部门进行实地指导，督促指导12个重点示范村建设加快推进。12个乡村振兴重点示范村达到验收标准，为地区乡村振兴树立典型，起到示范引领的积极作用。

【社会帮扶】 2022年，中国石油天然气有限公司定点帮扶托里县资金1000万元，用于托里镇卫生院2850平方米项目建设；出资开办中国石油定点帮扶新疆6个县“兴农”讲堂培训班3期，培训33人。乌苏市派出26名教师到巴楚县支教，巴楚县6名党政干部、9名医护人员赴乌苏市挂职交流学习，签订《巴楚县中医医院、乌苏市中医医院签署“友好医院”暨人才结对合作协议》。沙湾市与伽师县就区内协作帮扶方向和具体内容开展调研，建立联席会议制度，召开区内协作联席会议，形成常态化交流。持续加强脱贫人口小额信贷监管，2022年累计发放脱贫人口小额信贷8313.1万元，支持2118户脱贫户及监测对象产业发展及生产经营。推进消费扶贫，坚持组织引导与市场调节相结合，搭建销售平台，对接营销主体，拓展销售渠道，积极做好域内产品产销对接，全地区消费帮扶总额6259.77万元。

【清单制、积分制】 2022年，地区立足乡村自治、法治、德治建设，提升群众参与乡村治理积极性、主动性。制定《关于在乡村治理中大力推广运用积分制、清单制的通知》，梳理《乡村治理相关法律法规及政策文件目录清单》，编制《在乡村治理中推广积分制、清单制运用典型案例汇编》，指导县市编制《积分制、清单制治理运用指南》。2022年，799个行政村完成积分制、清单制推广运用，覆盖率100%。扎实推进7个自治区级推广运用积分制、清单制重点示范村，1个自治区乡村治理体系建设试点示范县、1个示范乡镇、5个示范村建设，完成试点创建方案和建设计划，总结经验，梳理典型案例，发挥示范引领作用。

【乡村振兴战略实绩考核】 2022年，地区通过国家2022年巩固拓展脱贫攻坚成果有效衔接考核综合核查，国家2022年度巩固脱贫成果后评估第三方评估，国家2022年度衔接推进乡村振兴补助资金绩效评价及考核第三方实地评价等3项国家考核，以及自治区2022年度推进乡村振兴战略实绩考核。

（赵凯吉）

工 业

综 述

【工业运行特点】 2022年，地区135家规模以上工业企业完成工业总产值221.06亿元，比上年增长14.7%；增加值75.13亿元，增长3.7%；增加值增速在全疆排名第11位，比上年提升3位。

【十大行业呈现“七增三降”】 2022年，地区装备制造、煤炭、电力行业增加值增速呈两位数增长，分别是31.2%、10.3%、12.3%；石油、化工、农产品加工、热力供应行业增加值增速保持平稳增长，分别是5.9%、0.6%、6.6%、1.1%；建材行业因疫情影响，产品订单减少下降4.4%；纺织行业因需求收缩，产品价格倒挂增速下降12.6%；矿产品采选冶炼行业因采掘工程严重滞后、黄金品位下降等原因增速下降8.5%。十大行业中，增加值占比排名前三位的是石油、煤炭、电力行业，三者合计占地区增加值比重的67.1%。

石油行业增长5.9%。乌苏新春石油积极增产上产，产量比上年增长16万吨，完成产值56.9亿元，增长64.3%。

煤炭行业增长10.3%。2022年全国煤炭市场需求旺盛，煤炭价格持续上涨，拉动作用明显，但是重点煤炭企业乌苏丛龙煤矿因采矿权、探矿权均到期，已于2022年8月5日停产。

电力行业增长12.3%。托里县国电三期5万千瓦装机2022年6月接入系统，新增上网电量0.45亿千瓦时，新增产值2400万元，带动地区电力行业增长，但是自10月起，电力行业补贴不再计入产值，电力行业及地区经济增加值总量减少约6亿元。

化工行业增长0.6%。沙湾市科煤化有限公司2022年由代加工恢复自生产业务，产值较2021年增加1.4亿元；沙湾恒巍工贸2021年同期停产，2022年正常生产，产值净增8000万元。和布克赛尔蒙古自治县宏达盐业充分释放产能，产值净增1000万元。

纺织服装行业下降12.6%。受市场需求下降，产品价格倒挂等诸多因素影响，地区纺织企业普遍减产，地区20家规模以上纺织企业产值下降23.9%。

建材业下降4.4%。四季度受疫情影响订单量减少，产品销售不畅，造成大量货物积压，企业运转困难，地区25家建材企业产值同比下降6.4%。

矿产品采选冶炼业下降8.5%。地区4家矿产品采选冶炼企业都集中在托里县。增速下降主要原因：托里哈图金矿采掘工程严重滞后，招金北疆深部采矿受采矿权证办理和采矿工程建设等因素影响，出现阶段性停产现象，黄金产量明显下降。黄金品位也低于2021年同期。

农产品加工业增长6.6%。新增复规企业沙湾盘龙油脂，产值净增2.3亿元，拉动作用明显。新增“小升规”企业托里福鑫畜牧产值净增1000万元。

装备制造业增长31.2%。乌苏钵施然作为地区唯一一家国家级重点“小巨人”企业，制造业“单项冠军”，技术日渐成熟，越来越受到疆内外客户的认可，市场需求不断扩张，产值较去年增加1.2亿元。

供热行业增长1.1%。2022年以来地区房地产行业保持增长态势，供热面积增加，带动供热行业增长。

【工业经济概况】 工业经济占地区生产总值比重10.9%，工业对地区生产总值增长的贡献率2.4%。工业先行指标，全年发电量892580万千瓦时，下降1.99%。

（地区统计局）

【工业企业运行监测】 2022年，地区加大“小升规”企业培育力度，根据行署下发塔城地区《关于强化“小升规”企业培育的意见》，出台《塔城地区“小升规”企业奖励办法》，梳理30家拟升规企业建立培育库，通过税收优惠、减费降负、入统奖励等方式，鼓励企业加快“升规入统”步伐，完成16家企业升规入统，拨付奖励资金230万元。制定《塔城地区处置、盘活“僵尸企业”指导意见》，梳理摸排“僵尸企业”61家，建立“僵尸企业”动态信息监测库和“一企一策”工作方案，通过兼并重组、技术改造提升、资产租赁处置、依法处置出清、政府回购利用等方式，已处置、盘活28家。

【谋划产业发展】 2022年，地区工信局围绕新疆塔城重点开发开放试验区建设总体布局，编制《塔城地区工业主导产业布局和高质量发展规划（“十四五”）》，经行署、地委研究并印发，规划分析工业经济发展现状、发展环境，明确“十四五”发展的总体要求、产业布局、主要任务、保障措施，擘画“一核三区五园”产业布局，提出改造提升传统产业（矿产品采掘加工、建材、纺织服装）、培育壮大支柱产业（能源、化工、装备制造、农副产品精深加工、新能源）、突出抓好战略性新兴产业（新材料、生物医药、节能环保、数字经济）等12个产业的工作目标。加强与托里县、和布克赛尔蒙古自治县沟通对接并开展专题调研，提出两县工业经济发展思路、目标及措施。发展纺织服装产业，制定《塔城地区纺织服装等劳动密集型产业高质量发展实施方案（2021—2025年）》《塔城地区加快承接纺织服装等劳动密集型产业转移促进就业方案》。

【招商引资工作】 2022年，地区研究制定《2022年塔城地区工业领域招商项目册》，汇编233个各类项目，采取线上、线下等多种方式广泛宣传，为抓好招商引资奠定基础。根据资源禀赋和产业布局，梳理重点招商引资产业，对发展前景进行全面的分析，筛选出全国行业龙头企业，并进行汇总、图表化，制成产业链图谱提升招商引资专业化程度。注册开通“塔城工业招商”公众号进行宣传推介，在行署政府网增设“工业招商”专题版块，每天滚动推荐1个招商引资项目或推出1项政策解读。加强跑办，前往自治区发改委、工信厅推动和丰工业园区新疆凯盛大明光能科技有限公司超白基板及光伏玻璃生产建设项目与河北中洺复合材料公司硅基新材料项目。开展多种形式招商引资活动成果丰硕，线上与企业座谈8次，组建招商小分队5次赴全国其他地方招商共洽谈项目43个，签约项目6个，接待来访企业40家，落地重点项目4个［恒希特自动化科技（上海）有限公司、河南阳光电力建设有限公司、颐和实业有限公司、中青九州大健康产业集团有限公司］；促成华电新疆塔城风光火储多能互补基地2022年和布赛克尔县50万千瓦光伏发电、北京乾源源网荷储一体化等项目开工建设；依托和布克赛尔蒙古自治县煤炭资源优势，与陕西延长石油、新疆天业集团、航天科技集团3家国内知名企业在煤化工、新能源等领域达成合作意向。

【工业固定资产投资】 2022年，地区建立重点项目动态储备机制，指导和帮扶企业加快开展项目前期工作，推动储备项目尽快转化为在建项目，储备项目29个（500万元以上），计划总投资272.3亿元。提升地区工业技改项目管理水平，组织19人次参加自治区工信厅技术改造投资项目管理视频培训会。通过视频调度、一线调研、电话随访等形式，切实做好工业项目要素保障和协调服务。会同地区发展改革委开展中长期贷款项目申报工作，向自治区推荐工业投资项目4批52个，多渠道帮助企业解难题。2022年，全地区工业领域重点项目开工140个（500万元以上），完成投资93.1亿元，比上年增长64.2%。

【工业和信息化融合】 2022年，地区提升工业互联网企业安全水平，制定专项安全检查计划，开展重点清单企业网络安全、数据安全隐患排查工作和网络安全分类分级管理工作。提升信息化水平，推动和布克赛尔蒙古自治县全荣水泥数字改造和沙湾市东升煤矿智慧矿井项目实施生产经营数字化改造升级，推荐乌苏市农业大数据平台基础设施项目申报2022年自治区大数据产业发展试点示范项目。落实工信部5G应用“扬帆”行动计划，“塔城市人民医院5G+远程手术示教平台”成功入选自治区5G应用“扬帆”行动计划优秀案例名单，“沙湾市宝英煤矿空压机余热智能化回收项目”成功入选自治区企业数字化应用场景解决方案优秀案例名单。

【改善营商环境】 2022年，地区制定《关于进一步加大对中小企业纾困帮扶力度实施意见的落实方案》，加大助企纾困力度，减轻企业负担，帮助企业渡过难关。加大“专精特新”小巨人培育帮扶力度，累计认定国家级重点“小巨人”1家、国家级“小巨人”2家、自治区“专精特新”小巨人3家、自治区“专精特新”中小企业21家，参与创新型中小企业评价27家，建立“专精特新”中小企业培育库企业24家，实施梯次储备培育帮助企业，申请国家级专精特新“小巨人”企业奖励资金452.122万元，贯彻落实自治区《为“专精特新”中小企业办实事清单》和《关于进一步做好新疆供应链金融及金融支持“专精特新”等中小企业有关工作的通知》，为“专精特新”中小企业配备服务专员，精准提供各类服务。持续做好天然气产供储销体系建设，督促城燃企业签订上下游天然气供销合同88份。加快推进新疆钵施然智能农机股份有限公司上市改造，积极申请政策引导专项资金100万元。制定《塔城地区开展“一起益企”中小企业服务行动实施方案》，依托自治区级乌苏天山昭阳、乌苏骏合中小企业公共示范平台和塔城丝路创新创业基地带动，广泛开展“政策大讲堂”“服务面对面”等活动。争取2022年自治区中小企业发展专项资金161万元，帮助3个基地、2个平台进一步提升服务能力和水平，促进中小企业服务体系的建设。扎实推进清欠工作，制定《“稳定经济运行，减负在行动”2022年地区减轻企业负担工作实施方案》，召开调度会20余次，开展债务情况摸排5次，确认塔城地区防范和化解拖欠中小企业账款专项行动摸排线索1556件，涉及金额72260.15万元。截至年底，已偿还21862万元，清偿率为35.36%，超额完成30%目标任务。强化纺织服装企业协调服务，审核拨付50家企业产业专项补贴资金5486.29万元，摸底2022年纺织服装企业出疆运费、电费补贴需求共计7888.28万元，推荐9家企业申报2022年自治区纺织服装信贷风险补偿基金。

【工业绿色低碳转型】 2022年，地区提升工业绿色发展水平，和布克赛尔蒙古自治县宏达盐业、裕民天鼎红花油入选2021年度国家级绿色工厂，推荐托里招金北疆矿业申报2022年度绿色工厂，推荐中粮额敏糖业等企业获得自治区节能减排专项资金126万元。开展节能改造升级，完成9个项目能效水平和17家重点用能企业调查摸底。配合自治区节能监察总队开展建材行业企业专项节能监察工作。以“绿色低碳，节能先行”为主题，组织地区县两级工信局及重点企业负责人70余人参加节能宣传周活动，通过播放宣传标语、入企政策宣传及业务宣传贯彻培训等方式提升企业节能意识。

【技术创新转型升级】 2022年，地区加快技术改造转型升级，乌苏钵施然4MZD-3A自走式圆捆打包采棉机被认定为2022年自治区首台（套）产品，获得国家首台（套）重大技术装备保险补偿资金109万元，自治区战略性新兴产业专项资金35万元。乌苏北方新科浮动式球阀阀座密封结构获得自治区重点技术创新项目专项资金15万元；额敏隆惠源药业等3家企业甘草提取残渣综合利用等6个项目列入自治区技术创新项目指导计划。完成自治区认定企业技术中心2021年评价，地区8家企业技术中心全部通过评价。举办第七届“创客中国”新疆中小企业创新创业大赛塔城地区选拔赛，地区13家企业参赛，评选3家优秀企业参加自治区复赛。

【天然气利民工程】 2022年，地区督促地区国投完成“塔城地区天然气投资开发有限责任公司”的法人变更，并追加资本金1000万元，为项目推进提供资金支撑。协调接洽自治区发改委及项目评审中心，积极完善项目可研、社稳及选址意见等资料，于8月顺利自治区发改委项目核准。加大招商引资力度，加强与中石油天然气销售新疆分公司等意向企业的沟通交流，洽谈合资合作事宜，推进项目建设，与中石油天然气销售新疆分公司就依托新能源开发配比推进天然气利民工程进行接洽协商，形成合作框架协议意向稿。配合地区天然气投资开发有限公司，争取中央地方政府专项债券用于项目资本金（20%），为项目前期及建设提供资金支持和保障。会同自然资源、水利、生态环境等部门，跟进做好《规划选址论证报告》《水土保持方案》《环境影响评估报告》等9项前期专项报告评审相关工作，于10月完成初设线上招投标工作，中油（新疆）设计院取得初设标的，11月7日《塔城地区天然气利民工程环境影响报告书》通过自治区生态环境厅审查批复。

【巴克图标准厂房建设】 2022年，地区推进塔城重点开发开放试验区建设，根据地委、行署工作安排，地区工信局申请国家专项债券资金10.1亿元，新建26万平方米标准厂房及基础设施建设项目，配套三一重能、水电四局等一批新招引的重大项目落地建设。项目累计完成投资9.15亿元，其中2022年完成投资6.3亿元，进度达到90%，其中塔城地区交投承建的四标段项目，包括三一重能、水电四局等厂房主体已经完工，正在进行配套基础设施建设；塔城市国投承建的三标段项目，已正式交工；塔城地区国投、塔城地区城投分别承建的一标段、二标段项目正有序推进。

【行业安全生产】 2022年，地区制定印发《2022年塔城地区工信系统安全生产、消防、防灾减灾工作方案》《2022年塔城地区工信系统安全生产工作方案》《关于印发〈塔城地区工信系统消防安全大检查方案〉的通知》等文件，切实将工信系统安全生产工作落到实处。加强民爆行业监管，分析研判民爆行业安全风险，对发生火灾或爆炸事故、安全设施失效造成现场人员重伤和财产损失等2个风险点加强隐患排查治理，消除隐患，截至年底，检查民爆企业4次，立查立改隐患5处。加强工信系统自建房排查整治，制定并印发《塔城地区工信系统自建房安全专项整治工作方案》，指导县市开展自建房排查整治工作，针对全地区民爆、化工、有色、纺织行业领域进行摸排，累计排查建筑物898栋，其中自建房9栋，其中存在隐患的2栋（化工企业内），已督促企业整改。

（曹兵兵）

·石油化工业·

【概况】 2022年，塔城地区石油化工行业有工业企业4家。各油田企业生产原油341万吨，比上年减少0.8%；天然气7.68亿立方米，增长2.6%。完成全口径税收27亿元，比上年同期增加14.63亿元，增长超过1倍。

【油气勘探开发】 2022年，地区立足油地融合发展示范区建设，依规从简、容缺办理油田供地等手续，全力做好疫情期间油区热采锅炉燃煤供给、生活生产物资保供、人员及生产运行车辆通行保障等协调事宜，有效保证辖区内油气开发作业安全稳步推进。抢抓国际原油价格大幅攀升时机，积极支持石油企业扩能上产，油田企业进一步加大在玛湖、准噶尔南缘及阿拉德等区域的勘探开发力度，油气产量稳步提升。

【石化产业发展】 2022年，地区加快石化企业转型升级，支持新疆国经能源实施乌苏华泰、乌苏玉玺、克拉玛依新投康佳三厂联动技术升级改造，乌苏华泰石化正在推进二期整合工作，20万吨生物柴油和10万吨脂肪醇已立项，相关手续正在办理；康佳股份正在推进股权清退、回购及工艺升级改造工作；乌苏玉玺石化正在推进建设60万吨/年液化气深加工项目、1.5万/年稀硫酸提浓装置建设，项目完成后可为康佳股份、乌苏华泰提供配套服务工作。

（地区工信局）

·煤炭工业·

【煤矿安全】 2022年，塔城地区煤矿安全生产形势平稳，各类煤矿、洗（选）煤场未发生生产安全事故，连续3年未发生煤矿较大及以上事故，百万吨死亡率为零，低于全疆平均水平。

【监管执法】 2022年，塔城地区矿山安全监督管理部门检查煤矿287矿次，巡查长期停工停产煤矿82矿次，超额完成年度计划（215矿次）的33.49%。查处一般隐患1273处，已整改隐患1273处，整改率100%。做出行政处罚16次，累计罚款58.5万元。

【煤矿安全风险防范】 2022年，塔城地区制定《塔城地区贯彻落实煤矿重大安全风险预判防控措施实施方案》《塔城地区煤矿重大生产安全事

2022年12月12日，在巴克图口岸厂房及基础设施第三标段项目施工现场，工人在进行钢结构制作安装 （祁娜 摄）

故隐患检查方法》，指导辖区各煤矿企业开展风险管控，每月、每季度召开煤矿风险分析研判会，对煤矿企业重大灾害治理、安全监控系统、安全生产主体责任等方面进行风险分析研判会商，提前化解风险、消除事故隐患。全年累计梳理安全风险点66项，制定管控措施66条。聘请专家开展隐患排查治理，按照“分级负责、属地管理、行业部门监管”原则，突出对煤矿水、火、瓦斯、煤尘、顶板等重大灾害治理，确保煤矿安全生产形势稳定。开展明察暗访、巡查检查，督促企业加强安全防范；实施“一矿一策”，解决突出问题；抓住主要灾害，开展“一通三防”专项检查。

【煤矿安全生产责任落实】 2022年，塔城地区矿山安全监督管理部门严格落实安全监管责任，全面开展安全生产大排查、大整治工作，制定印发《关于进一步加强煤矿日常监管主体和包保责任切实消除监管盲区工作实施方案》，明确每处煤矿日常监管主体和包保责任人。加大关停矿井监管力度，严格落实打击已淘汰退出矿山死灰复燃等非法违法生产建设行为工作要求，研究制定《开展煤矿安全生产专项指导检查工作方案》。完成煤矿“电子封条”建设联网工作，符合安装条件的11处矿井已全部完成安装联网工作。不断推进煤矿企业主体责任落实，开展责任监察，抓住煤矿矿长等关键少数，约谈矿山企业管理人员4次，通过监察执法推动煤矿企业开展内部责任追究，调整“五职矿长”1人次，罚款8人次2.5万元。

【煤矿智能化信息化建设】 2022年，塔城地区矿山安全监督管理部门联合辖区各县市煤矿安全监管部门，强化煤矿智能化信息化工作引导。紧盯监控系统升级改造，加大验收抽查力度，对不符合验收标准的责令整改、重新组织验收。加快煤矿复合灾害监测预警系统项目建设，组织开展安全生产标准化动态达标检查，3处煤矿已通过自治区一级标准化矿井初验，2处矿井正在申报二级标准化矿井复审，其余正常生产矿井均达到二级标准化矿井。推进煤矿智能化建设，邀请西安科技大学对地区9处矿井智能化进行调研，形成地区智能化实施方案，地区所有生产煤矿均实现综采综掘，部分煤矿实现井下机器人巡检、中央变电所、水泵房无人值守等，充分发挥辖区内中央企业、国有企业“领头羊”作用，初步建成智能化采煤工作面煤矿1处，完成智能化采煤工作面成套设备安装煤矿1处。

【事故调查】 2022年，塔城地区未发生生产安全死亡事故，安全生产形势平稳，煤炭供需平衡。

【煤矿应急救援】 2022年，塔城地区矿山安全监管部门加强应急救援力量建设，提高应急救援能力。制定煤矿安全生产应急救援工作要点，部署应急救援各项工作。辖区4支专职矿山救护队通过自治区达标验收，督促和指导各矿山救援队进行开展应急救援专项演练35次，1130人次参与。组织培训专职矿山救护队指战员72人，督促煤矿企业完善应急预案，加强应急队伍建设，开展应急演练，提升应急处置能力和救援装备水平。

（张学智）

·新能源产业·

【概况】 2022年，塔城地区有发电企业26家，其中火电2家、光伏6家、水电9家、风电9家，上网电量85.98亿千瓦时，比上年下降2.4%；实现营业收入25.89亿元，上升14%。

【发电情况】 风电企业上网电量累计19.38亿千瓦时，上升8%；实现营业收入8.26亿元，上升12%。

光伏企业上网电量共3.23亿千瓦时，下降23%，实现营业收入2.08亿元，下降4.5%。

水电企业上网电量共3.61亿千瓦时，上升20%，实现营业收入0.78亿元，上升14.7%。

火电企业上网电量共59.76亿千瓦时，下降3.5%，实现营业收入14.77亿元，上升23%。

（地区工信局）

·黄金工业·

【概况】 2022年，塔城地区有黄金企业6家，其中规上企业3家（西部黄金、星塔矿业、招金北疆生产），行业工业增加值比上年下降9%，其中开采业下降14.3%，冶炼业下降7.7%。

【黄金产量】 2022年，塔城地区生产黄金2336.2千克，规模以上企业生产黄金2302.7千克，实现产值8.55亿元，规模以下企业生产黄金33.53千克，实现产值0.13万元。

（地区工信局）

·建材工业·

【概况】 2022年，塔城地区有建材企业25家，实现工业增加值比上年下降4.4%。受疫情影响订单量减少，产品销售不畅，造成大量货物积压，企业产值下降6.4%。

水泥行业有企业5家（和丰全荣、托里天盾、乌苏上峰、沙湾天山、额敏屯鑫），其中包括粉磨站2家，生产水泥321万吨，比上年上升

3.5%；产值6.91亿元，下降10%；销售水泥217.7万吨，下降6%。P42.5水泥均价310元/吨，下降3%；油井水泥549元/吨，上升17%。

重点板材企业12家，生产板材160.23万平方米，比上年下降1.6%，销售板材84.71万平方米，下降32.2%，实现产值11365.5万元，增长18.6%。

碎石企业2家，其中规模以上企业1家（新疆三联碎石有限责任公司）。完成碎石63万吨，比上年增长297.9%；销售31.01吨，实现产值3719.5万元，增长631.5%。

【生产发展】 2022年，地区落实水泥企业错峰生产工作，要求实行错峰生产的企业制定错峰生产计划进行上报。加大帮扶力度，做好服务跟踪调查，协调解决建材企业在生产经营过程中存在的困难及问题。为确保塔城地区重点开发开放试验区建设和地区重点项目施工水泥供应，地区工信局与自治区工信厅协调，根据供需情况，为全荣水泥有限责任公司延长水泥生产时间。

·纺织行业·

【概况】 2022年，塔城地区纺织服装企业完成工业增加值3676.1万元，比上年下降21%。纺织企业生产纱70432吨，下降29.6%；地毯1109吨，下降35.8%；生产服装10500件，增长4%；BCF膨体纱线2448吨，同比下降21%；生产粘胶短纤维28013吨，下降57%

【项目建设】 2022年，地区纺织服装企业开工项目8个，完成投资3.9亿元；吸纳就业4266人，新增就业523人。纺织工业实现营业收入16.12亿元，下降3.7%。受市场需求下降，产品价格倒挂等诸多因素影响，规模以上纺织企业产值同比下降3.9%。

（地区工信局）

2022年，乌苏市新润和纺织有限公司生产车间满负荷生产 （赵国印 摄）

·盐 业·

【概况】 2022年，塔城地区有盐业生产企业2家，生产盐182.87万吨，比上年下降19%（其中原盐179.93万吨、绿色盐2.94万吨）；销售盐172.6万吨、下降10%，产值3.28亿元、同比上升4%。

【市场监管】 2022年，地区市场监督管理局与地区工信局、地区卫健委积极联系，联合制定《塔城地区关于进一步加强食用盐市场监管的通知》《关于联合开展塔城地区食盐市场专项检查方案》，并结合了解掌握的情况制订初步联合督查方案，确保《食盐专营办法》《新疆维吾尔自治区盐业产销管理实施细则》有效落实。加强食用盐定点生产企业监督检查，对辖区内食盐生产企业追溯体系落实情况、生产销售记录开展监督检查。

加强食用盐销售环节监督管理，在辖区内食盐批发企业、超市商场、农村集贸市场、农村食盐销售网店以及宾馆饭店、机关学校食堂、建筑工地、食品生产企业等重点场所、重点环节开展拉网式的联

2022年，和布克赛尔蒙古自治县宏达盐业有限责任公司洗涤原盐 （何承强 摄）

合执法检查，重点检查食盐经营户销售和使用的食盐质量、标识是否符合国家标准，是否索证索票、是否索要检验合格证明等相关手续、进货渠道是否合法。对不符合标准的一律下架召回，严厉打击假冒伪劣食盐以及在食盐中掺杂掺假等违法行为。

·民爆工业·

【概况】 2022年，塔城地区有民爆企业3家，其中生产企业1家（停产），销售企业2家。

【行业管理】 2022年，地区民爆企业累计销售炸药1261吨，比上年下降27%；销售雷管26.98万发，下降36%，主营业收入2541万元，下降25%；膨化炸药14906.67元/吨，电子雷管4米25.4元/发，15米33.1元/发。按照国家民爆行业管理要求，民爆企业只减不增。

（李　丽）

电力工业

【电力保供】 2022年，塔城供电公司全面落实46项迎峰度夏措施，成功应对极端天气、负荷创历史新高叠加考验；积极应对今冬明春电力供需严峻形势，严格执行28项重点措施，坚持政企协同联动、源网荷协同发力，确保大电网可靠运行。圆满完成党的二十大等178项重点保电任务。

【服务试验区建设】 2022年，塔城供电公司定期走访开发开放试验区，及时掌握试验区建设和产业政策落地情况，精准编制配套电网规划。成立“1+N”专属服务团队，加快招商引资项目报装流速，投资619万元推动4家企业按期用电，先行发展区110千伏输变电工程纳入投资计划。

【安全生产管理】 2022年，塔城供电公司收官专项整治三年行动，整改问题隐患181项。开展“安全隐患大排查大整治”等工作，发现并整改问题584项。营造安全学习氛围，每日晨会开展安全警示教育、违章案例及严重违章防控措施学习，安全文化工程获全国电力行业安全文化优秀工程。优化“1+24”应急预案，修编748个岗位安全责任清单，4253件安全工器具线上管控，有序完成31座在运变电站电子围栏消缺，安全管理体系、手段进一步完善。检查作业现场4229个，查纠违章127起，创建无违章班组461次、无违章员工3002人次。安全文化工程获全国电力行业安全文化优秀工程，实现长周期安全运行5268天，安全管理体系及手段进一步完善。

【电网建设】 2022年，塔城供电公司推动塔额750千伏输变电工程纳规工作取得实质性进展。加强750千伏塔城—乌苏工程属地化协调，确保工程按计划开工建设。有序推进220千伏通古特等5项在建工程，投运察和特110千伏输变电等2项工程。按期建成农配网工程73项。开展配电网专题研究，形成网架提升方案50个。通古特220千伏变电站工程获现代智慧标杆工地称号。

【能源转型】 2022年，塔城供电公司开展塔城20万千瓦保障性风电项目布局研究，支持地区新能源发展，老风口风电等3项新能源汇集站220千伏送出工程建设有序推进；主动为区域内灵活性电源布局建言献策，配合政府加快2×66万千瓦火电及140万千瓦抽水蓄能项目落地，提升区域电网保供及系统调节能力。合理安排新能源送出通道检修计划、督促及时消除设备隐患，新能源累计消纳28.5亿千瓦时，利用率达97.22%。

2022年，塔城北四县一市新能源装机125万千瓦，占电源总装机的65.9%，10年来净增光伏装机39万千瓦，并网风电装机是2012年的2.83倍。清洁能源上网电量175亿千瓦时，新能源利用率由2016年最低值53.8%提升至97.22%。投资1.68亿元支撑190万千瓦新能源并网。推动托里2×66万千瓦煤电项目完成业主竞标、额敏140万千瓦抽水蓄能电站完成水规总院项目预可研审查。扎实推进“电化塔城”，累计报装电采暖1.76万户，供暖面积460万平方米，替代电量完成9.02亿千瓦时。

【优化营商环境】 2022年，塔城供电公司深化阳光业扩一站通平台应用，线上办电率超过99%，居民“刷脸办电”、企业“一证办电”全面实现，办电时长平均压降3个工作日。通过“三零”“三省”节约客户办电成本9336万元。积极开展“供电+能效”服务，为客户制定能效账单、节能方案1.1万个。

【创新创效】 2022年，塔城供电公司申报科技奖励11项，《电力物联网在智慧农业中关键技术研究与应用》成果获中国设备管理协会二等奖。授权专利18项，5项专利成果获双创中心推广，签署技术许可协议3份，经济效益突破30万元。“金具式防鸟伞罩”发明专利销售额突破2300万元。自治区职工创新优秀成果94项，管理创新成果获自治区奖项2项，QC成果获各层级奖项8项。

【电网发展】　2022年，塔城供电公司累计投资84.49亿元，新建35千伏及以上输电线路2447千米，新增变电容量146万千伏安，分别增长177%、53%，消除全疆最后一个三级电网风险，电网升级到750千伏时代；新建10千伏及以下线路1530千米，新增配变956台，完成农网改造升级、机井通电、稳边固边、脱贫攻坚等电网建设任务，户均容量达2.63千伏安，农网电压合格率99.818%，农网供电可靠率99.8317%，人民群众实现由“用上电”到“用好电”的转变。

【电网运行】　2022年，塔城供电公司实施1104项电网检修任务，完成220千伏城泉一线拉“V”塔改造等重大隐患治理，设备本质安全水平明显提升。专业化联合巡视发现并消除缺陷1298项，成功应对“11·26”极端天气，及时恢复受损设备线路，保障人民群众安全可靠供电。治理配网高跳线路22条、异常台区108个，安装缺失杆号牌9520个，整治“三线搭挂”线路89条，整改客户侧隐患3.5万处，持续提升配网安全运行水平。扎实开展配网“首台首段”治理，10千伏线路出口跳闸率比上年下降53.54%，典型经验在全疆推广。

（王胜利　孙　伟）

工业园区建设

【概况】　2022年，塔城地区有国家级园区1个：塔城市边境经济合作区，自治区级工业园区5个：乌苏工业园区、沙湾工业园区、和丰工业园区、额敏（兵地、辽阳）工业园区和托里工业园区（金港区），总规划面积235.62平方千米，累计开发面积50.46平方千米。2022年1—12月，塔城地区各园区入驻企业221家（其中规上企业53家），完成园区基础设施投入18.8亿元，入驻园区企业固定资产投资66.15亿元，园区企业工业总产值168.43亿元，工业增加值56.26亿元。塔城地区工业园区指导各园区申报2022年度自治区园区发展专项资金，在自治区900万元专项资金中争取到110万元资金支持，其中分配塔城市边合区70万元，和丰工业园区40万元。

【园区招商引资工作】　2022年，塔城地区工业园区共落实招商引资项目59个，投资总规模414.24亿元，到位资金49.25亿元，争取上级资金14.38亿元。

【园区安全生产专项整治】　2022年，塔城地区工业园区督促各园区严格对照自治区工业园区等功能区园区安全生产专项整治三年行动任务清单，做好2022年年底收官任务。积极与各园区沟通联络，收集档案资料，查缺补漏，做好考核档案整理工作。截至年底，地区各园区三年以来未发生过安全生产责任事故，在32项推进任务清单中，任务完成率为95.27%。协助各园区推进集约化可视化安全监管信息共享平台建设工作，积极与移动、联通、电信三大运营商对接，并赴额敏、沙湾、和丰、托里工业园区实地督导，协助各园区完善集约化可视化安全监管信息共享平台建设。

·塔城市边境经济合作区·

【概况】　2022年，塔城市边境经济合作区先行发展区实施项目33个，完成实物工程量30.1亿元，完成计划的100.33%；完成招商引资到位资金50.44亿元，完成计划的100.88%，累计入驻企业61家；边合区全年财政收入一般公共预算完成3701万元，完成计划的102.81%，其中税收收入完成3419万元，非税收入完成282万元。努力克服疫情不利影响，在巴克图口岸货物通关采用甩挂倒短倒装模式，全年累计出入境车辆34554辆次（含界桥交界车辆）比上年增长59.54%，进出口货物34.56万吨，增长64.91%，进出口贸易额142.47亿元，增长24.67%，主要出口果蔬、电商百货、机械、风电设备、车辆、鞋子、食品等。

【安全生产工作】　2022年，塔城市边境经济合作区坚定坚决贯彻新时代党的治疆方略、自治区党委决策部署和地委工作安排，落实好口岸“十位一体”工作机制，加强口岸施工工地的人员管理，常态化抓好安保、值带班等工作。疫情防控期间，积极协调保障施工工地1300余人生产生活物资，做到建设项目不停工。落实自治区安全生产会议精神，年初与企业签订安全生产目标管理责任书，明确各方责任。召开多次安全生产专题会议，安排部署安全生产工作。同时，联合地市相关执法部门多次对口岸区域工地全面开展安全生产专项检查，其中发现问题197个，整改187个，全年未发生较大安全生产事故。

【专项规划编制】　2022年，塔城

市边境经济合作区坚持以试验区建设总体规划为引领，加快推动先行发展区专项规划、详细规划编制，有序推进项目建设、产业发展。已相继完成《新疆塔城重点开发开放试验区先行发展区口岸启动区控制性详细规划》批前公示、《新疆塔城重点开发开放试验区先行发展区产业发展规划（2022—2030年）》编制，稳步推进先行发展区道路交通系统专项规划、管线综合专项规划项目设计，启动先行发展区道路、给水、排水、供热及低碳园区、智慧园区、电力专项等专项规划编制，完成先行发展区70平方千米1：500地形图测绘。

【重点项目建设】 2022年，塔城市边境经济合作区全力落实“每周一开工、每周一调度、每周一通报”、项目包联协调等机制，建立重点项目指导服务组，对续建、新建项目进度实时跟进，现场解决问题，全力推进先行发展区内三一重能风机叶片制造、新疆云尚新型建材、瑞鸿科技钢结构生产等33个重点项目建设。切实用好试验区支持政策，积极争取上级补助资金，有效缓解地区财政压力，2022年累计争取各类项目13个，到位资金14.96亿元。其中地方政府专项债券到位资金12亿元。

【土地要素保障】 2022年，塔城市边境经济合作区围绕先行发展区项目建设、产业发展，不断加大用地保障力度，开通用地报批业务“绿色通道”，配备审批管理账号，提升先行发展区土地供应保障能力和效率，完成6个批次，累计607.83公顷建设用地批复，涉及工业、物流仓储等用地。加快推进农用地征收补偿工作，积极开展先行发展区范围内涉及二工镇乌宗阿尕什村、齐巴尔拉尕什村面积约9平方千米农用地征收工作。

【优化营商环境】 2022年，塔城市边境经济合作区以打造“投资软环境最优地区”为目标，进一步细化工程建设项目审批事项代办帮办、政府投资工程招投标容缺受理等四项制度，将政府投资、一般社会投资项目审批时间进一步缩短至45天、36天以内。继续深化行政审批制度改革，制定印发试验区“区区合一”“多规合一”规划体系工作方案和先行发展区工程建设项目规划审批容缺服务预审预办制度、并联审批、“拿地即开工”、工业项目标准地出让“五证同发”等七个方案，进一步优化审批事项。在全疆率先开展企业注册大礼包服务模式。为入驻先行发展区10余家企业发放“塔礼包”，实现开办企业“零成本”。不断强化企业服务保障，通过定期召开政银企座谈会，解决企业困难30余件，协调金融机构与企业达成融资协议10件次，促进企业经济发展壮大。

【招商引资工作】 2022年，塔城市边境经济合作区按照“一个招商项目、一个团队服务、一套方案落实、一抓到底盯办”办法，做到重点招商线索紧盯不放、重点招商项目全程服务，全年代办帮办项目26个。成立招商引资工作专班，编制先行发展区招商项目册，依托驻点招商、援疆招商、会展招商、以商招商等方式，分别与河南商会、河北商会、湖北商会沟通对接，开展一线精准招商。积极参加第七届中国—亚欧博览会，组织三一重能、金风科技、闽商智能科技、巴克图投资有限公司等40家企业的40余种产品参会。围绕先行发展区“4+N”产业布局，推进精准招商，宣传和动员企业线上参与辽洽会、上海进博会等展会、辽洽会、进博会等国内大型国际展会6场次，助力企业开拓市场、抢抓订单。全年外出招商18次，接待恒希特、河南阳光电力、湖北商会、新疆平界、颐和实业、无锡中粮工科、银川闽商智能科技、中广核、中大门、东方电机、西部电网、湖南云冷冷链等到访企业160余家，达成初步合作意向20余家。

【对外开放平台申报建设】 2022年，塔城市边境经济合作区结合先行发展区建设发展，启动塔城综合保税区申报工作，已编制完成《新疆塔城综合保税区可行性研究报告》，规划建设宽、标轨铁路专用线和站台、综合服务区、海关查验区、保税物流仓储区，保税加工区和保税服务区，相关用地已纳入土地储备库。

【中哈边民互市复市】 2022年，塔城市边境经济合作区落实自治区、地区口岸经济发展工作部署，9月13日，边民互市创新应用边民互市贸易“手机App移动申报”方式，在全疆率先完成落地加工“整进整出”首单测试。结合实际，制定《巴克图中哈边民互市常态化疫情防控工作方案》和《巴克图中哈边民互市应急预案》，推动边民互市于11月18日正式复市运营，截至12月31日，利用“整进整出”模式，进口葵花籽和毛油700余吨，货值227万元。优先在塔城市组建边民合作社6家，完成进出口经营权备案及出口单位名录登记新办行政许可。积极宣传外国商品招商政策，动员外贸企业组织货源，伊马、元素、鑫飞、众海、锡伯图等外贸企业正在与国外企业对接货源工作。

（祁　娜）

·乌苏工业园区·

【概况】 2022年，乌苏工业园区有企业115家，其中规模以上企业29家。2022年1—12月，完成工业总产值105.01亿元，比上年增长23.5%，工业增加值39.39亿元，增长42.2%，其中规上企业完成工业总产值96.17亿元，增长25.5%；工业增加值38.09亿元，增长42.4%。

【招商引资和项目建设】 2022年，乌苏工业园区抢抓塔城重点开发开放试验区重大机遇，用足用活用好各类支持政策，建立招商引资和项目建设要素保障机制，从洽谈对接、手续办理、资金支持等方面给予全过程服务保障。开展精准招商、产业链招商、集群招商和以商招商，提振企业投资信心，有效促进招商引资和项目建设。2022年以来，完成招商引资项目28个，项目总投资135.7亿元，到位资金4.8亿元（其中续建项目11个，投资总规模5.9亿元，到位资金2.8亿元；新建项目17个，投资总规模132.9亿元，到位资金2亿元）。乌苏现代畜牧全产业园、绿色食品产业园、跨境电商产业园、纺织产业园等一批重点项目有序推进。抓紧策划项目集中开工，早动手、早开工，争取形成更多实物工作量。2022年园区实施重点工业项目20项，累计完成固定资产投资28.59亿元。积极主动为企业在手续办理、施工、工程竣工验收等环节给予技术指导，确保企业投资项目建设顺利开展，西区消防站项目的训练塔和室外附属工程建设已建设完成；恒通赛木科技园蒸汽管道和换热站项目的蒸汽管道施工已全部完成，换热设备已到现场；凯赛（乌苏）生物材料有限公司建设年产2万吨长链聚酰胺项目已完成设备采购，土建已施工完成，设备已到场正在安装；钵施然公司建造自走式棉花收获机研发及智能装配生产线项目设备已订购，土建部分完成；纺织服装产业园基础设施一期项目、绿色食品产业园基础设施一期项目、物流仓储基地建设项目EPC招标已完成，EPC施工和监理合同已签订，正在编制施工图设计文件，同时正在办理规划、审图等手续，现场临时用电用水已安装到位，完成场地平整。

【安全生产和环境保护】 2022年，乌苏工业园区认真开展“蓝天保卫战”“回头看”整改和地区环保督导整改任务，并根据“奎独乌”大气联防联控要求，配合市生态环境局执法大队开展不定期检查和督导，完成5家企业6台燃气锅炉低氮排放的改造任务，完成5家挥发性有机物排放企业自动在线监测设备的安装，凯赛导热油炉煤改气改造正在有序开展。严格落实安全生产目标管理责任制，夯实企业主体责任。对企业负责人、安全管理员培训达到全覆盖，定期开展安全隐患大排查。2022年以来召集重点企业安排部署安全生产工作4次；组织召开园区安全生产例会23次；集中观看《生命重于泰山》《应急时刻》《天然气使用注意事项》《自建房火灾警示教育片》《自然灾害警示教育片》等专题警示教育片19次。积极推进园区安全生产执法检查实行派驻机制。由市应急管理部门选派3名执法人员派驻园区管委会，长效常态对企业进行安全生产监督检查。积极参与市政府部门联合检查，2022年累计开展联合检查、派驻执法检查、各级大排查大整治专项行动共76次，检查企业130家次，发现安全隐患1098处，下发执法文书68份，督促整改提示单130份，安全生产工作提示单12份。扎实开展应急演练，稳步提升应急水平。及时对预案进行修订和完善，进一步提高预案的针对性和可行性。园区企业安全生产形势总体平稳，未发生安全生产事故。

【企业培育】 2022年，乌苏工业园区认真抓好经济运行分析、监测与预警，密切关注月度、季度经济运行态势，监测经济发展走势及变化趋势。加强对宏观经济形势的分析研究，深入开展调查研究，按月做好经济运行分析，及时发现企业在生产经营过程中出现的新情况、新问题，及时形成月度及季度经济运行分析通报，为决策提供依据。为全面提升园区核心竞争力，与市教科局合作举办科技创新专题培训班2期，着力推进高新技术产业稳步发展。先后2次深入科技型企业15家，重点对企业申报专利成果、高新技术企业认定、科小企业入库标准以及高新技术企业享受的税收优惠政策等进行现场指导，为做好申报高新技术企业、科小企业入库工作奠定扎实基础。配合市教科局积极开展科技活动周活动，组织17家单位参加，制作宣传版面20余块，推荐园区3家企业产品参展。2家企业正在开展申报高新技术企业的准备工作，2家中小微科小企业已入库。完成自治区高新区绩效考核评价材料的收集、汇总、编制和PPT制作、答辩等工作，争取2021年自治区高新技术产业开发区绩效评估奖补资金10万元。突出自主知识产权导向，全面落实专利申请扶持政策，激励企业发明创造的积极性，知识产权的创造、管理、保护和实施水平显著提高。2022年企业新申请专利22件，授权专利5件，全部为实用新型专利。园区企业拥有各类专利235件，其中发明专利37件，实用新型专利188件，外观设计专利10项。截至年底，园区拥有高新技术企业5家，自治区级工程技术中心2个，自治区级企业技术中心2个，自治区级“两化”融合示范企业8家，自治区产学研联合开发示范基地3个。健乌苏工业园区干部联系服务企业制度。每名干部联系13家企业，掌握企业底数和生产运行情况，及时了解企业生产运行情况，建立困难诉求台账，着力抓好企业原料进入、产品拉运、设备维修、生活物资保障、治病就医、员工返岗等困难的协调解决。2022年以来，共协调解决各类困难诉求230余件次。

【企业服务】 2022年，乌苏工业园区认真落实政府、园区双召集人制度和服务企业联席会议制度，积极参与并充分发挥行政服务中心、企业服务中心“两个中心”和“马上就办”“联审联批”两个办公室作用，进一步完善园区领导干部联系服务企业制度，全面梳理存量和增量企业现状，多措并举助推企业达产提速。今年以来，充分发挥“百局带百科、包百企、抓百项”工作机制作用，通过微信、QQ群、深入企业等多种方式，大力宣传中央、自治区和地区扶持企业发展政策；参加企业服务领导小组双召集人会议9次，协调解决招商引资、企业复工建设、项目补贴等困难问题32个；协助组织政银企对接会3次，为企业与金融机构之间搭建交流合作平台。

【中小企业创业园管理】 2022年，乌苏工业园区2022年对中小企业创业园内长期停产的12家企业共19栋标准厂房进行清退，具备承接新项目新企业入驻条件。积极督促新入驻的企业和续租企业及时缴纳2022年租金、物业费和保证金。2022年新入驻中小企业创业园企业6家，催促续租企业瑞辰实业、兴农地膜、斯诺尔照明、锦锐纺织等企业缴纳当年费用外，及时制订历年欠款还款计划。通知已签催款协议的企业上报续租厂房评审资料，并催促燕华钢结构、睿华起重、斯诺尔照明和美伦口罩等企业办理续租入住厂房手续。

·沙湾工业园区·

【经济运行】 截至12月，沙湾工业园区完成工业总产值43.59亿元，比上年下降1.7%。实现工业增加值6.02亿元，其中规模以上工业增加值5.9亿元。沙湾工业园区总就业人数4393人。

截至年底，2022年第一季度补贴申报10093867.49元，2022年第二季度补贴申10244159.97元已公示完成。第三季度补贴申报正在审核之中。帮助天泰纤维、信泰纺织、银鹰工贸三家公司完成重组，主动跑办自治区纺就办，帮助企业完成自治区纺织服装云平台备案工作，确保新企业继续享受纺织服装专项补贴资金，为企业持续发展提供助力。指导企业用好用足国务院出台的各项优惠政策，全力解决企业融资难问题。对接国投创益产业基金管理有限公司，提交合兴化工、鸿旭浩瑞、天舜众鑫等4家企业融资申请。

【招商引资工作】 2022年，沙湾工业园区始终把招商引资作为各项工作的重中之重，围绕发展壮大纺织服装产业和化工产业，积极寻找招商线索，主要领导亲自对接、积极推进。2022年以来，组织召开园区企业家座谈会1次，外出招商1次，邀请企业来沙考察洽谈33批110余人，对接洽谈项目32个，截至年底，新建企业投资项目11个，总投资18.825亿元，招商引资到位资金2.805亿元。计划开工项目7个，总投资5.2亿元。重点跟踪项目11个，计划总投资114.6亿元。

【固定资产投资】 2022年，沙湾工业园区加快推进三个纺织服装标准厂房项目和哈拉干德区污水资源化循环利用工程等续建项目建设。积极推进三个新建项目建设。帮助施工方解决人员和物流难题，保障哈拉干德供水扩建项目工程8000立方米清水池工程和金沟河区基础设施及功能性设施项目顺利施工，督促金沟河区工业污水处理厂项目加快施工图设计。截至12月底，园区完成政府类投资项目入统1.6亿元。继续完善基础设施项目储备库。针对园区基础设施存在的问题，结合今后发展需求，编制2023年基础设施建设项目5个，总投资1.8亿元。

【安全生产监管责任】 2022年，沙湾工业园区针对不同时段，适时召开“园区2022年安全生产暨消防安全工作会议”及节假日和重点时期安全生产专题会议，安排部署全年安全生产工作目标及阶段性重点任务。编制完成《园区安全生产风险评估报告》《安全生产事故总体应急预案》《园区安全生产风险分级管控和隐患排查治理双重预防体系及双控评估报告》《园区安全生产“一园一策”及“一企一策”汇编》等4项报告。深刻吸取湖南长沙自建房倒塌事故教训，全面排查园区内企业所有房屋安全性。共梳理摸排企业自建房64家次，发现房屋安全隐患4处，其中1处施工驻地长期停工，3处企业厂区已责令停工停产，下一步拟进行拆除处理。认真组织开展园区安全生产专项整治三年行动自评工作。研究制定评估方案，聚焦三年行动目标任务和重点措施，全面、客观评估三年来工作成效，深入分析问题不足，研究提出对策措施，扎实推进安全生产治理体系和治理能力现代化，确保安全生产专项整治三年行动如期完成。截至11月15日，共检查园区企业127家次，发现隐患342处，其中地区长效督查组检查企业7家次、反馈问题27个，已全部整改完成；园区管委会检查企业120家次、发现安全隐患315处，已整改完成273处，整改完成率为87%。

【环境保护监管责任】 2022年，沙湾工业园区制定园区中央环保督察反馈问题整改“回头看”和“举一反三”工作方案，召开中央环保督察反馈问题整改“回头看”和“举一反三”工作推进会2次。2022年，园区收到反馈第二轮中央环保督察信访案件4项，经核查，1项信访案件不属实，3项信访案件已整改完成并销号。

·和丰工业园区·

【经济运行】 1—12月份，和丰工业园区完成工业总产值12.34亿元，比上年增长27.6%，工业增加值累计完成9.36亿元，增长41.8%。新签订项目协议3项，落地项目1个。

【园区总体规划修编】 2022年，和丰工业园区为进一步完善园区产业结构，努力让园区产业定位更适合新时代发展要求，从2021年底以来，园区启动总体规划修编和产业规划修编工作，通过修编将原有的“四条产业链”调整为“六大产业板块”，分别是能源精细化工板块、战略性新兴产业板块、新材料和装备制造产业板块、物流仓储板块、中小企业产业板块和其他新业态新模式产业板块。两个规划都已经完成评审，同步开展的规划环评也已完成初稿编制。同时园区还启动安全风险评估、消防规划、地形图勘测等区域评估工作。这些工作的启动和开展，为园区的长远发展奠定了坚实的规划基础。

【园区基础设施建设】 2022年，和丰工业园区基础设施建设累计投入5000余万元。投资2100万元，完成中小产业园2条道路及供排水管网基础设施建设；启动实施工业园区标准厂房和配套基础设施建设项目，目前已累计投入3000余万元，完成围栏、厂房基础、办公用房基础等建设。同时规划启动园区铁路专用线、天然气入园、工业污水、生活污水二期、5G智慧园区等11个项目的前期工作，并积极申请各方资金，解决园区基础设施建设资金问题，园区基础建设和形象有质的飞越。

【园区产业发展】 2022年，和丰工业园区按照“一区两园”（即油区、和丰工业园、光伏产业园）的发展构思和“大园区”概念，依托2.67万公顷光伏产业园，紧紧抓住“低电价示范园区”和“增量配电业务改革试点”的有利政策机遇，着力将和丰工业园区打造成北疆“绿电洼地”。先后引进国网能源、华电福、北京乾源等企业落户园区，初步形成“源—网—荷—储”一体化的绿电发展产业链。总投资50亿元的华电新疆塔城风光火储多能互补基地2022年和布克赛尔蒙古自治县100万千瓦光伏发电项目，已开工建设，截至年底已完成投资13.6亿元；总投资15亿元的国网能源和丰煤电有限公司30万千瓦光伏发电项目，已开工建设，截至年底已完成投资6.7亿元；总投资100亿元的新疆和丰乾源智慧新能

2022年4月，和丰工业园区施工现场，工人们抓紧施工　（王婷　摄）

源科技有限公司2GW源网荷储项目，已开工建设，截至年底已完成投资2.6亿元。高起点规划、高标准建设中小企业产业园，发展绿色环保产业及大项目、大企业配套建材加工制造项目。其中新疆驰源环保科技有限公司年产10万吨车用尿素（一期）项目，正在进行试生产。新疆龙翔年产10万吨油田用压裂优质陶粒支撑剂及20万吨覆膜砂项目，计划投资3亿元，已完成各项前期手续办理，项目已开工建设。新疆禾丰源光电科技有限公司，投资建设4条半自动化生产线，年产光伏支架6万吨，已帮助协调解决厂房问题，设备正在安装中。依托当地丰富的石英砂矿产资源，大力发展硅基新材料产业项目。已签约引进总投资50亿元的江西裕阳瑞资产管理有限公司超薄微晶新材料项目、总投资20亿元的河北中洺复合材料公司年产30万吨工业硅项目，总投资24亿元的新疆凯盛大明光能科技有限公司490吨/日超白基板玻璃项目及两条1200吨/日光伏玻璃生产线项目。后期园区将持续跟进，全力做好协调服务工作，推动项目早日落地达效。

【招商引资和营商环境】 2022年，和丰工业园区紧紧围绕规划修编“六大产业板块”，与和布克赛尔县开展共同招商引资工作，组建5个招商专班，园区两位主要领导带两组分赴各地开展招商引资工作，设立京津冀等7个招商联络处，采取驻点招商、常态招商等多种招商模式。截至年底，已分赴北京、浙江等地开展招商引资，相关企业已分批次来县进行实地考察，并达成多项投资意向，签约项目8个，预计投资总额达300亿元，已有4个项目落地建设，全年投资将突破100亿元，其中新能源项目3个，装备制造类项目1个。深入贯彻落实“放管服”改革，对落户的招商项目实行全程协助代办审批制，避免中间环节出现梗阻、拖延现象，提升项目落地推进效率。对招商项目、在建项目实行挂钩包联服务，通过现场办公会、推进会、协调会、代办服务、限时办结等方式，为企业提供服务，着力打造亲和清的新型政商关系。

·额敏（兵地、辽阳）工业园区·

【经济运行】 2022年，额敏（兵地、辽阳）工业园区紧紧围绕年初确定的目标任务，抓招商、攻项目、优环境、强保障，经济发展呈现出稳中有进的良好局面。2022年1—12月实现工业总产值5.48亿元，实现工业增加值1.27亿元。

【招商引资工作】 2022年，额敏（兵地、辽阳）工业园区认真学习自治区、地区及额敏县招商引资相关优惠政策。自年初以来，联合额敏县试验分区招商，分7次前往乌鲁木齐、成都、重庆、佛山、绵阳、海口、深圳、山东等地开展招商及考察学习工作，实地拜访100余家企业及行业协会。接待170余家企业及行业协会到额敏县考察。洽谈面食品加工、肉制品加工、蛋液加工、中药材种植、饲料加工、油脂加工、装备制造业、电子产业园等50多个项目，取得一定成效。全年落实执行各类招商引资项目39个（新建项目34个，续建项目5个），投资总规模152.2亿元，到位资金20.42亿元（续建项目到位资金3.28亿元、新建项目到位17.14亿元），比上年增长53.39%。工业园区管委会签约项目3个（蛋液深加工项目、有机小麦加工项目、智能水表项目），落地项目3个，总投资达1亿元，签约率、落地率均达到100%。

【项目建设工作】 2022年，额敏（兵地、辽阳）工业园区在建项目7个，其中基础设施项目4个、仓储项目2个、环保类项目1个（园中园项目、供水管网项目、公安局业务用房项目、孵化园冷库项目、应急物资储备库项目、粮食储备库项目、空气监测自动站项目），续建项目1个（园中园项目），固定资产投资1.1亿元。谋划项目2个（污水处理厂项目、农产品加工产业园区项目），总投资1.3亿元。

【营商环境工作】 2022年，额敏（兵地、辽阳）工业园区转变理念，进一步树立园区对于企业，空气和氧气相互转换的服务理念（即企业发展正常无困难时，管理部门就要充当空气；企业生产发展遇到困难时，管理部门就要充分地释放氧气帮助企业解决困难）。全力解决营商环境“痛点”“堵点”“难点”问题，为企业提供贴心满意服务，全力帮助企业做好测绘、地勘、水保、可研、设计、立项等前期工作，确保企业成功落地。向企业宣传优惠政策，帮助企业增加竞争优势，降低企业生产成本，确保有力有序有效推进园区企业高标准建设、高质量发展。按期召开“政银企”座谈会，积极开展园区企业资金需求摸底调查，及时与银行对接，满足企业资金需求。

【服务保障工作】 2022年，额敏（兵地、辽阳）工业园区进一步树立园区对于企业，空气和氧气相互转换的服务理念，全力当好“保姆”，为项目从引进、落地、投产、见效等每个环节提供全程服务。今年以来，额敏粤和食品有限公司、辽阳亿宝软件开发有限公司等均落实专人专项负责、代办服务等模式，及时帮助企业解决场地、用工、落地手续等。入驻企业作用发挥明显，福润德等8家中小微企业入驻额敏县创业、就业（扶贫）孵化园发展，为300余人提供就业岗位，辐射带动就业2000余人。

·托里工业园区（金港区）·

【经济运行】 2022年，托里工业园区（金港区）基础设施已完成的有污水处理厂、工业固废填埋场等，园区其他基础设施：供排水、道路、电力、通信等，已申报政府债券资金项目，2022年申报政府专项债5000万元，实际到位资金4000万元，实施园区部分基础设施建设，其中新建园区道路8.75千米，给水管道9.35千米，排水管道2.42千米，因疫情原因，完成工程的80%，剩余工程预计2023年年底前完工。

【园区经济发展】 2022年，托里工业园区（金港区）正常运营企业一家，托里县凯峰新型建材有限公司年产40万立方米粉矿灰加气混凝土砌块项目。该项目一期投资3200万元。今年初再投资1000万元技改资金，产品由普通砌块砖升级为自保温砌块砖，单价由去年的300元/立方米提升至目前800元/立方米。全年工业总产值为3094万元，同比增长83.8%；该企业正在启动二期项目，计划投资2000万元，已完成场地平整及设备订购，预计2023年8月可建成投产。园区在建企业一家，托里县鑫宇商砼有限公司，投资3000万元，实施金港工业园区商砼站双180线建设项目，已投资2000万元，已完成生产设备及生产线的订购、平整场地等，预计明年5月底建成投产。

托里县中大镁业有限公司以蛇纹石为原料年产100万吨镁镍硅钴综合利用项目。一期投资预计15亿元，已签订框架协议，企业已取得采矿权，已完成修改以天然气为能源的可行性研究报告，正在编制项目环评，完善工业化实验和相关融资工作，双方成立项目推进小组，力争2023年开工建设。

中电投新疆能源化工集团托里有限责任公司国家电投塔城120万千瓦风电配套氢制氨项目，计划在园区投资20亿元建设制氢产能5.34万吨/年（额定制氢装机69000N立方米/时）+30万吨/年合成氨设施，已完成选址，正在办理可研、设计等前期手续，力争2023年开工建设，建设周期两年。

【工业经济运行】 2022年，托里工业园区（金港区）根据塔城地区工业经济发展领导小组办公室转发的关于印发《塔城地区工业经济运行调度会议工作机制》的通知要求，园区认真落实工业经济运行调度会工作机制，及时分析园区入驻企业工业经济运行态势，及时解决企业生产经营中存在的问题，为企业排忧解难，确保2022年度目标任务及时、全面、高质量完成。通过工作机制及时监测分析企业相关支撑指标、各行业重点企业经济运行情况，对照年度目标指数，重点时段实施点对点调度、日比日分析，以周保月、以月保季、以季保年，促进托里县工业经济高质量发展。园区正常运营企业一家，为托里县凯峰新型建材有限公司，截至2022年12月已完成工业总产值3094万元。

【基础设施建设】 2022年，托里工业园区（金港区）为进一步加大工业园区招商引资力度，发挥园区聚集效应，带动托县的经济发展，更好的服务入园企业，园区已申报基础设施建设项目，今年到位资金4000万元，新建园区部分道路和供排水建设工作，基础设施项目现阶段已完成工程量的80%。

【园区安全生产工作】 2022年，托里工业园区（金港区）按照《塔城地区安全生产专项整治三年行动计划》要求，托里县高度重视，切实加强组织领导，紧抓部署落实，强化隐患排查治理，扎实开展安全生产专项整治工作，确保托里工业园区安全生产形势持续稳定。对照32项《园区安全生产专项整治三年行动任务清单》，对标对表深入开展排查整治。建立健全企业全员对安全生产责任制意识，不断提升主要负责人依法履行安全生产主体责任的能力及加强全员安全生产防范意识；园区4月20日、5月12日及党的二十大期间分别对托里县凯峰新型建材有限公司进行安全生产、防灾减灾工作进行检查指导，对生产车间、配电室、操作间、消防安全等进行隐患检查，要求企业不定期对所有生产设施设备进行安全检查，做到发现隐患立即整改，确保安全生产工作有序进行。

（道努才仁）

交通运输·邮政·通信

公路运输

【概况】 2022年，交通运输局为切实解决好地区省道317、省道343PPP公路建设项目包金融风险、“半拉子”工程矛盾，5月11日，行署2022年第九次专员办公会议同意将上述两个项目包退出财政部PPP项目管理库，将省道225、省道317、省道343三条省道移交自治区交通运输厅实施。同时，争取车购税公路补助资金，减轻地方财政压力，2022年争取补助资金6.02亿元，极大地减轻地方财政压力，其中争取新建车购税农村公路补助资金2.51亿元；争取国道补助项目1个，补助资金3.51亿元。

【助力乡村振兴】 2022年，地区交通运输局借助交通行业从业资格培训优势，加大出租车、危险品从业人员培训工作，通过技能培训带动群众致富增收，举办客运、出租、货运以及危险品运输等各类从业人员培训班85期，培训3966人次，培训合格率达86.4%；为2人换发、3人新发内河船员适任证书、服务簿，办理船舶登记变更手续2艘。同时，做好劳动力转移工作，按照自治区有关文件要求，施工单位积极吸纳新疆籍和本地农村富余劳动力参与道路建设，拓宽就业渠道，提高致富门路。发挥行业优势，开展技能培训，拓宽群众就业渠道，增强致富能力。同时，进一步加快公路建设，继续加大新疆籍和塔城地区当地富余劳动力使用。

【污染防治工作】 2022年，地区交通运输局牢固树立“绿水青山就是金山银山”的发展理念，把绿色发展融入交通运输事业发展的全过程。优化交通运输结构，严格按照淘汰计划，做好老旧柴油货车淘汰更新工作，年内报废老旧柴油货车96辆，剩余363辆按计划分3年逐步报废；推广新能源汽车，全地区累计购置新能源公交车259辆，占比81.9%，极大地改变以往公交车噪声、大气污染状况，改善地区城市公交乘车环境。加大道路环保施工，新改建公路建设项目均按照节能和环评要求进行批复，在项目建设过程中，严格按照要求使用环保材料和保护生态环境。

【交通运输服务】 2022年，地区完成投资16.7亿元，完成年度固投任务的97%，其中国道335线2022年完成10.27亿元，完成年度任务的85.5%；农村公路2022年完成投资6.43亿元，完成年度任务的123%，完工里程486千米，完成年度任务的129%。加强运输组织调度，完成春运、国庆节、疫情期间等重要节点运输保障；全力整治行业不文明服务行为，2022年，处理“12328”转办城市客运投诉类、建议类、咨询类案件942起，答复率100%，满意率100%，进一步整治行业不文明行为。2022年，全地区完成货运量2007.088万吨、货物周转量210908.5429万吨千米，比上年分别增长11.32%、下降13.29%，有效畅通地区经济社会循环。

【交通执法】 2022年，地区交通运输局开展执法队伍素质能力提升行动，组织参加各类法治培训，开展执法评议工作，进一步提升执法人员执法能力和执法水平，协同公安交警部门采取整治与宣传治理相结合的方式，深入开展交通执法工作，有效遏制非法营运、超限超载行为，杜绝引发恶性交通事故。2022年，全地区排查重点货运源头企业121家，累计出动执法人员3562人次，出动车辆1506辆次，检查车辆6430辆次，查处非法营运、超限超载等各类行政案件725起，累计处罚102.355万元，对19辆重型货车、5家运输企业采取一超四罚联合惩戒措施，有力地打击违法违规营运、安全生产行为，切实维护行业发展利益，交通运输执法社会认可度、满意度显著提升。

（朱亮贵）

·公路管理·

【公路养护服务】　2022年，地区公路管理局完成39个路区段评定和划分，849.528千米公路、128座桥梁、1144道涵洞调查评价及系统录入工作，利用自动化检测车完成674.92千米沥青路面综合检测工作，为科学养护决策建立基础支撑。组建机械化沥青路面施工队伍和公路沿线设施修复工间，配置摊铺机、铣刨机、波形梁校正仪、热熔标线机等机械设备，开展集约化跨区域养护，工厂化大批量生产，集中处置3.4万平方米桥跳、沉陷、松散等大面积病害，施化标线1185平方米，制作各类反光膜标志728块。举办第八届公路养护管理技术交流研讨会，投入20万元对我拉力劳模创新工作室进行升级改造，形成融雪剂松动器、新一代扫雪车辅助驾驶系统等一批实用“五小”发明创新。

【示范路创建】　2022年，地区公路管理局为不断提升社会公众对美好出行的需要，巩固省道201线“科技养护”示范路，创建国道219线“畅安舒美”示范路，结合公路特点当地特色，形成7条国省干线“一路一景、一路一特色”公路养护示范格局，清扫路面4043万平方米，修补路面坑槽等病害1.05万平方米，清理桥涵975道（座）1615立方米，维护各类交通安全设施2302根1.8万米。将养护示范路深入融于交旅融合，服务公众出行，逐步形成“人在车中坐，车在景中行”的养护景观。

【应急保畅工作】　2022年，地区公路管理局推进玛依塔斯、老风口路段为重点的应急体系建设，建立科学高效的三级应急管理体系，科学布设防风雪执勤点和抢险机械设备，形成指令畅通、快速响应、协调联动的“1个中心、2个基地、7个值班点”应急抢险保障网络。围绕以“快速处置、保障畅通”为主题，开展交通公路钢桥架设等为内容的应急演练15次。出动人工990工日，抢险机械188台班，快速处置水毁塌方3次。出动抢险人员1.08万人次，机械2639.4台班，营救被困车辆281辆，司乘人员588人，累计清雪长度17525千米，清理路面积雪693.32万立方米，完成去冬今春防风雪保交通工作。

【收费服务】　2022年，地区公路管理局贯彻执行收费标准，严肃整顿收费秩序，落实差异化收费，做到“应征不漏、应免不征”，征收车辆通行费44.68万元，减免“绿色通道”车辆107辆0.34万元通行费。重大节假日期间，减免七座（含七座）以下小型客车5723辆11.44万元。持续开展“微笑新疆”提升服务质量专项活动和便民惠民服务，开展收费业务培训4次，提升停车区基础设施服务保障能力，加强对危化品车辆停放管理，做到专人全天候安全巡查。

【行业监管】　2022年，地区公路管理局积极开展养护管理、收费服务日常督导检查、服务指导工作。反馈日常检查问题通知单25次，季度反馈6次，冬季降雪、节假日开展监督检查7次，围绕《经营性公路行业管理监督评价方案》及相关规章制度、标准规范，对运营单位74名管理技术人员集中培训2次。指导运营单位完成2022年度国家公路网公路技术状况检测工作。通过以干代培的方式与当地交通运输综合执法部门共同办理许可事项，进一步熟悉行政许可程序，共同办理增设平交道口、穿越公路埋设管道等行政许可事项7次。

【出行服务】　2022年，地区公路管理局铺设80千米专用通信光缆，科学设置7块公路沿线信息板，开通玛依塔斯、老风口等5个防风雪值班10部便民服务电话，实行“7天24小时”服务模式，通过网站、短信、12345便民服务热线、公路演习信息板搭建出行服务体系，加强与气象、公安交警、交通运输综合执法等部门的沟通协调，及时掌握天气及预警信息，做到信息共享、整体联动。发布计划性阻断信息3次、突发性阻断信息80次、预警信息218次，第一时间为出行群众提供路况服务。

【理论引领】　2022年，地区公路管理局推进规范管理，搭建现代化养护制度体系，完成塔城公路管理局《日常养护管理办法及制度汇编》《公路养护应急预案汇编》

《公路应急养护管理手册》编制，完善养护管理顶层设计，形成“工作标准化、项目目标化、目标节点化、节点责任化”的规范化管理体系。完善养护管理标准，编制《日常养护管理手册》《养护工程管理手册》《信息化管理手册》《养护技术手册》，形成“体系顺畅、标准完善、监督有效”的养护管理和质量监管体系。规范桥涵养护管理，编制《公路桥涵养护管理手册》，形成“工作标准化、项目目标化、目标节点化、节点责任化”的桥涵养护标准化体系。

【公路路况质量】 2022年，地区完成省道201线K0—K20段大中修主体工程，进一步提升当地群众生活品质；完成国道335线、国道219线路面预防性养护工程，提高路面行车舒适度及感观效果；完成国道219线8座桥梁，省道201线3座桥梁实施预养护工作，确保桥涵始终保持健康状态，处置路面裂缝23.44万延米；省道201线K46—K64段路面预防性养护工程实现线上招投标，省道201线玛依塔斯防风雪抢险基地房屋建设项目完成31.1%，完成各县市“四好农村路”项目建设工程质量监督协调、指导服务。

（董　立）

·综合行政执法·

【概况】 2022年，自治区交通运输综合行政执法局塔城执法支队党委按照自治区交通运输厅、交通运输综合行政执法局重点目标任务及“三五五”工作机制要求，坚持以“执法提升年”为契机，紧紧围绕“执法规范化”和执法队伍素质提升这条主线，结合基层党建质量提升工作要求，重点抓好“三个聚焦”，落实“两个加强”，努力实现“三个提升”的工作思路，不断强化基层党组织建设，夯实行政执法基础，扎实推进“四基四化”建设，全面提高社会公信度和群众满意度，各项工作得到有序推进。

【路域环境整治】 2022年，塔城执法支队组织开展公路路域环境专项整治行动，制定并严格执行塔城执法支队公路巡查管理办法，采取日常（联合）巡查、专项督查、定点检查、重点区域严查等方式加大路政执法力度，打击各种侵占、破坏公路的违法行为。2022年依法治理涉路设施347处（块），其中依法治理非公路标志7块、平交道口1处、建立合法性档案或依法拆除公路控制区内建筑物、地面构筑物1处，公路用地、建筑控制区内埋设、架设管线338处，需要整治6处（块），路域环境整治率为99.8%。

【路警联合治超】 2022年，塔城执法支队深化路警联勤联动，健全完善治理车辆超限超载长效机制，开展路警联合超限超载治理投入执法人次2652人次（路政部门1402人次，交警部门1250人次），执法车次1332车次（路政部门701车次，交警部门631车次），检测车辆30272辆，查处违法超限运输车辆484辆（路政部门查处0辆，路警联合查处484辆），路政部门卸载、分流、转运货物6183.04吨；累计罚款21.39万元（路政部门罚款0元，交警部门罚款金额21.39万元），交警部门计1148分。

【治超工作改革】 2022年，塔城执法支队努力构建兵地公路治超执法体系，强化兵地治超融合协作，及时互通治超信息，建立与新疆生产建设兵团第九师交警支队、交通运输综合行政执法支队、塔城地区交通运输局、公安交警支队、公路管理局、新疆交投公司塔城分公司、新疆交建盛塔项目管理有限公司的联动机制。2022年累计召开联席会议6次，运输企业专题会议1次。依法做好公路减速丘安全隐患排查及处置工作。经排查，塔城执法支队所辖路段累计有12处减速丘（除公安检查站外），及时与塔城市公安局交警大队、塔城市住建局和托里县公安局、托里县交警大队、托里公路分局对接沟通，投入执法车辆6车次，执法人员22人次，于5月30日将辖区减速丘全部拆除完毕。

【维护路产路权】 2022年，塔城执法支队依法保护路产、维护路权，依法查处、办理各类路政执法案件42起，收缴公路赔（补）偿费166875.3元，收取行政处罚金额5920元，合计172795.3元。其中损坏路产、侵占路权的行政处罚案件21起，结案21起，罚款5920元；受理路政行政许可10起，已办结9起，收缴占用公路、造成公路损坏补偿费93687.5元；路损赔偿案件11起，结案10起，应收缴路损赔偿费7.4395万元，实际收缴赔偿费7.2435万元，路损追偿率94%。

【安全生产工作】 2022年，塔城执法支队牢固树立底线思维，夯实安全风险防控基础。以消防安全宣传“五进”为抓手，组织开展“三清”活动，深入排查安全风险隐患，着力抓好安全生产和专项整治三年行动集中攻坚整治工作。进一步加大排查治理桥梁立柱、护栏端头等立面标记缺损等风险隐患。排查督促整改公路安全隐患135处；参与自然灾害救援1次，救援3人，救援车辆2辆；配合公路养护、交警部门疏导交通4次。

【创新工作模式】 2022年，塔城执法支队积极探索创新，不断完善公路日常巡查。6月，支队正式启用由执法人员自主编写的WPS程序进行日常巡查记录，此程序运行无需网络，对时间、点位记录精准，巡查图片可实时插入，并自动统计当日巡查总里程，确保巡查记录的真实性、完整性。组织开展专题培训2次，参训人员30余人次。9月，研究制定《自治区交通运输综合行政执法局塔城执法支队徒步巡查专项行动实施方案》，探索建立徒步巡查模式，弥补机动巡查的盲区，及时发现和解决问题，确保“路上能看见、问题能发现、处置能及时”，推动辖区道路巡查管理模式由机动巡查粗放式管理向精细化管理的转变，逐步打通国省道精细化管理“最后一米”。

【执法规范化建设】 2022年，塔城执法支队聚焦行政执法源头、过程和结果三个关键环节，全面推行“三项制度”，严格执行“双签三审”制度，组织行政执法案卷评查3次，进一步提升严格规范公正文明执法水平，依托线上学习平台开展学法活动，不断加强交通运输行政执法相关法律法规学习。

（胡 芮）

塔城机场

【概况】 2022年，塔城机场有南方航空、天津航空、华夏航司三家公司运营，执飞航线累计4条（乌鲁木齐—塔城往返；伊宁—塔城—阿克苏往返；库尔勒—塔城—阿勒泰；沈阳—塔城），通航城市达7个。

2022年，塔城机场累计保障各类飞行28657架次，其中运输航班1842架次（其中正班1774架次、补班30架次、包机27架次、调机9架次、返航2架次）、训练飞行26777架次（其中本场26581架次，转场196架次）、校验飞行26架次、军航12架次。航班正常率94.06%，放行率98.24%，保障旅客吞吐量94670人次，货邮吞吐量10.01吨，比上年增长-20.04%、-29.35%，16.77%。

2022年，塔城机场运输服务等级事故次数0，航班放行正常率98.24%，旅客满意率95.7%，航空公司满意率99.45%，机场集团客户投诉率万分之0.11，客户投诉改进率98%，客户投诉回复率100%，行李差错率0件，货物运输差错率0票，自助值机使用率25.07%，人员持证上岗率和服务培训率达到100%，全年根据机场的《大面积航班不正常应急处置预案》组织桌面演练开展2次。

2022年，塔城机场未发生飞行事故、空防事故、航空地面事故、职责范围内火灾事故、道路交通事故，圆满完成春运、两会、党的二十大、医疗援助包机等重要航班保障和各节假日及重要时段的航班安全保障任务。

【机场安全管理】 2022年，塔城机场完善安全监督管理体系，制订《塔城机场2022年安全监督检查计划》，结合隐患排查日开展隐患排查42次，查出问题326项，已全部完成整改，整改率100%。开展机场全面法定自查2次，查出问题23项，已全部完成整改。完善安全作风和诚信建设体系。落实民航局、管理局和机场集团作风建设工作要求，制定《塔城机场安全从业人员工作作风长效机制建设指南实施方案》，由安全管理部牵头，组织各部门对照负面清单开展自查，加强日常作风建设和诚信评价，各部门每月开展作风评价，建立机场和部门两级作风建设评价库，明确评价认定程序，加强日常诚信监测。开展内部公示作风评价10次，每季度通报一次评价结果，累计通报3次。不断提高安全培训与教育质量。结合疫情防控与机场运营形势，根据集团工作安排，塔城机

塔城机场外景（2022年摄） （塔城机场 供稿）

场根据《塔城机场2022年安全培训计划》及各部门安全与业务培训计划，通过腾讯会议、UMU、云端学习等App组织线上培训，安全管理部也通过抽查监督的形式开展培训工作。截至10月，塔城机场开展安全培训10次26个内容。持续开展安全宣传“五进”及“三个敬畏”宣传贯彻工作。积极参与集团组织的主题宣传贯彻活动，开展“防震减灾宣传日”“国家安全日”“世界气象日”等安全专项宣教活动，组织安全知识进学校、进乡村、进驻场单位等活动。

定期开展安全评估工作。根据《新疆机场（集团）公司机场运行安全评估工作管理办法》，制定2022年度评估实施方案，明确10项评估的依据、目的、项目、内容、评估组人员和评估时限等，截至10月已全部完成FOD评估、安全管理体系评估、运行安全评估、飞行区状况评估、目视助航设施评估、机坪风险防范评估、机场使用手册评估、道面状况评估和鸟击防范及野生动物防治评估工作。

【安全专项行动】 2022年，塔城机场针对北疆季节和机场粉红椋鸟迁徙聚集等鸟情特点，积极开展鸟情调研工作；坚持航前、航后的巡场驱鸟作业，扩大鸟情巡视范围，以机场为中心，对周围5千米内进行巡视检查，确保无大量鸟群聚集筑巢影响飞行安全；积极向周边村民、木材厂宣传鸟害防治工作的重要性，严控鸟击航空器事件的发生。对标新版《飞行区技术标准》，开展飞行区整治。对照新版《飞行区技术标准》开展对标自查，累计排查不符合项15条，已全部完成整改；开展飞行区跑道升降带和端安全地区土质地带平整碾压工作及密实度检测工作，平整碾压面积约153330平方米，人工回填平整道肩相邻土面区约1700平方米；开展飞行区FOD整治，清理土面区、跑道、联络道、机坪和新航站楼周边泡沫箱、施工垃圾、塑料袋、石块、鸟类尸体、铁丝、水泥块等；对机场防洪渠淤泥、垃圾进行全面整治；为降低雨雪冻融、反水对跑道的损伤，机场开展跑道雾封层施工，完成机坪部分嵌缝料失效修补工作。开展机坪设备安全专项整治。塔城机场按照机坪设备安全专项整治工作要求，制定整治和排查方案，对地面车辆和其他设施设备、机坪工作人员资质进行排查；开展急停廊桥测试，梳理完善廊桥故障特情处置措施，有效防控廊桥刮碰航空器的风险。开展供电专项排查整治。成立供电排查专项领导小组，制定专项排查方案，针对“1·30”事件开展警示教育，从柴油发电机、设施设备、应急、高压线路、设备技术档案供电设备、供电监控系统、供电应急管理、备用柴油发电机等方面开展隐患排查，检查出9项问题，全部完成整改。持续完善“十五条硬措施”落实措施。塔城机场结合国务院安全生产15条硬措施和机场集团细化51项要求，细化分解成为103项任务，将责任落实到各部门，逐条开展对标、对表落实工作。

【空防安全防范】 2022年，塔城机场坚持贯彻落实新疆机场集团各类安保会议精神，遵循“预防为主，综合治理，谁主管，谁负责”的指导原则，坚持从人防、物防、技防、整章建制等方面入手筑牢空防安保工作基础。

（张建波）

邮　政

·邮政公司·

【概况】 2022年，地区邮政分公司下辖乌苏、沙湾、额敏、城区、托里、和布克赛尔、裕民七个县市分公司。全员劳动生产率28.57万元，比上年同期增加2.41万元，增幅为9.2%。有123处营业场所，均为自办；33个金融网点，ATM机11台、CRS机33台、ITM机32台；现有边防邮路5条、支线邮路3条、乡邮邮路25条、市内转趟邮路28条，邮路总里程约5600千米。

2022年，地区实现业务收入12842万元，比上年下降1.4%，收入规模排名地区第8位。组织开展“三杯”“三先”劳动竞赛活动，对优秀单位及员工进行表彰奖励。开展“比学赶帮超”活动，做到“后进赶先进，中间争先进，先进更先进”，持续开展红蓝榜评比。

【业务发展情况】 2022年，地区邮政分公司金融业务收入比上年增长9.54%。金融总量65.34亿元，新增5.2亿元。储蓄余额规模55.76亿元，新增5.65亿元，列全地区第6位；全地区金融机构年新增余额84.94亿元，代理金融年新增占有率为6.66%，列全地区金融机构第7位；余额整体规模市场占有率8.31%，减少0.24%，整体余额规模少增1.6亿元；五大行居民存款规模达244.83亿元，代理金融相对市场占有率22.77%，提升3.88%。五大行年新增41.94亿元，邮政相对新增市场占有率13.48%。

2022年，地区寄递业务量比上年下降17.88万件，收入下降29%。

集邮文传业务稳定发展，以党的二十大召开为契机，销售、发行系列图书2896册，集邮业务收入比上年增长17.69%，函件业务收入下降11%。农产品进城取得成效，实现农产品交易额156.29万元，增长38.76%；“社区+社群”营销场景建设取得突破，开展社区团购106场；站点赋能和批销大单品打造取得进展，建成活跃站点152个、优质站点15个；网点转型发展有效赋能，全地区四类转型网点123个，覆盖率为100%，点均叠加业务11项；已建成烟草零售网点3处。

【三级物流体系建设】 2022年，地区邮政分公司以县、乡、村三级网点、邮路优势，积极向地方政府汇报，争取优惠政策，将邮政公司作为推进快递进村工作的主渠道，通过县级共配中心建设、邮快合作推进，逐步完善农村三级物流体系建设，打通“工业品下乡，农产品进城”的瓶颈，积极响应乡村振兴决策部署，融入乡村经济发展，为农村电商和消费者提供便捷的快递服务。新建额敏县、乌苏市、沙湾市县级供配中心，完成额敏县全地区示范县目标，乌苏市、托里县获得自治区商务厅三级物流体系建设专项奖补资金120万元。662个行政村中通过“邮快合作”方式实现“快递进村”608个，覆盖率达到91.84%，进村邮件50.63万件。

【服务质量提质达标】 2022年，地区邮政分公司严格按照“七确保、两提升、三强化”普服任务目标，明确责任，清单销号式推进工作。条码平信信息断点率、给据邮件信息断点率（剔除疫情因素）、投递外勤关键点城市扫描率、建制村直接通邮频次周三班、乡镇普服网点覆盖率、普服网点营业时间达标率、普邮全程时限同城互寄等指标均已达标；乌苏、沙湾《人民日报》当日见报，塔城、额敏、托里、裕民《塔城日报》当日见报。

【寄递服务提升】 2022年，地区邮政分公司开展“邮件丢损专项治理活动”，以“丢损更少”为目标，严格执行“九确保、九严禁”生产作业规范，邮件丢损问题得到有效治理；开展“普邮邮件信息断点率指标达标”专项整治活动，落实“三个不放过”原则，坚持源头治理；制定《塔城地区分公司开展特快专递邮件投递质量提升季活动的通知》，切实解决特快专递邮件投递服务痛点、难点、焦点问题，全面提升服务质量和改善客户体验；11183投诉工单一次性解决率93.20%，已达标。直派转关联工单及时有效反馈率95.51%，已达标。参与疫情防控和民生物资运输配送，累计投递高考录取通知书1.03万件、运送防疫物资4吨、配送生活物资7万单。

（孙亚青）

·邮政管理·

【概况】 2022年1—12月，塔城地区邮政行业寄递业务量累计完成489.10万件，比上年增长0.49%。邮政行业业务收入（不包括邮政储蓄银行直接营业收入）累计完成18443.31万元，增长1.21%。

【文明创建工作】 2022年，塔城地区邮政管理局制定精神文明创建活动方案，积极开展创建活动。开展快递从业人员关爱活动，建成76家“快递小哥爱心驿站”，进一步完善服务功能，逐步在全地区服务范围全覆盖。积极开展行业先进典型推荐工作，塔城市中通快递服务有限公司总经理梅红、中国邮政集团有限公司塔城地区分公司寄递事业部投递员郭海军获“塔城地区劳动模范”称号，中国邮政集团有限公司塔城地区分公司寄递事业部投递员常亚斋获全国五一劳动奖章。12月，中国邮政集团有限公司塔城地区分公司投递员郭海军、中国邮政集团有限塔城地区分公司光明路支局分别被地区授予“开发建设塔城奖章”和“塔城地区工人先锋号”称号。中国邮政集团有限公司新疆额敏县分公司朝阳支局、新疆顺丰速运有限公司塔城分公司分别获“塔城地区青年文明号”称号。

【行业发展】 2022年，塔城地区邮政管理局印发《塔城地区交通领域财政事权和支出责任事项划分改革实施方案》，明确将邮政领域纳入地方财政事权和支出责任，为行业后续发展争取地方党委政府政策和各项支持奠定基础。印发《塔城地区加快农村寄递物流体系建设工作方案》《关于巩固提升“快递进村”工程工作提示函》等文件，推进邮快合作促进快递进村工程。截至2022年年底，地区69个乡镇662个建制行政村按照“六有标准”建设村级邮政快递服务站，已基本实现“快递进村”全覆盖，邮政企业代投快件量50.64万件、农村邮件快件投递量53.341万件。持续推进绿色邮政发展，切实增强行业绿色发展能力。截至2022年年底，塔城辖区各企业采购使用符合标准的包装材料应用比例达95%，规范封装操作比例达到92%，可循环快递箱（盒）使用量0.057万个，回收复用瓦楞纸箱11.71万个，新能源或清洁能源汽车8辆。

【监管与服务】 2022年，塔城地区邮政管理局认真把好辖区内申请快递业务经营许可准入关，狠抓企业规范经营，加强行业监督检查。全年下发整改通知书18份，行政处罚立案案件12件，处罚金额9.1万元。落实减税降费政策，积极协调帮助企业享受税费减免政策，积极争取资金支持，辖区企业累计获得减税降费资金771.52万元。

【安全生产】 2022年，塔城地区邮政管理局狠抓企业安全生产主体责任的落实，制定《塔城地区邮政管理局2022年安全生产工作要点》，严格按照《塔城地区邮政业强化落实企业安全生产主体责任实施办法》《塔城地区邮政快递业安全生产专项整治三年行动实施方案》《塔城地区消防安全专项整治三年行动实施方案》，督促辖区企业全面落实企业安全生产责任。深入开展地区邮政快递业自建房安全风险排查整治工作，按照最高人民检察院“七号检察建议”要求，制定印发《塔城地区寄递渠道安全管理“三项制度”专项整治实施方案》，对辖区内1家企业安全设备使用不符合行业标准进行立案处罚，充分发挥典型案例警示教育作用。多举措保障党的二十大期间和冬奥会等重要时间节点地区寄递渠道安全服务工作。进一步明确职责分工，细化责任措施，通过线上和线下检查方式，完成寄递渠道安全服务保障各项工作任务。

【快递员群体合法权益保障】 2022年，塔城地区邮政管理局落实“快递员关心关爱”工程，持续深入开展“暖蜂行动”，联合地区社保局、地区交通运输局、地区工信局等部门印发《关于做好基层快递网点优先参加工伤保险工作的通知》《关于做好快递员群体合法权益保障工作的实施方案》，加强部门间数据共享，敦促寄递企业对基层快递网点快递员参加工伤保险，实现应保尽保。组织开展快递从业人员职业技能培训和职称评审工作，截至2022年年底，410名从业人员通过线上线下多种形式开展培训，6名从业人员通过职称评审。地区邮政快递行业786人申请留工培训补贴费用合计39.3万元。加强消费者申诉处理能力建设，切实维护用户权益，1—12月，通过国家邮政局申诉网、“12345”政务服务热线、“12305”消费者申诉热线、地区邮政管理局投（申）公示电话等渠道累计受理投（申）诉案件61件，为消费者挽回经济损失31411.6元，消费者满意度100%。

（李　强）

通　信

·中国电信塔城分公司·

【概况】 2022年，中国电信塔城分公司以习近平新时代中国特色社会主义思想为指导，深入学习贯彻党的二十大、第三次中央新疆工作座谈会精神，贯彻落实新疆公司年度工作会议部署，坚持稳中求进工作总基调，积极服务和融入新发展格局，统筹发展和安全，以客户为中心，以双轮驱动规模发展，以深化企业改革为抓手，以提升四大能力建设为基点，以落实五个“强化”为保障，全面实施云改数转战略，以“两抓两严”的工作作风狠抓五项重点工作，聚焦“131”经营工作主线，统一思想，团结带领全体干部员工坚定信心、努力奋斗。2022年，公司完成收入3.7亿元。

【维护网信安全】 2022年，中国电信塔城分公司以“新基建”为引擎，聚焦本地云池、5G专网、千兆覆盖区域，开展网络建设和运营提质工作，助推网络高质量发展，累计投入建设资金6176.13万元。完成本地4000核云池搭建，为后期本地私有云业务拓展奠定基础。全年建设5G基站193套，100%交付运营，完成属地化UPF部署，有力支撑国家电网5G定制网稳定运行。以“三千兆”为引领支撑业务发展，全地区千兆PON口累计到达8457个，千兆PON口平均承载千兆用户数达2.6个，更多群众享受三千兆智慧生活。

【客户服务工作】 2022年，中国电信塔城分公司践行以人民为中心的服务思想，按季度分析综合满意度测评结果，围绕四个方面、六个维度开展满意服务升级行动。以客户为中心、以问题为导向，开展不知情开通办理业务、承诺未兑现热难点问题专项整治，严抓侵害、漠视群众利益等违反服务红线、底线不规范行为，提感知、降投诉。公众综合满意度领先值2.66，行业第一，服务能力进一步提升。

持续坚持极致融合，推动高质量发展2022年，中国电信塔城分公司作为党领导下完成政治任务的经济组织，中国电信塔城分公司坚持稳中求进工作总基调，推动高质量发展。以智慧家庭、千兆引领为主线，通过“产品+服务”的极致融合，以多元化的“应用+权益”打造智慧家庭生态圈。

【助力地区疫情防控工作】 2022

年，中国电信塔城分公司累计投资748.57万元，组织技术人员支撑120余人次，承建塔城地区疫情防控智慧服务平台本地化部署，加装服务器21台、防火墙2台、安全防护及抗DDOS攻击防护服务产品，建设“八项监测预警机制”指挥调度中心，完成智慧服务平台41轮定制化开发升级工作、“健康塔城”小程序的搭建及27轮定制化开发升级工作。

【山花节通信保障】 2022年5月15日，以“花样裕民·富裕民间”为主题的第十六届新疆塔城裕民山花节在裕民县开幕，活动期间多个融媒体平台对活动进行现场直播，中国电信作为活动的通信保障单位为活动现场提供稳定网络环境，与数万网友一起“云”游山花节。活动当天，现场5G网络畅通，满足在场人员的网络需求，直播后台进行实时监测，画面正常无卡顿情况，直播累计吸引4.1万人次观看。

（徐晓燕）

·中国移动通信集团新疆有限公司塔城地区分公司·

【概况】 2022年，中国移动通信集团新疆有限公司塔城地区分公司全面落实地委、行署和新疆移动公司的工作要求，团结带领全体干部职工坚定谋发展、强改革，持续夯实网络基础、创新服务理念、以客户为中心聚焦信息化建设，为地区信息化发展助力。全年通信服务收入4.78亿元，比上年增长4.7%，为地区税收贡献1900万元。

【5G建设工作】 2022年，中国移动通信集团新疆有限公司塔城地区分公司大力推进5G建设，将5G建设及应用工作作为一把手工作来抓，累计投入资金1.64亿元。2022年新建5G基站数量474个，比上年增长86%，塔城地区及县城已实现5G网络100%覆盖，各乡镇团场主要区域已实现95%覆盖，5G规模优势、覆盖优势进一步扩大。

2022年9月，中国移动通信集团新疆有限公司塔城地区分公司开展5G基站优化工作 （杨喜喜 摄）

【安全生产】 2022年，中国移动通信集团新疆有限公司塔城地区分公司严格落实安全生产主体责任，时刻绷紧安全意识底线，发挥优势、整合资源，建设可扩展、技术领先的应急指挥系统，实现全地区危化品企业100%接入。

【助力乡村振兴】 2022年，中国移动通信集团新疆有限公司塔城地区分公司积极发挥行业优势，打造智慧村社区管理平台，以信息化助力乡村振兴，签约数字乡村700余个，渗透率75%，打造示范村500余个，为1.4万户老百姓筑起“数智监控”安全网；深入推进电信普遍服务，打破偏远地区信息壁垒，为大山、边境线上的居民们架起“信息高速”，为脱贫攻坚提供信息网络的有力支撑。

【客户服务】 2022年，中国移动通信集团新疆有限公司塔城地区分公司积极践行以人民为中心理念，累计服务人数55万人，服务宽带客户数26万户。为企事业单位服务百万级项目10余个。同时塔城移动严格落实中央提速降费政策，为近3万户中小微纾困，累计减免费用500余万元。协助自治区重大项目复工4次，独库公路开幕式、裕民山花节等重大活动保障累计65次，承办30余次地委重要会议。

（杨喜喜）

·中国联合网络通信有限公司塔城地区分公司·

【概况】 2022年，中国联合网络通信有限公司塔城地区分公司承担中国联通在塔城地区4个县3个市、新疆生产建设兵团第九师的通信工程建设和经营生产。有县级分公司8个，主要经营固定通信业务，移动通信业务，国内、国际通信设施服务业务，卫星国际专线业务、数据通信业务、网络接入业务和各类电信增值业务，与通信信息业务相关的系统集成业务等。中国联通塔城分公司自成立以来，始终坚持“客户为本”的发展理念，积极致力于塔城地区信息化建设，以服务社会、改善民生为己任，为个人客户、家庭客户、集团客户提供全方位、高品质信息通信服务，全力推动塔城经济社会发展。

【经营业绩】 2022年，中国联合网络通信有限公司塔城地区分公司践行“强基固本守正创新融合开放”新战略，认真贯彻落实集团“1+9+3”战略规划和市场线“1539”工作布局，创新推进公司七项举措落地执行。以数字化转型为契机，狠抓全业务发展，深化持续开展渠道深耕扶贫举措，深化划小改革激发经营网格战斗力，不断提升渠道的营维能力。坚定不移推进乡村宽带、创新维护举措，初步实现重点小区100%覆盖，重点乡镇场100%覆盖，重点村队100%覆盖。存量用户阶梯式推进5G化、带宽免费提速，数字乡村发展能力进一步提升。二级店面及有效能人数量明显提升，服务范与服务能力有所突破，持续推进塔城联通高质量发展。截至2022年年底，公司主营收入完成1.54亿元，比上年增长560万元，增幅3.8%。移动业务用户达15.31万户，固宽业务用户近3万户，基础业务占比稳步提升，实现稳盘托底。同时，中国联通塔城分公司积极响应数字化转型的需要，在公司内部设立创新业务发展中心，并分别成立数字政府专班、“5G应用‘扬帆’行动计划”专班、“算网融合发展行动计划”专班、“大数据创新应用行动计划”专班，培养云计算、大数据、物联网等相关专业的人才，针对智慧政务、智慧医疗、智慧教育、智慧文旅、智慧交通等行业重点领域积极探索，自主研发，开发出一系列平台类产品服务社会。

【网络运行】 2022年，中国联合网络通信有限公司塔城地区分公司以打造匠心网络为目标，加强网优队伍能力提升，持续推进集约化维护，开展资源清查，强化资源管理，资源利用率有效提高。同时紧盯客户服务焦点区域，通过日常拉网、专项优化、共建共享等方式，优化网络结构、提升移动网网络运行质量，提高用户感知。聚焦数字乡村，助力乡村振兴，提高农村区域宽带覆盖率。完成春节、“两会”等重要时间节点的重保任务，协调疫情指挥中心做好中心机房的网络监控工作，及时处理故障，保障用户通信质量。期间解决通信故障30余次，出动抢修车辆40余次，人员70余人次，宽带用户抢修40余起。

2022年，地区分公司推动裕民县边境区域电信普遍服务项目顺利交付，累计建设光缆100多千米；乡村宽带振兴，累计完成5个乡镇、23个村的宽带接入，有效提高塔城区域网络覆盖；塔城地区开通千兆宽带小区280余个，逐步优化网络质量，提升用户感知。助力塔城地区5G网络建设，全年新建5G基站近330个，完成市区及重点乡镇5G网络覆盖。

【服务质量提升】 2022年，中国联合网络通信有限公司塔城地区分公司开展“智慧助老　沃在行动”联通公益大讲堂活动。依托“我为群众办实事”，面向老年群体，全公司齐心协力在营业厅、进社区、入乡村乡开展智慧助老公益大讲堂活动64场，参与老人达431位，新增智慧助老服务体验中心内设置“关爱老人专席”，为老年客户提供更舒适、更便捷的服务。

（马　霞）

城乡建设·生态环境保护·房地产

城市建设

【城镇保障性住房建设】 2022年，地区加大城镇保障性住房建设，稳步实施棚户区改造，计划改造3300套，其中1200套预任务（塔城市）所有手续已办完（已开工建设300套）、乌苏市2100套任务，已全部开工。棚户区改造整体建设任务比上年提前1个月完成开工目标，已累计完成投资2.3亿元。全面推进公租房建设，地区计划建设公租房3800套（其中塔城市100套，试验区3700套），已全部开工。严格落实租赁补贴政策，为51户租房群众发放租赁补贴7.65万元。扎实推动公共租赁住房建设，经自治区核定塔城地区建设公共租赁住房643套（其中塔城市366套、乌苏市250套、额敏县27套），发放保障性租赁住房补贴43家。开工建设公共租赁住房3800套，建筑面191040平方米，已完成投资1.8亿元（经济开发区3700套，塔城市100套）。

2022年，地区住房和城乡建设局本着“问计于民、问需于民、问效于民”基本原则，实施城镇老旧小区改造，全地区新开工改造26个小区、惠及居民2067户，完成投资0.36亿元。结合改造工程，改造供排水管道8.4千米、供热管网7.6千米。

【引进人才住房保障】 2022年，地区住房和城乡建设局以“完善人才住房保障体系、提高人才住房保障水平”为重点，通过提质扩面、应保尽保、宜居乐居等举措，切实解决地区各类引进人才住房问题，地区现有引进人才周转住房房源56套。

【城市供水、供气、供热、环境整治、园林绿化】 2022年，地区投资10.5亿元，实施城市道路、供排水管网、污水、垃圾处理、集中供热等55个城镇基础设施建设项目，补齐城市发展短板。城市供水普及率达到95.14%，燃气普及率94%，污水处理率100%，生活垃圾处理率100%，集中供热面积达2855万平方米。推进城市生活垃圾分类，对塔城市、乌苏市6个街道、13个小区开展生活垃圾分类试点。全年治理环境污染问题260余起，清扫保洁道路1218万平方米，清理建筑垃圾10.3万立方米。城市建成区绿地面积3470公顷，绿地率37.1%。新增口袋公园10个，新增公园绿地面积约15.21公顷，人均公园绿地面积达14.82平方米。

【道路交通设施建设】 2022年，地区累计有22832个停车位，其中市政道路施划泊位13362个，公共停车场泊位9470个。

【城市道路及亮化工程建设】 2022年，地区住房和城乡建设局贯彻落实《塔城地区城市精细化管理三年行动方案（2022—2024年）》，开展城市亮化工程，LED照明设施应用率达到50%。大力推进城市道路清扫保洁工作市场化、专业化、标准化，市级城市机械化清扫率达到75%以上，县级城市达到65%以上。

（李　丽）

建筑业

【概况】 2022年，地区发放施工许可证191项，地区完成建筑业增加值

91.66亿元，同比增长15.3%；地区资质以上建筑业企业总产值42.36亿元，增长35.3%。产业工人队伍不断发展壮大，2022年从业人员近1.3万人。发展方式加快转型，全地区建设装配式建筑面积36.34万平方米，占新建建筑面积的19.7%，完成阶段性目标。配合人社部门共化解工程建设领域欠薪案件32起，涉及300余名农民工，共解决工资798万元。产业工人队伍日益壮大，全年开展行业从业人员培训4043人次，开展建筑领域技术工种培训2995人次，培训率120%；实现就业2894人，就业116%。

【建筑企业管理】 2022年，地区住房和城乡建设局严格按照《建筑企业资质管理规定》要求进行审核审批，建筑业企业资质审核审批全面实现网上办理，全年受理增项、新设立、变更等业务104项，退回24项，受理80项，其中新设立、增项资质42项；塔城地区建筑业企业202家，其中总承包一级企业3家、总承包二级企业37家、总承包三级企业62家、施工劳务59家、预拌混凝土专包企业41家。

【建筑市场监督管理】 2022年，地区累计开展各类联合检查4次，约谈建筑业企业9家次，管理人员25人次；开展预拌混凝土生产企业专项检查，指导预拌混凝土生产企业整改2家，责令停产整顿4家。

【农民工工资保障】 2022年，地区住房和城乡建设局遵照“边界清晰、突出重点、源头治理、循序渐进”原则，将历年来住建系统逾期欠款问题作为清理重点，2022年清偿拖欠民营企业账款5667.51万元。认真排查核实在建工程项目，累计受理涉及拖欠农民工工资案件32起，帮助农民工讨回工资798万余元。

【建筑领域技术工培训就业工作】 2022年，地区累计培训合格取得双证累计16780人，完成自治区任务的762%；实现就业5528人，完成自治区就业目标的276%，培训和就业任务完成率均为全疆第一。在自治区首届建筑领域技术工种职业技能大赛中，塔城地区代表队取得奖项6个（团体奖1个、一等奖1个、二等奖2个、三等奖2个），全疆排名第三。

【工程建设领域专项整治】 2022年，地区工程建设领域保函缴纳替代率明显提升，落实《新疆维吾尔自治区关于推进房屋建筑和市政基础设施工程实行工程担保制度的实施意见》精神，进一步减轻企业负担，激发市场主体活力，推进地区建筑业高质量发展，2022年度全地区为建筑业企业节约现金流7700余万元。

【建设工程招标投标管理】 2022年，地区加强招标代理机构管理。加强对进塔从业招标代理机构信息登记管理，累计收集整理招投标代理企业信息109家，登记从业人员信息810人。严肃查处违法违规行为。截至年底，累计查处围标串标案件1起、弄虚作假骗取中标案件2起；通报招标代理机构1家，查处招标代理企业违规案件1起。开展工程总承包（EPC）项目专项整治。累计排查工程总承包项目189个，涉及招投标代理机构33家。顺利完成建设工程项目开评标。累计完开评标270项，中标价格100.79亿元，建筑面积188.63万平方米。

【工程建设标准化与造价管理】 2022年，地区住房和城乡建设局坚持以服务市场合理计价为宗旨，深入施工现场和企业调查人工及材料的市场价格，发挥工程造价在建设工程的技术支撑作用，督促指导县市采集、测算、发布辖区建设工程材料价格信息以及人工价格信息，为建设各方主体提供计价信息服务，全年发布材料价格信息12次，为贯彻落实《2020版新疆房屋建筑与装饰工程消耗量定额及新疆市政消耗量定额》的使用，地区造价站组织有关造价咨询企业测算编制塔城地区单位估价表，以及疫情期间费用的调查，开展对造价咨询企业信用评价初审，做好政务服务事项审批及“12345”平台投诉。

【城乡安全韧性实现新提高】 2022年，地区住房和城乡建设局不断加强建筑施工安全监管，自开展房屋市政工程安全生产专项治理以来，累计检查企业240余家，检查在建项目503项次，发现问题隐患2051处，整改2038处，整改率99.3%，有效遏制建筑施工生产安全事故发生。强化城市燃气安全运行监管，累计开展专项检查233次，共发现隐患494处，整改率99%。塔城地区已排查录入（自建房）193503栋，排查率100%。初判存在安全隐患的自建房6048栋，已鉴定4952栋，鉴定率82%，采取管控措施6046栋，管控率100%。进一步督促建设、监理、施工等工程建设各方主体落实质量安全生产主体责任，全年受理建设工程投诉10起，办结率达100%，全地区工程质量安全总体向好。

（李　丽）

村镇建设

【美丽乡村建设】 2022年，塔城市二工镇头工村、沙湾市老沙湾县、裕民县吉也克镇、托里县乌雪特乡井什克苏村、和布克赛尔蒙古自治县巴嘎乌图布拉格牧场等5个乡镇（村队）申报创建小城镇和美丽宜居村庄示范样板。

【农房抗震改造工程建设】 2022年，地区住房和城乡建设局积极实施农房抗震改造工程建设。通过加强技术指导服务、强化农村危房改造全过程监管、开展改造施工过程现场指导、规范竣工验收管理等措施，为改善塔城地区各族群众居住环境、满足抗震安全要求提供有力保障。2022年实施76户（六类重点户）农房抗震改造工程，中央补助资金141.02万元，确保地区农牧民群众住房安全有保障。累计完成136189座农村房屋安全隐患排查任务，整治隐患房屋230座，确保农牧民群众生命财产安全。

（李　丽）

生态环境保护

【概况】 2022年，地委印发《塔城地区有关部门生态环境保护责任清单》，厘清44个有关部门生态环境保护责任。召开地区生态环境保护工作会议，对全地区生态环境保护工作进行安排部署。在地委、行署统筹协调下，印发《塔城地区关于落实〈自治区深入打好污染防治攻坚战的实施方案〉的措施》《塔城地区“十四五”环境保护规划》，进一步明确细化地区“十四五”期间乃至更长一个阶段深入打好污染防治攻坚战的重点任务及落实措施。

【水生态环境治理】 2022年，地区生态环境局推进地区集中式饮用水水源地与自治区“三线一单”划定的点位数据信息衔接，将饮用水源地作为落实“三线一单”经济社会发展、严格落实空间管理要求的重要前置环境保护要素。持续推动《塔城地区重点流域生态环境保护“十四五”规划》落实；持续推进地区城市黑臭水体排查工作，确保地区黑臭水体“零”存在成果。制定实施《塔城地区区域再生水循环利用试点实施方案》，为推动建立污染治理、生态保护、循环利用有机结合的区域再生水循环利用体系，探索减污降碳协同增效的水生态环境保护新路径，提供典型示范。全面启动入河排污口排查整治。

【大气环境治理】 2022年，地区印发《塔城地区夏秋季大气污染防治“冬病夏治”工作方案》，以“奎—独—乌”“乌—昌—石”区域为重点，针对重点行业，开展区域大气环境联合执法检查，积极推进重点污染源在线监测全覆盖。地区重点区域纳入应急减排清单管控企业26家，保供热（火电企业）1家，施工工地27家，移动源32529辆，非道路移动机械1171台（套），开展绩效分级企业17家。全面开展重点行业挥发性有机物（VOCs）污染防治，推进挥发性有机物在线监测设施建设。做好15家已联网机动车尾气检测机构排放检验数据信息联网，指导塔城市分局推进塔城市机动车遥感尾气监测系统建设及塔城市污染源自动在线监控平台升级项目，提高地区机动车监管水平。2022年塔城地区四县三市累计检测机动车近11万辆，经检测建议报废和大修车辆1027辆。生态环境部门行政处罚3家，其中机动车检测机构2家，驾校1家，没收非法所得1520元，罚款28.2万元，依法有效保障地区机动车检测工作有序开展。向地区涉气企业发函核对企业执行污染物排放的标准限值、执行时间等要求，深入排查涉气企业“三同时”落实情况。组织地区涉发电、石化、化工、建材等重点排放企业开展2021年度温室气体排放数据填报。

【土壤生态环境治理】 2022年，地区编制印发《塔城地区“十四五”土壤地下水和农村生态环境保护规划》，全面细化地区“十四五”相关领域工作布局。完成地区15个尾矿库资料收集、台账清单建立、尾矿库监管App系统应用和在自治区固废平台中的数据资料录取上传，以及与应急管理部门的联动等工作。督促指导122家涉危单位完成2022年危险废物管理计划和2021年危险废物年报审核备案，完成90937吨危险废物规范化转移处置。制定印发《塔城地区废弃危险化学品等危险废物集中治理工作方案》《2022年塔城地区危险废物规范化环境管理评估及危险废物专项整治“回头看”工作方案》，推动危险废物规范化管理，有效防控危险废物环境风险。

【生态环境问题整改】 2022年，地区生态环境局始终把环保督察反馈问题整改作为一项重大政治任务、重大民生工程、重大发展问题来抓，强力整改各类突出生态环境问题。第二轮中央生态环境保护督察组反馈的71件信访件，截至年底，已办结65件，阶段性办结6件。其中责令整改33个，立案处罚9个，处罚金144.467万元，约谈1人。牵头编制《塔城地区第二轮中央生态环境保护督察反馈意见整改方案》，已通过自治区审核。2021年自治区生态环境保护督察反馈乌苏市的20个问题，已整改完成17个，其余正在有序推进。

【生态环境监管】 2022年，地区生态环境局进一步优化审批服务，为4家列入自治区重大投资项目的企业做好环评服务，审批环评报告书表330个，审核登记表备案435个，参与地区发改委项目评审260个，为地区各类规划及重点项目出具环保审查意见300余份。严格落实能源消费总量和强度双控及碳排放强度控制要求，在项目准入审查中严格控制“两高”行业发展规模。核定核发排污许可证首次申领4家、变更45家、重新申领1家、延续23家。完成217家排污许可执行报告规范性审核和225家排污许可证质量审核，完成率100%。地区有正面清单企业35家，其中涉及民生保障重点行业企业29家；污染小、环境风险低、吸纳就业能力强的行业企业5家；重大工程项目1家。深入开展“双随机、一公开”企业抽查、四季攻坚专项行动、污水处理厂专项检查等行动，开展环境执法大练兵活动，切实加强环境监管。2022年，出动执法人员2830人次，检查企事业单位1398家次，立案18起，行政处罚金额559.98万元，自觉履行13起，履行金额290.8万元，有力震慑环境违法行为。全地区受理环境信访投诉56件，已办结56件。落实《自治区生态环境监测方案》要求，按照频次开展39个水质监测断面（点位）监测工作，有序推进噪声、降尘、酸雨、农村环境质量、辐射环境监测工作。

【生态环境风险防控】 2022年，地区生态环境局完成《塔城地区突发环境事件应急预案》修订，指导100家企事业单位做好应急预案编制和备案工作。编制《额敏河流域“一河一图一策”环境应急响应方案》，并开展应急物资采购工作。深入开展重点风险源企业排查160余家次。对全地区59家医疗机构和6家核技术利用单位开展现场帮扶指导，共发现问题102个，均已要求限期整改。积极开展核与辐射许可证审核换证工作，办理核与辐射许可证业务9家。制定《关于落实塔城地区生物多样性保护重点工作任务分工的方案》，做好任务分解，推进生物多样性保护重点工作。协调地区林草局实地核查遥感监测发现涉及甘家湖梭梭林保护区和巴尔鲁克山国家级自然保护区的问题线索。启动生态损害赔偿案件3件。

【生态环境宣传教育】 2022年，地区生态环境局以“4·22”世界地球日、“5·22”国际生物多样性日、“6·5”世界环境日为契机，举办系列宣传活动，发放宣传单1500余份，发放环保宣传袋300个。组织开展环保设施线上公开48场次。召开新闻发布会1次，录制1期法治宣传节目，录制2期生态环境保护工作宣传微视频，“两微”平台转发及发布信息2000余条，多渠道加强生态环境保护宣传力度，引导广大群众践行绿色低碳生活方式。全面加强信息公开，在政府网站等媒介公开行政审批、污染治理、行政处罚等信息，引导群众自觉参与支持监督环保工作。

（吴频烨）

房地产管理

【房地产企业与房地产开发】 2022年，地区住房和城乡建设局坚持“房住不炒”定位，建立健全长效监管机制，推动房地产市场平稳健康有序发展。地区房产开发企业达156家（其中地区本级注册企业86家，其他区域到塔城开发企业70家），开发项目66个（其中新建项目22个，续建项目44个），完成投资34.09亿元，比上年上升9.96%。着力稳地价、稳房价、稳预期。商品房销售面积97.36万平方米，销售金额33.96亿元（其中新建住宅5099套，销售面积65.69万平方米，金额25.96亿元，均价3953元/平方米；二手房交易3078套，销售面积31.67万平方米，金额8亿元，均价2528元/平方米）。

【房地产市场监管与整顿】 2022年，地区住房和城乡建设局为深入贯彻落实党中央、国务院关于促进房地产市场平稳健康发展的决策部署，聚焦人民群众反映强烈的难点和痛点问题，加大房地产市场秩序整治力度，切实维护群众合法权益，根据《住房和城乡建设部等八部门关于持续整治规范房地产市场秩序的通知》及自治区《关于印发〈关于开展整治规范房地产市场秩序三年行动方案〉的通知》精神。结合塔城地区实际情况，联合地直8个部门印发《塔城地区开展整治规范房地产市场秩序三年行动方案》

【物业服务管理】 2022年，地区住房和城乡建设局会同发改委等十一家部门联合印发《塔城地区物业服务质量提升两年行动方案》，同时研究制定《塔城地区加强和改进物业管理工作要点》等文件，使物业管理逐步按照规定流程和规则运行发展，确保物业管理服务工作有章可循。2022年全地区备案物业企业97家，新建住宅小区全部纳入等级物业企业服务范围，物业服务企业管理小区335个，专业物业服务企业覆盖率44%，物业覆盖率94.6%。

（李　丽）

商贸·旅游业

商贸服务

·综　述·

【概况】　2022年，塔城地区招商引资到位资金563.25亿元，完成全年任务的79.89%。其中招引企业投资建设项目517个，落实到位资金446.31亿元，比上年增长180%，完成全年目标任务的90.52%。落实自治区以外企业投资建设项目186个，到位资金220.91亿元，完成自治区目标任务的119.75%，增长42.85%，增速排全疆前五。进出口贸易额10.6亿美元，增长32.5%。其中出口10.5亿美元，增长31.74%；进口0.1亿美元，增长233.33%。超额完成增长7.5%的目标任务，再创历史新高，总量居自治区第五。受疫情等因素严重影响，全口径社会消费品零售总额71.42亿元，下降7.6%。其中全地区限额以上企业完成社会消费品零售总额15.78亿元，增长9.3%。网络交易额17亿元，增长4%；网络零售额2亿元，增长3%。

【促消费工作】　2022年，地区商务局推进繁荣商贸市场工作，组织开展各类促销活动，提升购销积极性。组织开展“塔城地区首届地方产品交易会”，签约项目114个，签约金额34.14亿元；鼓励各汽车销售企业联合保险、金融等部门，联合推出汽车保养赠送、金融服务费减免等让利措施，有效激发居民汽车消费热情；充分借助裕民“山花节”品牌效应和网红经济旅游活动，开展美景拍摄、美食探店、网红打卡多种促消费活动；引导各县市开展夜间经济示范街区创建工作，进一步促进夜间经济健康发展。高峰期地区有夜间经济街区21家，入驻商户600余户，带动就业3000余人，周营业额达700余万元。

【商贸领域企业升限入统】　2022年，地区推进商贸领域企业升限入统，制定《塔城地区商贸企业高质量发展工作实施方案》，首次将商贸领域升限入统工作列入地区奖励名录。邀请辽宁商务厅和统计局专家，现场开展业务知识实操能力培训，指导符合限额条件的商贸企业及时升限入统。赴各县市开展工作调研，摸清商贸企业底数，宣传好奖励、补贴政策，鼓励企业做大做强，切实打消企业对升限纳统工作的顾虑。全年预计完成61家商贸企业新升限入统。

【县域商业体系建设】　2022年，地区商务局组织商贸企业申报县乡商贸中心、村级便民商店、冷链物流仓储、电商平台建设等县域商业体系项目专项资金，为4个商业体系建设项目申请到248.35万元的奖补资金，为完善商业体系建设提供资金保障。

【电子商务】　2022年，地区商务局全面落实县乡村三级服务站点建设工作，强化公共服务设施，实现塔城地区7个县级电子商务服务中心全覆盖，服务站点涵盖地方特色产品展销、电商培训等功能；指导各县市积极组织电子商务创业实操培训和网红直播培训，通过电商承接企业开展电商领域培训班，全面提升电商工作业务能力水平。

【汽车流通工作】　2022年，地区商务局借助国家出台的汽车购置优惠政策，鼓励各汽车销售企业联合保险、金融等部门，联合推出汽车保养赠送、延长质保、金融服务费减免、加油卡赠送等让利措施，有效激发居民汽车消费热情。6月18日，永鑫汽车城、乌苏北方之星汽车城集中举办汽车让利促消费活动期间售出汽车70余台，销售额737万余元。

【外贸工作】 2022年，地区持续加大国际物流园、进出口商品落地加工产业园、农副产品加工园、保税物流园区等外贸基础设施建设力度。同时，开展申建新疆自贸区塔城片区、塔城综保区、跨境电商综试区等平台资质工作，已建成5万吨以上仓储能力的各类仓储设施，巴克图口岸不断拓展大型风电设备、商品车辆等货物出口。2022年出口大型风电设备286车，货值5840.17万美元；出口商品车5210辆，货值22500.95万美元，巴克图口岸出口商品结构进一步优化。积极研发边民集中申报手机App和大宗产品“整进整出”系统，进一步优化互市进口流程，11月18日，新疆塔城巴克图中哈边民互市恢复运营，成为全疆首个恢复运营的边民互市贸易转型发展试点。截至12月底，锡伯图、珍果饮、永利油脂等3家进口落地加工企业累计进口油葵、葵花籽仁、葵花籽毛油703.05吨，货值227.45万元。组建成立6个边民互助合作社，5家落地加工企业备案完成。先后两次组团前往河南、浙江等地考察对接跨境电商项目。新疆塔城开发开放试验区投建发公司与河南中大门物流公司签订合作协议，建塔城跨境电商平台，开展跨境电商业务。2022年累计出口旅购百货、数码电子商品等跨境电商货物321车，贸易额4.56亿元人民币，实现地区跨境电商“零”的突破。

【外出招商】 2022年，地区商务局组织开展小分队招商、委托招商、驻点招商、会展招商、援疆招商、网络招商等等多形式的招商活动，外出开展招商活动112次，对接中国能源建设集团、正华新兴（新疆）投资集团有限公司、山东东营市五环化工有限责任公司、北京中农富源集团有限公司、浙江省民营投资企业联合会等1000余家企业和商会。

【驻点招商】 2022年，地区派驻的5个驻外招商联络处联系上千家企业，走访对接近800家企业和商会，邀请40多家企业来访考察，积极服务各县市、各部门在全国其他地方的招商活动，促进疫情时期招商工作的开展，作用发挥较好。

【会展招商】 2022年，地区商务局积极组织参加海口消博会、西安丝博会、亚欧博览会、上海进博会、辽宁辽洽会等会展，借助会展组织开展产品展销展示、招商推介、产销对接、品牌发布等内容丰富的推进经贸发展的活动，成效明显。亚欧博览会期间签约40个项目，签约金额396.84亿元。

【网络招商】 2022年，地区商务局积极推进E投在线大数据平台建设和委托招商工作，招商大数据平台开发建设运用于招商引资工作。通过开展的一系列招商活动，邀请东恒能源公司、浙江菜鸟供应链管理有限公司、中国电力国际发展有限公司等1162家企业来访考察，洽谈煤炭开发、装备制造、商贸物流、新能源等项目。

【援疆招商】 2022年，地区商务局组织参加“辽洽会”“塔洽会”系列招商活动，通过举办招商推介会暨项目签约仪式和外经外贸、新能源、棉纺和化工、农业、文旅五个行业的分论坛，宣传塔城发展优势，开展招商项目洽谈。“塔洽会”上组织21个项目签约，其中签约12个投资合作项目，签约额109.15亿元，签署战略合作协议5个，签署辽宁、塔城两地企业采购合作协议4个，签约额0.77亿元。

【重点项目建设】 2022年，地区招商引资的规模和质量大幅提升，切实发挥龙头企业引领作用，实施的517个招商引资项目中10亿元以上项目32个，亿元以上项目153个，实现到位资金350.95亿元，占全部到位资金的78.79%，招大引强取得较好成效。续建项目复工建设，进试验区先行发展区智慧物流园项目、凯赛生物2万吨长链聚酰胺生产项目、陶和矿井一期三聚氰胺项目、塔城市音乐文化旅游综合体项目等93个续建项目复工建设，到位资金102.84亿元，成为今年招商引资的重要支撑。新项目开工建设，招引金风科技设备总装厂建设项目、闽商智能电子产业园建设项目、托里县6000万羽肉鸭全产业链项目、和布赛克尔蒙古自治县华电新疆塔城风光火储多能互补基地50万千瓦光伏发电项目、额敏县抽水蓄能项目等424个新项目开工建设，到位资金342.67亿元，为地区经济高质量发展注入新的生机活力，增添新的发展动能。洽谈项目实现签约，通过招商洽谈，2022年实现196个签约项目，签约金额907.46亿元，将已签约项目推进工作纳入调度内容，明确责任领导、责任部门，服务项目加快审批、环评、安评、选址、土地等前期手续办理，力促项目早落地开工建设，截至年底已有160个项目落地开工建设，项目开工率81.63%，到位资金190.69亿元。

【服务企业】 2022年，地区商务局全面贯彻落实深化“放管服”改革，优化各类事项审批流程，将拍卖企业许可办理、二手车交易市场经营者和二手车经营主体备案、对外贸易经营者办理、成品油零售经营许可办理4项商务许可事项全部驻入地区行政服务大厅，简化审批程序、压缩审批时限，并借助互联网手段，提速服务效率。优化服务流程、提升服务水平，能快则快，能简则简。抓好招商引资项目帮办服务，凡属本级权限范围内的审批事项，必须控制在法定时间内办结。落实试验区项目审批事项代办帮办、政府投资工程招投标容缺受理、项目施工许可证“清单制+告知承诺制”、项目联审联批等制度，政府投资类项目审批时间缩短至50天以内，一般社会投资项目审批时间缩短至40天以内，让企业“最多跑一次”变为“最多送一次”，推行“塔礼包”，使企业能够招得来，留得住，健康发展。

【安全监管】 2022年，地区商务局落实商务领域各项安全生产措施，抓实重点领域监管，联合消防、应急、市监、公安等部门开展成品油流通领域专项和双打检查，开展大型商场农贸市场等人员密集场所，新车、二手车交易、报废汽车拆解市场等安全生产检查，做到全覆盖、无死角。督导各县市开展安全生产排查、整治工作，并做好整改工作。全年加油站、大型商超、汽车交易市场等商务领域无安全生产事故发生。

（王茹月）

·供销合作社·

【概况】 2022年，塔城地区供销系统购进总额241370万元，比上年下降15.2%；销售总额285407万元，增长10.7%；全资和控股企业实现利润总额726万元，下降85.7%。利润总额下降的原因是2022年棉花销售迟缓，2021年棉花销售价格进销倒挂。

【农资存储及销售】 2022年，地区供销系统调入肥料4.37万吨，销售3.63万吨；调入农药5.1吨，销售3.92吨；生产农膜3760吨，销售3760吨。

【为农服务平台建设】 2022年，地区各县市供销合作社聚焦为农服务主业，加快传统业务提质增效转型，大力培育新兴业务，以为农服务中心为抓手，创新开展土地托管、测土配方施肥、统防统治等服务。截至2022年年底，全系统建成为农服务中心13个、庄稼医院102个，土地托管面积0.38万公顷，统防统治面积380公顷。

【基层供销社改造】 2022年，地区各县市严格按照《塔城地区供销办事处关于新建、恢复改造薄弱基层社实施方案》要求，按照“成熟一个提升一个”的方式，全力完成乡镇基层社新建、恢复改造提升工作，确保基层社服务功能完备。截至2022年年底，新建基层社1个，恢复改造基层社5个。

【流通服务网络建设】 2022年，沙湾市供销社参股的天宝绿色食品公司与片区乡镇供销社合作，通过利用基层社的网络、设施优势代收代储小麦，形成加工、运输和营销的全产业链，累计收储小麦5000吨。塔城市供销社与中央储备塔城直属库签订代收代储协议，利用下属企业普庆土产日杂商贸有限公司的农副产品收购中心的库房，为中储粮代收代储小麦8000吨的夏粮。

【为农服务增收渠道拓展】 2022年，和布克赛尔蒙古自治县供销社利用自身优势积极作为，通过“联社党委＋社属企业＋种植户”的模

基层社销售农资化肥 （供销合作社 供稿）

式，带动和什托洛盖镇、夏孜盖乡和查和特乡3个乡镇场农民，种植花生20公顷，每亩补助支持100元，累计3万元，充分调动种植户主动性、积极性，帮助农民增收、农业增效。

【基层供销社集体资产管理】 2022年，地区供销社理顺联合社与社有企业的关系，指导县级社对基层社集体资产的统筹管理运营，盘活基层社存量资产。截至2022年年底，供销系统已建立社有资产管理委员会的地区级社1个、县级社7个，建立健全社有资产监管制度的基层县级社7个。

【“三位一体”综合合作试点工作】 2022年，地区供销社党组对承担自治区试点任务的沙湾市、承担塔城地区试点任务的塔城市积极开展“三位一体”工作指导。沙湾市供销社投资570万元，完成北疆农资市场改造提升项目。塔城市供销社引领塔城市丰穗农民专业合作社，固定社员86户，辐射合作社之外的农户110户签订收储、烘干、加工、销售合同，提供产前、产中、产后全过程的农化服务。作为“三位一体”成员单位的塔城市农商行发放春耕备耕农贷通2908户，金额28324万元；沙湾市农商行投放涉农贷款25.56亿元，占各项贷款的65.83%。沙湾市供销社按时召开社员代表大会，进行理事会、监事会换届。

（明贞元）

·烟草专卖·

【企业经营】 2022年，地区烟草专卖坚持以规划引领，通过制定货源投放计划、持续跟进执行进度、分区定向优化投放等措施，积极稳妥应对疫情影响，努力稳住运行状态，实现市场规模总体稳定、供需状态动态平衡。物流配送部门积极与运输公司做好衔接，灵活机动制定人员及车辆配送方案，采取直送式、接力式、转运式等多种方式，尽力保障疫情期间各辖区的卷烟供应。

【专卖管理】 2022年，地区烟草专卖涉案联动形成统一调度、区域管理、迅速行动的工作布局，累计召开联席会议37场、联合执法65次。打通“线上线下”宣传渠道，开展法律宣讲团进校园活动，培训对象覆盖全地区86所中小学、6万余人次。严格落实零售许可“动态监测、定期公示、执法监督”三项工作，严防严控无序过度竞争的情况发生。2022年，累计查处各类违法涉烟案件279起，其中查处假私烟案件23起，5万元以上案件3起。

（景　梦）

旅游业

·综　述·

【旅游指标】 2022年，塔城地区接待游客1018.22万人次，比上年增长-11.46%；旅游收入60.71亿元，增长-11.63%。

【旅游宣传】 2022年，地区文化体育广播电视和旅游局多渠道加大线上线下宣传推介力度，充分预热塔城地区旅游市场。第十六届“裕民山花节”期间，新华社、人民日报、中国日报等14家官方主流媒体打卡山花节开幕式系列活动，在线观看累计1200.96万人次，点赞量破4000万次，山花节品牌知名度不断提高；网红达人宣传推介作用发挥明显。2022年，裕民县文旅局局长杨彩霞成为受人追捧的网红局长，她的官方抖音账号“裕民山花为你开”为裕民文旅代言获得众多游客认可；5月，“新疆是个好地方·达人西游”团队走进塔城地区，裕民县文旅局局长杨彩霞、沙雅县文旅局局长热娜古丽·热合曼、塔什库尔干塔吉克自治县文旅局副局长阿力甫·阿克木汗三位网红文旅局长走进塔城小白杨哨所、裕民县江格斯乡“年代印象”、红楼博物馆、手风琴博物馆等景点，利用抖音、公众号将塔城地区的自然风光、历史底蕴和民俗文化展示在网友眼前，通过文旅宣传推介人的创作宣传和联动效应，进一步提升塔城地区旅游知名度和美誉度。

【红色旅游】 2022年，在自治区推出的“新疆10条红色旅游精品线路”中塔城—克拉玛依红色旅游经典环线基础上（塔城红楼博物馆、伟人山、巴克图口岸—裕民巴尔鲁克山小白杨哨所、孙龙珍军垦烈士陵园—裕民巴什拜展览馆—托里烈士陵园、黑油山、克拉玛依一号井—乌鲁木齐）还推出塔城地区红色旅游线路1条，在入选自治区级红色旅游景点（裕民县巴尔鲁克景区）的基础上新增塔城地区红楼博物馆等3处红色旅游景点。

【文旅活动】 2022年，地区各县市举办171个累计316场次丰富多彩的线上线下文旅活动，线上活动主要以网络迎新春晚会、网络中国节、“线上博物馆”云展览、短视频、摄影比赛及“慢直播+VR”上线为主，不断提升群众参与度。线下活动则依托塔城地区人文底蕴深厚及丰富的旅游资源优势开展“旅游+”各类文体旅活动。

【精品景区创建】 2022年，地区文化体育广播电视和旅游局加快推进兵地联创小白杨文化旅游景区、乌苏市佛山国家森林公园国家AAAAA级旅游景区创建进度。5月20日，兵团文化体育广电和旅游局及自治区文旅厅领导一行前往塔城地区裕民县，围绕小白杨文化旅游景区创建国家AAAAA级旅游景区工作进行考察调研，提出创建意见建议确保创建工作取得实质性进展；积极上报塔城市巴克图口岸、额敏县野果林、沙湾市温泉、托里县生态园、和布克赛尔蒙古自治县松海湾等5家景区创建国家AAAA级旅游景区创建工作材料，不断丰富景区创建规模及文化内涵，加快创建步伐；沙湾市大盘美食城凭借其美食文化及丰富的旅游业态成功创建为自治区级第一批夜间文化和旅游消费集聚区；乡村旅游重点村创建工作成效显著，裕民县新地乡前进村、乌苏市九间楼乡詹家庄子村成功创建为第三批自治区级乡村旅游重点村。

【旅游环线】 2022年，地区文化体育广播电视和旅游局依托国道217、省道101、国道219线等旅游干线，推出自驾车联动精品黄金线路。深化与伊犁哈萨克自治州、阿勒泰市、克拉玛依市、哈密市、吐鲁番市、新疆生产建设兵团文化旅游合作力度，在全景新疆自驾游、天山画廊休闲游、边境绿洲生态游等线路基础上，与克拉玛依市、阿勒泰市、伊犁哈萨克自治州等周边地州协作，形成旅游环线，推出“爱家乡·游塔城”精品旅游线路20条。承接好草原丹霞旅游风景道、塔城市博尔塔拉蒙古自治州边境自驾游精品线路，主动融入北疆旅游大环线，优化和完善旅游精品线路，努力打造北疆旅游共同体。

【旅游项目建设】 2022年，塔城地区为适应旅游市场消费需求升级趋势，提升景区景观品质，完善提升旅游基础服务设施，加快建设一批重点文化和旅游项目。加快重大文旅项目建设。2022年共实施文旅项目26个，总投资19亿元，2022年已完成投资4.87亿元，已开工建设20个，已落实资金5亿元，项目建设稳步推进。补齐“三难一不畅”基础设施短板。完善游客服务中心、景区内道路、标识标牌系统等硬件设施，着力解决“三难一不畅”问题，2022年旅游厕所已建成8座、停车场已建成13个。旅游民宿已建成20家，督促县市提早开工建设，抢抓建设黄金期，不断补齐旅游沿线及景区硬件短板，提升游客舒适感。

【乡村旅游】 2022年，地区文化体育广播电视和旅游局积极探索乡村文化绿色资源、乡村旅游等文化旅游发展模式，以第三批自治区级乡村旅游重点村乌苏市九间楼乡詹家庄子村、裕民县新地乡前进村为龙头，推出农牧家乐特色民宿、庭院采摘、儿童游乐、餐饮、娱乐、江南美景等产业，形成集旅游、观光、饮食、住宿于一体的旅游集散基地。并结合县市农牧产业特色优势，全地区推出7条“金秋游塔城”乡村旅游路线，其中额敏县“青山绿水·梦韵金秋”之旅入选“稻花香里说丰年”全国乡村旅游精品线路。额敏县甘泉里、飘香园，裕民县江格斯乡7080年代印象、裕锦五味里等一大批乡村网红打卡点深受游客青睐。

（李　垚）

·旅游景区（点）·

【裕民县景区（点）】 巴尔鲁克旅游风景区（国家AAAA级旅游景区） 景区由国家级野生巴旦杏保护区、吐尔加辽春牧场、阿克乔克夏牧场、塔斯特河谷风景区、野生芍药谷、霍日姆德湖、巴尔达库岩画、小白杨哨所等组成。巴尔鲁克

裕民县新地乡前进村借助旅游廊道优势，重点打造集民宿、农家乐、果蔬采摘于一体的休闲养生客栈，吸引众多游客前来游玩。图为2022年7月7日，小朋友在稻草景观旁玩耍

（《新疆日报》记者　汤永　摄）

旅游风景区融合天山的险峻高贵和阿尔泰山的温柔风度，又以其神秘色彩而具有自己独特的风格，享有“不到新疆不知中国之大，不到裕民不知山花之美”的美誉，原始的自然风貌和徒步线路，足以让每位徒步者终生难忘。2015年巴尔鲁克旅游风景区升格为国家AAAA级旅游景区、自治区生态旅游示范区，并已连续举办17届新疆塔城“裕民山花节”。

野生巴旦杏自然保护区　野巴旦杏自然保护区位于裕民县西南65千米的巴尔鲁克山中，是世界上面积最大的野巴旦杏林区。野巴旦杏属第三纪新生代孑遗物种，花是很好的蜜源，果实具有很高的经济价值，果实中含有很多维生素，可以治疗高血压、心血管疾病，从果仁中提炼的苦杏仁甙具有抗癌作用。1980年，自治区将裕民县的野巴旦杏林区列入省级的自然保护区。

巴尔达库岩画　巴尔达库岩画群县城西南23千米处，在略高于周围山丘一片裸露的褐红色岩石上，刻凿有300多幅岩画。巴尔达库岩画内容突出地表现先民对生殖的崇拜及对生殖的大胆描述，反映古代当地居民生殖崇拜，期盼部族人丁兴旺的愿望。还生动地反映了先民放牧、生活、娱乐的场景，形象地演示当时自给自足的草原生活图景。2003年，巴尔达库岩画群被列为自治区文物保护区。

【乌苏市景区（点）】　佛山森林公园（国家AAAA级旅游景区）　公园2008年9月被评定为国家AAA级旅游景区，同年12月晋升为国家级森林公园。2015年1月被评定为国家AAAA级旅游景区。公园由待甫僧、巴音沟两大景区和乌拉斯台、毛溜沟、四棵树等景区组成。森林公园植被属北疆温带林区，是以天山云杉林为主的山地寒温带原始林和人工林，森林覆盖率76%。公园内天山雪岭云杉原始林平均树龄为120年左右，公园内陆生野生动物有52种，其中保护动物23种。被列为国家一级保护的动物有雪豹、北山羊、金雕3种，二级保护动物有马鹿、盘羊、苍鹰、暗腹雪鸡等9种。

巴音沟景区（国家AAA级旅游景区）　巴音沟景区以山奇水清著称，景区河水潺潺，瀑布高悬，山高林密。进入山势险峻的沟谷，长满整个山峦溪谷的天山雪岭云杉连绵不绝、郁郁葱葱。起伏的山谷内绿色呈片、块、带状伸展，与山脚下草原交相辉映。雪山瀑布如同一条银链，悬挂在奇峰峻岭和苍松翠柏之间。林区道路与造型各异的避暑山庄融为一体，是避暑度假的绝佳去处。

【沙湾县景区（点）】　沙湾鹿角湾景区（国家AAAA级旅游景区）　景区位于沙湾县城西南69千米处，由大鹿角湾、小鹿角湾、雷达山庄和加尔肯加尕民俗村四大景点构成。景区拥有雪峰冰川、高山裸岩、高山松林和高山草原四个完整的山地垂直自然景观带，可谓“四季风光一眼揽”。景区衔接天山山脉，整体气势磅礴，冰峰雪岭与蓝天白云相映，连峰续岭的森林层层叠叠，参天松树万株相倚；景区中部草原与山脚结合，湾坳曲折处溪水潺潺，树木丰茂处形态各异；北山脚下，是辽阔无垠的山前草原，这里芳草艾艾、绿茵绒绒，如同一块翠绿的地毯，铺展至天边，与雪山融为一体。鹿角湾夏季，草原地阔天敞，苍穹高远，鲜花争相怒放，香气袭人。

温泉景区（国家AAA级旅游景区）　景区位于沙湾县城南52千米处。景区四面重峦叠嶂，绿草如茵、云杉苍翠，泉溪交错、流水潺潺，不仅景色秀丽，而且气候宜人，最高气温20℃，最低气温14℃，夏无酷暑，冬少严寒，属典型的天山自然景观。良好的气候条件和优美的自然环境，使温泉成为新疆一个集休闲度假、康体健身于一体的避暑疗养胜地。温泉景区主要由避暑山庄、双龙沟、温泉疗养院、灵泉寺（老君庙）等景点组成。景区内的天然温泉最具特色，已开发利用的温泉有三处，这些温泉水出露于石灰岩、凝灰岩、夹层岩裂隙之中，水质透明，水温在38℃~54℃之间，泉眼处有气泡冒出，具有浓重的硫黄味，富碱性，含碳酸根、硫化氢、钙、镁、锶、钠、砷、铬、铅、铁等30多种对人体有益的矿物质，为“重磷酸盐钠型”高热泉，可治疗风湿病、皮肤病、神经系统疾病、妇科病、消化系统疾病等。洗浴后，肌肤爽滑，通体舒畅，面色红润，具有独特的美容效果，被誉为“神水天医”。

除三大热泉外，在金沟河沿岸峭壁与悬崖下，还分布着7个水温不同、气味不同、作用各异的温泉。有专治眼疾的“眼睛泉”，专治耳病的“耳朵泉”，专治肠胃病的“鸡蛋泉”，还有可祛热清火、水温仅为7℃的“冰泉”等。

【托里县景区（点）】　托里生态园（国家AAA级旅游景区）托里生态园是一个集文化、休闲、娱乐、办公于一体的开放式园林。生态园本着经济发展与环境保护、旅游开发与生态平衡相协调的理念，以休闲娱乐为主，规划为文化休闲区、行政办公区、果林游赏区、儿童游乐区、密林休息区、纪念瞻仰区、运动区等七大功能区块，构筑一个自然、生态、文化三位一体的现代化园区。

【额敏县景区（点）】

额敏县野果林景区（国家AAAA级旅游景区）　景区位于吾尔喀夏尔山山脉西部，海拔900～1500米，总面积约10万亩，是国家AAAA级旅游景区，景区内以野苹果树为主，还有山楂树、野核桃树、野蔷薇、野生树莓、白桦树等多种珍稀树种，是世界上罕见的苹果天然基因宝库。野果林地处逆温带，拥有优质水源和充满负离子的清新空气，国家二级重点保护植物野苹果树扎根于此。每年5月，是野苹果花的花期，苹果花开，满山芬芳，向世人呈现出如梦如诗的花海仙境。野苹果树目前濒临灭绝，是世界上较为珍贵的稀有种质资源，它是现代栽培苹果的原始祖先之一，也是研究栽培苹果的起源以及性状演化的“活化石”标本，于1980年被列入中国优先保护物种名录。野果林景区拥有众多第三纪古老树种，其中最大一颗周长的苹果树王，树龄更是高达1000余年，如今依然果实累累。

景区内沟壑纵横、细流汇集，拥有皇后石、神女岭、长寿山、怪石谷、飞鹰瀑、十里怪坡和“风、云、雨、雪”四亭、欢乐谷、星空营地等多处景点，奇特秀丽的景观构成了一幅既有南方青山之灵秀，又有北方峻岭之雄浑的风光画卷。

滨河公园（国家AAA级旅游景区）　公园位于额敏县城中部，是城市滨河景观绿地公园，占地面积70万平方米，从迎宾大桥东（上游）1100米至迎宾大桥西（下游）1000米，全长2100米，2013年被评为国家AAA级旅游景区。

滨河公园主要包括水利建设和景观建设两个部分：水利部分包括两道注水式橡胶坝，一道水力自控翻板闸以及下游的一道冲沙式溢流坝，四道壅水建筑物和城区段河道两岸共4.2千米的防护堤，一道穿河而过的曲桥和一条过水路面；景观建设主要包括额敏河北岸的夕阳红老年公园、额敏河绿色通道、金色年华儿童公园，额敏河南岸的生态公园、时代广场、民俗文化广场六部分。

【和布克赛尔蒙古自治县景区（点）】

松海湾旅游景区（国家AAAA级旅游景区）　景区位于赛尔雪山南坡，距县城30千米，G219国道穿越而过。是新疆首批命名自治区级白松森林公园，山顶玉库乔龙草原（牛石头草原）平均海拔2600米，有着中亚草原上规模最大的，时间最久的太阳神殿、胡须墓、鹿石城等历史文化遗存，它以山高、奇峰奇、林密、草美、景异而闻名。该景区雨量充沛，空气异常清新，年平均气温2℃，夏季平均气温15℃，是避暑休闲度假疗养的理想场所。国道219线以其谐音“爱要久”被列为新疆塔城段以和布克赛尔松海湾“爱情湖”为起点，全程520千米（我爱你）的边境“爱情之旅”精品自驾游线路。

双山公园景区（国家AAA级旅游景区）　公园地处和什托洛盖镇区中心，是美丽乡村建设的重点民生工程之一。根据“突显地域特色、续延历史文脉、营造精致生境”的设计理念，按照功能划分为主广场区、中心湖景区、健身广场区、儿童游乐区、滨湖看台区、音乐喷泉区、观景平台、美食屋、文化广场区、休闲广场区、轮滑运动区、海豚叠泉区等11个功能区块和服务设施。

阿吾斯奇旅游区（国家AAA级旅游景区）　景区位于县城西北方向60余千米处，与哈萨克斯坦共和国接壤。这里景色秀丽，水草丰美，如一块绿色的翡翠镶嵌在群山怀抱之中，辽阔的草原地势平坦，气候湿润，降水量高，年平均气温3℃，7月平均气温16℃，无霜期为120天。四周铁布克山、托落盖山、赛木斯台山峰峻石异，此处夏季羊欢马嘶、牧歌荡漾，草地野花争奇斗艳，有松树、苦杨、爬地柏等植物点缀山坡，有旱獭、大头羊、盘羊、猞猁等动物，使这里形成天然的景色公园。

【旅游精品线路】

环塔全景新疆自驾游　乌鲁木齐—沙湾大盘美食城—啤酒之都乌苏市—托里草原丝路驿站—巴尔鲁克山景区—俄风欧韵塔城市—额敏海航牧场—和布克赛尔江格尔文化县—乌尔禾魔鬼城—乌鲁木齐

天山画廊休闲自驾游　乌鲁木齐—百里丹霞—沙湾温泉、鹿角湾、塔城乌沙安集海大峡谷—乌苏佛山森林公园—奎屯河大峡谷—独山子—啤酒之都乌苏市—沙湾美食城—玛纳斯中华碧玉园—葡萄酒庄—乌鲁木齐

边境绿洲自然生态游　乌苏甘家湖—托里草原丝路驿站—裕民巴尔鲁克山—塔城巴克图口岸

戍边风光采风游　乌鲁木齐—俄风欧韵塔城市、塔尔巴哈台山—裕民巴尔鲁克山—托里老风口—额敏海航牧场—赛尔山—和布克赛尔江格尔文化县、龙脊谷—和什托洛盖准噶尔御气园—乌尔禾魔鬼城—乌鲁木齐

草原赏花专线游　额敏野果林—海航牧场—塔尔巴哈台山—库鲁斯台草原—巴尔鲁克山区

湖光山色跨国游　俄风欧韵塔城市、巴克图口岸—阿拉湖—谢米市（哈）—乌斯卡缅市（哈）—卡通喀拉盖（哈）—马尔卡湖（哈）—斋桑（哈）—吉木乃口岸

俄风欧韵塔城市、巴克图口岸—阿拉湖—谢米市（哈）—阿斯塔纳（哈）—阿拉木图（哈）—霍尔果斯口岸

地质矿产寻宝游 和丰玛纳斯盐湖—百口泉盐场—艾里克湖—乌尔禾魔鬼城—白杨河湿地—哈图金矿—龙脊谷—和丰—喀纳斯

四季节庆文化游 新疆塔城手风琴艺术文化旅游节、新疆塔城裕民山花节、新疆塔城乌苏啤酒节、塔城沙湾大盘美食文化旅游节、塔城额敏冰雪文化旅游节、塔城阿肯阿依特斯旅游文化节、塔城和布克赛尔蒙古自治县江格尔文化旅游节

草原丹霞旅游风景游 乌鲁木齐市萨尔达坂乡—昌吉市硫磺沟—呼图壁县康家石门子岩画—玛纳斯县五道垭—清水河—东大塘—沙湾鹿角湾—塔城乌沙安集海大峡谷—独库公路—乌苏佛山森林公园

塔城博州边境游 克拉玛依—乌尔禾魔鬼城—和布克赛尔—额敏海航牧场—塔城—裕民巴尔鲁克—托里巴尔鲁克森林公园—阿拉山口—温泉县—赛里木湖—博乐

最美国道G219（塔城段）自驾旅游线路：

1.G219（塔城段）旅游线路二日游

Day1：乌鲁木齐市（乘机）—塔城市—巴克图口岸—丝路文化商品城—手风琴文化展厅—油画展厅—红楼博物馆—塔城市文旅产业园（千泉湖）—地区贝拉宾馆/玛依拉民宿（住宿）

Day2：库鲁斯台草原—奥布森生态林场—喀拉哈巴克乡橡园—阿西尔达斡尔民俗风情园—塔尔巴哈台山景区—乌鲁木齐市（返程）

2.G219（塔城段）旅游线路三日游

Day1：乌鲁木齐市（乘机）—塔城市—巴克图口岸—丝路文化商品城—手风琴文化展厅—油画展厅—红楼博物馆—塔城市文旅产业园（千泉湖）—地区贝拉宾馆/玛依拉民宿（住宿）

Day2：前往裕民县—巴什拜展览馆—新地乡前进村—锦裕生态园—7080年代印象（午餐）—小白杨哨所—吐尔加辽草原—阿克铁克切村—农业观光园—裕民县迎宾馆（晚餐、住宿）

Day3：前往额敏县—野果林景区—玛镇别院浪漫湿地（午餐）—阿山民俗村—甘泉里—塔城机场返程

新疆S101天山地理画廊自驾旅游环线：

1.S101（塔城段）旅游线路一日游

乌鲁木齐市—东大塘景区—鹿角湾景区—返回

2.S101（塔城段）旅游线路二日游

乌鲁木齐市—东大塘景区—温泉景区（住宿）—喀拉巴斯陶怪石沟—鹿角湾景区—乌沙安集海大峡谷—返回

3.S101（塔城段）旅游线路三日游

乌鲁木齐市—东大塘景区—温泉景区（住宿）—喀拉巴斯陶怪石沟—鹿角湾景区—乌沙安集海大峡谷—沙湾大盘美食城（住宿）—雪水坊汉唐文化酒庄—森林公园采摘—华录文化广场—返回

塔城地区红色旅游精品线路：

1.自治区级红色旅游精品线路（塔城—克拉玛依红色旅游环线）

裕民县小白杨哨所—孙龙珍军垦烈士陵园—克拉玛依一号井

2.环塔红色旅游精品线路

红楼博物馆—锡伯族西迁博物馆—巴什拜纪念馆—7080年代印象—小白杨哨所—孙龙珍屯垦戍边纪念馆—孔繁森纪念碑—托里县烈士陵园—东归纪念园—江格尔文化园

3.塔城红色旅游线（爱国主义教育基地）

沙勒克江民族团结大家庭—红楼博物馆—巴克图口岸—裕民县巴什拜纪念馆—孙龙珍烈士纪念馆—小白杨哨所—托里县烈士陵园—孔繁森纪念园

塔城地区乡村旅游精品线路推荐：

1.国家级乡村旅游精品线路

稻花香里说丰年丨“青山绿水梦韵金秋”之旅：额敏县博物馆—萨尔巴斯村—玛镇别院—野果林景区—额敏（兵地、辽阳）工业园区—甘泉里—加尔布拉克飘香园—“马新华”家庭党校—也迷里古城遗址—阿山民俗村—上杰风情园—玉镇飞鹅湿地公园—东街夜市

塔城地区跨境游经典线路推荐：

3日游路线：塔城—巴克图口岸—哈萨克斯坦阿拉湖—乌尔加尔县（哈）—塔城

9日游路线：塔城—乌尔加尔县—塔尔迪库尔干—阿拉木图—恰沦大峡谷—阿拉木图—麦迪奥—阿拉木图—塔尔迪库尔干—阿拉湖—塔城

11日深度游路线：塔城—乌尔加尔县—乌斯卡曼市—阿斯塔纳—乌斯卡曼—卡通—卡拉盖—可可套—乌斯卡曼—乌尔加尔县—阿拉湖—巴克特口岸—塔城巴克图口岸

经济管理

宏观调控

【丝绸之路经济带核心区建设】2022年，地区发展和改革委员会委托编制完成《塔城至阿亚古兹铁路建设的必要性和可行性分析》《推进巴克图口岸陆路物流通道建设研究》两个课题研究报告。开展空中丝路前期工作，委托编制《塔城机场临空经济发展研究》课题。起草印发《试验区任务细化方案》《高质量建设核心区分工方案》《深化与中亚五国地方交流合作意见》等贯彻落实文件。《新疆塔城重点开发开放试验区条例》经自治区人大常委会审批并公布施行，试验区步入规范化、法治化建设“快车道”。资金保障能力进一步凸显。落实“一带一路”专项中央预算内资金8000万元，为巴克图口岸通关能力提升创造必要条件。充分利用好政策性金融性开发工具，积极申报地方政府专项债、基金、中长期贷款等资金，促进先行发展区开发建设。

【特色产业发展】 2022年，地区发展和改革委员会充分发挥新能源开发管理10大机制30条措施作用，支持各类投资主体通过“1+6”新能源建设路径，健全消纳长效机制，加快千万千瓦级新能源基地建设。已相继开工保障性并网、市场化并网新能源项目13个，总开发规模515万千瓦（其中风电335万千瓦、光伏180万千瓦），总投资304亿元。可再生资源开发有序推进，额敏抽水蓄能电站项目纳入国家规划，预可研报告已上报国家水规总院审查，并完成新增抽水蓄能电站选点以及论证报告等前期工作；乌苏市垃圾焚烧发电项目已上报自治区发展改革委核准。装备制造业加快发展，围绕新能源装备制造业全产业链，抓好“延链、补链、强链、育链”，三一重能风机主机及叶片制造厂、中国水电四局塔筒制造厂即将建成投产，国家电投新能源博览园、金风科技风机产业基地加快建设，塔城新能源装备制造业基地聚合效应逐步提升。煤电煤化工产业积极推进，纳入自治区“十四五”规划内的14处煤矿项目建设加快推进；塔城2×66万千瓦煤电一体化项目已列入国家、自治区规划；国网能源和丰煤电有限公司原址扩建2×66万千瓦电厂项目已上报国家能源局；塔城现代煤化工产业课题研究工作已委托编制；延长石油和天业集团煤电化材氢一体化综合利用项目战略框架协议已签订；中煤集团煤炭清洁高效利用多能融合项目建设战略合作协议已上报地区审查，地区现代煤化工项目前期工作加快推进。石油天然气探勘开发力度不断提升，乌苏华泰石油为主的石油化工产业实现整合，沙湾市力铭鑫通加氢树脂项目即将投产；地区天然气利民工程已取得自治区核准批复；克拉玛依市至和布克赛尔蒙古自治县天然气管输项目已启动可研编制。

【固定资产投资】 2022年，地区发展和改革委员会制订2022年地区固定资产投资计划，扎实开展“冬季打基础”“调研服务促发展”、推进项目建设和加强统计专项指导等系列服务攻坚行动。通过联审联批加快推进项目前期工作，通过周调度、月通报排名、季度召开现场观摩会，集中开工等形式推进固定资产投资项目建设，组织地区投资项目调度会36次，赴县市指导服务5次，组织地区重点项目集中开工7次，组织现场观摩会2次，有力、有序、有效推动项目建设，全年完成固定资产投资206.59亿元，比上年增长25.3%，增速在全疆排名第二。进一步完善政府投资项目评估评审专家库，组织评审项目220个，总投资452亿元，有效控制项目造价。创新项目工作机制，采取动态储备、联合会审、前期盯办的方式，按月开展项目储备，项目储备质量和数量实现双提升，建立2023年重点项目、固定资产投资项目、地方政府专项债券项目、政策性开发性金融工具基金项目等各类项目储备库，并积极推进项目可研编制、审批工作，落实选址用地等前期手续，切实做到“项目等资金”，为2023年固定资产投资奠定基础。

【政策性资金】 2022年，地区发展和改革委员会共落实各类政策性资金107.86亿元，其中争取项目前期费2070万元，争取中央预算内资金13.2亿元，发行债券资金67.2亿元，争取政策性开发性金融工具基金20.01亿元，争取设备购置更新改造贴息贷款0.27亿元，落实援疆资金6.89亿元，为地区重大基础设施项目建设提供资金支持。

【重点项目跑办】 2022年，地区发展和改革委员会扎实推动交通、能源、水利等一批重点项目取得积极进展，地区120个重点项目，已开复工76个，开复工率63%，完成投资92亿元。综合交通稳步推进。搬迁空军昌吉机场至乌苏新建并实行军民合用机场项目已完成评审；和布克赛尔蒙古自治县民用机场项目军地协议已签订；塔城至阿拉山口铁路项目预可研评估意见已取得；国际物流园铁路专用线项目已获自治区核准批复；国网能源和丰沙吉海煤矿铁路专用线已上报自治区核准批复。电网网架结构进一步完善。开工建设塔城（和什托洛盖）—乌苏750千伏输电线；塔额750千伏输变电工程已纳入自治区“十四五”电网发展规划，项目建议书已经国家电规总院审查；通古特（陆东）220千伏输变电、和丰光伏和托里老风口风电升压汇集站220千伏送出工程等项目正在加快建设，112项农网巩固提升工程即将完工，全地区供电能力及可靠性全面提升。水利基础设施加快建设，新疆塔城重点开发开放试验区核心区生态修复工程规划报告编制和招标前期准备工作已开展，库鲁斯台草原生态修复工程、额敏县喀拉也木勒水库、塔城市锡伯图水库、托里县柳树沟水库正在加快建设，裕民县切格尔水库可研已获批复，沙湾市大南沟水库工程可研已编制完成。

【对口援建工作】 2022年，地区发展和改革委员会深入推进产业援疆、智力援疆、民生改善等重点工作，落实智力支援项目32个，出台《“十引领十助力”人才培养实施意见》，深化人才培养改革；落实支援促进就业项目34个，有效推动本地群众就业增收；落实保障和改善民生项目57个，进一步改善各族群众居住生活环境；落实各民族交往交流交融项目11个，出台《开展民族团结“八共同八联谊”活动实施方案》，持续拓展辽宁、塔城两地各族群众深度交往交流交融的广度和深度；落实文化教育项目35个，出台《“八合十润”文化润疆“1+1+1”工作方案》，开展“十二项”文化润疆主题活动，有效凝聚民心。

【巩固脱贫攻坚成果】 2022年，地区发展和改革委员会充分发挥以工代赈沟通协调机制作用，召开部门沟通协调机制联席会议3次、现场会1次，推进以工代赈项目和推广以工代赈方式规范化管理。2022年实施以工代赈项目20个，使用以工代赈资金7392万元，累计发放劳务报酬1114万元；34个推广以工代赈方式项目发放劳务报酬656万元，带动1761名当地群众人均增加收入1万余元。制定《地区在重点工程项目中大力实施以工代赈促进当地群众就业增收实施方案》，进一步拓展以工代赈实施范围，促进群众就地就近就业增收。印发《地区2022年易地扶贫搬迁后续扶持工作方案》，组织召开现场会，推进以工代赈资金向安置区产业发展、基础设施建设倾斜，不断巩固脱贫成果，推进乡村振兴。

【惠民生工程建设】 2022年，地区发展和改革委员会积极争取地区实训基地建设资金，搭建地区重大就业平台。持续巩固义务教育脱贫成果，开工建设托里县一中教师周转宿舍、风雨室、学校运动场等4项义务教育工程，推动县域义务教育优质均衡发展达标。提升医疗卫生服务能力，积极落实塔城市方舱医院、塔城市集中隔离点项目，开工建设地区疾病预防控制中心应急业务楼、塔城市人民医院医技楼建设项目，有效遏制重大传染性疾病传播。推动全民健身与全民健康深入融合，开工建设地区滨河公共体育场标准田径跑道和足球场、地区滨河健走步道建设项目，推动健身设施补短板、强弱项、提质量。

【粮食和物资储备】 2022年，地区发展和改革委员会将专项整治工作作为首要政治任务抓紧抓实，大力推进地区粮油质检中心取得资质认证，地区救灾物资储备库消防竣工验收，自治区巡察反馈25问题，整改率达100%，地委巡察反馈13个问题，整改率达92%。有序推进粮食“三个安全”工作，出动市场检查195次、2107人次，全地区粮食行业未发生安全事故。扎实做好资金筹措、粮食收购、腾仓并库等准备工作，累计收购小麦28.56万吨、玉米248.35万吨，牢牢守住农民“种粮卖得出”的底线。组建塔粮集团，完成《推进塔城地区粮油集团股份有限公司发展实施方案》，完成8家国有粮食购销企业土地出让确权。

【节能降碳工作】 2022年，地区发展和改革委员会贯彻落实国家、自治区碳达峰碳中和“1+N”政策体系，委托编制完成《塔城地区碳达峰实施方案》《塔城地区“十四五”节能规划》，并上报自治区发展改革委审查；建立用能预算管理台账，取得自治区发展改革委对陶和煤矿120万吨/年项目和沙湾市锂离子电池负极材材料项节能审查批复；抓好“两高”问题项目整改工作，取得自治区对地区33家企业、37个项目节能审查复核意见，制定一企一策技术改造方案，推进节能技术改造，提升项目能效水平；形成“两高一低”项目动态清单，定期核查项目备案情况；探索研究和推进林业碳汇工作，委托环保桥（上海）环境技术有限公司开展地区碳汇资源评估工作；建立地区河湖清漂专项行动推进机制，每月按期组织召开地区调度会议，统筹推进专项行动各项工作。

【市场价格监督】 2022年，地区发展和改革委员会持续开展清理规范城镇供水供电供气供暖行业收费清理工作，自查清理乱收费73万余元。联合开展“天价”月饼专项清理工作，全面排查地区“天价”月饼销售情况及使用名贵馅料等情况。加强价格调控管理工作，推进乌苏市及北五县开展天然气成本监审工作。制定塔城地区重要民生商品保供稳价工作方案，开展巴克图口岸经营单位收费成本调查工作，规范口岸收费工作。加强市场价格监测力度，确保市场供应充足、主要商品市场价格运行总体平稳。居民消费价格CPI同比上涨3.3%，环比上涨1.0%。认真做好价格认定工作，累计出具价格认定意见书15份，涉案金额2274.3万元。

【疫情防控和经济社会发展】 2022年，地区发展和改革委员会制定印发《塔城地区粮油运输保障工作方案》，成立地区粮油运输保障工作领导小组，协调做好运输，确保疫情期间物资供应充足、价格稳定；协调解决项目建设难题，及时召开地区涉疫困难诉求协调解决会议，协调解决问题32个。创新工作方式，多次组织专题研究并协调委托地区行业部门为开标代理人，采取不见面开标的方式，推进项目尽早开工建设；启动救灾物资应急调运预案，及时向乌苏市、额敏县、伊犁州调拨救灾物资；全力做好航线运输保障，协调塔城至沈阳航班5班、塔城至西安航班1班，保障人员有序离疆和安全返回塔城；煤炭运输保供及时有效，指导地区正常生产煤矿企业稳定供应，协调解决企业滞留物资运输及煤炭拉运问题，有效解决供热企业煤炭运输保障工作。

编制完成《塔城地区“十四五”粮食产业高质量发展规划》，加快推进地区山水林田湖草一体化保护和修复项目方案研究；支持推进地区新增中小型抽水蓄能选点规划。督促各行业部门抓紧编制重点专项规划和一般专项规划，已编制完成46个。积极建言献策，提请行署印发《塔城地区2022年国民经济和社会发展计划》，研究制定《塔城地区2022年航线网络布局方案》《提升塔城机场航运、航线专题研究方案》。草拟《国家、自治区有关支持政策情况》等各项地区政策文件、实施方案、评估总结及计划。2022年，办理地委、行署领导批示事项330余项，其中由发展改革委牵头研办事项150余项。加强经济运行分析，每月组织编撰经济形势运行分析报告；每季度分解重点指标任务，组织季度经济高质量发展现场观摩会，促进各县市比学赶超，保障“全年红”。建立地区“六重清单”，使规划任务年度化、清单化、责任化。2022年，全年实现地区生产总值877.47亿元，同比增长5.2%；一般公共预算收入48.28亿元，增长19.06%；规模以上工业增加值完成75.13亿元、增长3.7%，社会消费品零售总额完成71.42亿元，同比下降7.6%；进出口贸易总额完成10.6亿美元，增长32.5%；招商引资区外到位资金446.31亿元、增长179.9%；固定资产投资完成206.59亿元以上，增长25.3%。

深入开展电力安全生产和长输油气管道保护大检查工作，研究制定风险管控措施，提升能源安全保障和防风险能力。深化乌苏市、和布克赛尔蒙古自治县小散远光伏发电企业安全风险隐患排查整治，做好“小散远”企业专项整治工作。完成乌苏市、沙湾市、和布克赛尔蒙古自治县长输油气管道占压专项排查清理问题整改，清理整改率100%，严格落实长输油气管道高后果区、地质灾害易发区、管道穿跨越处、老旧管道等部位的安全隐患排查治理与风险防范工作。

（刘晓庆）

自然资源管理

【国土空间规划】 2022年，塔城地区及各县市国土空间总体规划取得阶段性成果，组织开展《塔城地区国土空间总体规划（2021—2035年）》编制方案线上汇报会2次，组织各县市视频调度会2次。截至年底，地区规划成果已完成征求意见工作，塔城市已完成专家评审、通过规委会审议，并公示；额敏县、沙湾市、托里县、裕民县、和布克赛尔蒙古自治县5个县市已完成同级部门征求意见工作，正在组织开展技术审查。

按照“领导重视、上下联动、综合统筹、部门协同”的措施，局党组多次赴厅对接协调，组织地区、县市自然资源局和规划编制技术服务单位18人赴自治区规划院，历时70余天开展国土空间规划“三区三线”划定工作，科学布局塔城地区高质量发展的空间蓝图，严格按照自治区的时间节点要求，通过“两上两下”审核修改完善工作，按时完成成果上报，阶段性划定成果多次得到自治区肯定。组织编制《塔城地区国土空间生态修复规划（2021—2035）》，通过自治区专家评审后，已由行署印发实施，为统筹山水林田湖草沙一体化保护和系统治理奠定基础。落实各县市人民政府主体责任，敦促落实资金和技术服务单位，已启动20个乡镇国土空间总体规划、171个“多规合一”村庄规划编制工作、14个控制性详细规划编制工作。

【耕地保护】 2022年，地区自然资源局扎实推进耕地和永久基本农田划定，根据自治区自然资源厅对全地区“三区三线”耕地和永久基本农田划定工作要求，划定耕地保护目标67.76万公顷、永久基本农田57.58万公顷，划定比例达到稳定耕地的88.59%。严格落实耕地“占补平衡”制度，全地区建设占用耕地面积153.75公顷，补充耕地153.75公顷，确保先补后占、占一补一、占优补优。

推进“非农化”专项行动，开展核查“非农化”图斑。自治区下发“非农化”疑似图斑43892个，已全部核查上报，图斑上报率100%。坚持以“零容忍”的态度，依法严肃处理塔城市亚行项目违法占用永久基本农田4.42公顷、沙湾市新疆瑞禾绿色农业发展有限公司违法占用永久基本农田1.42公顷重大问题，已全部拆除并复耕。

推进违建别墅问题清查整治，对前期已处置到位的3宗11栋11套违建别墅，开展“回头看”，未发现反弹问题。同时，举一反三，积极组织各县市局对重点区域进行全面排查，无新增违建别墅问题。

推进违法违规占用耕地重点问题整治，针对自治区推送263个疑似问题图斑，组织各县市局核实后认定问题图斑14个，其中拆除复垦以设施农用地为名违法违规占用耕地问题6个、完成整改新增农村乱占耕地建房问题8个。

推进国家耕地保护督察反馈问题整改，自治区推送塔城地区问题图斑9个，其中农村乱占耕地建房问题2个、“大棚房”问题1个、非农设施违法违规占用耕地建房问题2个、永久基本农田“非粮化”及被违规占用破坏问题1个、补充耕地数量不实问题3个，已全部完成整改。

推进耕地后备资源调查评价工作，自治区下发图斑40787个、面积106.08万公顷，经实地核实摸排和自治区审核，已纳入耕地后备资源面积740公顷，为落实耕地数量、质量、生态“三位一体”保护提供支撑。

推进跨县域补充耕地调剂指标交易，在守住耕地红线和保障粮食安全的前提下，通过科学配置优化土地资源，积极争取跨县域补充耕地调剂指标交易，5月25日塔城地区404.29公顷补充耕地调剂指标在新疆公共资源交易平台成功交易，交易金额2.441亿元，其中塔城市1.204亿元，沙湾市1.237亿元，为地方巩固脱贫攻坚成果、支持乡村振兴事业高质量发展提供强有力的资金保障。

【土地保障】 2022年7月22日，自治区征地事务中心塔城工作站正式在塔城地区挂牌成立，为塔城地区重大建设项目用地选址、征迁提供政策指导和咨询服务，提升审批效率，确保项目合法合规及时落地。

2022年，地区受理建设用地报件143件，已批准用地报件75件，总面积1154.72公顷，已完成供地363宗，供地面积2403.63公顷，其中出让土地147宗，面积642.47公顷，收取土地出让金13.4亿元；租赁土地17宗，面积81.04公顷，收取租赁金2152万元；加大对历年欠缴土地出让金追缴力度，追缴欠缴金额582.07万元。收缴35.14万公顷国有耕地租赁金6.57亿元。全年征缴自然资源非税收入20.24亿元，有力实现财政增收。自治区自然资源厅2022年下达塔城地区批而未供用地完成任务463公顷，已申请撤销核减批而未供计划指标83.55公顷，已完成批而未供土地379.27公顷，完成率101.43%；自治区下达塔城地区闲置土地处置任务28公顷，已处置完成44.72公顷，完成率159.71%，均超额完成任务。

【矿产保障】 2022年，地区自然资源局印发地区级矿业高质量发展指导文件，并组织赴矿山企业深入考察调研，编写《塔城地区矿业高质量发展实施意见》《塔城地区金矿产业发展实施方案》，充分征求自治区自然资源厅相关处室（局）、各县市及相关地直部门意见后，报请行署印发各县市人民政府贯彻落实。《塔城地区矿产资源总体规划（2020—2025）》通过自治区审核后已公布实施，建立本级权限内非金属矿产调查与评价项目库，争取财政出资对16个项目进行勘查。落实自治区项目资金1130万元开展金、铁、地热等矿产勘查，为摸清矿产资源家底奠定基础。地区矿产资源开发利用成效显著，完成采矿权出让10个，实现矿产资源专项收益8148.2万元。5个项目正在开展“净矿出让”，出让底价2100万元，促进矿产资源优势转化为经济优势。

落实矿山安全生产工作，开展自然资源领域安全生产视频联调会议5次，召开节日期间行业安全生产调度6次，开展自然资源领域安全防范工作指导检查5次，组织发布气象预警信息168条，检查矿山企业、测绘和地质勘查单位160家次，发现问题隐患175条，全部完成问题整改。组织编制的《塔城地区地质灾害防治“十四五”规划》已由行署印发实施。落实资金120万元，完成裕民县城周边废弃采坑地质环境治理项目并投入使用。争取中央财政自然灾害防治体系建设补助资金300万元，建成普适型监测预警点30处，投入使用监测设备143套，极大提高地质灾害监测与预警能力。

【不动产登记】 2022年，地区自然资源局率先开展不动产登记“交付即交证”工作，报请行署印发《塔城地区不动产登记“交付即交证”工作实施方案》《塔城地区不动产登记“交付即交证”工作实施细则》，主动与相关部门联动，实现“交付即交证”零障碍，颁发“交付即交证”不动产权证书96本。实现不动产登记服务“网上办、应办尽办”，全面推进不动产登记、交易和缴税“一窗受理、并行办理”，持续优化“互联网+不动产登记”及“跨省通办”业务，实现不动产登记系统和一体化政务服务平台对接，办理不动产产权证12871本，不动产产权证明10266份。按照“应登尽登、应办尽办”的原则，建立因历史遗留问题导致不动产“登记难”工作台账，细化解决措施，持续推动从源头上查找关键点，自查摸排总数11405件，探索建立相关防范机制，分类提出解决办法，已完成化解销号，完成率100%，实现“旧账全部解决、新账不再发生”。

【测绘地理信息服务】 2022年，自治区自然资源卫星遥感应用培训班在塔城举办，来自全疆14地（州、市）和86个县市自然资源部门业务负责人及自治区自然资源厅有关直属事业单位人员累计130人进行为期3天的培训。提高测绘地理信息服务，完成9处网上地图涉密和敏感名称的整改工作，维护网上地图安全。推进“多测合一”，实现全地区16家测绘资质单位全部纳入自治区“多测合一”政务服务平台运行。推行测绘作业证“就地办、一次办、马上办”，完成测绘作业证发证108本，办理数量位居全疆前列。主动编制《塔城地区地图》《塔城地区影像图》《塔城地区工作用图》，及时提供各类地图、卫星遥感、航空摄影、基准站服务等测绘地理信息公共服务120次。落实到位辽宁援建项目资金500万元，完成国土空间基础信息平台和“一张图”系统建设，并通过自治区联调联试，为推进塔城地区国土空间治理信息化奠定基础。

【自然资源执法】 2022年，地区自然资源局开展卫片执法检查工作，核查完成2021年国家下发土地遥感监测图斑7110个，矿产卫片疑似违法图斑59个，经自治区集中审核通过。核查完成2022年国家下发土地遥感监测图斑4215个，各县市利用国土调查云平台对国家下发的图斑进行外业核查与合法性判定处理，全地区已处理3595个，完成率85.3%，已填报3762个，完成率86.1%，通过自治区审核2676个，通过率71.1%。国家下发矿产卫片疑似违法图斑75个，已完成填报35个，完成率46.67%。集中填报2021年度耕地流向建设用地排查整改图斑676个，已通过自治区审核。开展“全覆盖”严厉打击非法盗采矿产资源专项整治行动，联合公安、发改、环保、应急管理、国土资源执法监察支队等13个部门，巡察检查点位267个，已立案21起，结案17起，正在处理4起，收缴罚没款920.66万元，维护地区矿产资源开发利用秩序。开展严厉打击“洗洞”盗采金矿专项整治行动，联合公安、环保、应急管理等7个部门，召开“洗洞”盗采金矿联席会议3次，视频调度各县市3次，全地区摸排井洞共219个，应封堵井洞181个，占全疆任务的41%，提前20天全面完成任务。

推进“边建设边报批”项目用地报批和违法用地“双清零”工作，全面梳理涉及塔城地区59个未履行用地手续报批项目，提请地区行署印发《塔城地区“边建设边报批”项目任务工作分解方案》，逐一压实各县人民政府和各相关单位责任，倒排工期、明确时限，严格执行半月报和定期、不定期行署调度制度，挂图作战。3个公路项目因实际未动工已销号，另56个项目已完成组卷和审核上报，按规定时间节点要求完成“双清零”工作任务。

【保障开发开放试验区先行发展区建设】 2022年，地区自然资源局抢抓塔城重点开发开放试验区建设这个重大战略机遇、宝贵政策机遇和特殊历史机遇，印发《新疆塔城重点开发开放试验区“区区合一”“多规合一”规划体系工作方案》《新疆塔城重点开发开放试验区先行发展区工程建设项目规划审批容缺服务预审预办制度》《新疆塔城重点开发开放试验区先行发展区工程建设项目并联审批工作制度》《塔城市边境经济合作区土地储备和一级开发暂行办法》《新疆塔城重点开发开放试验区先行发展区“拿地即开工”工作方案》《新疆塔城重点开发开放试验区先行发展区工业项目“标准地”改革工作方案》《新疆塔城重点开发开放试验区先行发展区工业项目标准地出让“五证同发”实施方案（试行）》等10余项制度。创新工作机制，启动3宗工业项目“标准地”挂牌出让工作，提高土地产出效益、推动经济高质量发展。启动13个规划编制项目，其中“三区”发展规划1个、专项规划6个、重点地块控制性详细规划5个，试验区建设总体规划已通过自治区批准实施。开通“绿色通道”，落实专人帮办、代办，每周召开专题会议，协调、督促建设单位加快用地、规划手续办理工作，逐单位发送提示函、通知20份，确保项目及时落地。完成新疆塔城重点开发开放试验区先行发展区项目用地报件9件，批复供地面积1059.89公顷，累计开工项目50个，促进完成投资近30亿元，覆盖先行发展区37.5平方千米的基础设施初步形成。

（王凯宏）

国土资源执法监察

【概况】 2022年，塔城地区国土资源执法监察支队对土地矿产违法行为的查处力度，立案查处违法案件138件，结案131件，收缴罚没款1732.4万元。累计收回土地面积736217.01平方米，拆除违法建筑物51220.6平方米。

【卫片执法工作】 2022年，地区国土资源执法监察支队按照“月清季核年度评估”工作要求，积极配合开展卫片疑似违法图斑实地核查，全面做好违法图斑查处工作。

【环保督察工作】 2022年，地区国土资源执法监察支队落实总队工作要求，及时与自然资源局对接，对第一轮环保督察涉及系统的反馈问题进行回头看，实地核查自然保护区矿业权清退、闭坑矿山等项目，反馈问题全部整改到位。

【专项工作】 2022年，地区国土资源执法监察支队及时安排部署2021年违法违规占用耕地重点问题整治工作，成立主要领导任双组长的领导小组，与地区自然资源局联合印发《关于严厉打击矿产资源领域违法行为的通知》，配合自然资源局对照推送的疑似问题全面开展自查自纠工作，确保整治工作方向不偏。配合开展为期1个月的“全覆盖”严厉打击非法盗采矿产资源专项整治行动工作，对辖区砂石黏土矿、采矿权、探矿权情况开展全覆盖无死角摸排工作。

【执法工作】 2022年，国土资源执法监察支队以落实共同责任机制“规定动作”、压实动态巡查属地管理责任到乡镇“自选动作”为重点目标，支队统一部署、协调推进，各县市大队积极沟通，促成乌苏市、沙湾市、裕民县政府分别印发《自然资源领域动态巡查责任工作方案》，塔城市、额敏县、托里县、和布克赛尔蒙古自治县以政府名义与各乡镇（场）、街道办签订动态巡察责任书，实现乡镇落实巡察责任全覆盖。2022年以来各县市大队累计开展动态巡察458次，发现违法行为110起，现场制止78起，立案18起。督促乡镇开展巡察558次，发现违法行为64起，现场制止64起，报告22起。有效发挥三级联动机制，敢于动真碰硬查处重大疑难案件，在总队精心指导下，促使塔城支队首例经行政复议听证审理的案件依法获得支持，并顺利办结。

2022年，地区国土资源执法监察支队落实“行政执法公示、执法全过程记录、重大执法决定法治审核”三项制度，额敏县、裕民县、和布克赛尔蒙古自治县大队在当地政府网站公示处罚信息。规范执法案卷，扎实做好案件评查以及查处整改工作。规范“12336”举报电话和微信举报平台信访事项处置工作，压实工作责任，做好举报及上级转办线索的登记，加强违法形势研判，用心用情做好来访接待，依法处理答复，化解陈年信访积案1件。

（马赛红）

国有资产监督管理

【概况】 截至2022年年末，塔城地区纳入国资委财务快报范围的国有及国有控股一级企业有63户，其中地区本级国有企业8户、各县市国有企业55户，经营范围涉及能源、化工、矿产、物流、房地产、商贸、农牧业、旅游、城市建设、道路交通建设、融资担保、宾馆餐饮服务等多个行业。

截至2022年10月底，地区国有企业资产总额622.72亿元，比上年增长36.9%；所有者权益总额305.4亿元，增长48.2%；实现营业收入49.48亿元，增长66.5%；上交税费8293万元，增长122.8%。其中地区9家监管企业资产总额157.14亿元，增长5.2%，所有者权益总额49.23亿元，实现营业收入22.07亿元，增长78.4%；实现利润总额18万元，同比减亏101.7%（比上年同期亏损减少1085万元）；上缴税费3465万元，增长87.1%。企业发展呈现新的活力。

地区交投公司、地区金粮公司、地区盛达担保公司纳入国资统一监管，坚持“党委统筹、政府主导、企业主体、市场化运作”模式，依法整合划拨价值约18亿元资产157处，支持国有企业发展，实现国有资产增值保值。研究出台《塔城地区国资委监管企业负责人经营业绩考核办法》《塔城地区国资委监管企业负责人薪酬管理办法》等办法17个，完善企业激励约束机制。支持地区国有企业在新疆塔城重点开发开放试验区先行发展区共建设项目37个，完成投资13.88亿元。因地制宜、科学布局产业和项目，推动能源化工、城市建设、文化旅游、纺织服装、粮油购销等领域与央企、自治区国有企业、兵团国有企业进行合作。

【现代农牧业发展】 2022年，地区农牧科技公司为主体，以农牧业种植养殖、现代种业、农牧产品加工等为重点，坚持规模化、标准化、品牌化发展方向，加大与疆内外优质农牧企业和国有企业的合作力度，推动资源共享、优势互补、产业共建，形成种养加、产供销一体化的农牧产业链，打造塔城特色农牧品牌，持续增强核心竞争力，建设支撑地区经济高质量发展的产业项目。以地区金粮公司为主体，围绕“粮头食尾、农头工尾”，建立“产购储加销”一体化、规模化、产业化经营路子，实现企业降低成本费用，提质增效。加快地区粮油集团公司组建工作，切实发挥国有粮食企业在粮食流通中的主渠道作用。

【化工产业发展】 2022年，地区国投公司整合产业链上下游所属的化工板块，以力铭鑫通公司为主体，不断开发产品新品种、提高产品附加值，积极延伸产业链，适时进入下游产业领域，不断提升公司产品盈利能力及整体竞争实力。以地区天然气投资开发有限责任公司为主体，推进天然气利民工程的全线建设及运营工作。

【能源开发利用】 2022年，地区国有企业为主体，其他国有企业按市场化原则积极参与能源开发。按照地区“十四五”新能源发展规划，立足全地区资源条件和现有新能源产业基础，结合大型风电光伏基地建设，支持地区国有企业积极参与塔城风电光火储多能互补项目建设，参与试验区先行发展区源网荷储一体化项目。加大煤炭资源整合力度，推动煤炭清洁生产与智能高效开采相结合，合理开发利用地区煤炭矿产资源。

【商贸物流产业发展】 2022年，塔城地区打造塔西国际商贸物流枢纽、天山北坡商贸物流集散中心和塔北物流园的机遇，以试验区投建发公司为主体，其他国有企业参与，依托重点开发开放试验区先行发展区，努力建设数字化冷链物流平台，充分将信息化发展潮流与企业优势相结合，形成跨区域、跨境网络布局，发展进口落地加工、跨境贸易（电商），步入国际市场，力争打造成塔城地区最大的贸易型企业。以交投公司、金粮公司为主体，充分利用塔城重点开发开放试验区的政策优势，加快整合塔城地区现有商贸物流资源，推动传统商贸物流产业业态升级，创新商业模式和运营管理模式，引导商贸物流业向更高水平发展。

【文化旅游产业发展】 2022年，地区国资委生态保护为前提，整合区内旅游资源，打造具有丝路特色的精品景区景点和旅游线路。以旅投公司为主体，推进国道219最长、最美国道等现有旅游品牌和库鲁斯台草原等重点景区开发建设。通过资产重组的方式，支持地区旅投公司以老风口生态保护区亚欧大陆内心为重点，开发“库鲁斯台草原+口岸城市+阿拉湖”等跨境旅游精品路线，深化与毗邻地区在旅游资源开发等方面的合作。

【基础设施建设】 2022年，地区国资委发挥国有资本在构建地区基础设施体系中的重要作用，重点围绕联网、补网、强链，推动地区水利水资源专业化整合，加快组建地区水务集团，搭建地区水权交易平台，增强水利基础设施建设能力，提高地区水资源综合开发利用效率和效益；以地区国投公司、城投公司、交投公司、试验区投建发公司为主体，参与铁路、公路、市政工程等重大基础设施建设。

【科技创新】 2022年，地区国资委加强对国有企业科技创新工作的指导和管理，研究制定《关于推动塔城地区国有企业科技创新的实施意见》，支持国有企业与高校、科研院所等建立长效合作机制，开展联合攻关。与产业链上下游企业之间建立创新联合体、产业技术创新联盟和公共研发平台，建立研发准备金制度，健全研发投入刚性增长机制。

推进科技协调创新，支持地区农牧科技公司发挥“国家奶牛核心育种场”及新疆褐牛良种繁育、品种改良的示范、推广、引领、带动、辐射作用，深化与高校、科研院所的技术合作，开展校企合作实习实训基地建设，促进地区畜牧业高质量发展。支持地区金粮公司通过与科研院所加强科技协作，加大新科技、新材料进入绿色储粮推广运用和效能提升。

加大科技创新考核激励，对国有企业研发投入和产出进行分类考核，将研发投入、科技创新平台建设、科技成果转化等指标纳入企业负责人经营业绩考核内容。对国有企业当年科技创新发生的相关费用，经认定视同业绩利润全额加回。对实施引进特殊高端人才、企业关键核心技术攻关领军人才及团队所发生的工资支出，纳入工资总额管理特殊清单予以单列保障。

（谢七成）

财　政

【概况】 2022年，塔城地区经济平稳健康发展，实现地区生产总值877.47亿元，增长5.2%，其中第一产业360.74亿元，增长6.5%；第二产业187.51亿元，增长8.1%；第三产业329.22亿元，增长2.6%。地方财政收入完成69.44亿元，增长19.95%；其中一般公共预算收入完成48.28亿元，增长19.06%；地方财政支出完成286.21亿元，增长29.22%；其中一般公共预算支出213.16亿元，增长23.82%。2022年规模以上工业增加值增长3.7%；固定资产投资总额增长25.3%；全社会消费品零售总额实现71.42亿元，下降7.6%；城镇居民人均可支配收入32944元，增长2.1%；农村居民人均可支配收入21914元，增长6.5%。

【财政收入】 2022年，塔城地区在全力做好疫情防控工作的同时，全面落实疫情期间减税降费政策，多措并举、多管齐下，依法组织税收收入，做到应收尽收，提高财政收入质量。2022年全地区全口径财政收入完成115.08亿元，完成年初预算的86.63%，比上年增收19.87亿元，增长20.88%。地方财政收入完成69.44亿元，完成年初预算的69.88%，增收12.04亿元，增长26.25%。其中一般公共预算收入完成48.28亿元，完成年初预算的111.28%，增收7.73亿元，增长19.06%。税收收入完成29.53亿元，完成年初预算的99.62%，占一般公共预算收入的61.18%，增收4.94亿元，增长20.12%；非税收入18.74亿元，完成年初预算的132.45%，占一般公共预算收入的38.82%，增收2.78亿元，增长17.44%。政府性基金预算收入完成21.16亿元，完成预算的83.73%，增收3.82亿元，增长22.03%，其中城市基础设施配套费收入7571万元，增收863万元，增长12.87%；国有土地使用权出让收入完成19.42亿元，增收3.84亿元，增长24.71%。

【财政支出】 2022年，地区财政局面对新冠疫情和严峻复杂的国际形势，全地区坚持以习近平新时代中国特色社会主义思想为指导，坚定贯彻落实中央和自治区党委、人民政府工作部署要求，坚决扛起财力保障的政治责任，为支持地区经济持续健康发展、社会和谐稳定提供坚实保障。2022年全地区地方财政支出完成286.20亿元，完成支出调整预算321.89亿元的88.91%，同比增支64.72亿元，增长29.22%。其中一般公共预算支出完成213.16亿元，完成支出调整预算232亿元的91.88%，比上年同期172.15亿元增支41.01亿元，下降9.75%；政府性基金预算支出完成73.04亿元，完成政府性基金预算支出调整预算89.91亿元的81.24%，比上年同期49.33亿元增支23.71亿元，增长48.06%；落实“三保”工作责任，把保工资、保运转、保基本民生作为财政运行底线，2022年，全地区“三保”支出94.76亿元，其中保工资支出67.71亿元，保运转支出3.49亿元，保障教育、社会保障、卫生健康人员类补贴及村级运转等基本民生支出23.55亿元。认真贯彻执行中央八项规定精神，牢固树立“过紧日子”思想，压减“三公”经费等一般性支出，“三公”经费下降2.6%，其中公务接待费用下降2.63%，公务用车运行维护费下降2.57%。以教育、文化体育与传媒、医疗卫生、社会保障和就业、农林水事务和住房保障等为主的民生类支出156.49亿元，占一般公共预算支出的73.42%，增长25.35%，以促进就业创业、职业教育、社会保障、社会救助、社会福利和优抚安置等。

【财政管理】 2022年，地区财政局强化预算执行管理，硬化支出约束。严格执行先有预算后有支出，严格按预算确定的标准安排支出，严禁无预算、超预算支出。全地区一般公共预算支出完成213.22亿元，比上年增支41.07亿元，增长23.86%。抓好直达资金落实，增强直达机制政策效果。坚持加快下达、精准对接、突出资金使用重点，落实直达资金动态监控牵头责任，提高直达资金管理水平。全年纳入直达系统资金55.22亿元，其中中央直达资金49.13亿元，自治区直达资金6.09亿元；已支出51.22亿元，支付率为92.7%。完善社保基金管理，深化投资运营管理体制机制改革。全地区社会保险基金总收入33.92亿元，社会保险基金支出32.66亿元，滚存结余36.1亿元。地区结余社保基金9亿元通过竞争性谈判确定八家商业银行，通过定存实现基金保值增值。

【财政改革】 2022年，地区推进预决算公开制度化，打造阳光财政，积极指导各单位部门做好预决算公开工作，进一步扩大公开范围、细化公开内容，推进预决算公开制度化，推进阳光政府建设。塔城地区本级及4个县3个市的政府预算均已在人大批复后20日内全面向社会公开；除涉密单位外，地区本级125家预算单位部门及四县三市968家预算单位均已完成部门预算公开。全面实施预算绩效管理，2022年通过政府采购公开招标的方式对地区本级2021年624个项目、121个整体绩效自评进行绩效审核，对2021年项目支出绩效评价结果为“一般”和“较差”的71个项目，扣减相关项目单位资金453.5万元，在2023年部门预算中予以安排。完成4个项目的事前绩效评估审核工作。防范化解政府债务风险，严控新增政府隐性债务，全年化解政府隐性债务10.34亿元，隐性债务余额78.24亿元。加强惠民惠农财政补贴“一卡通”发放管理，全地区通过“一卡通”平台发放惠民惠农补贴资金12.06亿元，惠及16.79万人，通过一个平台统一发放有效打通惠民惠农政策落地的堵点，切实维护和保障人民群众的切身利益。完善财政支农政策，支持全面推进乡村振兴。支持巩固拓展脱贫攻坚成果同乡村振兴有效衔接，积极争取落实衔接资金12.14亿元，统筹整合涉农资金0.71亿元；支持美丽乡村建设，改善农村人居生活环境，积极筹集资金0.44亿元，有力支持乡村振兴事业高质量发展。

（洪珊珊）

税　收

【税收共治】 2022年，地区税务局统加强和完善地区税费征收保障工作，持续深化拓展税收共治格局，建立健全税费保障机制，成立由地委、行署分管领导任组长，地区财政局、税务局主要负责人任副组长，负有税费保障职责的相关部门（单位）主要负责人为成员的塔城地区税费保障工作领导小组，构建“党政领导、税务主责、部门合作、社会协同、公众参与”的税费共治新格局。与财政、人民银行建立跨部门联合会商机制，确保密切互动、共建惠企。聚焦经济运行中的热点重点问题，全面系统开展政策落实效应分析，充分发挥以税资政作用，靶向性提出“税务方案”，服务地方党委政府决策。

【依法治税】 2022年，地区推进精确执法试点，建立“一图+指引”和约谈室工作模式，实施“说理式执法”六步工作法，严格落实“三项制度”“首违不罚”清单制度，不断完善对税务执法行为的常态化、精准化、机制化监管，有效防范执法风险。建立公职律师涉税争议咨询调解中心建设，打造集税情收集、税法服务、争议调解、法律救济、权益保护、风险防控六大功能于一体的法治税务前沿阵地，着力解决税费争议纠纷，保障征纳双方权益。

【税收征管】 2022年，地区构建智能监管体系，实现风险“事前精准预警、事中及时阻断、事后主动应对”的精准监管和完善分级分类管理模式。开展税收征管质量5C监控评价工作，提高落实征管规范意识，规范开展催报催缴工作，建立欠税档案，实现动态监控，维护公平公正的良好税收秩序。

【风险管理】 2022年，地区税务局完善风险防控应对机制，优化入场监管，加强“一户式”联动分析，深化对重点领域、重点行业监管。充分发挥“以数治税”优势，开展税收大数据分析。成立塔城“税险智控”工作室分中心，开展风险分析预警结合行业风险防控指引及本地特色经济建立风险防控模型，建立“日跟踪、日研判、日总结”工作机制，细化审核内容和审核重点，织密风险疑点筛查网眼。

【纳税服务】 2022年，地区税务局开展“我为纳税人缴费人办实事暨便民办税春风行动”，细化5大类20项80条措施136个细化举措。丰富“塔小花”“小敏管家 税费无忧”“来吧”“小白杨服务队”“冬不拉税收宣传队”服务品牌内涵，健全完善日常事项快速办、复杂事项简单办、疑难事项专家办的税费服务一体化“办税圈”，业务平均办理时间缩短至10分钟，巩固“网上办”“掌上办”成果，深化“非接触式”缴费服务，持续推进税费业务线下“一并申报、同窗办理”，补齐征缴服务短板，政务服务好评率达99.99%。开展“税务体验师”交叉体验和“代表委员走流程”活动，提出改进意见建议5类，学习推广优秀经验3条。构建“个性问题靶向解决+共性问题同步优化”的机制，紧贴纳税人缴费人需求及关注热点，全流程跟进服务，纳税人缴费人满意度明显提高。

【税种管理】 2022年，塔城地区税务系统负责增值税、消费税、企业所得税、个人所得税、资源税、城市维护建设税、房产税、印花税、城镇土地使用税、土地增值税、车船税、车辆购置税、耕地占用税、契税、环境保护税的征收管理工作。

2022年4月26日，塔城地区税务局公职律师涉税争议咨询调解中心挂牌成立

（任婷婷 摄）

【税收政策落实】 2022年，地区税务局严格落实党中央、国务院出台的组合式各项税收优惠政策，健全完善退税减税政策落实各项机制，建立退税减税政策落实工作台账，通过“全面覆盖+精准滴灌”开展宣传辅导，确保退税减税政策应知尽知，通过一系列退税减税政策措施的落实落地，使广大纳税人和缴费人充分享受到改革红利。

【税务稽查】 2022年，地区税务局建立塔城地区公安机关派驻税务机关联络机制，率先在全疆实现跨省划扣税款；全地区虚开骗税高发频发问题呈下降趋势，税收秩序明显好转。

（王秀娟）

统计管理

【统计服务工作】 2022年，地区统计局抓实整改工作，树立统计法律权威。地委、行署高度重视国家统计局督察新疆反馈意见整改工作，以行署名义印发《塔城地区落实国家统计局督察新疆反馈意见整改方案》，推动整改落实。行署党组理论学习中心组学习传达习近平总书记关于统计工作重要指示批示精神、中央、自治区印发统计法律法规文件精神。地区统计局认真贯彻落实习近平总书记关于防范和惩治统计造假弄虚作假系列重要讲话精神，通报2020年地区统计违纪违法案件5起。地委党校将《中华人民共和国统计法》及相关法律法规作为地委党校党员干部教育培训主体班次的必修课，在地区公务员初任培训班、中青年干部培训班、经济高质量发展培训班等6个班次中进行培训学习。通过多渠道宣传学习统计法律法规，全面提升领导干部防范和惩治统计造假弄虚作假思想自觉、政治自觉和行动自觉。结合“统计开放日”活动和“国家宪法日”活动，发放普法宣传小册子，积极向干部群众宣传诚信统计的重要意义，宣传统计法律法规知识，全力营造人人知法、懂法、尊法、守法的良好氛围。

【统计监督职能】 2022年，地区统计局不断加大统计监督力度，对56家调查对象开展执法检查其中及时执法5家，统计执法检查数量比上年增长6倍。通过查处，进一步提高统计法的影响力，规范基层统计工作，为统计法治建设营造良好氛围。通过政务公开网对举报邮箱、投诉咨询电话、通信地址等信息，进行全面公布，深化政务公开，自觉接受监督，保障人民群众的知情权、参与权、表达权和监督权。

【经济运行工作】 2022年，地区统计局每月及时召开经济运行研判分析工作例会，每季度给分管领导汇报主要经济指标预测分析材料，并根据阶段性重点工作随时召开专题专项工作会议，全年共召开各类会议17次，分析主要经济指标，找准薄弱环节、明确具体抓手、提出解决措施，抓实抓细各项经济工作的落实。

【执行国家统计报表工作】 2022年，地区统计局保质保量完成各项统计常规调查工作。2021年度统计年报，2022年季度统计报表的催报、审核、查询、汇总等工作，编印《统计月报》11期，《2022年领导干部手册》。加强与发改、工信、税务、市监、住建、商务等有关职能部门沟通联系，提高统计数据的匹配性；强化数据审核评估，提高统计数据的精准性，使数据更加真实、准确反映地区经济社会发展状况。围绕地区经济工作目标，对主要经济指标变动趋势、完成进度情况进行密切跟踪和及时预测预警，深入分析经济运行中出现的新问题和新特点，形成经济运行分析报告。

【名录库维护工作】 2022年，地区统计局强化相关职能部门（单位）横向联动，随时掌握企业信息动态，对重点行业、重点企业做好企业退库预警；加强部门登记信息资料共享，建立企业培育库，实时跟踪监测，及时跟进对接抓紧入库，确保应入尽入。同时，做好名录库维护工作，及时完成名录单位变更、注销等工作。

【民生统计调查】 2022年，地区统计局组织月度劳动力调查、农业和畜牧业调研，扎实做好居民收入统计调查等，规范调查程序，确保调查成果能有效反映居民生活水平，为在地区高质量发展中扎实推进共同富裕提供数据支撑、贡献统计力量。

【基层基础建设工作】 2022年，根据自治区统计局《新疆维吾尔自治区乡镇（街道）统计工作规范（试行）》，地区统计局3月初印发《乡镇、街道、园区管委会统计规范化建设实施方案（试行）》，对统计基层规范化建设工作进一步细化，提出建设标准和各级统计机构的职责任务。召开地区统计基层基础建设现场观摩推进会，对地区“统计基层基础建设年”活动分阶段分步骤进行明确，地区统计局领导班子和部分科室（中心）主任分别包联一个县市，全权负责统计基层基础建设工作的协调和督促。

（谢　斌）

审计监督

【概况】 2022年，地委召开审计委员会会议2次，传达学习习近平总书记重要讲话和重要指示批示精神，审议审计监督重大政策、年度预算执行和其他财政收支情况审计报告、年度审计查出问题整改情况报告以及地区“十四五”审计发展规划、年度审计计划、审计结果运用等审计监督重大事项13个。认真抓好审计委员会议定事项的落实，对重大事项、年度工作要点、领导批示事项等采取专人盯办、实地核查、跟踪督促等方式推进落实，确保重点工作件件有着落、事事有回音。

2022年以来，地县两级审计机关立足“审计监督首先是经济监督”的职能定位，依法履职尽责，切实发挥“查病，治已病、防未病”作用，全年地区累计确定111个审计项目，审计查出问题金额28.15亿元，其中违规金额3615万元、管理不规范金额27.79亿元，审计促进整改落实有关问题资金1.46亿元，其中增收节支1363万元，上交财政1199万元，归还原渠道资金118万元，已调账处理803万元。促进资金拨付4122万元，审计后挽回（避免）损失892万元，核减投资额221万元。移送处理19项，其中移送纪检监察机关9项，其他部门10项；审计促进整改落实有关问题资金1.46亿元，提出审计建议341

条，健全完善制度12个。

【构建大监督格局】 2022年，地区审计局制定《塔城地区审计整改工作联席会议制度》，为进一步建立健全审计整改联动机制，充分发挥审计与相关部门协调配合作用，推进审计整改闭环管理，形成审计整改监督合力，促进审计整改工作取得实效。发挥经济责任联席会议制度优势，健全完善成员单位定期沟通机制，实现审前共商、审中协作、审后运用的工作机制；推进“三类监督”贯通协同，与地委巡察办联合制定印发《地委巡察机构与地区审计局协调协作机制》，建立巡审联动、日常联系机制，及时移送问题线索。向地区纪委转送近5年来审计报告104份。选派14名业务骨干参加自治区党委巡视和地县巡察工作，协助纪委监委核实核查有关案情线索3次，为规范权力运行、促进履职尽责、加强干部监督等发挥积极作用。

【民生领域审计监督】 2022年，地区审计局坚持把加快补齐公共服务短板作为审计工作的切入点和着力点，重点开展地区12个重点示范村跟踪审计、乡村振兴重点帮扶县相关政策落实和资金审计、粮食安全专项审计。揭示乡村振兴产业发展、项目管理、联农带农机制等方面的风险隐患和问题77个，督促立查立改问题48个。

【安全领域审计监督】 2022年，地区审计局及时揭示重大经济风险隐患，维护国家经济安全。在财政领域，坚持稳中求进总基调，加大对经济社会运行中风险隐患的揭示力度，组织开展地区本级财政预算执行和4家部门单位财务收支和预算执行情况审计，运用大数据对125家一级预算单位预算执行进行大数据核查，揭示预算执行审批不严格、“三公”经费支出列报不真实、财政资金拨付不及时、国有资产管理不严等问题59个，督促各级政府和有关部门强化风险意识，落实过“紧日子”要求，盘活用好资金，防范化解风险。在金融领域，开展新疆乌苏农商银行风险情况专项审计，重点揭示违规发放贷款、信贷管理不到位等问题11个，审计期间已整改问题4个，涉及金额9412.5万元，做到风险早揭露、早治理，促进金融机构加强风险管理；国企国资领域，聘请第三方机构独立对地区9家国有企业开展财务收支审计，聚焦企业重大政策决策执行及实施情况、经营管理情况及财务收支的真实合法效益性，揭示公司财务状况和经营成果，检查资产、负债、损益的真实性、合法性及效益性，揭示问题、剖析原因、提出建议，促进企业加强财务管理，规范财务收支，提升经营能力和抗风险能力，实现国有资产保值增值；信息化领域，对地区机要保密局、地区住建局开展网络安全和信息化建设审计，结合财政预算执行审计对4家单位和各县市开展正版化软件管理和使用情况审计，揭示信创工程任务完成、正版化软件管理使用、信息化建设资金管理等方面存在的突出问题和风险隐患7个，相关问题移送主管部门督促整改，推动党中央、国务院决策部署全面落实。固定资产投资领域，组织开展援疆项目和资金审计，揭示政策贯彻落实、资金使用、项目建设和管理方面的问题5个，提升对口援疆综合效益，确保党的惠疆爱民政策落地见效。

【改革领域审计监督】 2022年，地区审计局统筹全地区审计资源，上下联动组织开展地区职业教育改革发展政策措施落实审计，关于职业院校办学承载能力、专业建设和学生就业、专业教师队伍建设、产教融合和校企合作推进、财政经费投入保障、学生资助政策落实等情况，揭示“双师型”教师数占比未达标、产教融合和校企合作不够、资产、设备、实训车间闲置等问题23个，推动完善现代职业教育体系，促进地区职业教育高质量发展，为地委推动职业教育发展提供有益参考。

【法治领域审计监督】 2022年，地区审计局聚焦权力规范运行开展审计，发挥预警纠偏作用。以强化干部监督，促进干部履职尽责、担当作为为目标，制定出台《塔城地委管理的党政主要领导干部和国有企事业单位主要领导人员经济责任审计工作规划（2021—2025年）》，明确未来五年的经责审计目标。地县两级共对30名领导干部实施经济责任审计，完成自治区审计厅授权的县市党委领导干部经济责任审计，促进领导干部增强财经法纪观念、规范履职用权行为。紧扣助力绿色发展开展生态环境审计，同步开展领导干部自然资源资产离任（任中）审计，强化对自然资源开发利用、环境保护、污染防治等重点领域的监督问效，推动领导干部树牢“绿水青山就是金山银山”理念。

【发挥审计建设性作用】 2022年，地区审计局针对财政预算执行审计和部门单位财政财务收支审计发现的挤占挪用专项资金、财政收入反映不实、预算约束力不强、防范化解重大风险能力不足，部门单位财务管理基础工作薄弱、国有资产管理不到位、单位内部控制形同虚设、工程建设管理不到位等问题向地委审计委员会作专题汇报，组织召开地区审计整改推进会，要求地县财政部门加强财政资金监督管理，加强对单位一把手和财会人员的培训教育力度完善，进一步严肃财经纪律，规范使用财政资金。持续加强对中央八项规定精神和过紧日子要求落实情况的审计，对地区纠“四风”树新风专项整治的“三公”经费管理使用、违规公款吃喝等“四风”隐形变异问题、公车管理、内部食堂四项专项整治内容寓于常规审计之中，将作为常态化“经济体检”的重要内容，坚决刹住违规公款吃喝、“车轮上的腐败”等歪风邪气。

【审计问题整改】 2022年，地区审计局健全完善审计整改制度，贯彻落实习近平总书记关于审计整改工作的重要指示批示精神，盯着问题、盯着整改。坚持完善机制，防范在前，研究印发《塔城地区审计查出问题整改督查督办工作实施细则》《塔城地区审计查出问题整改督查督办制度》《塔城地区关于建立审计整改工作联席会议制度的通知》，夯实被审计单位的整改主体责任、主管部门的监督管理责任、审计机关的督促检查责任，健全审计整改对账销号、整改情况报告、追责问责制度，形成工作闭环，凝聚监督合力。

2022年，地区审计局向地区人大工委报告地区预算执行审计工作报告及整改情况，为地区人大工委开展审计整改监督提供信息支撑。对以往年度审计查出问题、本年度审计发现的问题及上级推送的问题一并纳入审计整改台账，制定印发《塔城地区审计查出问题整改责任分解方案》，抓实抓好审计整改“三个清单”（责任分解单、销号确认单、整改验收单），落实整改责任人和整改措施。下发整改督办函24份，对已完成整改的问题，严格按照整改措施核实印证资料，对账销号，对未完成整改的问题紧盯不放，直至完成整改为止。扎实开展年度审计整改情况回头看工作，对审计整改履职不到位、责任不落实、拒不整改、推诿整改、敷衍整改、虚假整改的单位和个人，按照有关规定移送有管理权限的党委（党组）、纪检监察机关或有关部门依规依纪依法追责问责，切实做到“治已病、防未病”。2022年，督促审计署、自治区审计厅推送问题及地区本级审计问题进行整改，整改率76.21%。其中审计署、审计厅推送问题72个，已整改56个，整改率77.78%；辽宁援疆审计资金审计查出问题24个，已整改20个，整改率83.33%；当年及以往年度地区本级审计查出问题152个，已整改113个，整改率74.34%。

（朱玲莉）

市场监督管理

【概况】 2022年，地区市场监督管理局深入学习宣传贯彻党的十九大、十九届历次全会和党的二十大精神，贯彻落实第三次中央新疆工作座谈会精神、习近平总书记视察新疆重要讲话重要指示精神，完整准确贯彻新时代党的治疆方略，立足市场监管职能，坚守“三品一特”安全底线，全力抓疫情防控及市场监管工作，严厉打击扰乱市场秩序的违法行为，为地区经济社会高质量发展作出积极贡献。

【市场主体注册登记】 2022年，地区市场监督管理局全面推进全程电子化登记、“一网通办”“一窗通办”、企业简易注销等改革措施，在政务大厅集中设立企业开办专区，截至12月31日，全地区有各类市场主体74074户，比上年增长6.57%，注册资本（金）1235.2亿元，新设市场主体9953户。全年累计办理食品生产许可事项41项，发放食品小作坊登记证210家；办理药械经营许可事项309项；累计办理压力容器、锅炉、电梯、起重机械、气瓶等特种设备行政许可累计4414台。制定《塔城地区市场监督管理局关于进一步加大助企纾困力度的若干措施》，开展助企纾困“进企业、进园区、进市场，送政策、送法律、送服务”活动10余次，发放助企纾困政策措施汇编1000册，不断为企业纾困解难，激发市场活力。

【食品安全监管】 2022年，地区市场监督管理局落实食品安全“两个责任”，摸排各类在产食品生产经营主体12215家，明确包保干部3014人、各级包保工作联络员618人。始终坚持“四个最严”要求，以“守底线、查隐患、保安全”专项行动为抓手，扎实推进“农村食品安全”“校园及周边食品安全”、餐饮服务质量提升工程等专项整治行动，累计查办食品安全违法案件224起，罚没款107.01万元，向公安部门移交案件2起。地区299家学校食堂“互联网+明厨亮灶”覆盖率达97.65%，在线率为81%。认真开展食品监督抽检工作，按照计划完成1446批次抽检任务，抽检不合格率为2.7%，地区食品安全状况稳定向好。

【药品安全监管】 2022年，地区市场监督管理局深入贯彻落实药品安全党政同责，推动药品监管能力建设，强化日常监督管理，组织开展疫苗、血液制品、特殊药品、化妆品等专项整治行动，严厉查处违法行为，累计查办违法案件222件，罚没款215.2万元。完成国家药品、化妆品抽样32批次，自治区药品、医疗器械、化妆品抽样94批次，地方品种抽样4批次，不合格批次核查处置率100%。全地区收集上报药品不良反应报告1311份、医疗器械不良事件报告649份、化妆品不良反应报告343份，监测核准5起药械化风险预警信号，有效发挥安全风险预警作用。

【特种设备安全监管】 2022年，地区市场监督管理局深入开展城镇燃气、电梯鼓式制动器、超期未检、燃煤锅炉等专项整治行动，累计查办违法使用特种设备案件17起。跟踪督办3台“违规复燃”淘汰锅炉整改到位，妥善解决沙湾市化工企业特种设备安全隐患突出问题。加快特种设备安全智慧监管系统应用，完成9家液化气站和5家工业气瓶充装站充装质量信息追溯系统建设。检验燃气压力管道297.7千米，校验安全阀635个，检验压力容器、锅炉、电梯等特种设备4700余台（只），完成168台起重机械“双限位”排查治理；电梯打卡维保率保持在95%以上，电梯安全责任险投保率100%。

【产品质量安全监管】 2022年，地区市场监督管理局深入实施质量强区战略，健全完善质量工作协调机制和联席会议制度。开展质量基础设施“一站式服务”，为企业提供9大类33项技术咨询服务，为12家企业解决实际困难22个，节约资金90余万元；建立质量强企三个梯队，组织技术专家为19家企业解决技术难题25项，推动企业提升工业产值360余万元。切实筑牢产品质量安全监管防线，对农资、建材、化肥等17类产（商）品开展专项整治，全年累计抽检254批次，合格率81.9%。开展棉花加工企业基本技术条件核查和“监管护棉”专项整治行动，2021年度棉花公检量达到57.5万吨；2022年度棉花检验量达到44.5万吨。全年未发生“四大安全”责任事故。

【执法工作】 2022年，地区市场监督管理局充分发挥“双打”办的组织协调作用，深入推进“行刑衔接”等机制建设，联合地区公安局制定塔城地区食品药品行政执法与刑事司法衔接工作办法、联席会议制度。召开地区打击侵犯知识产权和制售假冒伪劣商品工作领导小组联席会议2次，开展“铁拳行动”“防范整治养老诈骗”“打击野生动物违规交易”等专项整治行动，办理各类行政执法案件957起，罚没款总计611万元。强化市场公平竞争审查，查办不正当竞争案件20件，审阅各类政策措施文件2984份。

【标准化工作】 2022年，地区市场监督管理局强化检验检测认证监管，推进“新疆品质”区域公共品牌建设工程、“小微企业质量管理体系认证提升行动”，走访调研企业30家，受理咨询服务20人次，5家企业获得质量管理体系认证证书，推进塔城巴什拜羊申报2023年自治区地方标准制修订项目。开展计量单位、定量包装、粮食计量器具等计量专项监督检查，累计检定计量器具41678台件，校准2472台件；立案22起，罚没款2.345万元。率先建立并积极引导县级覆盖地磅、天平、谷物水分测定仪、容重器等4类粮食收购用计量器具的计量标准。

【市场价格监管】 2022年，地区市场监督管理局加强防疫用品、重点民生商品价格监管及涉企、教育、医疗服务、水电气暖等公用事业性价格检查，发放价格提醒告诫函、价格承诺书2000余份，检查经营主体2873家次，立案查处67件，罚没款41.63万元，责令23家菜店整改明码标价不规范行为。检查17家行业主管部门及所属事业单位收费情况，查处1家事业单位超标准收费行为，清退价款4.73万元。受理、反馈各类价格举报投诉46件，确保全地区防疫用品及群众生活必需品价格基本稳定。

【信用监管工作】 2021年，全地区已报送公示企业9858户，企业年报公示率达到92.8%，特种设备企业年报率100%。推进“双随机、一公开”监管常态化，建立部门联合抽查“1+5”工作机制，制定部门联合“双随机”抽查任务145个，完成部门联合随机抽查任务186个，抽查任务同比增长390%；抽取各类市场主体2997户，发现问题并责令整改321户。累计归集公示涉企信息14266条，逐步推行企业信用风险分类管理，对全地区11762户企业进行基础性信用分类。全地区列入经营异常名录累计1003家，列入严重违法失信企业名单累计543家，在市场准入环节拦截失信被执行人任职申请7人，列入严重违法失信名单案件6起。信用修复各类市场主体2030户次，比去年增长16%。

【网络市场监管】 2022年，地区市场监督管理局深入开展“清风行动”、网络护农等网络市场监管执法行动，检查市场主体3507户，查办案件105起，罚没款6.2万元；受理各类投诉举报咨询2578件，已办结2220件，办结率86.11%，为消费者挽回经济损失201.64万元。召开塔城地区消费者协会理事会议1次，组织召开以“凝聚社会力量 共促消费公平”为主题的新闻发布会1次，举行2022年“3·15”国际消费者权益日纪念活动，统一销毁61个大类、122个品种、货值436.64万元的各类假冒伪劣商品。

【广告监督管理】 2022年，地区市场监督管理局强化导向广告监管，对涉及导向问题或社会影响较大的广告内容实施定向监测，清理不良导向广告11条。采取“互联网+”监测方式开展广告监测工作，监测各类广告33485条次，互联网广告监测违法率下降45%；强化农资、医疗美容、教育、金融、房地产等重点领域广告监管，下发责令整改通知书78份，查办广告案件34起，罚款17.4万元。

【知识产权保护】 2022年，地区市场监督管理局健全地、县两级知识产权纠纷调解联动和协同保护机制，深入开展知识产权代理行业“蓝天”专项整治行动，查处知识产权各类案件146起，涉案金额累计57.94万元，罚没款17.08万元，核查非正常专利申请50件。开展知识产权服务“万里行”、专利导航、知识产权质押融资“入园惠企”、地理标志培育等政策宣讲和指导服务工作，全地区商标申请1412件，注册1095件，有效注册量7013件；专利授权量275件，有效发明专利53件；地理标志产品1件，地理标志农产品5件；专利转让20件；成功为2家企业办理知识产权质押融资贷款360万元。裕民县新疆天鼎红花油有限公司被国家知识产权局评定为知识产权优势企业，实现“零”突破；裕民巴什拜羊和无刺红花地理标志产品保护示范区被自治区确定为重点联系指导名录。

【普法宣传】 2022年，地区市场监督管理系统在“3·15”消费者权益日、“4·26”知识产权日、“5·20”世界计量日、“质量月”、“6·9”世界认可日、“10·14”世界标准日、质量认证宣传周、药品安全用药月、实验室开放日等节点，充分利用电视、网络、报刊、微信、微博等各种媒介开展普法宣传活动。严格依法行政、公正执法，严格执行地区行署印发的《塔城地区市场监管领域“两轻一免”清单适用规则》，推行柔性执法和服务先行、执法后置，全年柔性处罚占53%。进一步规范和完善权责清单制度“三级四同”标准化建设，认领地区本级权责清单事项456项，实现同一事项的规范统一。贯彻实施行政执法“三项制度”，累计评查各类案卷1081件，强化执法监督，规范执法行为。建立健全问题线索、案件查处、回访抽查、整改落实等执法检查“四张清单”，落实安全管理、研判会商、执法台账、应急管理等市场监管“四项制度”。

（雷雪岭）

口岸管理

【口岸基础设施建设】 2022年，地区累计投入400余万元，完成货检查验用房查验设备、设施调试和H986道路联通、边检执勤用房、甩挂场接驳区、硬隔离围栏等项目建设，极大的提升口岸货运通关能力。巴克图口岸累计进出口货物34.56万吨，比上年增长64.91%，货值20.67亿美元，增长24.67%，口岸吞吐量突破1990年开关以来最高纪录。

【优化营商环境】 2022年，地区口岸委加强监督指导力度，落实收费目录清单公示制度，引导相关企业进一步精简合并收费项目，进一步降低外贸企业出口成本。5月以来每车通关费用由27500元降至11000元左右，降费幅度达60%；积极协调海关、边检等查验部门，不断优化申报流程，通过上门服务、预约通关、提前查验、开辟“绿色通道”、优化查验流程、快速放行等措施，为企业贸易提供便利服务，每车通关时间效率提高33.3%；为企业排忧解难，专门改建风电设备吊装场地和卡口，开辟大型设备通道等措施，有力保障大型风电设备顺利通关，既解决企业出口难的问题，又扩展出口货物品类，2022年累计出口大型风电设备286车10694.52吨，货值5840.17万美元；及时协调解决企业、服务对象困难诉求，有效化解问题矛盾，书面答复22次，现场接待答复100余次。营商环境的不断改善，通过巴克图口岸开展进出口贸易的企业由最初的6家增加至134家。

【创新通关模式】 2022年，地区口岸委不断创新实施“中方平板甩挂”通关模式的基础上，创新实施界桥交接、货场甩挂、接驳等通关模式，并根据国内、国外疫情形势灵活调整通关方式，进一步提

2022年4月15日，地区口岸委积极发挥职能作用，联合塔城海关、塔城海关缉私分局、巴克图出入境边防检查站、塔城地区图书馆等多家单位，开展国门生物安全宣传教育活动　　　　（口岸委　供稿）

高货运通关量。截至12月底，仅通过界桥交接模式累计出口各类商品车5210辆，货重59878.51吨，货值22500.95万美元。

【跨国电商】　2022年，地区口岸贸易方式有新的拓展，9月30日，按“跨境电商9710直接出口”贸易方式首次出口两票跨境电商货物，实现巴克图口岸跨境电商出口零的突破。截至12月底，累计出口跨境电商506车3304.1吨，货值约10887.24万美元。

（沙尼亚）

塔城海关

【概况】　2022年，塔城海关累计监管进出口货物32.2万吨，比上年增加59.1%。其中进口1.7万吨；出口30.5万吨，增加50.8%。累计监管进出境车辆31234辆次，增长42.3%。

【海关监管】　2022年，塔城海关严格落实进境运输工具、货物、物品“3个100%”机检查验要求，做好安全准入、预警提示工作。开展“国门绿盾2022”行动，巴克图口岸被确定为乌鲁木齐关区动植物检疫防控能力提升示范口岸。牢牢守住安全生产底线，开展“口岸危险品综合治理”百日专项行动，开展双随机巡查及日常巡库，持续做好非洲猪瘟疫情防控工作，统筹推进对出口食品企业、定点加工厂、原料种植基地的监管。

【深化改革】　2022年，塔城海关持续推动口岸外贸保稳提质，制定塔城海关外贸保稳提质推进落实14个方面32项重点任务，加强窗口建设，累计向企业提供政策辅导32次，获地方政府感谢信4封、企业感谢信4封。塔城海关报关厅获评一星级全国青年文明号集体。自口岸恢复通关以来，首次开展进口业务，签发检验检疫证书1811份，原产地签证546份，签证准确率100%。服务国家重点发展战略，推进新疆自贸试验区塔城片区申建，提交自贸试验区复制清单建议3条；助力新疆塔城重点开发开放试验区建设，走访塔城重点开发开放试验区建设施工现场、产业链重点企业，组织开展企业座谈会3次，解答企业疑难问题34个，向地方提出意见建议7条。持续做好风电设备中转出口工作，采取“吊装+甩挂”模式，确保69米长风电叶片顺利通关。持续做好宣讲和政策研究工作，赴地方组织开展专题讲座，惠及地区各级单位1000余人。紧盯边民互市转型发展工作，参加地方互市复市推进会26次，全程参与总署统一版边民互市系统测试，形成测试报告2份，测试用例24个，在全疆率先应用海关总署边民互市贸易管理系统开展落地加工“整进整出”实单测试，实现地方平台和总署系统的全流程对接融合。全年新增监管作业场所面积17784平方米，进一步扩大辖区互市交易能力。

（郭一兰）

金融业

银行业

·综　述·

【概况】　截至2022年年末，塔城地区有17家银行业金融机构，212个网点，其中政策性银行1家、国有大型银行7家、农村中小金融机构10家。

辖区银行业资产总额1126.48亿元，比年初增长13.95%；负债总额1075.99亿元，比年初增长13.91%；各项存款余额931.31亿元，较年初增加116.54亿元；各项贷款余额676.40亿元，较年初增加65.29亿元；全年实现净利润9.39亿元，比上年同期增加1.36亿元；不良贷款余额14.76亿元，不良贷款率2.19%，较年初下降0.19个百分点。总体来看，辖区银行业运行总体平稳，风险可控。

【服务塔城重点开发开放试验区建设】　2022年，塔城地区银保监局以强化金融供给、提升金融服务、推进金融创新为三大支柱，切实发挥金融支持试验区建设的引擎作用，以塔城重点开发开放试验区为丝绸之路经济带的重要支点，深化与中亚国家的合作，促进沿边地区经济发展。着眼整体规划布局，主动对接靠前发力。引导辖区金融机构紧密配合试验区指挥部建设规划，累计开展现场调研、项目对接、专题推进会42次，深度解金融需求，积极向上级行争取政策支持。通过建立专班团队、调整贷款审批权限、开辟“绿色通道”等举措推动融资保障、网点布局等金融服务取得突破性进展。瞄准重点领域项目，金融供给精准赋能。引导辖区金融机构围绕构建“一核、两廊、三区”总体布局，紧盯铁路、公路、水利等重点民生项目，通过发行地方政府债券、产业投资基金、银团贷款、PPP项目等模式有力撬动信贷资源，有效激发金融服务新动能。立足对外开放战略，金融服务提质增效。引导辖区金融机构依托边境口岸区位特点与“巴克图口岸经济带”区位优势，紧扣边民互市贸易、外贸企业发展、口岸基础设施等发展规划，加强与海关、税务、物流等部门信息共享，创新推出“跨境贷”“出口退税贷”等融资产品，持续提升金融向西开放水平。

【金融服务】　2022年，塔城地区银保监局以建立健全城乡融合发展体制机制和政策体系为切入点，优化县域金融资源配置，深化农村信用体系建设，积极探索银行业保险业服务乡村振兴有效途径，推动沙湾市全国金融服务乡村振兴创新示范区创建取得进展。鼓励当地金融机构结合特色农业产业、涉农产业链、县域内产业集群发展优势，创新推出“新棉通”“小微企业‘玉米贷’”“农机具贷款”“农贷通”等27个涉农信贷产品，推动将辣椒、番茄、豆角等特色优势农产品保险纳入地方财政补贴范围，以创新金融产品为发力点，助推特色农业产业高质量发展。引导当地银行业金融机构充分利用好沙湾市乡村振兴大数据中心农村产权交易数据库，依托“信易贷”平台，健全农村信用体系，以加快推进普惠金融数字化发展进程为突破点，全面提升乡村振兴综合金融服务水平。

【防范化解金融风险】　2022年，塔城地区银保监局以习近平总书记关于金融工作的重要论述内容为重点，正确认识和把握服务实体经济和防范化解金融风险的关系，沉着应对各类风险挑战，坚定不移推动辖区经济高质量发展。突出监管主责，汇集涉棉贷款风险处置合力。针对国际政治冲突及行业市场价格波动延伸引发的棉花贷款违约风险，坚持积极主动作为，多次深入金融机构、收购企业实地走访调研。主动向地方党政沟通汇报，联合成立涉棉领域风险工作专班，联动人行、发改委等部门召开棉花收购贷款风险化解专题会，向银保监会副主席梁涛带队的国务院第九督导组专题汇报辖区棉花领域风险处置状况，有力形成内外互动的风险处置机制。强化前瞻预警，未雨绸缪做好玉米收购贷款风险防控。进一步增强监管工作的前瞻性、有效性，有效应对2022年玉米收购价格持续上涨的潜在风险，通过实地调研、专题会议、风险提示等方式督促各银行业金融机构理性放贷，及时召开审慎监管约谈会议，累计下发风险提示6份，约谈高管37人次，督促各承贷机构根据市场情况合理调整自筹资金和信贷资金比例，确保信贷资金安全、玉米收购平稳有序。构建协同机制，主动出击防范负面舆情风险。强化与人行、地方金融监管部门信息共享及监管协同，联动地方纪检监察、公检法司等部门建立案件协作、专家咨询等机制4项，针对乌苏市某派出所对辖区居民在河南村镇银行存款或购买金融产品情况排查，敏锐察觉潜在负面舆情风险，及时向地区行署领导进行专题汇报，提请乌苏市政府提前做好应急准备，督促乌苏利丰村镇银行及其主发起行做好存款数据监测。

（李树元）

·中国人民银行塔城地区中心支行·

【支持地方经济发展】 2022年，中国人民银行塔城地区中心支行积极践行金融使命，强化与地方党政领导、职能部门、金融机构的协调对接，提高金融支持实体经济力度。截至2022年年末，塔城地区本外币各项存款余额956.69亿元，比上年同比增长16.35%；各项贷款余额673.54亿元，增长10.77%。认真执行普惠小微贷款增量奖励政策，准确执行普惠小微企业减息1%标准，为企业有效“输血供氧”。探索民营企业支持新模式，成功推动全疆首笔民营企业保租房项目贷款落地。出台28条金融支持乡村振兴举措，乡村振兴金融服务能力显著提升。开发特色“护边贷”产品，有效缓解护边员在农业生产、子女就学以及住房改善等方面的困难。扎实推进保交楼工作，指导金融机构向4个已售逾期难交付住宅项目发放贷款2090万元，推动房地产行业风险化解。拓宽企业融资渠道，采用“跨境风参”方式从境外融入低成本人民币资金1.5亿元，首次实现辖区企业外债签约资金落地。

【防范化解金融风险】 2022年，中国人民银行塔城地区中心支行金融风险防范能力持续提升，以央行评级、早期纠正为切入点，实施6~7级机构能力提升工程，切实做好金融风险防范化解工作。印发《存款类金融机构异常集中取款专项应急预案》和《中国人民银行塔城地区中心支行金融机构突发事件应急预案》，有效开展应急演练，为应对突发金融风险奠定坚实的基础。联合塔城银保监分局建立金融业监管协同机制，不断增强政策协同，形成监管合力。联合塔城地区财政局、银保监分局和融资担保公司印发《塔城地区中小微企业政银担风险补偿实施方案》，增强金融机构抵御风险的能力。成立推进电信网络诈骗和跨境赌博“资金链”治理专班，开展涉案账户管控及买卖账户惩戒措施落实情况核查，有效遏制非法金融活动。

【优化金融管理服务】 2022年，中国人民银行塔城地区中心支行高质量助力试验区建设，牵头成立金

2022年3月15日，中国人民银行塔城地区中心支行在塔城人民广场开展“整治拒收人民币现金　保护消费者合法权益”金融知识宣传活动　（周凌月　摄）

融支持中国（新疆）自由贸易试验区建设工作专班，为新疆自由贸易试验区金融创新研究及制度创新意见建议18条，联合地委组织部制定金融支持试验区人才政策。不断提升金融外汇对高水平对外开放的服务质效，实现外汇结售汇网点在塔城重点开发开放试验区全覆盖。完成全疆首单边民互市落地加工“整进整出”实单测试，创新优化跨境人民币结算流程，实现首笔互市贸易以跨境人民币形式对外支付。继续深入推进农村支付服务环境建设，建成银行卡助农取款服务点539个，农村综合金融服务示范点41个。联合地区法院召开2022年度塔城地区金融纠纷多元化解工作推进会议，开展“共建诚信社会”“金融为民”等志愿服务活动，建立“银校共建”合作机制，推动金融法治和金融宣传教育工作走深走实。

（张欣甜）

·中国农业发展银行塔城地区分行·

【经营概况】 2022年，中国农业发展银行塔城地区分行投放各类贷款60.24亿元，同比多投放13.17亿元；各项贷款余额115.25亿元，比上年初净增21.03亿元，中国农业发展银行塔城地区分行贷款规模首次跃过“百亿”，在地区银行业金融机构中居第1位。实现账面利润121万元，FTP利润3622万元，完成全年目标任务的242%。日均存款余额20.55亿元，增加6.42亿元，完成全年净增目标任务的207%。2022年塔城分行绩效考核被评为优秀，内控评价等级行为A级。

【履行主责主业】 2022年，中国农业发展银行塔城地区分行稳定发挥粮棉收购资金供应主渠道作用，累放粮食收购贷款7.16亿元，夏粮收购贷款4.80亿元、秋粮收购资金2.36亿元；坚定不移支持棉花产业不动摇，向6家棉花企业投放新棉收购贷款13.38亿元。积极落实“藏粮于地、藏粮于技”战略，重点营销落地乌苏市、沙湾市、托里县4个土地流转项目。累计投放产业类贷款23.20亿元，完成全年任务9.27亿元的250.27%；产业类贷款净增16.14亿元，完成全年任务5.53亿元的291.86%。紧密对接乡村振兴建设融资需求，加大帮扶贷款投放力度，实现易地扶贫搬迁后续扶持贷款“零”突破。累计投放巩固拓展脱贫攻坚成果同乡村振兴有效衔接贷款36.56亿元，完成全年任务20亿元的182.80%；累计投放易地扶贫搬迁后续扶持贷款3000万元，完成全年任务2000万元的150%；围绕自治区“稳粮、优棉、强果、兴畜、促特色”发展思路和十大重点产业发展，累放农业产业类贷款45.98亿元，比上年增加4.43亿元。倾力支持农业农村建设，投放城乡一体化、水利建设等基础设施贷款投放，累计投放城乡一体化贷款2.88亿元，完成全年任务1.50亿元的192%；累计投放水利建设贷款5.01亿元，完成全年任务1亿元的501.10%。服务生态绿色发展，支持绿色信贷项目7个，审批金额9.02亿元，贷款余额5.72亿元，比上年新增0.85亿元。同时，向兵团投放贷款0.88亿元，居金融同业前列。此外，努力做好普惠金融服务，投放普惠小微企业贷款0.41亿元。

【风险防控管理】 2022年，中国农业发展银行塔城地区分行贯彻全面风险管理要求，开展风险隐患大排查，摸清“延缓风险暴露”的问题底数，制定一企一策风险化解攻坚行动方案，加大风险贷款和风险基金化解处置力度，2022年年末，全辖保持无不良贷款。同时，深入推进合规文化建设，开展“内控合规建设年”和“合规护航发展”文化月活动，选优配齐5个县级支行“三合一”专员，进一步激发全行“人人事事讲合规、时时处处防风险”的行动自觉。

（谭鎏鹂）

·中国工商银行股份有限公司塔城分行·

【经营概况】 2022年，中国工商银行股份有限公司塔城分行下设3家一级支行、7家物理网点（含分行营业部），累计上缴各类税款2800多万元，累计发放各类贷款30.57亿元，较好的履行社会责任，展现国有商业银行的担当。

【服务实体能力】 2022年，中国工商银行股份有限公司塔城分行与辖内医院共建智慧门诊项目，运用互联网技术开展便民就医服务，为患者就医提供全流程智慧服务。积极搭建教培云平台，助力解决教培主管部门在教培资金监管上的难题。申请开办“新疆银担塔城个体工商户小额信用贷款”及“兴农塔城甜菜贷”等特色场景贷款项目，为辖内特色产业发展增添动力。加大对承接重点开发开放试验区及巴克图口岸建设的地方国有企业的支持，提高授信额度；首创“跨境贷”融资产品，满足区域内外贸客户的融资需求。全面落实自治区困难企业恢复发展若干政策措施，积极向制造业、文化旅游、餐饮住宿等受疫情影响较大行业企业发放贷款，加大对受疫情影响的小微企业支持力度，通过中长期贷款、展期、续贷、还款宽限期等方式为企业缓解困境。

【服务群众】 2022年，中国工商银行股份有限公司塔城分行派5个“访惠聚”驻村工作队下沉村队开展驻村工作，开展“金融知识进农村”活动，通过入户宣讲《中华人民共和国消费者权益保护法》《中华人民共和国民法典》等知识，引导帮助村民识别电信诈骗、举报非法集资、巧辨真假钱币、保护个人信息、安全使用账户等方面的金融常识，为群众分忧解难，打通服务群众“最后一公里”，多支工作队和多名工作队队员被评为优秀集体和优秀个人。

（岳　钰）

·中国农业银行股份有限公司塔城分行·

【经营概况】 截至2022年年末，中国农业银行股份有限公司塔城分行本外币存款时点余额142.83亿元，比年初增加22.15亿元，存、增量市场份额均居同业（五大行，下同）第一；存款日均余额123.62亿元（本外币，含同业），增加17.36亿元，存、增量市场份额均居同业第一。

累计投放各项贷款63.76亿元（不含信用卡），比年初增加6.02亿元，投放额为历年最多，其中农户贷款投放16.27亿元，投放量系统内排名第一。贷款余额76.93亿元，比年初增加16.22亿元，存量市场份额居同业第一。

实现中间业务收入0.52亿元，市场份额提升0.86个百分点。综合绩效考核系统内排名第三，与上年持平。

【服务实体经济】 2022年，中国农业银行股份有限公司塔城分行积极推进三农业务。结合塔城地区区域种植特点，依托“新棉通”“新粮通”两项拳头产品，累计投放农副产品收购贷款24.45亿元，其中玉米收购贷款10.79亿元，棉花收购贷款13.66亿元。锁定“五大领域”重点客群，紧盯驻塔央企分子公司承建的基础设施、能源保供、清洁能源等领域，累计为交建云塔、华能、华电、国网能源投放贷款5.34亿元。量身定制服务方案，为招金北疆、新宏基办理贴现1.5亿元；通过上下协同联动营销，投放首笔农村集体经济组织贷款20万元、设备更新改造贷款205万元、出口商票融资贷款77万美元，落地首笔“进口押汇+外汇买卖+远期购汇”融资组合产品26万欧元。加大普惠金融服务力度，普惠小微企业贷款余额7.05亿元，较年初增加1.69亿元，增速高于各项贷款增速7个百分点，“两增两控”全面达标。全力为市场主体纾困，为1.9亿元贷款实施延期、设置宽限期等政策支持，惠及1230户小微企业和个贷客户。主动让利实体经济，新发放贷款平均利率比上年下降42BP（基点），减免各类收费超过59.96万元。

【支持乡村振兴】 2022年，中国农业银行股份有限公司塔城分行主动对接地区行署乡村振兴工作部署，调整优化信贷结构，重点推进粮食安全、乡村产业、乡村建设三大营销行动，优先保障信贷规模，实施调查审查审批“三优先”，贷款投放成效明显。截至年末，县域贷款余额76.93亿元，比年初增加16.22亿元，增速达26.72%，高于新疆分行平均增速2.94个百分点；农业贷款余额32.72亿元，比年初增加8.15亿元，增速达33.16%，高于新疆分行平均增速7.2个百分点；乡村产业贷款余额37.8亿元，比年初增加9.2亿元，增速达32.18%，高于新疆分行平均增速6.21个百分点；已脱贫县贷款余额14.70亿元，比年初增加4.08亿元，增速达38.36%，高于全国各项贷款增速22.76个百分点。农户贷款实现扩户上量，风险控制逐步稳固。组建农村金融服务团队，推进农户信息建档，全年累计投放农户贷款16.27亿元，已连续三年实现双百收回。优化农贷结构，年末养殖类农户贷款余额6478万元，比年初增加4392万元；农机购置贷款1.35亿元，比年初增加0.43亿元。农户个体工商户贷款1.02亿元，比年初增加0.17亿元。深耕乡村成效突出。布放惠农通服务点260个，惠农通服务点乡镇覆盖率100%，惠农通服务点机具交易笔数15892笔，比年初增长1361笔。

（张梦丽）

·中国银行股份有限公司塔城地区分行·

【经营概况】 2022年，中国银行股份有限公司塔城地区分行实现营业收入14470万元，比上年同期增长6.1%；实现拨备前利润10041万元，增长7.92%；净利润13860万元，增长231.87%。

【业务发展】 2022年，中国银行股份有限公司塔城地区分行顺应当地市场环境，推进普惠金融和乡村振兴，结合当地经济特色，紧密围绕玉米产业链，服务塔城地区经济发展。从农资销售、玉米种植、小型粮食收储产业链着手，形成独具特色的玉米产业链授信模式。2022年围绕玉米产业链累计投放贷款11.16亿元，惠及客户307户。投放农资贷款3600万元，投放种植贷款2.2亿元，投放玉米收储贷款8.6亿元。先后在平台公司、发债资金方面提供全力支持，专项债开户24个，累计挣揽发债资金4.26亿元。

【风险管理】 2022年，中国银行股份有限公司塔城地区分行抓好全面风险管理改革落地实施，健全全面风险管理治理架构，制订“风险管理与内部控制委员会章程”。加强三道防线协同管理，有效制衡协同，形成管理合力。加快智能风控应用与推广，加强风险信息共享，为重点业务和目标客户精准画像，尽可能做到风险早识别、早监控、早预警、早处置。提升风险管理主动性和前瞻性，主动查找风险管理薄弱环节，通过上下联动先后处理平安塔城，棉花收储等几个行业风险较大的业务，较好保证塔城分行资产质量。加强风险文化建设，运用宣导、培训、检查、整改、问责、奖惩等手段加强风险文化建设和传导，让风险管理深度融入企业文化和员工行为。

【授信业务发展】 2022年，中国银行股份有限公司塔城地区分行条线发放5.99亿元绿色金融贷款，支持当地绿色金融及基础设施建设。试点线上签约模式，截至12月末累计为107户个体工商户核定授信总量2457.1万元。积极参与试验区建设，完成边民互市首单“整进整出”汇款9.46万元，同时累计为六家外贸公司办理线上结汇和汇出汇款业务18笔，金额82万美元。

（刘　虎）

·中国建设银行股份有限公司塔城地区分行·

【经营概况】 2022年，中国建设银行股份有限公司塔城地区分行一般性存款时点余额创历史新高，达73.5亿元，比年初新增15.52亿元，增速26.77%，日均余额58.84亿元，比年初新增6.19亿元，增速11.76%；分行各项贷款余额60.49亿元，比年初新增5.82亿元，增速10.65%。其中对公贷款余额41.68亿元，比年初新增2.4亿元，增速6.11%；个人类贷款余额12.93亿元，比年初新增3.31亿元。其中个人消费贷款余额1.74亿元，新增0.74亿元。

分行主营业务收入1.81亿元，增速5.16%，账面利润1.14亿元，增速3.51%，中间业务净收入0.43亿元。

【金融服务】 2022年，中国建设银行股份有限公司塔城地区分行普惠贷款余额5.78亿元，比年新增1.84亿元，计划完成率135.1%，普惠客户比上年新增899户。金融科技融智赋能，为某集团搭建裕农快贷产业链平台和“数字玉米”平台，其中某集团“数字玉米”平台入选农业农村部办公厅2022年全国农业社会化服务典型名单，为推动农业社会化服务快速发展贡献建行力量。住房租赁实现突破，将乌苏市某公司161套保障性租赁住房项目落地，投放金额480万元；公租房房源导入2.36万套，房源配租2.16万套，配租率91.40%，增房源动户1126套，在线交易笔数金额分别为1873笔，426.15万元。金融助力乡村振兴，全面落实乡村振兴“一号文件”，构建金融服务与乡村振兴互通新渠道。个人支农贷款4.76亿元，新增1.74亿元。在秋收资金行动中，投放贷款15.24亿元，均为历史最高水平。

（伊帕热亚）

保险业

【概况】 截至2022年年末，塔城地区有17家保险机构，153个网点，其中人身险公司7家，财险公司10家。辖区保险业资产规模91.46亿元，较年初增长14.05%；有效保额1.62万亿元，比上年增长26.35%；原保险保费收入30.89亿元，增长7.69%；累计赔付支出12.23亿元，增长12.66%。总体来看，辖区保险业发展较为稳健，风险保障能力持续提升。

【保险业发展】 2022年塔城地区保险业总体运行平稳，保险行业稳步发展。2020—2022年，辖区保费收入由27.3亿元增长至30.89亿元，涨幅13.15%，资产规模由85.27亿元增长至91.46亿元，涨幅37.62%。保费收入、市场规模均稳步提升。赔付支出由9.77亿元增长至12.23亿元，涨幅25.15%，提供风险保障由0.86万亿元增长至1.82万亿元，涨幅112.17%，风险保障、赔付能力持续提升。满期给付0.9亿元，退保率1%，均保持稳定，风险可控。以重点领域改革为突破，助推实体保障民生。分局持续加强监管引领，多措并举持续推进辖内车险综合改革工作、农险高质量服务乡村振兴、人身险回归保障本源。辖内车均保费下降263.2元，车均保额提升61.5万元，消费者获得感显著增强。车险综合费用率下降19.42个百分点，综合赔付率提升21.65个百分点，各项关键经营指标均优于全疆综合水平，车险市场进一步规范发展。辖内种植险覆盖率均达80%以上，粮食作物基本实现全覆盖，农险单位保额提升363.23元，户均赔款增加960.86元，农险提质提标效果明显。同时成功开办棉花、玉米、生猪、甜菜价格“保险+期货”业务，为全辖提供0.63万亿元的价格下跌保障，赔付0.7亿元，有力助推农户稳收增收。辖内意健险产品供给和保障水平不断提升，全辖在售产品数量增长35.28%，已售单均保额增幅达86.26%。辖内城乡居民、城镇职工大病保险覆盖人数逐年增加，2022年累计覆盖82.25万人，赔付金额0.45亿元。

【保险业监管】 塔城银保监分局强化机构监管、行为监管、功能监管、持续监管，在风险有效防控前提下，持续推动保险行业健康发展。一是强化党建引领，加强保险公司党的领导和基层党组织建设，发挥党建引领作用，以发展党员为抓手增强党建基础力量。严格落实“一岗双责”制度，严格落实“三会一课”制度，切实发挥党委把方向、管大局、促落实的领导作用，推动业务发展与党的建设深度融合。二是以属地监管为基础，构建行业有序发展格局。由于塔城行政、经济区划的复杂性，辖内多家保险公司分支机构呈现经营区划和行政区划不一致、跨区管理的特殊局面。为确保对全辖保险机构实施有效管理，监管事权下放后分局主动作为，通过日常督导、行业座谈、走访调研等方式，推动全辖20家机构按照行政区划划转经营管理区域，切实提升属地监管有效性，做到不留一个监管死角。三是坚持服务实体经济为导向，全力落实企业纾困、稳增长一揽子政策措施，加大民生领域的保险支持力度。夯实业务发展质量，开展市场调研，实行业务精细化管理，提高经营管理水平，增加保险产品供给和保险覆盖人群。四是以风险处置为主线，持续防范化解金融风险。在加强日常风险监测分析的基础上，开展反保险欺诈、农险异常数据核查、应付未付保单清理、“清虚提质”中介机构巡查等多项风险处置专项行动，累计排查线索1500余条，清理应付保单7000余件，引导退出保险专业中介机构1家，精准“排雷”化解风险。同时，抽调1人进驻辖内天安财险督导接托管对接工作，并建立24小时应急值班制度和信息专报制度，确保平稳过渡、稳定经营，期间未出现集中退保等风险事件。五是坚持“人民至上”理念，扎实做好消保工作，化解投诉纠纷，积极解决消费者正当合理诉求，充分保障消费者的知情权，提高保险赔付工作效率，提升保险服务满意度。强化监管工作配合，加强与监管部门及地方政府部门的沟通联系，及时汇报监管政策落实情况，统筹做好民生保障、安全生产、案件防控等工作。

·中国人寿保险股份有限公司塔城分公司·

【概况】 2022年，中国人寿保险股份有限公司塔城分公司深入贯彻落实集团公司“两稳两控五提高”工作思路及总公司“三抓三强三稳”工作主线，围绕年初制定的保六争A工作目标，克服疫情带来的重重困难和考验，沉着应对激烈的市场竞争，攻坚克难，砥砺前行，发展态势稳中向好，各项工作达成年度预期。

截至2022年12月31日，中国人寿保险股份有限公司塔城分公司总保费预算目标76645.96万元，达成82712.67万元，达成率为107.92%，比上年增长9.67%，全疆排名第一；长期险首年标准保费预算目标3471万元，达成3500.93万元，达成率100.86%，增长-9.26%，全疆排名第一；长期险首年期交保费预算目标10391万元，达成12854.45万元，达成率123.71%，增长9.16%，全疆排名第一；10年期及以上首年期交保费预算目标3391万元，达成4273.83万元，达成率126.03%，增长13.41%，全疆排名第四；大短险预算目标3904万元，达成3689.81万元，达成率94.51%，增长-2.10%，全疆排名第六；政策性健康险保费收入11800.12万元。寿代产业务共实现保费收入2159.97万元，达成年度预算102%，增长22.24%，全疆排名第九。

【服务宣传工作】 2022年，中国人寿保险股份有限公司塔城分公司统筹特色活动完成率不断提高，累计活动参与55516人次，二星以上客户增值服务覆盖率89%，三星级以上客户增值服务覆盖率103.42%。中国人寿保险股份有限公司塔城分公司在机场、火车站、报纸及地方网站持续发布公司宣传文案，公司品牌形象得到进一步提升。

（雷艳丽）

·中国人民财产保险股份有限公司塔城地区分公司·

【概况】 截至2022年12月31日，中国人民财产保险股份有限公司塔城地区分公司实现全险种签单保费收入6.81亿元，比上年增长11.58%，年度计划完成率103.8%。

2022年，中国人民财产保险

股份有限公司塔城地区分公司为2万余名访惠聚工作队人员、维稳力量提供安全保险，为19万机动车辆、368家生产企业提供安全生产责任风险保障，累计提供风险保障12665536.79万元。

【农业保险及理赔】 2022年，中国人民财产保险股份有限公司塔城地区分公司承担农险风险保额73.5亿余元，参保面积达到29.076万公顷，支付各类赔款34909.4万元，受益农户达到2.56万户，有效的发挥社会“稳定器”的作用。

2022年，塔城地区自然灾害、病虫鼠害频发，造成公司承保的小麦、棉花、玉米、甜菜、油菜、葵花等农作物不断遭受损失，报损面积较大、涉及农户较多。公司立即响应启动大灾应急预案，累计抽调各部门与各县市工作人员220人次，组织查勘110辆车次配合受灾县市开展查勘定损工作，对发生的灾害快查、快处、快赔，保证在最短的时间将赔款兑现给受灾农户，保障老百姓的核心利益不要受到损失，保障地区社会稳定和长治久安，确保经济和生产的稳定。

（孔志勇）

·中华联合财产保险股份有限公司塔城分公司·

【保险业务】 2022年，中华联合财产保险股份有限公司塔城分公司保费收入总额29534万元。财产险完成1310.73万元，增速为0.47%，低于行业4个百分点，市场份额49.7%，比上年减少2个百分点。责任险完成1056.29万元，增速为14.08%，低于行业2个百分点，市场份额23%，增加1.8个百分点。意健险实现保费收入2686万元，增长-5.26%，增额-149万元，意健险增速低于行业7个百分点，市场份额32.3%，其中意外险增速低于行业3.62个百分点，市场份额35.1%，健康险增速低于行业8.15个百分点，市场份额37.1%。农险保费16487.96万元，增速为7.49%，低于行业增速16.07个百分点，市场份额21.67%，减少3.24个百分点。车险理赔4594.61万元，财产险理赔809.21万元笔，意健险理赔930.69万元，责任险理赔326.11万元。农险理赔支出12097.35万元。

（何　刘）

【防灾减损】 2022年，中华财险塔城分公司向新疆生产建设兵团第九师捐赠防灾防损费用98.56万元，和布克赛尔蒙古自治县捐赠16.8万元，支付乌苏市、沙湾市气象服务费用7.5万元，支持塔城地区开展防灾减灾工作。

（王　蕊）

【创新承保险种】 2022年，中华财险塔城分公司在兵团第九师首次开展生猪“保险+期货”业务，在与各家期货公司签订好生猪价格指数保险的各项合同后，于5月出单生猪价格指数保险，承保团结农场生猪数量5800头，保费83.39万元，提供风险保障1292.26万元，拓展保险+期货业务范围，推动期货模式高质量发展。

（王　蕊）

【农险理赔】 2022年7月1日、7月13日塔城沿山地区连续骤降两场冰雹，给新疆生产建设兵团第九师一六四团、一六六团、一六七团、一六八团多个连队的农业生产带来较大损失，受灾作物主要有小麦、玉米、向日葵、甜菜、红花，初步预估受灾面积0.467万公顷。灾害发生后，中华财险塔城分公司总经理室高度重视灾害情况，立即向九师政府相关部门进行汇报，并与九师领导，相关部门实地查看受灾情况。对灾害情况初步了解后，分公司立即成立查勘应急小组，对灾害进行详细的安排部署，调集查勘车10辆，查勘人员22人，用时3天完成此次查勘工作，最终确定赔付面积0.33万公顷，赔付金额976.26万元，发挥农业保险风险保障作用。

（王　蕊）

2022年10月，中华财险塔城分公司响应助力乡村振兴，申请项目资金38万元，用于帮扶塔城市也门勒乡沃布逊村开展乡村建设工作　（王蕊　供稿）

科学技术

综　述

【科技引领作用】　2022年，地区实施创新型企业建设，提升企业核心竞争能力，立项地区本级科技计划项目16个，地区本级指导性计划项目18个，落实本级项目资金30万元、吸引社会资金65.54万元；立项自治区级科技计划项目130个，落实项目资金3728.5万元；征集2批次厅地联动重点研发任务32项，落地3项，实现地区重点研发任务零的突破；申报自治区“天山英才”项目25项；申报“揭榜挂帅”项目3项；完成10项技术合同认定登记，技术合同成交额523万元。进一步优化科技创新环境，完成2项科学技术奖励提名。加快推进“塔城科技大市场”建设工作。地区科技局多次就“塔城科技大市场”建设工作与塔城市召开推进会，工作有序推进。

【科技支撑重点任务】　2022年，地区进一步提升企业创新主体地位和核心竞争力，塔城地区现有自治区级工程技术研究中心5家，通过“科技部火炬中心”入库科技型中小企业24家。完成8家高新技术企业2021年度高新技术企业专项资金申报工作。地区召开国家高新技术企业创建推进会和调度会，实行台账管理、做到日报告、周调度，2022年申报高新技术企业19家，新认定16家，比上年增长340%，地区高新技术企业总数达到28家。加强搭建塔城创新创业服务平台，“辽望塔”众创空间、乌苏市智合农业众创空间已成功备案为自治区级众创空间，塔城地区自治区级众创空间数量达到4家，申报新型研发机构1家、自治区级星创天地1家、自治区技术转移机构1个、自治区技术创新中心2家。

【发挥“双创”引领作用】　2022年，地区营造创新创业氛围，举办

新疆维吾尔自治区科技进步奖
证书
为表彰自治区科技进步奖获得者，特颁发此证书。
获奖成果：新疆草原蝗虫暴发机理及监测预警技术研发与推广应用
主要完成单位：塔城地区蝗鼠测报防治站
奖励等级：一等奖
奖励年度：2021年度
新疆维吾尔自治区人民政府
2022年4月20日
证书编号：KD20210056

2022年4月，塔城地区蝗鼠测报防治站获自治区科技进步奖一等奖　　（科技局　提供）

新疆维吾尔自治区科技进步奖
证书
为表彰自治区科技进步奖获得者，特颁发此证书。
获奖成果：新疆草原蝗虫暴发机理及监测预警技术研发与推广应用
主要完成人：刘程才（排名第十一）
奖励等级：一等奖
奖励年度：2021年度
新疆维吾尔自治区人民政府
2022年4月20日
证书编号：KG20210178

2022年4月，塔城地区蝗鼠测报防治站刘程才获自治区科技进步奖一等奖（排名第十一）
（科技局　提供）

第八届塔城地区创新创业大赛，经自治区按名额比配，塔城地区有8家企业入围自治区行业赛、4家企业入围自治区半决赛、1家企业入围国家赛。线上举办塔城地区第一届乡村振兴专业赛，组织报名企业30家，进入地区赛企业26家，有3家企业入围自治区总决赛。

【科技进步环境建设】 2022年，地区科技局遵循“自愿申请、部分资助、突出重点、就高不就低、不重复资助”的原则，制定《塔城地区关于推进赋予科研人员职务科技成果所有权或长期使用权的管理办法（试行）》《塔城地区激励科技人员创新创业政策暂行办法》等政策办法。

【科技人才队伍建设】 2022年，地区科技局实施农业科技创新体系建设，推进现代农业科技支撑发展，围绕《创新驱动乡村振兴发展专项规划（2018—2022年）》，落实塔城地区“三区”人才项目资金60万元、基层科技管理人员及科技特派员培训项目资金54036元、自治区科技报告制度培训13000元；完成2020年自治区科技特派员农村科技创业行动项目验收工作。科技特派员和农业科技园区工作取得新成效，按照自治区科技厅相关工作要求，3名科技特派员获新疆科技特派员制度实施20周年表彰、塔城地区科技局被评为优秀组织单位。2022年，2家国家级农业科技园区生产总值47.66亿元、利税0.76亿元、新入驻企业188家、孵化企业总数16家；已挂牌运营的2家自治区农业科技园区生产总值0.473亿元、利税0.3367亿元、新入驻企业4家、已孵化企业总数10家。

【科技援建工作】 2022年，地区科技局与沈阳市、鞍山市和本溪市15家重点企业、高校、科研院所进行招商洽谈，以科技项目支撑产业发展、打造科技服务平台、制度创新引领新格局、探索人才培养新路径、强化科技对接新模式、构建科技援疆新保障等6方面20条为突破口，制定《塔城地区行政公署、辽宁省科学技术厅“十四五”科技援疆框架协议》《2022年度科技援疆工作实施方案》。

【科学技术普及】 2022年，地区开展“科技之冬”系列活动，组织地区科普专家讲师团12名专家，深入各县市开展“科学大讲堂”，培训36场次，发放各类科普宣传品、宣传材料13000多册，受训农牧民2000人次；播放科普视频35期、“科普塔城”广播节目5期开展各类科技培训94场次，培训农牧民6000多人次，发放各类科普宣传品和资料2万多册。加大科技培训力度，开展地区科技局业务“大培训”12场次、知识测试4次，结合自治区科技厅培训12场次，累计培训相关人员608人次。成功举办“全国科技活动周”活动，根据科技部统一安排部署，2022年科技活动周以“走进科技，你我同行”为主题，地市两级有60余家成员单位参加活动，各县市利用一周的时间通过科技进校园、进乡村、进军营，举办相关活动107场次、承办科技部活动任务2个、开放科普馆26个、开放科研机构1个、线上线下参与群众10790人，在全社会营造良好的科学普及氛围。组织参加自治区科普讲解大赛，与地区科协联合推荐4名最美科技工作者；推荐4名科技工作者参加全国科普讲解大赛；与地区科协联合举办首届创新方法大赛，6个单位获奖。

【考察调研活动】 2022年，塔城地区科技招商引资推介会在沈阳举办，辽宁省援疆前指党组书记、总指挥、塔城地委副书记李勇，辽宁省科技厅副厅长安锦香出席会议并致辞，推介会上塔城地区科技局与辽宁省农业科学院科技服务部签订“十四五”科技援疆协议。塔城地区科技大市场与东北科技大市场签订科技大市场战略合作协议，并落实科技大市场援疆到位资金1000万元。

（苟小霞）

气象服务

【气候概况】 2022年，塔城地区光热条件好于常年，降水地区大部较常年偏少，农牧业气象年景为正常年景。地区大部气温较常年略高至偏高；降水除裕民略偏多外（偏多5%），其他县市较常年不同程度偏少，偏少幅度4%～38%；冬季最大积雪深度地区大部较常年偏薄。开春期、终霜期地区大部偏早；初霜期、入冬期地区大部偏早。塔城地区平均气温：塔城市9.6℃、额敏县9.5℃、裕民县9.1℃、托里县8.1℃、和布克赛尔蒙古自治县5.1℃、乌苏市9.7℃、沙湾市9.6℃。

2022年，塔城地区总降水量（毫米）：塔城市242.9毫米、额敏县243.9毫米、裕民县331毫米、托里县194.5毫米、和布克赛尔蒙古自治县100毫米、乌苏市156毫米、沙湾市203.2毫米。

【气象灾害】 2022年，塔城地区受北方南下冷空气和西南暖湿气流的共同影响，11月19日夜间至28日，塔城地区大部出现前期强降雪、后期强降温天气。去冬今春塔城地区大部积雪接近常年偏薄，1月麦区积雪深度维持在20厘米以上，2月有10厘米以上积雪覆盖，气象条件对冬小麦安全越冬较有利。

冬季出现的寒潮大风暴雪天气，对部分牧区牲畜放牧采食产生不利影响。

4月23日夜间至26日夜间，受两场冷空气活动影响，塔城地区大部出现明显降水天气过程，塔城地区大部普遍出现小到中雨，局部大到暴雨。累计降水量：额敏县32.5毫米，裕民县24.5毫米，托里县20.3毫米，塔城市17.7毫米，沙湾市6.2毫米，乌苏市4.4毫米，和布克赛尔蒙古自治县2.2毫米。地区大部偏高，冷暖波动大，出现阶段性低温和回寒天气的可能性较大；春季作物播种期间，地区大部高温、少雨，气象条件有利于作物的早播及出苗，春季气象条件对冬小麦生长、牧草返青生长较为有利；春季后期地区北部多大风天气，对春耕、春播的进度及已出苗作物生长有些影响。春季牧区气温偏高，山区降水偏多，气象条件对牧区牧草返青、牲畜转场、产羔育幼有利。

夏季气温偏高、降水偏少，特别是6月出现两场持续高温天气对冬麦灌浆、春玉米开花吐丝、棉花开花授粉及花铃生长有些影响。地区大部气温偏高、降水偏少，天然草场受气象干旱胁迫，牧草长势下降。

秋季前期气温偏高、降水偏少，气象条件对春玉米灌浆、成熟收晒及棉花裂铃吐絮有利；10月气象条件对冬小麦播种出苗及苗期生长有利；11月中旬后期，地区陆续进入封冻期，冬小麦停止生长，冬麦区普遍有10厘米以上的积雪覆盖，有利于冬小麦的安全越冬。秋季前期高温、少雨，对秋季牧业转场影响不大。

2022年，地区气象局对辖区自动气象站进行全面维护（地区气象局　提供）

【气象防灾减灾能力提升】 2022年，地区气象局开展精细化气象服务业务，推动建立以预警信号为先导的全社会应急联动机制，重大气象灾害预警信息直达应急管理指挥中心，构建防灾减灾的第一道防线。及时发布重要气象信息、节日专项天气预报、重要天气提醒、行业气象服务专报、“春运”专项天气预报、实时气象服务报告、中期天气预报信息、一周天气预报、突发气象灾害预警信号等各类气象服务材料。预警信息准确率87%，其中暴雪、冰雹预警准确率为100%；召开多次气象灾害多部门联合会商，启动5次重大气象灾害应急响应。9月塔城地区气象台针对裕民县境外火灾，连续跟踪服务，制作塔城地区卫星遥感火情监测4期、火情监测气象服务专报4期，滚动订正提供裕民县境内气温、风速、风向预报，同时通过外网风云四号卫星天气应用平台中火情（热点）监测产品，实时为应急及消防部门提供境外火情情况图片10余张。

做好2022年决策气象服务工作，印发《2022年塔城地区气象局决策气象服务周年方案》，提高决策气象服务质量；继续做好重大活动、重要事件及重要时间节点的气象服务工作，完成春运气象服务、春季气象服务和高考气象服务等工作；持续开展汛期、“三夏”气象服务，严格落实值班值守制度，严格落实“叫应”服务制度，对重大、突发强对流等致灾天气实时监控。

【气象装备保障业务】 2022年，地区气象局牢牢把握气象工作关系生命安全、生产发展、生活富裕、生态良好的战略定位，对标监测精密、预报精准、服务精细的要求，地面观测业务数据可用率、业务可用性、传输及时率达到考核指标；无网络安全事件；全面完成自动气象站建设、改造、升级等任务。

【农业气象服务助力乡村振兴】 2022年，地区构建区地县三级为农气象监测预报服务业务体系，全地区现有农业气象观测站3个、自动土壤水分观测站7个、农田小气候和作物长势实景观测站7个，积累多年的监测资料。适时发布当地作物的农气预报，开展直通式服务。

（赵荣窈）

地震监测

【防震减灾】 2022年，地区地震局积极发挥防震减灾工作联席会议办公室作用，加强与各县市和地区抗震救灾指挥部（地区应急管理局）的协调沟通，联合印发《2022年塔城地区防震救灾和抗震救灾工作要点》《塔城地区2022年地震监测预报和震害防御工作要点》，制定《塔城地区健全完善防震减灾救灾体制机制的实施意见》，不断加强防震减灾工作落实力度。积极主动做好塔城地区地震应急预案修订工作，督促指导县市、各部门结合实际修订地震应急预案。4月底至5月初，组织各县市特别是乌苏市、沙湾市开展防震减灾综合演练。在应急演练中，通过地震应急演练检验预案时效性，熟悉各部门职责，确保在地震灾害发生时能够快速应急处置。为今后塔城地区开展防震减灾应急演练、提高防震应急处置能力积累宝贵经验，提供示范指导。完善防震减灾工作体系，将原有的两个前兆观测站机构整合，从县市和地直部门选调4名干部充实局机关和下属事业单位，进一步优化机构设置和人员编制。

2022年5月12日，地区地震局走上街头开展防灾减灾日宣传活动

（卞邵博　摄）

【科普教育】 2022年，地区地震局持续开展防震减灾法律法规、应急避险自救知识、第五代《中国地震动参数区划图》科普宣传“六进”活动，将地区防震减灾科普教育基地命名为青少年实践教育基地，适时组织党员干部、学校师生、基层群众等进行参观，切实提高党员干部、普通群众、青少年的地震科普知识水平和防灾自救能力。通过线上线下多种形式开展宣传活动，累计受教育人数2万余人，宣传活动取得良好的效果。

2022年6月1日，奎屯路社区组织辖区青少年参观防震减灾科普教育基地

（卞邵博　摄）

【监测预报】 2022年，地区地震局牢固树立“震情第一”理念，严格执行24小时震情值班制度，切实抓好震情跟踪，及时核实上报异常，力争作出有减灾实效的预测预报。按照新疆地震工作会议要求，安排部署地区防震减灾和抗震救灾工作。对11月10日乌苏市3.0级地震采取积极应对措施，及时分析上报速报信息。加强地震会商研判，每月初组织召开塔城地区地震监视区震情月会商会议，全年累计召开会商会18次（含7月自治区加密会商8次）。落实地震前兆台站管理制度，定期巡检，严格遵守《塔城地区地震前兆综合观测站巡检工作制度》，每星期三进行巡检一次，遇到特殊情况进行加密巡检，全年进行台站巡检48次，确保前兆台站运行正常。

【震害防御】 2022年，地区地震局抓好地震观测环境保护工作，先后对乌苏市、沙湾市周边3个地下流体观测站、5个强震台、3个基本站、1个泥火山前兆观测点开展地震监测设施和地震观测环境保护巡查保护工作，切实全面提高塔城地区地震监测预报工作水平。

（卞邵博）

教　育

综　述

【概况】　2022年，塔城地区有各级各类学校累计416所，其中幼儿园247所，小学114所，初中33所，高中11所，特殊教育学校1所，中等职业教育学校8所，高等职业技术学校1所，成人高等教育学校1所。

有各级各类学校学生15.80万人，其中基础教育14.42万人（学前教育2.76万人、小学6.53万人、初中3.29万人、高中1.83万人、特殊教育学校127人）；中等职业教育学生0.49万人；高等职业教育学生0.22万人；开放教育在籍学生0.67万人。

有各级各类学校教职工1.76万人，其中基础教育教职工1.70万人（幼儿园0.39万人、小学0.63万人、普通中学0.67万人、特殊教育学校40人）；中等职业教育学校教职工595人；高等职业教育教职工37人；开放教育在职教职工60人。

各级各类学校专任教师1.28万人，其中基础教育学校专任教师1.23万人（幼儿园0.23万人、小学0.47万人、普通中学0.53万人、特殊教育学校37人）；中等职业教育学校461人；高等职业教育学校36人；开放教育专兼职教师54人。

有援疆教师120人。其中中组部选派31人（塔城市1人、额敏县6人、乌苏市1人、沙湾市3人、托里县6人、裕民县3人、和布克赛尔蒙古自治县9人、地直2人）；教育部选派72人（塔城市12人，其他县市各10人）；其他“组团式”选派17人均在塔城高职任教。

【教育经费投入】　2022年，地区教育经费总收入40.51亿元，含国家财政性教育经费39.45亿元（一般公共教育经费32.79亿元，其中教育事业费拨款31.67亿元，基本建设拨款0.81亿元，教育费附加拨款0.31亿元；其他一般公共预算安排的教育经费5.81亿元；政府性基金预算安排的教育经费0.85亿元），事业收入0.65亿元，其他教育经费0.41亿元。2022年教育经费总投入比上年增加5.73亿元，增加16.47%，其中教育事业费拨款增加4.4亿元，增加16.13%。

【校园安全工作】　2022年，地区教育局落实安全生产各项措施。加强对学生的教育网络与信息安全教育，引导学生树立科学健康的用网习惯，培养学生规范、合法网络行为。落实消防安全专项整治三年行动计划，建立验收进度工作周报告制度，已完成中小学、幼儿园235座院落消防标准化管理达标验收工作。联合公安部门建立校园安全防范专班，整治学校周边突出治安问题和治安乱点133处。开展安全知识讲座1000余场次，各类应急处置演练900余场次，完成169所中小学校园安全防护设施加装工作。不断加强国家安全教育，在全地区各级各类学校开设国家安全教育课程，累计课时达1.3万余节；开展贯彻落实国家安全为主要内容的主题征文、手抄报活动1339场次，悬挂横幅、海报（电子屏）300余处，发放宣传资料4500余份，受教育师生达10万余人，学生国家安全观意识得到进一步增强。全力保障校园食品安全，建立市监、卫健、民政、公安等部门联席机制，落实校领导陪餐制度，实施集中采购、索证票据和责任追究制度，开展联合大检查活动，抽查学校食堂36家及校园周边食品生产经营户28家，发现问题23个，对发现问题全部予以整改。地区各级各类学校“互联网+明厨亮灶”系统达96.6%，居全疆前列。全面加强对教育保险工作和涉校险种的组织领导，完成校园方责任保险投保率100%目标。

【国家通用语言文字推广普及】 2022年，地区召开语言文字工作会议，制定议事规则，明确委员单位职责任务，建立国家通用语言文字示范乡镇69个、示范村（社区）662个。积极开展中华经典诵读写比赛等各类活动400余场次，开展各类成果展示活动50余场次，参与人数达20万人次。

【“双减”工作】 2022年，地区坚持落实各项“双减”政策，推进“四级包联”制，对有偿家教和校外培训机构隐形变异、违规培训、依托托育小饭桌开展培训等违规违法培训现象进行监督联防，查处小饭桌兼作业辅导、一对一、一对多等违规培训80余起，有效规范校外育人环境。联合公安、网信、宣传、市监等部门发挥专业力量作用，清理校外培训机构网络公众号广告0.6万余条，校外培训小广告1.5万余处（条）。将非学科类校外培训机构70家（其中由学科类转为非学科类培训机构20家）预收费全部纳入银行监管，资金核验通过70家，通过率100%，支付开通70家，开通率100%，形成培训机构管理科学化机制。

【学生资助】 2022年，地区教育局进一步规范学生资助资金的使用，集中整治学生资助领域腐败和作风问题，进一步促进学生资助工作制度化、规范化、科学化，开展2022年度专项整治工作自查和综合指导检查，累计检查学校25所，反馈学生资助问题20条，已全部整改。建立学生资助资金拨付发放周通报机制，全年免费教科书资助19.76万余人，资金2032万元。截至年底，2022年学生资助到位资金1.52亿元，资助学生14.07万人次，实现控辍保学常态清零。

【教育融合工作】 2022年，地区督促各县市各相关学校签订2022年推进“手拉手”结对互助协议，开展交流活动，打通教育融合发展堵点，提升教育服务能力。全地区在网上办理兵地学籍转接业务215人，网络办结率达100%。各结对互助学校共开展教育教学互助33次，教研交流互助646次，管理互助281人次，人员互助互动69人次，惠及学生5.4万人次。

【教育援疆工作】 2022年，教育系统累计总投入援疆资金0.71亿元，其中投入基础设施建设资金0.39亿元，新建、改扩建学校（园）9所；投入援疆资金0.32亿元，用于提高塔城地区教育干部及教师信息化能力、教学水平、教研能力和整体素养。辽宁省教育领域“小组团式”援疆教育人才赴塔城地区开展援疆支教教师89名。持续实施援疆定向招生计划每年252个名额。

【教育信息化建设】 2022年，地区积极推进“互联网+教育”发展，大力提升教师信息素养，地区已建成中小学班班通3757套，直录播教室275间，计算机2.49万台。通过借助多媒体教学设备开展信息化“专递课堂”，广泛与全国其他省、校开展教育教学交流活动，促进信息技术与教育教学深度融合。

【教师队伍建设】 2022年，地区教育局制定印发《塔城地区教育系统师德师风专项整治实施方案》等多项文件，将师德师风考核和年度考核、职称评定、评优评先、岗位晋升和绩效挂钩，实行违反师德师风“一票否决”制，对违反师德师风行为“零容忍”。梳理师德师风问题20个，已全部整改完毕。将部分不适应教师纳入“人员控制数”实行单列管理，腾出专任教师编制1605个。坚持把教师队伍作为提升教育质量的关键，招聘银龄讲学教师12人，166名高中和中等职业学校教师取得教师资格，培训教师6965人次。做好“三区”人才计划工作，选派31名城镇教师赴农村学校开展支教工作，教师队伍结构得到优化。

【思想政治工作】 2022年，地区扎实推进习近平新时代中国特色社会主义思想和党的二十大精神进课堂、进教案、进师生头脑。全面推进思想政治工作守正创新，遴选思政骨干教师23名，思政名师工作室10个，思政教学能手培养工作室7个。在全疆率先开展专职思政教师达标行动，将专职思政教师比例从40%提高到82%，位居全疆前列。组织95名思政骨干教师赴辽宁培训，常态化组织开展说课、思政教学展示、班主任专业能力素养大赛。加强课程思政建设，组织开展课程思政展示交流活动，促进思政课程和课程思政同行同行。深入落实文化润疆工作，全方位推进青少年“筑基”工程，持续加强铸牢中华民族共同体意识教育，精心组织开展“奋斗者·正青春”“强国有我新征程”等系列主题宣传教育和主题实践活动。先后打造114个特色校园文化阵地，深入推进139所学校与辽宁省中小学结对共建，不断夯实铸牢中华民族共同体意识的思想基础。

【教育教研工作】 2022年，地区教育局持续推进“百名名师、千名教学能手”培养工程，遴选120名研修工作室主持人、成员，形成教研合力，打造地区高质量的学科教研高地。依托135个中小学教学能手培养工作室和25个地区名师工作室开展地区“启航杯”、经典阅读素养等教研活动和学科赛事参赛教师376人次，组织各类学科教师培训，参与教师达2.6万人次。组织开展县市教育教学调研诊断活动，提出针对性的意见建议，提升县域学校管理水平和教育教学水平。

持续开展教学研究活动和教学质量监测，推进课题研究为教学服务，立项课题107项，结题课题80项。地区中考、高考成绩呈逐年上升趋势，2022年，中考平均成绩达到424分，比上年提高16.3分，稳居全疆第6，与第5名差距缩小到个位数。2022年普通类本科上线率比上年提高0.5%，其中一本上线率比上年提高3.2%；单列类考生本科上线率较2021年提高2%，教育质量稳步提高。

（杨　澜）

基础教育

·综　述·

【学前教育】 2022年，地区教育局巩固学前教育普及普惠发展成果。投入支持学前教育发展资金2982万元，新建改扩建2所城区公办幼儿园，新增公办学位540个，对7所幼儿园进行园舍维修和设备购置，学前教育普及普惠得到进一步巩固提升。

【义务教育】 2022年，地区教育局持续推动义务教育优质均衡发展。加大义务教育捆绑联盟和集团化办学力度，组建县域内协作型集团48所，共建型集团7所，全地区参与集团化办学学校147所，义务教育集团化办学覆盖率达100%，地区义务教育优质均衡发展有序推进。

【特殊教育】 2022年，全地区适龄残疾少儿792人，应安置644人，已安置644人（其中普通学校随班就读419人、特殊教育学校108人、送教上门117人），安置率100%。在全地区特殊教育资源教室全覆盖的基础上，新建2个资源中心、1个资源教室。地区教育局联合残联、卫健等部门下发《关于做好重度残疾儿童少年送教上门工作实施方案》，明确各部门工作职责，规范送教上门工作。调整塔城地区特殊教育专家委员会成员，加强对送教上门服务工作的过程管理和业务指导。推荐上报自治区特殊教育专家库1人，遴选上报全国特殊教育教师教学基本功展示和融合教育优秀教育教学案例3个。

【普通高中教育】 2022年，地区教育局持续推动高中阶段多样化办学。落实普通高中招生制度，制定《塔城地区普通高中招生录取方案》，2022年地区普通高中招生现场录取6500人，录取率61.8%，录取工作平稳顺利，得到社会各界的广泛认可。以体育课为切入点，有序推进普通高中选课走班。积极选派运动员参加自治区阳光体育竞赛，其中塔城地区取得自治区中学生足球联赛（高中组）第4名。

【招生与考试】 2022年，地区教育局组织各项考试11项，考生49097名，下半年因为疫情原因，有5项考试（自学考试、教资考试、成人高考、MHK考试、普通话测试）进行延期和停考。组织普通话测试28次，考生9360人，缺考1202人，入级5155人，未入级3003人。通过率为55.1%。

1月7—9日，举行普通高中学业水平考试，共有6658名考生，27535科次。

3月12日，举行全国中小学教师资格考试（笔试），考生691名，5月14日，举行全国中小学教师资格考试（面试），共有101名考生。

4月9日，举行自治区普通高等教育专升本招生考试，考生497名。

4月16—17日，举行全国高等教育自学考试。考生1162人。

5月14—15日，举行中国少数民族汉语水平等级考试（MHK），考生520名，其中三级考生385人、四级考生135人。

5月21日，举行区内初中班入学考试，考生1912名。

6月7—9日，举行全国普通高考，考生8180人，单招录取377人，参加考试考生7803人。

6月18—20日，举行初中学业水平测试（“五考合一”），考生10897名。

7月2—4日，举行高中学业水平考试，考生11184名，29521科次。

（杨　澜）

·第一高级中学·

【概况】　2022年，塔城地区第一高级中学现有在校学生2967名，57个教学班，在职教师265名。随着教育改革的不断深入，学校教育教学质量逐年稳步提升，2022年高考一本上线率67.1%，本科上线率82.3%。学校先后获自治区文明单位、自治区依法治校示范校、自治区德育示范校、自治区普通高中示范校、自治区教育系统先进集体等荣誉。

【德育工作】　2022年，塔城地区第一高级中学始终坚持全面育人办学理念，遵循“德育为先、教学为主”教育规律，以德育教育队伍建设为基础，以德育方法改革为突破口，以课堂教育实践活动为载体，努力提高德育工作的针对性、实效性，构建学校德育工作体系。通过建立家长委员会、学生会发挥家校联系和学生积极参与学校管理作用；通过班主任节、体艺节、科技节、读书节、社团活动、劳动教育，加强对学生的素质提升；落实“五项管理”，保护学生身心健康。

【教学工作】　2022年，塔城地区第一高级中学顺应教育改革发展潮流，形成以国家课程为主、地方课程与校本课程为辅助的多元课程管理模式，开齐开足国家规定课程，坚持以学生为主体的课堂教学改革，推进学案教学，积极开展“蓝青工程”活动，培养青年教师成长，充分发挥工作室职能作用，营造浓郁的教科研氛围。狠抓“双困生”帮学帮扶工作，每年都有一大批学生在各科奥赛中获奖。严格落实“双减”政策和课后服务工作，全方位提高教学质量。

（陈治海）

高等教育

【概况】　2022年，塔城开放大学按照国家开放大学“两级统筹、四级办学”的要求，校党委紧紧依托国家开放大学和新疆开放大学公共服务平台的教学资源，抓好校本部和额敏县、乌苏市、沙湾市、托里县、裕民县、和布克赛尔蒙古自治县等6个县级分校两级办学，校本部和县市分校开设有大专专业37个，本科专业21个，全地区在籍学生6800余人。

【招生工作】　2022年，塔城开放大学完成招生2068人（其中本科710人，专科1358人），超额完成自治区下达任务，获得新疆开放大学招生先进集体称号。

【教育人才培养】　2022年，塔城开放大学主动适应地区经济建设与社会发展对各类人才的需求，稳步发展学历继续教育，发展非学历继续教育，加快转型升级，进一步明确办学定位，提升人才培养能力，提高办学水平，努力建设以促进终身学习为使命、以现代信息技术为支撑、以“互联网+教育”为特征的新型高等学校，积极探索信息技术与教育深度融合背景下的开放教育人才培养模式，不断满足社会成员多样化的学习需求，在促进构建地区终身教育体系和建设学习型社会中发挥重要作用，办学40年来，累计培养大中专及本科各类毕业生3.2万余人，为地区社会稳定、经济建设和社会发展作出应有贡献。

（于　静）

职业教育

·综　述·

【概况】　2022年，塔城地区有高等职业技术学校1所（塔城职业技术学院），中等职业技术学校8所，其中自治区示范性中等职业学校1所（地区中等职业技术学校）、自治区级重点中等专业学校2所（地区师范学校、地区卫生学校）。

【职业教育质量提升】　2022年，地区印发《塔城地区职业教育发展“十四五”规划》，优化职业教育类型定位，健全现代职业教育体系。在办学方向、教育资源、专业建设、产教融合、人才培养、教师队伍、对外交流等方面提质培优，职业教育类型定位更加鲜明，职业学校布局和专业设置更加适应经济社会需求。持续落实未升学初高中毕业生职业教育全覆盖工作，4257人全部进入职业学校就读。优化中职学校27个专业、高职7个专业设置，创建自治区中职品牌3个，与167家企事业单位开展校企合作，应届毕业生初次就业率100%，稳定就业率96%。

（杨　澜）

·塔城职业技术学院·

【概况】　2022年，塔城职业技术学院占地69264平方米、建筑面积14399.13平方米，建设有教学楼、图书馆、培训楼、学术报告厅、食堂、实训楼、宿舍楼、运动场等教学和生活场所；建设机电、汽修、烹饪、钳电焊等实训场所和电工电子等实训室，建立校外实习实训基地64家，在校学生3490人，其中高职学生2207人，中职学生1283人。

【师资队伍建设】 2022年，塔城职业技术学院采取各种措施引进人才、培养教师，促进教师成长。通过绿色通道、事业编招录、调入等方式引进人才21人，37名教师通过地区“双师型”教师认定，34名教师取得高校教师资格证，选派28名教师参加疆内外培训；结合辽宁职业教育的先进办学经验，利用“组团式”援疆教育人才实施“蓝青工程”，27名指导教师与31名青年教师结对，指导青年教师撰写课题申报材料，完成7个专业13门创新观摩课，有效提升教师能力水平。在自治区技工院校教学能力比赛中1名教师获得三等奖；1名教师在地委教工委举办的“四微”大赛，获得第三名；2名教师获得“塔城地区优秀共青团干部”称号。

【专业建设】 2022年，塔城职业技术学院高职开设有“大数据与会计、美容美体艺术、烹调工艺与营养、汽车制造与试验技术、学前教育、畜牧兽医、机电一体化技术”7个专业，新增“计算机网络技术、园艺技术”2个专业，高职专业已达9个。中职开设汽车运用与维修、烹饪（中式烹调）、机电技术应用、美容美发与造型（美容）、酒店管理、会计事务、电子商务、畜禽生产技术、计算机应用与维修、汽车钣金与涂装10个专业。

【教学工作】 2022年，塔城职业技术学院科学规范做好教学计划、师资配备、教学管理、考试测试等教学环节的管理，实施“线上线下”混合教学，完成高职50个教学班级、中职39个教学班级的教学工作任务和680名中职学生岗位实习工作；全面实施国家通用语言文字推广工程，244名学生获得普通话等级证书；推进课程建设，超星学习通平台建设73门课程。

打造学院“大学生创新创业基地”，在自治区大学生创业计划竞赛中，学院报送的“小蜜蜂研学园”项目获银奖；开发校外岗位实习企业，签订21家企业为校外实习基地，推进现代学徒制和校企合作双元育人机制；成立办学顾问委员会，推动学院形成产教良性互动、校企优势互补的发展格局。与沈阳工程学院国家大学科技园、大北农集团、新疆金风科技、联通公司、额敏县恒鑫实业有限公司（国家级新疆飞鹅保种场）等企业开展双创基地建设、联合办学，实施前中后期订单式培养，实现引校入园区、入企业，引企入校共建二级学院，推动学院体制机制创新。

【教研工作】 2022年，塔城职业技术学院组织申报教育部、自治区和地区的课题8项，其中1项自治区级课题、2项地区级课题已予以立项，申报的教育部全国教育科学规划其他类别课题通过自治区评审；申请专利发明2项、计算机软件著作权1项；31项校级教研课题开展中期检查；印发《科研项目管理办法》《科研项目立项和结题管理办法》等制度，推进教科研工作制度化；完成中职“1+x”三个工种的职业技能等级初级工申报工作，教科研能力稳步提升。

【思政教育一体化建设】 2022年，塔城职业技术学院构建思政课程—课程思政—专业思政—学校思政一体化育人机制，按照师生比配备15名专职思政课教师；6名领导干部上讲台讲思政课，指导学生讲述《民族区域自治好》思政课被选入国家认定青梨派线上平台；72名学生参加“青年马克思主义者培养工程”，用马克思主义中国化最新成果武装团员青年；注重学生党员发展，吸收1名学生为预备党员；加强征兵宣传，11名学生应征入伍；组织开展“校园文化艺术节”、中国共产主义青年团成立100周年文艺活动、经典诵读、演讲比赛、体育赛事等活动，搭建青年学生才艺展示平台，提高学生人文修养。在自治区“声动新疆”经典诵读云比赛活动中，获“最佳组织奖”称号。4名学生获“塔城地区优秀共青团员”称号。

【招生就业】 2022年，塔城职业技术学院组建中高职招生小组，以实地宣传、微信发布、发放招生简章等方式广泛开展招生宣传工作，招录新生1053人，其中高职750人，中职303人。塔城职业技术学院高度重视毕业生就业工作，联系用工单位60余家，举办小型企业招聘洽谈会6次，2022年179名中职毕业生，初次就业率达97%。

【职业教育社会化服务】 2022年，塔城职业技术学院承办地区第一届职业技能竞赛，38名师生获奖，其中一等6个、二等奖14个、三等奖16个、优秀奖2个；选派30名专业教师赴塔城市、托里县、裕民县、乌苏市、和布克赛尔县指导县市开展技能大赛；开展初、中级各工种的鉴定工作，4771人通过技能认定组织开展技能服务进社区活动，宣传学院专业建设，提升学院知名度；实施社会化驾驶员培训，503人取得驾驶证，培训工作得到社会的认可；完成1215人在校生创

2022年，辽宁省高职教育援疆团队专门支援塔城职业技术学院，专业涵盖7个新办专业。图为辽菜大师毛景海教授给烹调专业学生上创新教学观摩课 （王婷 摄）

业培训，在地区创新创业大赛中，取得一等奖1人，二等奖2人，优秀奖1人的好成绩，其中一个项目入围自治区的创新创业大赛。

【受援工作】 2022年，辽宁援疆团队结合辽宁职业教育的先进办学经验，指导塔城职业技术学院制定发展方向和办学定位，制定学院“十四五”规划、马克思主义学院、智慧校园、国际交流部建设方案。构建现代高职学院治理体系，建立教育教学基本组织机构。积极参与专业建设，全面修订7个高职专业人才培养方案；指导青年教师撰写课题申报材料，在“蓝青工程”中，主动指导青年教师20余人；17名援疆教师与26名学生结对认亲，深入推进各民族师生交往交流交融；推动产教融合、校企合作办学之路，与辽宁、疆内企业联系，建设校企合作大师工作站1个；与辽宁轨道交通职业技术学院、锦州师范高等专科学校等6所高职学院建立长期合作交流关系。塔城职业技术学院和锦州师专以云端形式共同开启两校职业教育活动周仪式。

（任佩煜）

·地区师范学校·

【教师队伍建设】 2022年，塔城地区师范学校拥有一批高学历、素质过硬、结构合理的专业教师队伍，有教职工127人，专任教师107人，其中研究生占16%，本科及以上学历占90%，幼儿教育、美术、音乐、体育相关专业教师占40%。

【教研工作】 2022年，塔城地区师范学校全面加强师德师风建设，教师173人次参加赴辽宁、自治区级信息技术、音体美等课程新课标、“同上一堂思政课”“数字化赋能民族地区职业教育高质量发展”、全国“暑期教师能力提升”等线上线下培训；开展以老带新、传帮带的“蓝青工程”，组织全校22名教师参加校级名师、骨干教师选拔工作，并评选出7名名师和4名骨干教师。

【德育工作】 2022年，塔城地区师范学校完善《塔城地区师范学校教材管理制度》《塔城地区师范学校教材教辅征订工作实施方案》等制度，确保教辅材征订规范性；加强教学业务管理，严格检查教学计划、教案、作业；加强校内实践教学和校外实习实践教学。依据课程设置，严密组织一、二年级校内实习基地的认知实习和跟岗实习，三年级的校外跟岗实习；组织2019级53名学生的普通话水平测试的报名；开展“雅言传承文明 经典浸润人生”第十届故事大赛等活动。

【招生与就业】 2022年，塔城地区师范学校招生宣传工作通过多渠道的方式进行，使用抖音、微信制作招生宣传片，印制招生简章4000余份，先后赴4个县3个市进行现场招生宣传，通过微信、QQ网上报名。招生录取学生累计695人。直升专49名优秀毕业生推荐疆内6所院校并被录取。报考“三校生”295人，通过召开现场招聘会及就业指导，组织学生参加各类招聘工作。自主就业就业率95%。

【改善办学条件】 2022年，塔城地区师范学校的环境和基础建设在随着学校的发展不断完善，建设完成学校宿舍楼、浴室、食堂等项目，部分已经投入使用，改善学生的生活环境。申请2500万元建设资金，新建综合教及附属设施建设项目，其中包含四层教学楼及学术报告厅，并对学校老旧地下管网全面升级改造，该项目的落地实施，极大的改善地区师范学校的教育教学环境及师生的生活学习环境。

【幼儿园工作】 2022年，塔城地区师范学校投入50万元资金完善幼儿园后堂电气化配置及配电箱等设施。坚持做好师生晨午检工作，完成幼儿常规体检，每月一次安全教育，开展防疫、防震、消防安全演练。结合季节、节日各班开展庆六一帐篷音乐节、中秋汉服节、“喜迎二十大 我为国旗增光添彩”等主题活动；在大班毕业之际，与塔城市第二小学手拉手开展幼小衔接和大班毕业旅行活动。

【培训工作】 2022年，塔城地区师范学校统领培训工作全局，以寒暑假继续教育培训为中心，以服务于社会培训为辅，完成4期培训任务，累计培训781人次，其中学校职能范畴内的培训1期、培训353人次，3期社会培训、培训428人。

（尹丽华）

2022年5月22日，乌苏职业技术学校开展校级技能大赛 （任佩煜 供稿）

·乌苏职业技术学校·

【概况】 2022年，乌苏职业技术学校不断深化产教融合、校企合作，采取线上线下招生相结合，全年完成招生415人，282名学生在26家企业顺利顶岗实习，196名毕业生中180名就业、14名考入大专院校。

学校实训基地设施完善，专业涉及加工制造、交通运输、电子与信息、文化艺术、旅游服务5大类12个小专业。学校积极开展“校企合作、产教融合、工学结合”的人才培养模式，与60余家疆内外企业建立合作关系。先后组织160名师生参加自治区职业技能大赛，3名学生代表自治区参加全国职业技能大赛，累计110名师生获得自治区级以上奖项。

【教育教学工作】 2022年，乌苏职业技术学校不断改善办学条件，完成330万元烹饪实训中心设备采购项目。选派9名教师参加自治区“双师型”教师线上培训，2名教师赴辽宁参加“双师型”教师培训，同时，成立地区级数控车技能大师工作室1个，以点带面，以赛促学，积极为师生成长搭建平台，学校成功举办第四届校级技能大赛，设置23个参赛项目，学生参与率100%；承办地区第一届职业技能竞赛暨新疆第一届职业技能大赛塔城地区选拔赛数控车及电工组的竞赛；组织教师参加第三届新疆技工院校教师职业能力大赛，学生参加塔城地区学生创新创业大赛。

（庄 磊）

·地区卫生学校·

【优化办学条件】 2022年，地区卫生学校坚持把学校的发展作为重点工作大局来把握和谋划，申报500万元护理、医学检验专业实训基地两个项目，改善地区卫生学校实训条件；积极争取地区和乌苏市的支持，投入资金260万元实施校园消防整改工程；加强协调对接，理顺财务问题，落实解决拖欠资金183.48万元，并全部投入到办学条件改善上。

【法治教育工作】 2022年，地区卫生学校依法贯彻党的教育方针，严格执行国家规定的教育教学标准，健全完善各项校内各项管理制度，依法规范教学、考核、评审、财务和学籍管理，健全依法治校的管理体制。把学生的法治教育纳入课程教学和思想政治教育的重要内容来抓，制定普法和法治教育计划，开展形式多样、内容丰富、讲究实效的法治教育活动，邀请法治副校长来举办法治讲座，让法治宣传教育“进课堂”“进教材”“进头脑”，累计组织开展“法治讲堂·法治宣传教育基层行”7次、法治宣讲进校园活动2次、宣传教育650人次，使法制教育真正内化为学生知法懂法守法的自觉行动。发挥工会和教代会作用，推进校务财务公开，实施民主管理，自觉接受监督。严格按职能程序办事，做到规范化、科学化、透明化、具体化，有效调动广大师生“知校情、议校事、监校务”的积极性和主动性。

【校园安全工作】 2022年，地区卫生学校强化网络安全教育、安全防范和应急避险知识，增强师生消防安全意识，开展“国家安全日”宣传教育活动，开设国家安全教育课程，组织19个班级开展线上主题班会，全体师生履行维护国家安全责任义务的自觉性进一步增强。健全学校安全工作各项规章制度，完善各项应急预案和制度，定期检查和日常防范相结合，对涉及学校安全保卫的各项工作都做到有章可循，违章必究，不留盲点，不出漏洞。签订2022年度安全生产及消防责任书、平安建设责任书、一岗双责责任书54份，明确工作职责，责任到人。每月召开安全生产研判会，全年未发生各类安全生产事故。落实《教育系统安全生产三年专项行动》各项工作，开展校园隐患大检查12次，发放整改通知书共20份，及时更新更换安全指示灯及消防栓贴纸、维修消防栓等，将安全隐患杜绝在萌芽之中。狠抓校园食品安全，加大安全教育力度，增强师生防范意识。常态化开展应急、消防、地震、防暴恐等演练8次、疏散演练8次。实施校园消防整改工程，在地委领导的协调和乌苏市的支持下，对学校4栋校舍建筑物进行消防改造。

【课程思政建设】 2022年，地区卫生学校强化课程育人，开足开齐思政课程，发挥思想政治课育人主渠道作用，保证教学时数，加大思政课教研力度，落实校领导听评和讲思政课制度，真正用习近平新时代中国特色社会主义思想铸魂育人。以“专业思政”为集成点，推进专业教育与思政教育深度融合。发挥课程思政的渗透作用。深度挖掘卫生学校各学科专业课程蕴含的思想政治教育资源，以厚植学生家国情怀为主线，将思政教育与各类教育活动紧密结合起来，并利用各种纪念日，开展丰富多彩的校园文化和学生社会实践活动，强化理想信念教育、爱国主义教育、社会主义核心价值观教育。以“队伍思政”为聚力点，推进全员育人与思政教育齐驱共进。配齐配强思政课教师，将思政课教师纳入学校党委理论学习中心组学习范围，思政课教师参加定期召开的意识形态研判会，2022年参加地区思政课教师培训8人次，提升思政课教师的整体素质。以“文化思政”为辅育点，推进文化滋养与思政教育相辅相成。紧扣新时代主题，开展丰富多彩的主题活动，深入推动活动育人。积极落实文化润疆工程，举办“奋斗正青春”演讲比赛，开展国旗下宣讲19次，每天播放时事新闻和红歌传唱，精心组织“十八而志　逐梦青春”2020级成人典礼活动；开展禁毒知识、艾滋病、知宪法、讲宪法、防诈骗等宣传学习650人次，1005名学生参与各类竞赛活动；开展“喜迎二十大，奋进新征程——强国复兴有我”系列教育活动，举办主题班会24场次，参加网络知识答题1054人次，征集小视频38个。以“学生思政”为核心点，实现知识教育与思政教育相得益彰。举行党建知识培训2次，受教学生100余人次，引导青年团员积极向党组织靠拢；开展“开学第一课”教育活动；利用节庆日、纪念日等契机召开主题班会32节；推送心理健康知识，做好学生心理健康知识与自我心理调节技巧的宣传普及；加强家校联系，引导家长关注、关爱每个孩子。

【学生管理工作】 2022年，地区卫生学校加强班主任队伍建设，在完善以班主任为核心的管理团队上下功夫。落实周班主任例会制度，定期召开班主任经验交流会，以班主任经验分享为载体，促进新老班主任“传帮带”，以问题学生教育为案例，探讨学生管理方面的成功经验和做法，不定期分享职业教育名师的教育心得和案例，观看先进班主任大赛视频，促进班主任教育理念和教育方法的转变。加强学生会队伍建设，在学生自我管理上下功夫。通过竞选、审核、公示，20多名优秀学生走上学生会干部岗位，在学校保卫、宿管、核酸采样、早晚自习、各类活动中发挥重要作用，为学生自我管理、自我提高搭建平台。以养成教育为切入点，在学生日常管理上下功夫。重视学生入学教育，使学生明晰红线、底线，做到知行合一。实施班级、宿舍规范管理办法，开展“我的宿舍我的家”文明宿舍评比活动，为学生打造温馨港湾。注重学生五项管理，在营造学生健康成长环境上下功夫。开齐音乐课和体育课，加强社团活动，制定作业管理制度，切实减轻学生过重课业负担；保障学生睡眠，早晚跑操，提升学生身体素质，加强手机管理，使学生更有时间和精力进行文化知识的学习。弘扬榜样力量，在发挥先进典型示范作用上下功夫。举办护理礼仪、技能大赛，写字、朗诵、演讲比赛及各种体育比赛15场次，以活动为载体，让学生在活动和大赛中获得体验、受到教育。加强学生假期管理，在提升教育广度上下功夫。印制《塔城地区卫生学校2022年假期疫情防控承诺书》《2022年假期致广大学生家长的一封信》《2022年学生假期须知》等，对学生进行疫情防控知识教育和防溺水等安全防范教育。

【师资队伍建设】 2022年，地区卫生学校强化“双师型”教师队伍建设。制定《塔城地区卫生学校教师到医院实践锻炼管理办法》，提高教师专业技能水平和实践教学能力，建设专业化“双师型”教师队伍，经自治区教育厅评定，地区卫生学校9名教师达到“双师型”教师标准，占专业教师16人的56%。加强教研团队建设，规范教研活动内容，丰富教研活动形式，使教学研究工作有新的突破。发挥老带新的传帮带作用，通过示范带动，挖掘和培养本校青年骨干教师队伍。不断充实专业教师力量。克服医学专业教师难调、难找现状，积极多方协调，通过事业单位招聘、教师调入等形式，新进护理经验和医学执证教师2名，医学检验教师1名，专业计算机教师1名，语文教师1名，缓解师资力量不足。加强师德师风建设。通过签订师德师风责任书，发放师德师风调查表，开展警示教育、交流研讨、自查自纠，深刻反思剖析、积极整改提高，使教师对相关法律法规的认识力度得到加强，对教师职业道德规范更加明确。多措并举促进教师业务能力提升。通过参加线下线上培训的形式，加大教师培训力度，提升教师教学水平。2021年累计参加线上各类培训120人次，赴辽宁培训5人。47名专任教师全部参加专业课及公需课继续教育。为教师自我提升提供平台，6名教师取得教师资格证书，4名教师分别取得助理讲师、高级讲师任职资格，2名教师申报正高级讲师任职资格。

【办学规模】 2022年，地区卫生学校持续加强教学过程管理，进一步完善教学管理制度，制定《卫校教学行为负面清单及处理办法》，完善教师、教学、学生评价机制，加强教学过程检查和管理，规范日常教学行为，提高教育教学质量。推行“3+2”中高职融通、“三校生”直升专、“1+X”多项技能培训齐头并进的办学模式，促进学校全面发展。与新疆应用职业技术学院合作的“3+2”中高职融通护理专业已上报自治区教育厅审核。组织2019级153名学生返校进行40天护考强化培训。参加“三校生”直升专高考被大专高职院校录取173人，占报名学生320人的54%。加快专业建设，在现有护理类护理专业基础上，申报医学检验技术专业，获批并在秋季开始招生52人。完善《塔城地区卫生学校实习管理工作方案》，与11家医院签订三方实习协议，通过在每家实习医院安排实习指导教师，召开实习教师和班主任例会7次，掌握实习学生思想动态、安全情况、教学状况，持续跟踪指导，及时解决实习过程中出现的问题，提高学生实习质量。完善以国家通用语言文字全覆盖的教育教学体系，加大国家通用语言文字教学课时，以“推普周”活动为载体，开展写字、演讲、诵读比赛活动，营造学习氛围，提高普通话水平和国家通用语言文字应用能力。建立听评课制度，采取集体备课、推门听课、教师听课评课、学生评课等形式，提升教师驾驭三尺讲台的能力。组织25名师生参加地区首届职业技能大赛，学校获优秀组织奖，14名师生分获一、二、三等奖。新修订《塔城卫校国家助学金实施办法》，2022年秋季共招生583人，比上年扩招152人（2021年招录431人），招录护理专业班级10个531人，医学检验专业班级1个52人，使学校在校生数达1225人；2022年累计有156名学生申报国家助学金，1名学生申报国家奖学金。

（真国华）

文化·体育

文化事业

【基础设施建设】 2022年，地区文化体育广播电视和旅游局完善文化阵地建设，投入1000万元实施地区文化中心提升改造二期项目；投资1100万元实施裕民县图书馆续建项目；投资3450万元实施沙湾市文化馆、图书馆新馆续建项目；投资1400万元新建额敏县文化馆项目。

【群众文化活动】 2022年，地区文化体育广播电视和旅游局围绕元旦、春节、清明节及北京冬奥会开幕、五一、七一积极举办系列活动，组织开展“送春联 过大年”“欢乐过大年 喜迎冬奥会——我们的美好生活”秦腔戏曲村晚、诺茹孜节文艺晚会、“喜迎二十大 踏上翰墨润警营”书画交流、“打卡读经典 分享中国年”诵读活动、“名家谈传统文化”讲座及“甲骨文记忆”、中华百部经典出版成果展、“我们的中国梦——文化进万家”惠民演出等文化活动。开展各类群众性文化活动460场次，惠及群众达65万人次。

【精品创作】 2022年，地区文化体育广播电视和旅游局完成“迈向时代新征程 奏响新时代乐章”春节文艺晚会、“诺茹孜节”专题音乐剧“北山爱情”、“古尔邦节”音乐会、“红船”等大型文艺演出活动。歌曲《党啊!伟大的太阳》《丝绸古道 油画塔城》获2022年自治区文艺扶持激励资金；舞蹈《露》《守护》获中国舞蹈世界“千舞抗疫”全国网络舞蹈大赛特金奖，金牌编导奖，金牌组织奖。

【非遗传承保护】 2022年，地区文化体育广播电视和旅游局积极推进国家级文化生态保护区创建工作，《塔城地区文化生态保护区规划纲要》已报文旅部，文旅部非遗司来塔城开展实地调研，对创建工作予以肯定。组织开展“文化和自然遗产日”系列活动——第十届新疆非物质文化遗产周暨锡伯族西迁258周年纪念活动、塔塔尔族撒班节展演活动；持续开展非遗记录工程，拍摄展示非遗文化、春节年味、风土人情的短视频18条。组织蒙古族皮制品、达斡尔族刺绣、汉族剪纸、俄罗斯族踢踏舞、塔塔尔族糕点、蒙古族柳花茶等非遗代表性项目参加对口援疆19个省市非物质文化遗产展，展会期间销售额4.8万余元，观展群众达2万余人次。在全国非物质文化遗产馆藏（展）品征集工作中，塔城地区入选10套（入选件数在全疆各地州第一）。开展非遗传承活动30场次，惠及群众2100人次。

【文物保护工作】 2022年，地区文化体育广播电视和旅游局实施乌苏市巴音沟承化寺修缮项目，完成地区博物馆紧急提升项目和额敏县博物馆（记忆馆）提升改造，对塔城地区19家“小、精、特、专”特色博物馆命名并授牌，塔城市手风琴展馆被命名为首批自治区特色博物馆，文物保护利用实现新进步。持续深挖文物背后故事，制作《遇见红楼》等文物故事展播音视频9个，借助新媒体广泛进行宣介。全地区博物馆免费开放接待人数26万人次、“流动博物馆”巡展174场次，讲活塔城故事有新提高。

（李 垚）

广播电视

【主题宣传工作】 2022年，地区广播电视台紧紧围绕党的二十大、党的十九届六中全会精神、中央经济工作会议精神、经济高质量发展、新疆塔城重点开发开放试验区建设、乡村振兴、疫情防控等主题主线，开设《在习近平新时代中国特色社会主义思想指引下——新时代 新作为 新篇章》《在习近平新时代中国特色社会主义思想指引下——铸牢中华民族共同体意识》《贯彻落实六中全会精神》《迈出新步伐 取得新成效》《直通两会》《新春走基层》《奋进新征程 建功新时代》《牢记殷殷嘱托 建设美好新疆》《二十大时光》《全面深入学习宣传贯彻党的二十大精神》等30余个专栏，集中发稿1600余篇，确保对不同时期重点工作进行全方位、多角度、多层次的宣传报道，做到主题鲜明、重点突出、导向正确。外宣工作有序推进。除常规报道外，地区广播电视台紧跟中央台、新疆台宣传方向、宣传形势，积极与上级媒体沟通协调，对接宣传需求，确保思路清晰、沟通不断、重要条目一条不落。1—12月份，在新疆电视台卫视频道3档新闻栏目播发稿件710篇，新疆人民广播电台新闻栏目发稿395篇，《直播民生》发稿412篇。自办节目特色鲜明。坚持新闻立台，突出舆论导向，办好《塔城新闻》等栏目，制作播发《塔城新闻》（汉语、哈萨克语）365期，《工会在线》《法制讲谈》各12期；积极配合塔城重点开发开放试验区、纪检委、地委党校、科协等相关部门制作专题片20余部，为地区社会稳定经济发展助力添彩，营造浓厚氛围；同时，拍摄完成地区喜迎党的二十大大型文艺演出、“好记者讲好故事”、辽宁省艺术团巡回红色专场文艺演出等各类文艺活动40余场。

【拓宽宣传平台】 2022年，地区广播电视台在原有“i塔城”App、“爱在塔城”微信公众号、“爱在塔城”网站、塔城地区广播电视台官方抖音号四个发布平台的基础上，增加爱在塔城视频号、快手号、西瓜视频、头条号、丝路视听5个平台。各平台创新宣传方式，拓宽宣传领域，突出宣传重点，与传统媒体同步开设专题专栏60余个。截至年底，“i塔城”App用户达到18.3万人，“爱在塔城”微信公众平台粉丝5.8万余人，塔城地区广播电视台抖音号粉丝55.5万人，共发布短视频、图文稿件等各类作品15800多篇，其中“百万+”60余个，“十万+”490余个。与辽宁省广播电视台合作拍摄的思政类特别节目《八千里路英雄情》，播出后得到中宣部肯定。

【安全播出工作】 2022年，地区广播电视台进一步修订完善《地区广播电视台安全播出管理制度》《地区广播电视台广播、电视安全播出应急预案》《地区广播电视台内部网络应急预案》《地区广播电视台机房运行维护管理办法》等各项管理制度，形成用制度管人管事的工作格局。2022年，为迎接党的二十大胜利召开，地区广播电视台严格建立健全采访、编辑、审核、制作、播出等内部管理制度，对所有自办栏目、专题、公益广告等节目播出均严格执行三审三签、重播重审，及时解决发现的问题和隐患，完成党的二十大安全播出保障任务。

【创新创优提升节目质量】 2022年，地区广播电视台组织开展2021年度塔城地区优秀广播电视节目评比活动，收到汉语、哈萨克语、蒙古语3种语言的广播、电视、新媒体、播音与主持、译播、论文等广播电视节目作品276件。选送全地区优秀作品74件参加第三十二届新疆新闻奖评比，获新媒体作品一等奖，实现新疆新闻奖一等奖“零”的突破。

【设备投入】 2022年，地区广播电视台实施广播电台“广电固边”项目，投入600万元对广播系统进行升级改造，确保广播信号的有效覆盖和播出安全。

【哈萨克语译制工作】 2022年，地区广播电视台优质高效完成180集哈萨克语影视剧的译制工作，得到自治区认可。广播电视网上直报统计工作，获国家广电总局优秀集体称号。

（李　垚　陈维强）

塔城日报

【概况】 2022年，塔城日报社出汉文报257期，哈萨克文253期，总发行量32609份，比上年同期实际征订发行量增长680份。塔城零距离推出540期3186条，塔城日报微信推出期105期420条，《塔城日报》哈萨克文版225期1575条，塔城零距离、塔城日报、塔城日报哈萨克文三个微信公众平台分别拥有粉丝239469人、22423人、4079人。

【党的二十大宣传】 2022年3

月起，塔城日报社围绕“奋进新征程　建功新时代”主题，开设“奋进新征程　建功新时代”等栏目，以全媒体报道方式，展现新时代发展成就，刊发稿件400余篇（条）。10月8日起《塔城日报》连续七期推出“奋进新征程　建设新时代”——喜迎党的二十大特刊（五十六块版面），从光辉历程、非凡十年（行业篇、县市篇）、不忘初心、千帆竞发、大美塔城、追梦之旅七大版块，重点报道党的十八大以来地区在各方面取得的成就，塔城零距离微信平台发布“塔城日报重磅推出特刊喜迎党的二十大”长图，为党的二十大胜利召开营造浓厚的社会舆论氛围。塔城新闻网、塔城零距离、塔城日报微信阅读量30多万人次。

【宣传习近平总书记重要讲话重要指示精神】　2022年，塔城日报社采取喜闻乐见的方式，全方位、多形式、多层次宣传习近平总书记重要讲话精神，做到各平台、各语种全覆盖，推动总书记重要讲话精神深入人心。开设“牢记殷殷嘱托　建设美好新疆”专栏，记者深入基层一线，推出综述和反响。网站、新媒体开设“习近平总书记和新疆各族人民心连心”专题，摘取总书记重要讲话“金句”，分不同主题、不同系列制作多语种的海报、短视频等新媒体产品。《塔城日报》各媒体累计推出相关稿件400余篇（条）。

【宣传冬奥会】　2022年，塔城日报社加大冰雪经济、迎冬奥系列文体活动报道力度，通过图文、微信、网络等立体传播渠道，全面展示地区各族群众迎冬奥精神风貌。《塔城日报》推出“一起向未来　北京冬奥会特刊”，版面近50块，刊发当地冰雪运动稿件68篇，刊发冬奥赛事稿件及相关稿件38篇，塔城新闻网、塔城零距离推出“我在新疆迎冬奥”专题稿件49条。

【全国两会宣传报道】　2022年，塔城日报社各媒体及时转载中央、自治区媒体关于全国两会的重点稿件，转载转发《政府工作报告》等会议重要报告、决议。全国两会期间，《塔城日报》推出专版35块，累计刊发《十三届全国人大五次会议在京开幕》《新疆代表团审议政府工作报告审查计划报告预算报告》《闵晓青代表：破解设备“老龄化”短板　打通信息化教育“孤岛”》等稿件100多篇。

【乡村振兴宣传】　2022年，塔城日报社各媒体开设“抓好两统筹　实现开门红”“在习近平新时代中国特色社会主义思想指引下——高质量发展”“重点开发开放试验区之进行时”等专栏，推出《我区高标准农田建设项目陆续开复工》《地区旅游项目有序开复工》《5亿元基础设施基金落地塔城》等稿件。开设“在习近平新时代中国特色社会主义思想指引下——乡村振兴”专栏，先后推出《沙湾市：现代农业　阔步前行》《托里县：小康路上　幸福欢歌》《裕民县：花样旅游　富裕民间》《支部引领前进村阔步前进》等乡村振兴的综述稿件，树立榜样的力量，讲好“乡村故事”。

（刘　斌）

档　案

【概况】　2022年，地区档案馆坚决贯彻落实习近平总书记对档案工作作出的重要批示，努力实现“四个好”（保管好、利用好、记录好、留存好）、“两个服务”（服务党和国家工作大局、服务人民群众）目标任务，围绕中心、服务大局，凝心聚力、主动作为，认真履职、勇于创新，全面扎实开展档案的收集、整理、接收进馆和提供利用等各项任务，确保档案安全，优化档案服务，提升开发利用水平，为全地区经济社会发展提供优质高效的档案服务。

【法治建设】　2022年，地区档案馆围绕“八五”普法宣传教育规划工作，强化档案法治思想，举办各类档案业务培训，深入讲解新修订的《中华人民共和国档案法》；通过庆祝“6·9”国际档案日，举办以“宣传总体国家安全观、档案法　喜迎二十大”为主题的书法作品展，参观人数达820余人。塔城地区广播电视台、《塔城日报》等多家媒体进行报道，为党的二十大胜利召开营造浓厚热烈氛围；此外地区档案馆通过向参观者免费发放档案创意文化产品“小凉扇”，扩大档案法宣传效应。

【档案资源建设】　2022年，地区档案馆深入推进档案资源建设扩面提质，制定年度档案移交接收计划，依法对地直单位到期档案应收尽收。2022年接收17家地直单位到期档案1307卷32542件、照片11件、实物4件；持续抓好党史学习教育、疫情防控档案、脱贫攻坚档案的指导、收集工作。完成精准扶贫专题档案828件、疫情防控专题档案1069件和党史学习教育专题档案4628件的收集整理和接收进馆工作及专题数据库建设；加大对地直单位档案人员培训力度。2022年结合档案业务工作实际需要，采取线上、线下多种形式举办文书、会计、疫情防控、党史学习教育等各类培训、实操10次，培训人员230余人；为加强地方特色档案资源建设，拓展档案资源收集范围。为更好地抢救、保护散存于社会、具有保存价值的档案资料，面向社会广泛征集各种门类、各种载体档案接收进馆，丰富馆藏种类，确保馆藏总量再增长。

【档案利用服务】 2022年，地区档案馆健全档案开放审核机制，规范档案开放工作流程等各环节，依法推进档案解密和开放审核工作规范化制度化常态化。2022年对中共塔城地区委员会、塔城地区行政公署等52个全宗1986—1996年的馆藏档案进行鉴定，对属于开放范围的6312卷（永久1908卷、长期4404卷）档案履行开放审批手续，依法开放；着力转变观念，多途径方便、满足人民群众的档案信息和档案文化需求，制定《塔城地区档案馆档案开放实施细则》，持续优化档案利用环境，简化档案利用程序；创新查档服务举措，接入全国档案查询服务平台，为全国档案利用者开展电话、手机、网络预约查档服务，2022年以来累计提供利用429人次、5553卷（件）、复印3349页、拍照1000张、摘抄29条。查档群众满意率明显提升，多次收到查档群众的口头及书面感谢；深入挖掘红色档案资源，拓展档案工作领域，讲好中国共产党的故事、讲好新时代的中国故事。举办馆藏珍档、历史记忆——老物件展等档案展览、陈列，收集展出展品近200件。开展《档案资政》信息简报编撰工作，为打造爱国主义教育基地，不断推出具有塔城特色、塔城品牌的档案文化精品奠定良好基础。

【档案信息化建设】 2022年，地区档案馆持续推进数字化档案馆建设，加强档案信息平台建设，积极争取项目经费，极大的改善基础设施建设硬件设施；强化信息化、数字化建设，按照“存量数字化、增量电子化”战略实施计划，继续抓好馆藏档案数字化加工和接收党史学习教育等移交进馆档案数字化，逐步建立以档案数字资源为主导的档案资源体系，提升电子档案在档案资源体系中的占比。截至年底，已完成数字化扫描18个全宗824卷5517件112323页。

【档案安全】 2022年，地区档案馆完善利用档案库房安全管理制度及自然灾害和突发事件的应急预案，重大节假日前对档案的库房安全、档案保管保护情况、档案实体安全情况开展排查，逐项排除安全隐患。全力开展馆藏档案大清查工作，累计清查档案167卷1265件，对密级、字迹褪变、受损等情况进行登记，为保护抢救打下坚实的基础；为加强档案信息安全的管理，健全档案数据安全管理制度，制定应急预案，确保档案信息资源安全；做好档案库房日常管理，定期做好温湿度登记、出入库登记，实施开展馆藏档案紫外线空气消毒工作全覆盖紫外线空气消毒、库房通风等工作，努力提升档案管理、抢救、保护科学化、规范化水平；推进馆库建设，按照档案基本特征，新增光盘库、特藏库和实物档案室，排列上架实物档案723件。

（米丽·阿曼）

体　育

【项目建设】 2022年，塔城地区争取到中央预算内资金、自治区专项资金及地方配套资金共8136万元，全部投入各县市用来建设体育场地、完善各类体育设施以及支持各类体育场所免费或低收费向社会面开放。

【群众体育】 2022年，塔城地区开展各级各类体育赛事共300余场次，参与人数累计8万余人。举办塔城地区首届旅游文化艺术季之“塔联杯”系列体育赛事及首届塔城地区“职工杯”文体活动，裕民县首次与新疆广汇篮球俱乐部签署战略合作协议，借助“飞虎男篮”品牌效应，以体育赛事促旅游、促农业、促商贸等。

【竞技体育】 2022年，塔城地区代表队在自治区年度比赛取得金牌19枚、银牌27枚、铜牌48枚的好成绩；在2022年新疆维吾尔自治区第十届少数民族传统体育运动会上，塔城地区代表队获得一等奖4个、二等奖17个、三等奖15个。奖牌数量从上届的24枚增加到36枚，同时塔城地区代表队还获得体育道德风尚奖；自治区体育局对工作中作出突出贡献的一批先进单位和先进个人进行表彰，其中塔城地区5个单位和4人受到表彰。塔城地区和布克赛尔蒙古自治县江格尔文化旅游节暨那达慕大会和乌苏市沙力搏尔搏克“金腰带”争霸赛入选2022年中国体育旅游精品赛事；裕民县巴尔鲁克体育旅游线路入选2022年中国体育旅游精品线路。

【体彩销售】 2022年，塔城地区全年销售体育彩票1.82亿元，完成全年任务的117.72%。

（李　垚）

卫生健康

综　述

【卫生资源概况】　2022年，塔城地区各级医疗卫生机构1008家，其中各级医院29家，卫生院82家，社区服务中心7家，社区服务站25家，村卫生室659家，妇幼保健院8家，疾控中心8家，卫生监督所8家，门诊部6家，诊所176家。医疗卫生专业技术人员4843人（在编），其中高级职称822人，中级职称907人，初级职称2843人，其他271人；医疗卫生机构实有床位5350张（核定编制），每千常住人口医疗卫生机构床位5.75张。执业（助理）医师（在编）1896人，注册护士（在编）1592人，每千常住人口执业（助理）医师2.04人、注册护士1.71人。

【爱国卫生工作】　2022年，地区定期召开爱国卫生运动暨城乡环境整治现场观摩会和工作推进会，安排部署爱国卫生工作，助力疫情防控。对各县市环境卫生整治工作进行暗访纪实并对整改情况进行“回头看”，暗访纪实片在《塔城新闻》栏目播出，各县市、各部门（单位）累计11万余人观看。

医药卫生改革

【医药卫生体制改革】　2022年，地区卫健委制定2022年度深化改革工作要点，印发《塔城地区深化医药卫生体制改革2022年重点工作任务》。持续推进公立医院综合改革，推动公立医院高质量发展，印发《塔城地区推动公立医院高质量发展实施方案》。2022年医疗服务与保障能力提升（公立医院综合改革）补助资金1616万元，全地区执行率100%。

【县域医疗建设】　2022年，塔城地区召开紧密型县域医共体建设工作推进会，对2022年医共体工作进行安排部署。各县市按照年初工作部署要求，多措并举，完善县、乡信息化建设，成立组织架构，推进

2022年12月3日，地区人民医院援助乌苏市抗疫医疗队平安凯旋

（王建华　供稿）

县域医共体建设。

【医疗资源融合】 2022年，地区卫健委制定发展工作计划。7月19—30日，塔城地区卫生健康委与辽宁省卫生健康委联合组织开展辽宁省中医专家赴塔城地区及新疆生产建设兵团第九师健康教育义诊交往交流交融活动，共义诊470余例，教学查房85次，培训30余场，培训200余人次，受益群众近千人。

【医疗服务】 2022年，地区卫健委加强各级各类医疗机构医疗质量和医疗技术管理，充分发挥各质控中心作用，强化事中事后监管，结合三级和二级公立医院绩效考核、DRGs开展医疗质量监测，全面推进民营医疗机构加强内涵建设，规范执业行为，进一步规范医疗行为，保障医疗质量和安全。

【落实“先诊疗后付费”政策】 截至2022年年底，地区享受“先诊疗后付费”累计60478人次，“一站式”结算56454人次。

公共卫生服务

【结核病防治工作】 2022年，全地区重大传染病防控成效明显，报告发病例数和死亡例数逐年下降。全年累计登记活动性肺结核共登记活动性肺结核患者613例，比上年同期（695例）下降17.6%，总追踪到位率98.16%，全地区肺结核患者治疗成功率95.60%，传染性肺结核患者集中隔离治疗率100%。

【免疫规划工作】 2022年，地区卫健委全面开展免疫规划疫苗查漏补种工作，以县市为单位接种率达到95%以上。3—4月开展两轮脊髓灰质炎补充免疫工作，接种率98.01%，顺利通过自治区督导组的快评。

【艾滋病、职业病、地方病防治】 截至2022年12月底，塔城地区实际完成艾滋病病毒抗体筛查检测441197人，抗病毒治疗覆盖率93.06%。2022年随访331名尘肺病患者，为患者提供健康知识宣教、用药指导、体检等服务。地方病防治。6月下旬，行署组织召开包虫病、布病防治工作推进会。截至年底，网报包虫病患者74例，布鲁氏菌病病例549例，对发现的患者及时纳入治疗并跟踪随访。

【鼠疫防控】 2022年，地区卫健委协调乌苏市组织2022年度乌苏市沙湾市突发鼠疫联防联控应急演练，协助国家拍摄组拍摄鼠疫防控专题纪录片；组织地区卫生应急专业人员在和布克赛尔蒙古自治县参加联合卫生应急演练。

【食品安全风险监测】 2022年，地区有食源性疾病监测卫生医疗机构98家，报告食源性疾病监测病例795份，完成全年监测工作任务。

【卫生服务】 2022年，地区建立健康档案84.08万份，建档率100%；持续推进健康教育工作，举办健康讲座2246场次，大型义诊、咨询活动1053场，受益人数9万余人。

【“优质服务基层行”活动】 2022年，地区卫健委制订《塔城地区2022年优质服务基层行工作计划》，并召开推进会进行安排部署。组织乌苏市前往乌鲁木齐市新创社区医院观摩学习，进一步推动地区社区医院建设，已完成37所“基本达标”基层医疗机构评审工作。

人口家庭健康与妇幼保健

【落实优化生育政策】 2022年，地区卫健委认真贯彻落实中共中央、国务院《关于优化生育政策的决定》和新修订的《新疆维吾尔自治区人口与计划生育条例》。加强目标管理责任制考核评估，建立完善人口监测预警机制。计划生育家庭奖励扶助制度得到落实，2022年享受各项奖励扶助制度32558人/户，预计发放奖励扶助金4223.05万元，截至2022年12月底到位奖扶资金3488.81万元，已发放3381.95万元，发放进度为97%。各级计生协会完成换届改革工作并依托项目深入开展扶助工作。累计申报4个项目，资金共275万元。

【提升托育服务能力】 2022年，地区卫健委加大督查检查力度，对地区托育机构现状及开展情况进行目的调研，地区有托育从业人员145人，地区注册民营托育机构20家，已备案托育机构13家，已备案托位数730个。

【老龄工作】 2022年，地区卫健委建立完善老年健康服务体系，二级及以上综合医院老年医学科建设比例50%，积极推动老年友善医疗机构建设。开展医养结合机构服务质量提升，全面开展打击整治养老诈骗专项行动，对全地区16个养老机构开展监督检查均无资质医疗机构、无行医资质相关人员开展诊疗活动等违法行为。

【妇幼健康保障】　截至2022年12月31日，全地区活产5440人；新生儿死亡19人，死亡率3.49‰；婴儿死亡25人，死亡率4.59‰；5岁以下儿童死亡31人，死亡率5.69‰。持续做好危重症孕产妇、新生儿急救中心网络建设和妇幼健康卫生服务及母婴安全保障等技术调度、指导工作。

中医药事业

【中医药服务】　2022年，地区卫健委基层医疗卫生机构88家均完成中医馆（中医医疗服务区）建设，配备中医诊疗设备，能够有效开展中医适宜技术。6家社区卫生服务中心、66家乡镇卫生院配备中医医师，达81%。能够提供6类以上中医药适宜技术的乡镇卫生院和社区卫生服务中心占84%。

【中医药人才培养】　2022年，地区卫健委支持开展高年资中医师带徒培养，辖区内有4个全国基层名老中医药专家传承工作室，发挥“师带徒”作用，带教30余名卫生技术人员。

【中医药文化传播】　2022年，地区卫健委开展《中华人民共和国中医药法》实施5周年的宣传工作，接受群众义诊咨询2800余人，发放宣传资料6200余份。积极举办2022年校园中医药文化主题日活动，活动覆盖塔城市3所中小学的3个班级约150名中小学生。

【新冠疫情预防诊疗】　2022年，地区卫健委针对涉疫人员，第一时间进行中医药预防干预，并将中医药预防延伸到社区及一线重点岗位人群。一线工作人员均口服连花清瘟胶囊或中药预防汤剂。定点医院患者服用治疗方。此轮疫情以来共煎制发放中药汤剂54万余袋。

医疗队伍建设

【医疗人才“组团式”援疆】　2022年，地区卫健委制定《塔城地区卫生健康委关于落实新疆维吾尔自治区医疗人才“组团式”援疆工作规划（2021—2025年）分工方案的措施》。2022年，辽宁省选派中国医科大学第六、七批医疗人才“组团式”援疆专家40人精准帮扶塔城地区人民医院，积极发挥中国医科大学“以校包院+以院包科”的帮扶优势，接续培养19个专业、80名当地医院骨干，接诊门急诊患者8000余人次、诊治住院患者4000余人次、成立肿瘤/血管介入科，开展介入手术300余例；成立肿瘤内科，收治恶性肿瘤患者近300人次，填补多项专业空白。

【“名医”工作室】　2022年，地区卫健委确定18个名医工作室，每年给予1.5万元经费用于工作室的创建、人员培养等。

（刘桑楠）

·疾病预防控制中心·

【免疫规划】　2022年，塔城地区各类免疫规划疫苗除白破疫苗报告接种率为92.78%，首针及时报告接种率、全程报告接种率均达95%以上。开展重点传染病（麻疹、急性迟缓性麻痹病例）监测工作、疑似预防接种异常反应报告工作，麻疹风疹病例发病率为0.3513/10万；开展两轮脊髓灰质炎补充免疫工作，持续保持无脊灰状态。

【传染病防治】　2022年，地区疾病防控控制中心加强国家法定甲、乙、丙三类40种传染病监测、管理和网络建设工作。地区报告法定传染病16种，报告发病率为397.85/10万，比上年下降2.56%，地区传染病网络直报信息质量全部达98%以上。

【结核病防治】　2022年，塔城地区肺结核患者数发现、总追踪到位率、初诊查痰率、肺结核患者治疗成功率、活动性肺结核、“集中服药+营养早餐”发放率等综合防治指标均达到自治区级专项行动规划要求。重点人群65岁以上老年人结核病筛查69735人，筛查完成率102.68%；糖尿病患者结核病筛查20003人，筛查完成率93.11%。

【健康教育促进工作】　2022年，塔城地区常态化疫情防控健康教育培训15场，完成地区健康素养促进行动项目指导培训点位3个，指导培训11次；开展电视广播传播32期，组织科普讲师团开展培训及科普活动41场次，累计开展科技志愿服务341小时；成功申报科普中国“塔城地区疾病预防控制中心”集体科普号，形成巨大科普传播阵营；申请到自治区“科技之冬”健康科普进乡村项目；在全民营养周活动中，地区疾病防控控制中心获评自治区营养学会先进集体。

【疾控项目】 2022年，地区疾病防控控制中心申报的《塔城地区疾病预防控制中心标准化实验室规范化卫生应急业务楼新建项目》，总投入资金5000万元。已完成项目初步设计、土地征迁、规划、土地勘测、环评、工程造价、招投标等前期准备工作，于6月26日正式启动开工。

【实验室自动化、信息化建设】 2022年，地区疾病防控控制中心争取发改委投资项目450万元购置日检测1万通量移动检测车，车内配置信息化、自动化程度高的移动PCR实验室方舱，配备全自动高通量分杯系统、液体处理工作站等设施设备，实现核酸检测信息化、自动化，实现核酸检测能力的再提升，可以随时启动外援，提升异地驰援能力水平。

（吕凯凯）

·妇幼保健·

【“两癌”筛查及防治】 2022年，地区妇幼保健医院继续联合地区卫健委、妇联、工会，开展以“关爱女性健康、共建幸福家庭”为主题的两个100天健康服务行动。开展女性健康知识科普讲座“四进”活动9场次，其中进单位35场次，进社区5场次，进学校9场次，受益人数达4000余人，发放科普知识宣传单2150余份。两癌筛查、妇女常见病、多发病诊治、妇女专科体检956人。地区妇幼保健医院与塔城地区科协联合，分别到地区广播电视台和广播电台录制“宫颈癌疫苗接种知识”“宫颈癌预防”和宫颈癌疫苗接种知识等关于妇女儿童健康的相关健康知识科普18场次；“两癌”筛查中心完成1000人份的“两癌”免费筛查工作任务，HPV完成检查人数为90人，完成率100%，筛查阳性人数5人。6月，中心“两癌筛查服务队”深入村队启动“学党史、送健康、我为群众办实事”为主题的“两癌”免费筛查和健康宣讲“进村队”活动，为5个乡场镇进行适龄妇女免费筛查，已超额完成任务。

【妇女儿童健康工作】 2022年，地区妇幼保健医院把“两提升”“两行动”“两消除”和“一促进”作为工作目标，根据国家卫健委下发的《关于推进妇幼健康领域中医药工作实施方案（2021—2025年）》，寻求地、市妇幼保健院学科建设差异化发展服务模式，研究整合利用中心现有医疗资源和布局，在二楼中医科设立中医综合服务区（中医馆），组建“中医+”服务团队，探索在妇幼保健业务中融入中医服务的新模式，重点在推“中医+妇科”“中医+儿科”“中医+产后康复”“中医+乳腺保健”，主要针对神经系统病症、骨关节和肌肉结缔组织病症、中医妇科、产后康复治疗、中医针灸美容等常见病开展中医治疗与护理、康复理疗及预防上开展中西医结合服务，中医馆开展新项目，门诊人数155人次，穴位贴敷45人次，中药蒸气浴治疗10人次，推拿9人次，沙疗14人次，小儿推拿5人次。

【健康体检中心】 2022年，地区妇幼保健医院社区服务站（内科）接种流感疫苗152人，宫颈癌疫苗923人，驾驶员体检体检61人，主要对广场社区居民的慢性病进行随访，约随访1097人，发放小儿脊髓灰质炎疫苗1轮累计290人。儿科门诊病人量1950人次，儿保科拓展新项目：儿童智力测试、营养膳食评估、骨强度检查、经皮黄疸测试，各项综合完成260人次。

截至2022年，业务毛收入110.02万元，比上年增长157.23%。

【医疗安全工作】 2022年，地区妇幼保健医院完善诊疗制度，规范服务流程的同时以提高医疗质量和医疗安全为核心，切实加强医院管理，加大医疗安全监管力度，狠抓措施落实，严格规范医疗行为。严格落实十八项核心制度；同时按照《执业医师法》《护士条例》《医疗机构管理条例》《医疗技术临床应用管理办法》等有关法律法规规定，严格执业准入、资质准入，加强监督全中心无违法执业行为。实行《医师定期考核管理办法》，加强对医师执业的定期考核和评价。强化医院感染管理，按照《医院感染管理办法》和相关技术规范、行业标准制定《中心院内感染事件应急预案》等，加强对手术室、治疗室、妇科检查室和检验科等感染管理重点部门的管理和监控。其次按照《医疗废物管理条例》等法规和规章，加强对医疗废物的分类、运送、暂存处理工作，加强医疗废物的规范化管理，有效预防和控制医院感染，杜绝感染事件发生。加强急救工作开展临床急救技能培训。加强急救队伍建设强化医务人员急救基本技能训练，提高应急救治能力和水平。建立“三基、三严”培训考核制度医护人员能够熟练、正确使用各种抢救设备掌握各种急救技术。定期对中心内临床用药情况进行监督、评价。落实处方点评制度。建立有效的药品不良反应事件处理程序，认真、及时、准确做好数据的收集和上报工作。加强对毒性药品和高危药品等特殊种类药物的规范使用和管理，建立健全上述药品的购置、安全保管和使用制度。完善医疗安全的组织领导、管理机构、规章制度、操作规程及标准明确人员配置要求措施落实到位。对于重点部位、重点科室采取特殊管理和措施保证全院的各类设备、设施能够安全运转。

【保健指标管理】 2022年，地区妇幼保健医院预防艾滋病、梅毒和乙肝母婴传播、增补叶酸预防神经管缺陷项目、两癌筛查、新生儿疾病筛查、儿童营养改善等项目进一步规范实施。截至年底，梅毒阳性孕产妇102例，乙肝阳性150例，孕产妇艾滋病、梅毒检测率均达到99.4%，干预率100%，婚前医学检查率达到93.1%，已完成新增叶酸服用人数达4211人、完成率达115.4%，宫颈癌完成检查人数达19313人、完成率达90.25%，乳腺癌完成检查13156人，完成率达92%。

2022年，塔城地区0～6岁儿童数45783人，新生儿访视率88.86%，地区0～6岁眼保健覆盖率98.99%。新生儿疾病筛查，新生儿听力筛查项目：各县市助产机构均已对目标人群开展筛查项目，新生儿疾病筛查率99.9%，听力筛查率为99.9%。

孕妇及0～6岁儿童系统保健健康项目管理 2022年，地区孕产妇系管率87.65%；产后访视率91.35%；早孕建册率97.20%；婚前医学检查率达到92.3%，其中裕民县77.1%、其余县市均达到93.1%以上，孕产妇艾滋病、梅毒检测率均达到99.35%，干预率100%，0～6个月纯母乳喂养91.08%。

5岁以下儿童健康管理 截至2022年10月31日，塔城地区活产数4405人，5岁以下儿童死亡19人、5岁以下儿童死亡率为4.31‰；婴儿死亡15人、婴儿死亡率为3.41‰；新生儿死亡12人、新生儿死亡率为2.72‰；意外跌落，肺炎，先天性心脏病，早产或低出生体重、出生窒息、新生儿宫内窘迫、先天肺发育不良，缺血缺氧性脑病。

基本公卫妇幼健康项目 2022年，地区对国家免费孕前优生健康检查项目情况进行摸底调查，自治区卫健委下发目标任务2458对，完成1202对，完成率48%。地区农村户籍已婚育龄妇女82686人，应查孕查环55178，实际查环查孕38002人，完成率69%（因疫情因素完成率低）。指导地区完成宫颈癌检查人数达16010人，完成率达74.81%，筛查出宫颈癌阳性人数106人，乳腺癌检查12241人，完成率85.6%，筛查乳腺癌阳性人数428人。

（吴健梅）

·地区人民医院·

【概况】 2022年，地区人民医院门诊人次236474人次，比上年上升14.22%；急诊人数29984人次，上升17.49%；出院人数15611人次，上升17.09%；床位使用率56.95%，下降8.43%；床位周转次28.20次，上升19.75%；平均住院日8.10日，下降5.15%；手术例数（操作）15423例，同比上升32.57%；抢救危重病人2596人次，上升6.74%；出院患者手术5242人次，占出院患者33.58%；出院患者四级手术499例，占住院人数的3.2%。

【区域医疗中心和重点专科建设】 2022年，地区推进区域医疗中心建设和重点专科建设，填补塔城地区没有肿瘤专科的局面。组织实施塔城地区眼科中心与肿瘤诊疗中心建设项目前期工作，5月地区肿瘤诊疗中心开工建设。在援疆专家的指导下，精神心理科、心血管内科和神经医学科申报自治区级区域医疗中心。重症医学科、消化内科、骨科、呼吸与危重症医学科、心血管内科、临床护理、普外科、神经外科、新生儿科申报自治区级临床重点专科。培育康复医学科、神经内科、耳鼻喉科、感染性疾病科、麻醉科、功能科、检验科、病理科、放射科等逐步成为塔城地区优势学科。

【医联体建设】 2022年，地区人民医院落实中国医科大学远程医疗中心与塔城地区人民医院及其医联体单位签订的远程医疗协议，不断完善区域远程会诊平台软硬件建设。形成合理可行的远程会诊机制，制定完善的转诊制度。通过远程会诊、查房、培训等方式协助地区4个县3个市开展新技术和新项目，提升塔城地区各级医疗机构的医疗服务水平。落实塔城地区影像质控中心软硬件建设，实现4个县3个市影像检查与诊断的规范化质量控制，逐步扩展到其他学科质控中心的建设及临床“危急值”管理。通过开展巡诊义诊活动，增进民生福祉。组织开展巡诊活动和主题义诊31场，获益群众3000余人次；开展科普讲座33场，获益万余人次，不仅极大地带动基层医院的医疗服务能力，还提升各族群众的就医获得感和幸福感。

【培训基地建设】 2022年，地区人民医院新增城街道社区卫生服务中心、二工镇卫生院2个全科基层实践基地，新增肿瘤内科、病理

2022年5月8日，辽宁省援建塔城地区肿瘤治疗中心项目开工建设

（王建华　供稿）

科两个轮转科室。加强对住培学员的考核管理，每月进行出科考核，理论考核6次、技能考核10次、年度考核1次。取得自治区级师资证2人，自治区级师资在培25人，新增院级师资8人。

【教学科研工作】 2022年，地区人民医院立项自治区级继续医学教育项目9项，举办各级继续医学教育项目17项，其中承办国家级学习班2项，举办自治区级继续医学教育项目10项；承办自治区级学习班4项，院级培训1项，线下培训共870余人次。2022年完成专业技术人员继续教育培训指令性项目9项（其中自治区级5项，地区级4项），发表论文9篇。组织中国医科大学网络教育考试统考2次，毕业21人。接收各大医学院校实习生24人，见习生16人做好临床、检验、影像专业学生的实习带教及各项教学管理工作。获批自然科学基金项目立项1项、塔城地区本级科技计划项目立项3项、塔城地区科技计划指导性计划项目立项3项。

【医院公共卫生服务】 2022年，地区人民医院申报职业病诊断机构成功，完成各类监测数据上报工作。申报职业病诊断机构，获得职业病诊断备案类别及项目8大类42种。按时完成流感病例、肠道腹泻病例、食源性疾病标本等的检测上报工作。完成丙型肝炎监测工作，监测医疗机构患者4019人次，血透患者419人次，丙型肝炎患者3例，健康体检1071人，孕产妇214人次，数据全部按要求进行网络直报。

2022年，地区人民医院上线医保移动支付微信小程序，实现手机在线完成参保人员医保结算业务，为患者带来便利。完成新系统接口改造工作，配合医保局完成地区人民医院程序测试，包括医保门诊计划生育报销测试、门诊统筹测试、门诊家庭共济测试等。

【“组团式”援疆】 截至2022年，地区人民医院援疆专家接诊门诊急诊量9047人次、诊治住院患者3770人、会诊624人次、组织多学科联合诊疗211例、抢救危重患者432人次、开展手术1733台、院级及以上教学讲座49场次，受益4030人次，教学查房367次、开展疑难重症和死亡病例讨论279次、制定学科和专科规划44个、规范救治流程38个。

【“以院包科”帮扶合作】 2022年，地区人民医院与中国医科大学四所附属医院分别签署“以院包科”帮扶合作协议，进一步深化受援医院与中国医科大学及各附属医院的交往交流交融。

（王建华）

·民族中医医院·

【概况】 2022年，地区中医医院业务收入总额748.51万元，比上年增长27.20%，增加额为160.05万元。

2022年，地区中医医院加快基础设施建设、加强人才培育和制度建设，6月底采购的新设备投入使用，住院综合楼、药剂综合楼在消防水池验收合格后即投入使用。

【中医药宣传】 2022年，地区中医医院积极贯彻落实《中共中央 国务院关于促进中医药传承创新发展的意见》《关于加快中医药特色发展的若干政策措施》文件精神，医院切实将中医药文化进机关，进社区，进学校，进企业落到实处，利用节假日先后在5个街道社区、塔城文化广场、2个农场以及驻乌苏市九间楼乡七户地村工作队开展爱心奉献义诊活动20余次，累计服务群众达2000余名，接待群众健康咨询300余人次，开具中医药处方260余付，为1000余名群众进行免费体检；主动联系市公安局、地区水利局等5个单位、3所学校开展上门免费义诊活动，将中医药文化普及广大群众；在“联合国糖尿病日”邀请60余名群众到地区中医医院参加健康义诊活动。

【医疗服务】 2022年，地区中医医院建立健全《业务学习制度》《病例书写规范化制度》等医疗管理制度；修订《塔城地区中医医院考勤与休假管理暂行规定》《关于规范值班、加班补休的有关规定》等人事管理制度；修订完善《医院感染管理工作制度》等地区中医医院感染管理制度。加强病案质量管理，规范医疗文书书写及病历首页数据规范化填写。由医务科牵头每季度对运行病历、归档病历和医疗文书质量进行督导检查，发现问题及时反馈，有效地推动地区中医医院医疗质量的提高，确保医疗安全。根据医院学科发展需要，对临床、医技科室进行规范设置，已呈报编制管理部门审批；初步编制完成医院发展战略和“十四五”期间医院发展规划。

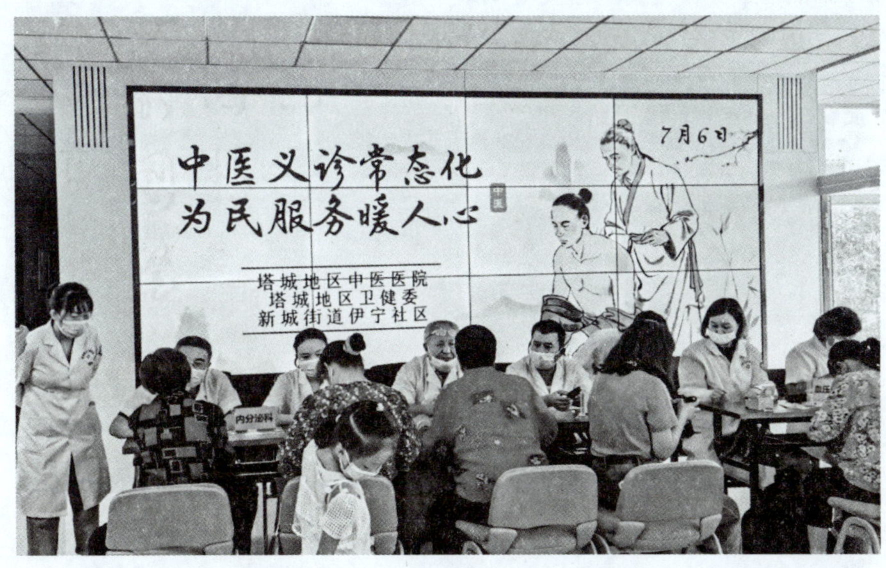

2022年7月6日，地区卫健委、地区中医院联合在伊宁社区开展健康知识讲座、专家义诊活动

（卫健委 提供）

【人才梯队建设】 2022年，地区中医医院研究制定《塔城地区中医医院2022年度人才招聘工作方案》，对急需紧缺岗位实施公开招聘（医院自聘管理），并参照在职人员执行学历工资，为医院急需紧缺人才的引进和待遇保证提供政策支持。同时，中医医院还积极利用参加校园招聘会、发布招聘启事等多种形式招聘、引进各类急需短缺人才。继续巩固对《执业医师法》《护士条例》《传染病防治法》等法律法规的学习，培养掌握专业能力；加强医务人员“三基”（基础知识、基本理论、基本技能）、“三严”（严格要求、严密组织、严谨态度）培训，进一步提高医务人员医疗技术水平、不断提升基础医疗质量；医院通过“送出去”的方式，选派8名业务能力较好、可塑性较强的医疗、护理人员前往辽宁、乌鲁木齐中医医院进修学习。

【医疗援疆工作】 2022年10月，辽宁中医药大学附属第二医院同地区中医医院签订《战略合作框架协议》，并建立技术协作医院合作关系，明确今后将在专科建设、人才培养、特色技术应用、中医药试剂研发使用、信息化建设和科研管理等方面给予支持，共同为地区百姓提供优质的中医药服务。

【基础设施建设】 2022年，地区中医医院已完成投资2550万元的门诊住院综合楼、投资2000万的药剂综合楼及附属项目建设工程；已完成投资4600万元的医疗设备购置、投资40万元的治未病设备购置项目；正在进行的投资279万元的餐厅建设项目、投资87万元的发热门诊附属设施（洗衣房）建设项目、投资850万元的中医院及其附属设施建设项目、投资450万元的信息化及设备采购项目和投资350万元的医疗设备购置项目已接近尾声，工程项目完成97%以上。

（景 博）

社会民生

社会调查

【常规性统计调查】 2022年，国家统计局塔城调查队城乡住户一体化调查、农民工监测、月度劳动力调查、粮食和畜牧业归口管理、农产量抽样调查、主要畜禽监测、工业生产者价格调查、流通消费价格调查、新设立小微企业和个体工商户跟踪调查、网购调查以及委托专项调查等11项调查任务。

【专项调查】 2022年，国家统计局塔城调查队开展地区公众安全感及对政法综治工作满意度调查、绩效考核满意度调查和塔城地区全面从严治党工作满意度调查3项社会专项调查。

【统计调查服务】 2022年，国家统计局塔城调查队按照自治区统一安排，完成塔城地区绩效考核满意度调查工作；受地委政法委委托开展公众安全感暨政法综治工作满意度调查；受塔城地区纪委监委委托，在地区范围内开展全面从严治党满意度调查；严格按照《中华人民共和国统计法》和国家调查制度规定进行数据提供与发布，向地委、行署及相关部门提供各类调查数据，满足地直相关部门对最新调查数据的需求；主动向地方党委提供高质量的调研报告，发挥统计调查“智库”作用，撰写各类信息分析275篇，33篇被国家统计局采用，10篇分析报告被地委领导批示；积极开展宣传服务，着重宣传《中华人民共和国统计法》中关于企业和居民的统计义务，进一步提升调查对象工作配合程度，加强统计调查制度方法和统计数据生产流程的宣传，积极回应调查对象和社会各界对统计调查工作的关切，让统计调查数据能够更好服务大众。

【数据质量检查】 2022年，国家统计局塔城调查队对地区29家样本企业和调查对象进行基层基础和数据质量检查，实地检查调查对象统计报表准确和统计台账设置情况。

【统计执法检查】 2022，国家统计局塔城调查队对辖区内工业生产者价格样本企业进行执法检查，立案查处2起，结案2起，进一步规范统计调查工作流程。另外，落实国家统计督查反馈问题整改，推进政府机关常态化学习统计法律法规知识，并纳入地、县两级党校和行政学院主体班次学习内容。

【完善规章制度】 2022年，国家统计局塔城调查队为更好地保障各项工作正常运行，重视制度建设，对照新疆调查总队制度框架和地委、行署最新工作要求新建和修订各类制度11项。

（张家毅）

人力资源和社会保障

·人事工作·

【事业单位人事制度改革】 2022年，塔城地区积极推动编制外聘用人员管理工作科学化、精细化。研究制定《地直机关事业单位工作人员调动暂行办法》，分类规范人事调配工作。按照岗位设置比例，动态调整地直及各县市655个事业单位岗位设置方案，事业单位人员管理更加规范。按照“两推一测两个会”的工作模式，完成2022年拟晋升的1254名事业单位管理人员人事档案审核、815名考察和职员等级套改等环节任务，完成率65%，在全疆排名第二。

【工资福利待遇兑现】 2022年，塔城地区高标准完成2021年度一次性奖励工资调标补差。地区本级事业单位3150人均月增资98元。为全地区32140名事业单位在职人员进行基本工资调标，月增合计220万元。强化工资系统运用和管理，规范完成地直单位1633笔月申报、625笔工资变动、272笔增减资业务，事业单位人员工资福利待遇得到提升。

【人才队伍建设】 2022，塔城地区完成2021年726名和2022年352名事业单位工作人员招录工作。为全地区904名工勤人员（初、中、高）晋级等级进行考核认定。向终身享受国务院政府特殊津贴的6名专家按时发放特殊津贴4.32万元。制定出台《塔城地区急需紧缺人才引进实施办法（试行）》等7项管理办法和23条激励政策，为31名在塔城地区购房的研究生发放购房补贴310万元，引才育才环境逐渐向好。

【专业技术人才评审服务】 2022年，塔城地区扎实推进专业技术人才队伍服务工作，全地区专业技术人才队伍实现更好更快发展。高质量完成2021年度65名相应专业人员职称审核工作。为2022年度5个系列22个693名专业职称评审专家申请入库。办理职称电子证书备案审核24批次，办理证书1459本，补办纸质证书25本。开展农业系统县以下副高级以上41名和农艺、畜牧34名专业技术人员的职称评审工作，累计审核申报各系列初、中、副高及以上专业技术人员申报材料332人。组织开展地区本级和各县市企事业单位专业技术人员5个系列22个专业364人的职称申报评审，累计审核申报各系列初、中、副高及以上专业技术人员291人。

【人事档案管理】 2022年，塔城地区积极做好流动人员人事档案信息采集和数字化准备，累计采集档案信息56882份（其中地区本级采集3112份），完成全地区总任务的104.53%，人事档案数字化管理能力得到提升。

（张　烜）

·劳动保障·

【稳定和扩大就业】 2022年，塔城地区坚持将稳定和扩大就业作为民生头等大事，制定《抢抓塔城开发开放试验区建设历史机遇全力推动地区就业高质量发展实施方案》《扩大就业惠民工程实施方案》等系列文件，以更加完备的就业政策体系全力以赴保就业稳就业。全年全地区城镇新增就业1.8万人，完成目标任务的100.07%，城镇登记失业率控制在4.5%以内。抢抓新疆塔城重点开发开放试验区建设历史机遇，重点围绕县市特色产业发展，持续深化职业技能提升行动，开展各类职业培训1080期、50794人次。坚持以就地就近转移为主，全地区农村劳动力外出务工7.84万人次，其中：就地就近就业6.626万人次，完成全年任务的110.5%。

【减免缓返补政策落实】 2022年，塔城地区积极落实自治区经济稳增长一揽子政策和地区促进经济增长的15条措施，突出抓好稳岗政策落实，帮助企业减负稳岗，对符合条件的2792家企业，落实稳岗返还资金2067.07万元，惠及职工71778人；为279家企业发放扩岗补贴77.1万元，惠及514人；发放失业人员临时价格补贴35.37万元，惠及5100人次。延续实施阶段性降低失业保险费率政策，全地区失业保险降费金额2932.22万元。落实纺织服装企业社保补贴政策15家，补贴资金619.02万元，助力企业发展，稳住就业岗位。

【重点群体就业】 2022年，塔城地区着力健全就业援助制度，统筹做好退役军人、妇女、残疾人、建档立卡贫困户等群体就业帮扶工作，全年全地区就业困难人员实现就业1460人，完成目标任务的104.3%，零就业家庭持续保持24小时动态清零。扎实做好高校毕业生就业工作，实施“就业服务进社区，服务攻坚促就业”活动和各类基层服务项目，助力高校高质量就业，全年全地区应届高校毕业生9353人，落实就业去向9268人，落实率98.28%。

【创业营造氛围】 2022年，塔城地区人社部门全力落实各项创业政策，稳慎发放创业扶持贷款。地区新增创业4665人，创业带动就业6884人，分别完成年度任务的173%、102%。成功举办地区第八届创业创新大赛，推荐43个项目参加自治区第五届“中国创翼”创业创新大赛新疆赛区选拔赛暨2022年自治区创业创新大赛，6个项目成功晋级半决赛，最终2个项目分别获三等奖和优秀奖。

【依法开展劳动监察】 2022年，塔城地区坚持依法治理，源头治理和综合治理，推进劳动关系治理能力建设。制定印发《塔城地区根治欠薪冬季专项行动方案》，积极开展根治欠薪集中接访工作，畅通农民工维权绿色通道，提高拖欠农民工工资案件查办效能，全年全地区累计协调处理案件965件，为3728名劳动者追回被拖欠的工资4847.5万元。深入开展国家根治欠薪送线索的处置核查工作，累计接收国家根治欠薪线索投诉平台推送线索1774条，累计销号1749，涉及拖欠农民工工资线索666条、农民工1725人、金额2148.27万元。深入开展劳动保障监察年审，书面审查用人单位1116户，涉及劳动者3.4万人，检查用人单位443户，涉及劳动者1.1万人，规模以上企业劳动合同签订率达到95%，已建工会企业集体合同签订率87%，新增劳动用工备案1305份。

【妥善处理劳动人事争议纠纷】 2022年，塔城地区人社部门努力维护用工双方合法权益，依法依规解决劳动人事争议案件。地区受理当期案件313件，涉及劳动者人数400人；结案308件，结案率99.04%，涉及金额1996.93万元。

【人力资源市场整顿】 2022年，塔城地区坚持依法行政，贯彻落实人社部和自治区人社厅要求，联合市场监督管理部门对地区各类职业中介、劳务派遣等人力资源服务机构开展“地毯式”摸排和集中整治。开展劳动关系“和谐同行”能力提升行动计划和专项整治行动，出动109人次参加专项行动人员，检查各用人单位147家，开展“双随机、一公开”执法检查24次，完成年度任务的218%，维护公平、规范、竞争有序的人力资源市场秩序。

【技工学校建设】 2022年，塔城地区各县级技工院校采取自主培训和校校合作模式，组织开展各类人员培训519期2.08万人次，县级技工院校在技能人才培养、提升劳动者职业素养等方面的作用更加凸显。抢抓新疆塔城国家重点开发开放试验区建设历史机遇，成功争取总投资4000万元，占地面积为10561.94平方米，培训工种11个的公共实训基地建设项目落户塔城，为推动塔城地区技能人才培养和提升技能培训能力提供重要平台。

【公共就业服务能力均等化建设】 2022年，塔城地区各级人社部门扎实推进“放管服”改革，依法梳理申请类行政权力及公共服务事项清单134项，网上发布114项，112项进驻政务服务中心实现“最多跑一次”、38项“跨省通办”、40项“乡镇延伸”，推进人社政务服务标准化事项133项。深入开展书记局长走流程活动，查堵点、摸需求、提意见、促整改，破解企业和群众办事的痛点难点问题。

【滞留务工人员离疆服务】 2022年年末，塔城地区各级人社部门严格按照自治区党委和地委要求，坚持民心为要，畅通困难诉求渠道，会同航空、铁路、交通运输等部门，积极做好滞留务工人员离疆返乡人员服务。累计协调航班3班次、专列19列次，成功帮助19136名滞留塔城务工人员平安返乡。

（邱欣茹）

社会保障

【全民参保计划实施】 2022年，塔城地区坚持以扎实全面为原则，民生保障水平实现新提升。全地区基本养老、工伤、失业三项社会保险参保80.35万人次，困难群体参加基本养老保险实现应保尽保。各项社会保险基金总收入34.98亿元，总支出47.07亿元，累计结余16.94亿元。企业职工养老保险纳入全国统筹，机关事业单位养老保险制度平稳运行。

【社保待遇发放】 2022年，塔城地区积极应对疫情冲击，不断规范养老金社会化发放工作，为全地区63595名企业离退休职工、30865名机关事业单位退休职工发放养老金40.8亿元，社会化发放率100%。支付全地区472名工伤人员工伤待遇4174万元，发放1798名失业人员失业金1316万元，保障民生急需，拉动消费回暖。

【社保信息化建设】 2022年，塔城地区全面落实社保卡核查清理、电子社保卡的签发应用、三代社保卡发行服务等任务。睡眠卡、库存卡、死亡人员社保卡做到“应清尽清、动态清零”，有效防范社保卡管理风险。电子社保卡签发率从2021年年初31.8%达57.1%，超过目标任务10个百分点，为更好发挥社保卡的综合服务功能奠定坚实基础。

【社保基金监管】 2022年，塔城地区扎实开展“社保基金管理提升年”行动，严格规范基金收支内容、标准和范围，加强基金运行监测和绩效监控，及时分析预算执行进度，强化风险预警和分析研判，确保社保基金收支运行平稳。积极协调自治区人社厅解决历年来塔城市、裕民县国有农牧场2215人欠费2711.66万元。全年全地区追回551人违规领取社会保险待遇775.32万元，其中养老保险761.14万元，失业保险13.91万元，工伤保险0.27万元，切实守护好人民群众养老钱、保命钱。

（王　萍）

医疗保障

【医保政策体系建设】　2022年，地区出台一系列惠民政策，进一步规范和加强医疗救助补助资金管理，推进职工基本医疗保险门诊共济，调整城镇职工、城乡居民基本医疗保险及公务员医疗补助部分政策，调整职工大额医疗补助支付比例、职工大病保险支付比例，确定大病保险起付线标准，合理确定跨省临时外出就医人员报销政策。不断调整和完善医保政策，维护群众利益。制定医疗保险按疾病诊断相关分组（DRG）付费工作实施方案，进一步深化医药卫生体制改革，完善县域医疗卫生服务体系，提升医疗保险基金共济能力，促进基本医疗卫生服务公平可及，提高参保群众健康保障水平。

【医保服务乡村振兴】　2022年，地区医疗保障局严格落实“四个不摘”要求，落实好过渡期保障政策，过渡期政策精准向真正困难的群众倾斜，向存在因病致贫返贫风险的群众倾斜，完善防止因病致贫返贫的长效机制，健全预警监测、精准帮扶办法，从统一提高待遇转向提前预警、精准帮扶、综合施救、化解风险，通过优化调整医保政策，逐步实现由集中支持脱贫攻坚向统筹基本医保、大病保险、医疗救助三重制度常态化保障平稳过渡。2022年，地区累计资助困难群众参保缴费74975人，资助金额2354.97万元。

【医疗保障服务】　2022年，塔城地区基本医疗保险参保人数为82.42万人，其中城镇职工医疗保险人数为17.85万人，城乡居民医疗保险人数为64.57万人。地区城镇职工享受待遇2195523人次，统筹支付金额40981.89万元；生育住院结算2922人次，统筹支付644.35万元；转诊转院445人次，异地备案1997人次，其中网上备案667人次。全地区城乡居民享受待遇1219534人次，统筹支付47497.14万元。城乡居民生育住院结算10482人次，统筹支付127.99万元。转诊转院1315人次；异地备案1315人次。“两病”政策范围内报销比例县市级医疗机构50%，乡镇卫生院70%。全年认定城乡居民“两病”高血压患者41546人，高血压待遇享受1535人次，费用总额14.77万元，统筹支付7.49万元；认定城乡居民“两病”糖尿病患者8849人，糖尿病待遇享受617人次，费用总额9.29万元，统筹支付4.74万元。

【基金预算和运行管理】　2022年，塔城地区城镇职工基本医疗保险基金收入12.24亿元（剔除上解下拨），比上年同期增加0.06亿元，完成预算的93.36%。城镇职工基本医疗保险基金支出9.32亿元（剔除上解下拨），减少1.74亿元，完成预算的85.90%。期末滚存结余21.98亿元。地区收支增幅及预算完成率在正常范围内。

2022年年底，地区城乡居民基本医疗保险基金收入6.28亿元（剔除上解下拨），比上年同期增加0.12亿元，增幅1.95%，完成预算的94.46%。城乡居民基本医疗保险基金支出6.45亿元（剔除上解下拨），减少0.22亿元，增幅-3.31%，完成预算的100%。期末滚存结余3.41亿元。地区收支同比增幅及预算完成率在正常范围内。

【打击欺诈骗保工作】　2022年，地区医疗保障局贯彻落实《塔城地区关于推进医疗保障基金监管制度体系改革的实施方案》。围绕医保基金监管全覆盖检查、打击欺诈骗保专项整治行动，持续推进日常监管。地区累计检查定点医药机构614家，处理违法违规医药机构301家，其中暂停医保服务52家、解除医保服务协议11家、行政罚款4家、约谈告诫190家、责令整改5家、通报139家、媒体公开曝光105家，追回违规医保资金累计157.55万元，其中通过智能监控追回违规医保资金41.90万元、日常检查追回违规医保资金83.58万元、行政处罚追回违规资金12.19万元、参保人违规追回违规医保资金19.88万元。

【医保药品集采】　2022年，地区贯彻落实自治区要求，成立北部联盟药品和医用耗材（含检验试剂）议价和集中带量采购工作领导小组，塔城地区为牵头部门，北部联盟药品和医用耗材（检验试剂）集中议价采购工作从11月11日至12月18日发布集中议价采购公告，网上报名、产品申报、报价、远程评标议价全部工作基本完成，并达到降价的预期目的。

【医保信息化建设】 2022年，地区加快信息平台标准化建设，维护好医保标准编码，更新医药机构信息、医师、护士、药师等基础贯标信息。加强医保电子凭证、医保服务网厅和App、跨省异地就医小程序等推广应用，方便参保、信息变更、信息查询、互动交流等业务，医保电子凭证激活57.56万人，医保电子凭证激活率69.92%，使用率38.64%。12家二级及以上医疗机构完成电子凭证全流程应用，9家医疗机构实现移动支付落地应用，15家医疗机构完成全量医保接口改造工作。

（海 锐）

民政工作

【城乡社会救助】 2022年，地区民政局做好脱贫攻坚同乡村振兴有效衔接，以做好社会兜底保障为出发点，有效保障“两不愁三保障”落实到位，实现低保保障水平与经济社会发展水平、消费水平和财政承受能力相适应，做到应保尽保、应退尽退，困难群众的基本生活得到有效保障。优化规范临时救助审核审批程序，切实增强临时救助的时效性、公正性，对于情况紧急的急难情形，实行24小时内先行救助。适时提高困难群众基本生活救助保障标准，及时启动社会救助和保障标准与物价上涨挂钩联动机制。2022年，向城乡低保15523户25569人发放低保金1.28亿元，对符合条件的26306名困难群众发放临时救助金899.14万元，向困难群众发放物价补贴219.74万元。开展疫情期间困难群众生活保障工作，依托“访惠聚”工作队、基层干部、村级民政协理员，通过电话、微信、上门等多种形式，全面了解辖区内受疫情影响困难群众生活状况，向符合条件的低保对象、特困对象发放一次性生活补助300元／人，向27359名困难群众发放一次性生活补助820.77万元；向18115户困难群众发放取暖补贴2351.23万元，确保受疫情影响生活困难群众的基本生活。裕民县民政局被评为全国社会救助先进单位。

【社会福利工作】 2022年，地区民政局为1180名特困老人发放生活费1582万元，为15399名老年人发放高龄津贴987.6万元，为7513名老年人进行免费体检，支付体检费用79.87万元；为7984名困难残疾人发放生活补贴1048万元，为10349名重度残疾人发放护理补贴1412万元。超额完成3.35亿元福利彩票销售任务，募集彩票公益金1.23亿元，其中募集地区彩票公益金2485万元，支持村级社会福利和公益项目55个，福彩公益活动持续开展。高度重视项目申报工作。争取到中央预算内资金3036万元，支持福利项目5个。争取到中央集中彩票公益金514万元，支持老年福利类项目4个，儿童福利类项目、社会公益类项目各1个。地区流浪乞讨救助站项目顺利开工建设。

【养老服务】 2022年，地区持续加强养老服务设施建设，争取中央预算内资金1728万元、中央集中彩票公益金434万元，用于建设沙湾市老沙湾路社区3个社区居家养老服务网络建设项目等5个养老项目，可增加养老床位180张，总床位数达3129张。支持引导社会力量参与养老事业发展。拨付民办非营利性养老机构运营补助和一次性开办补助217.19万元，带动促进民办养老机构发展。养老服务水平稳步提高。以实现“老有所养”为目标，积极构建以居家养老为基础、社区养老为依托、机构养老为补充、医养结合发展的养老服务体系，护理型床位占比提升至52%，采取线上培训护理员100余人次，养老基础设施和管理服务水平取得新进步。开展打击整治养老服务领域诈骗专项行动，制定下发《塔城地区民政系统打击整治养老服务领域诈骗专项行动的通知》，开展养老防诈现场活动60场次，发放宣传手册、反诈教材9200册，在微信公众号、抖音等新媒体上开展养老防诈宣传，让每位老人树牢防诈意识，切实维护好老人的合法权益。

【未成年人关爱保护】 2022年，地区民政局制定《塔城地区推进儿童福利机构优化提质和创新转型高质量发展的实施方案》，指导县市儿童福利机构向未成年人救助保护机构转型。开展“喜迎二十大、同心护未来”为主题的未成年人保护宣传月活动，营造全社会关心关爱未成年人浓厚氛围。2022年，向115名孤儿发放生活费276.3万元，争取到自治区财政孤残儿童护理补贴资金132万元，按照400元／人的标准对孤儿进行照料护理服务。实施福彩圆梦——孤儿助学工程，向45名孤儿发放助学金40万元，地区福利彩票发行中心向350名困难儿童捐赠价值7万元的爱心书包，让孤儿们感受到党的温暖和关爱。

【社会事务管理】 2022年，地区在沙湾市举办婚姻登记人员培训班，35名婚姻登记管理人员及登记员参加培训，邀请专业人员重点讲解《中华人民共和国民法典》、婚俗改革、婚姻登记新系统操作等内容，提高登记人员业务及服务水平，6月1日起塔城地区实施婚姻登记地区内通办。塔城市、额敏县婚姻登记场所规范化建设有序推进。成立以民政、卫健等17家单位为成员的婚俗改革试点工作领导小组，制定《塔城地区开展婚俗改革试点工作实施方案》，向全地区发出《致广大群众一封信》。做好区划地名工作，积极配合新疆生产建设兵团第七师、第八师、第九师、第十师开展行政区划调整工作，修改完善地名信息10000余条，积极做好《新疆标准地名志》和《中华人民共和国标准地名词典》编纂工作。

【社会工作开展情况】 2022年，地区民政局严格把握社会组织登记关，严格审查申请登记材料的真实性、合法性，常态化开展“僵尸型”社会组织专项清理工作。按照“三同步”要求，加强社会组织党建工作，截至2022年年底，地区正式注册登记的社会组织累计342家（其中社会团体227家，民办非企业单位115家），有党员691名，已建立党组织193个，选派党建工作指导员175名，做到党组织和党建指导员全覆盖，建立工会15家，建立团支部26个。支持参加社会工作职业考试，向9人次取得社会工作职业资格证书人员发放补贴3.1万元。安排福彩公益资金35万元用于7个县市社工站建设。安排20万元在塔城市开展乡镇街道社工站示范项目。

【基层政权建设和城乡社区治理】 2022年，地区民政局发挥党组织领导核心作用，积极开展市域社会治理现代化试点工作，加强村（社区）规范化管理，全面提升基层工作人员工作积极性，进一步提升村（社区）维护稳定、服务群众、管理事务的能力和水平。全面履行法治中国、法治政府、法治社会工作职责，牵头抓好社会治理能力和治理体系现代化自治工作，重点抓好村（居）民委员会规范化建设。全面落实“四议两公开”，规范村（居）民会议、村（居）民代表会议制度，建立村（居）党组织领导下的村（居）民协商模式，推动落实村（居）务公开制度。与司法局联合印发《塔城地区关于加强村规民约（居民公约）修订、完善及审核备案工作的实施方案》，进一步完善村规民约、村委会议事流程，全面规范完善村规民约、居民公约。认真开展“社区万能章”治理专项行动，各县市均制定证明事项清单、协助开展任务清单、基层群众性自治组织依法等清单，方便各族群众出行办事。

【社会福利院】 2022年，地区社会福利院供养城镇孤寡老人15名，地区儿童福利院收养孤儿26名。

（董　芳）

住房公积金管理

【概况】 2022年，地区住房公积金管理中心坚持问题导向，针对公积金管理、资金安全、服务等工作中面对的难点问题，确定10个调研提纲，形成调研报告10篇，解决风险防控、创新服务、政策宣传等方面存在的7类问题。如为解决群众了解公积金政策渠道窄、不直观问题，中心开设手机公积金App“公积金微课堂”，通过动漫、视频等方式解读公积金政策及办事流程，通过抖音、塔城零距离、报纸、公众网站等多渠道开展宣传；为解决公积金抵押往返跑、期房贷后管理难度大等问题，中心与不动产登记部门开通不动产信息共享和业务联办机制；为解决群众窗口办理业务不方便问题，2022年新增线上业务及便民小程序6类。

【住房公积金归集】 2022年，地区住房公积金管理中心住房公积金归集17.58亿元，完成全年计划的120.31%，比上年增长21.28%；全地区新增缴存单位148个，新增缴存人数7095人。

【住房公积金提取】 2022年，地区住房公积金管理中心提取总额稳步提升。住房公积金提取12.36亿元，完成全年计划的114.91%，增长3.28%。贷款发放增多降少。

【住房公积金贷款】 2022年，地区住房公积金管理中心住房公积金贷款10.44亿元，完成全年计划的139.95%，增长11.92%，个贷率为83.03%，增长2.86个百分点，逾期率为0。

【“放管服”工作】 2022年，地区住房公积金管理中心新增住房公积缴存自动托收业务，开通企业公积金开户“一网通办”业务。手机公积金App新增“偿还商贷本息提取”“按月对冲偿还异地住房公积金贷款或商业银行住房贷款本息”业务，设计推出贷款额度试算器、公积金微课堂等便民小专栏。线上可办理公积金业务服务事项29类，占公积金业务种类的78.4%。

截至12月底，全地区“手机公积金”App注册率为99.05%，全疆排名第一；业务综合离柜率94.59%，位列全疆第一；营商环境进一步优化。降低房地产开发企业担保能力评估备案条件，取消房屋主体竣工验收报告，取得商品房预售许可证即可；9月起，凡通过异地公积金中心评估的，当地中心不再重复评估；“惠民公积金、服务暖人心”三年行动取得实效。2022年住建部启动“惠民公积金、服务暖人心”三年行动，管理中心实现“群众找服务”到“主动送服务”转变，推进住房公积金业务服务标准化、规范化、便利化取得实效，被自治区确定为全疆现场观摩交流三个基层联系点之一。

【优惠政策落实】 2022年，地区住房公积金管理中心将购买塔城辖区内自住住房的最高贷款额度由55万元提高到65万元。二手房住房公积金贷款首付比例由30%降至20%。将住房公积金贷款审批、发放时限由15个工作日压缩至8个工作日。受疫情影响确有困难企业在2022年12月31日前准予缓缴，缓缴期间缓缴企业职工正常提取和贷款权益不受影响。受新冠疫情影响的缴存人，不能正常偿还住房公积金贷款的，不作逾期处理，不计罚息。对租住乡（镇、场）商品住房的每年最高提取额从1万元提高至2万元。10月1日起，落实人民银行对首套个人住房公积金贷款利率下调0.15个百分点的政策。截至12月底政策落实期内，塔城中心批准缓缴单位27个，351名职工享受到缓缴。累计为1536名贷款职工压缩贷款业务审批时限，有145名缴存职工享受到“降低二手房住房公积金贷款首付款比例”和贷款上限优惠政策，1572名职工享受到租房提取的提标政策，18名职工不作逾期处理，250笔首套房公积金贷款利率下调。

【内部监督管理】 2022年，地区住房公积金管理中心实行管理清单化，进一步提高工作效率和效果。修订完善财务管理、固定资产、政府采购、绩效管理、公务用车、AB岗工作制度、内部审计、内部控制、责任追究、干部轮岗交流、回避管理、考勤管理、首问负责和信访投诉管理办法等十余项业务和内部控制管理制度；调整审批权限，建立干部职工及其亲属办理住房公积金贷款和提取业务审批回避和备案报告制度，强化统一业务程序、规范管理，将人工审核控制转变为系统控制，切实防范干部职工利用职务和工作便利违规办理业务；开展2022年度住房公积金资金竞争性存放招标工作，存放规模为7.3亿元。有6家银行参与招标，经评标委员会通过综合评分法评审，最终确定5家中标银行；强化内、外部审计相结合的风险预控方式，通过聘请第三方机构开展外部审计，并全覆盖式开展内部年度综合业务督查和日常各管理部交叉互查，同时利用国家监管平台、自治区电子稽查工具和系统内审核模块等三种业务稽核工具开展日常监督，对稽核结果实行按月下发、分析、整改，建立规范操作的长效机制，以强有力的监督管理推动作风转变，增强干部自我约束意识。

2022年3月7日，地区住房公积金管理中心开展服务礼仪培训 （瑞夏提　摄）

【依法行政工作】 2022年，地区住房公积金管理中心加强法治教育培训，编印党规党纪、法律法规知识和业务规范手册，邀请法律顾问开展法治专题讲座，积极参加自治区住建系统和地区司法局举办的行政执法专题培训班。坚持重大决策前听取法律顾问意见，通过法律服务，为公积金行政执法监督、行政权力公开、贷款违约诉讼、中心合同管理等提供法律意见和服务。落实“谁执法谁普法”的工作要求，宣传公积金管理条例。严格落实公积金管委会决策制度、中心年度报告、年度计划、重大政策调整等及时报管委会审议决策。强化治理违规套取套贷公积金行为，出台公积金违规行为处理办法，与公安、纪检、人民银行建立联动机制，发现案例线索及时移交相关部门，加大违反公积金政策打击力度，增强缴存职工的法治观念。

【疫情防控和经济社会发展】2022年，地区住房公积金管理中心出台3项阶段性支持政策和3项保基本民生政策，落实人民银行对首套个人住房公积金贷款利率下调政策，助力受疫情影响的企业纾困解难，推动房产经济回暖，缓解缴存人住房压力；大力推行“网上办”“掌上办”“电话办”等多种不见面办理方式，保障疫情期间公积金服务平稳运行。

（郭雪婷）

退役军人事务管理

【“法律政策落实年”活动】2022年，地区退役军人事务管理局加强对业务政策法律的学习宣传和贯彻落实，制定落实《地区退役军人事务局“法律政策落实年”活动实施意见》，确定重点任务清单，以落实《中华人民共和国退役军人保障法》《关于加强新时代退役军人工作的意见》等为主线，以落实《退役士兵安置条例》《军人抚恤优待条例》《烈士褒扬条例》《信访工作条例》等法规为支撑，推动地县229个政策点清单和乡村49个政策点清单落实落地，完善待遇保障，确保塔城地区退役军人事务工作在法治轨道上健康发展。6月26日，自治区到塔城地区开展“蹲点抓落实”工作，对塔城地区法规政策落实情况给予充分肯定。为增强各级退役军人服务中心（站）的服务保障能力，7月中旬，地区在乌苏市以“一会一训一观摩”的形式，召开2022年地区退役军人政策落实暨基层服务机构建设工作推进会。

【移交安置工作】2022年，地区退役军人事务管理局全力落实“阳光安置”机制，改进安置办法，深挖安置潜力，提高安置工作的透明度和公信力，年内符合安置条件的计划分配军转干部、退役士官、逐月领取退役金军转干部，已全部按政策要求进行妥善安置。召开2022年逐月领取退役金退役军人和计划安置退役士官座谈会，重点解决好安置对象的待遇保障、教育培训、家属子女安置等方面的问题。按自治区统一部署，完成2011—2021年自主就业退役士兵建档立卡工作，录入管理系统。完成自主择业军队干部信息年度审核工作。做好军休干部、士官和无军籍职工接收工作。

【退役军人就业创业工作】2022年，地区退役军人事务管理局为促进退役军人就业创业，出台《2022年塔城地区惠民创业就业工程实施方案》，发放自主就业退役士兵一次性经济补助1071.7万元。结合地区、县、市实际，落实《自治区退役军人事务厅等16个部门关于促进退役军人投身乡村振兴的实施意见》。自主择业军转干部地方配套的医疗保障经费按照要求全面落实到位。落实相关优惠政策，鼓励退役军人自主创业，深入挖掘自主择业军转干部人力资源，创办军创企业，并向自治区上报推荐6家塔城地区军创企业的先进典型。为军创企业发放创业贷款8.7万元，为退役军人创业贷款605万元。全年开展11场次退役军人（军属）专场招聘会，参加企业338家，提供岗位数1437个，多人达成就业意向。贯彻落实《“粤津援疆助军创 携手共进促发展”活动实施方案》，本土军创企业塔城市卓悦百盛购物广场管理有限责任公司与中泰悦农（天津）农业科技发展有限公司达成初步合作意向。

【拥军优抚】2022年，地区退役军人事务管理局落实各项优抚政策，全面建立健全优抚对象抚恤补助标准自然增长机制，开展优抚工作，发放优抚对象生活补助、优抚对象医疗补助。为军队复员干部缴纳养老和医疗经费，发放军队复员干部生活困难补助。各类抚恤补助资金全部按月一卡通发放，优抚对象生活质量不断改善，退役军人各项经费使用率在全疆排名第三。欢送新兵入伍和迎接退役军人回乡，2022年，发放义务兵家庭优待金（含中央补助）。6月10日，新疆荣军医院医疗专家小组赴塔城市、托里县为优抚对象进行免费体检、发放药品，宣传健康教育知识。7月1日，组织带病回乡、两参人员和伤残军人赴新疆荣军医院参加为期10天的疗养活动。把优抚对象年度确认工作列入重要议事日程，成立专班，结合优待证申领的时机完成确认工作，地区、县、乡、村四级退役军人服务中心（站）进行2022年度确认的优抚对象抽查分别为20%，50%，85%，100%。做好拥军慰问工作，春节、八一期间，地、县市成立慰问组，组织慰问139个部队和单位，慰问退役军人、优抚对象，送去慰问金、慰问品。印制发放慰问信1000封，新春贺卡2000张。为立功受奖军人家庭送喜报50人次。做好双拥创建工作，印发《关于开展塔城地区双拥模范单位和个人评选表彰工作的通知》，通过县市筛选上报拥军优属、拥政爱民单位21个，拥军优属、拥政爱民个人23人。地区双拥办对乌苏市、沙湾市全国双拥模范城创建工作届中考评自查工作报告进行审核，对软、硬件资料进行检查，并提出具体整改要求。6月，贯彻落实塔城地区社会救助和保障标准与物价上涨挂钩联动机制补贴工作，按照每人20元的标准，为优抚对象发放补贴。审核享受年满60周岁农村籍退役士兵生活待遇工作。

【纪念褒扬工作】 2022年，地区退役军人事务管理局加快实施塔城市和托里县烈士纪念设施提质改造方案，落地落实中央和自治区资金2000万元投入建设项目，塔城烈士陵园1000万元的项目建设已接近尾声，托里烈士陵园1000万元建设项目已经进入招投标环节。为托里县申请64万元自治区专项烈士纪念设施的维修改造经费，维修工作已完成。清明节和“9·30”纪念日期间，开展“2022·奋进·网上”祭英烈主题活动，做到提前谋划，主动作为，多措并举，全力实现烈士祭扫和疫情防控服务保障两不误，线上开展祭扫活动2.1万次。县市利用综合媒体优势，通过网站、微博、微信等新媒体渠道，策划具有当地特色的网上祭扫纪念活动，地、县市根据各自疫情情况，150个单位开展祭扫纪念活动，群众性线下祭扫活动195场，有4750人参与祭扫活动，营造出热爱祖国、尊崇英烈的浓厚的社会氛围。

【优待证申领】 2022年，地区退役军人事务管理局将优待证申领发放工作纳入重要议事日程，成立优待证申领发放工作领导机构和工作专班，召开塔城地区退役军人服务机构建设暨优待证申领工作推进会，召开视频调度会2次和业务培训会议1次，下发工作进展通报3次。地区设立优待证办理点87个，咨询热线电话58部，参与优待证办理工作人员120人。建立地区、县市、乡镇（街道）周报告、月通报制度，充分利用乡镇（街道）服务站平台，全面有力推进优待证申领工作。截至年底，全地区建档立卡人数为21646人，已有14891人上报审核通过，进入制证发证环节。

【军休干部政治待遇和生活待遇】 2022年，地区退役军人事务管理局节日期间开展慰问活动，春节、七一、八一等重大节日期间，地区军休所采取“线上”慰问、实地走访慰问等方式，慰问塔城地区军休人员461人次，送去慰问品等共计13万余元。组织各类文化活动，组织军休老干部开展“家庭党校”活动，为12名行动不便的军休老干部送学送关爱。为庆祝中国人民解放军建军95周年，喜迎党的二十大胜利召开，组织军休干部开展《牢记烈士精神　永做忠诚卫士》专题朗诵活动并到小白杨哨所开展“重温军旅生活　喜迎二十大胜利召开”红色教育活动。为巩固党史学习教育成果，弘扬革命精神，清明节期间，地、市退役军人事务局组织在职、军休党员到塔城市烈士陵园开展“清明祭扫英烈”主题党日活动。加强交流联系，为军休干部征订报纸杂志，上门收纳党费。推广使用“网络军休所”，建设军休干部活动室，方便与军休人员的交流和沟通，丰富他们的精神生活。

（方炜程）

应急管理

综　述

【机构改革】　2022年，地区应急管理局按照国家、自治区对煤矿安全监管体制划转要求，4月26日印发《关于调整地区应急管理局职责、机构和人员编制的通知》，将地区发展和改革委员会承担的地区煤矿监管职责划转地区应急管理局，在地区应急管理局加挂“地区矿山安全监督管理局”牌子，内设机构增设至5个，行政编制增加至15名；设立副县（处）级“地区矿山安全服务保障中心”，核定事业编制7名。

12月17日，《关于地区安全生产执法监察支队更名的批复》，将塔城地区安全生产执法监察支队更名为“塔城地区应急管理综合行政执法支队”，其他机构编制事宜维持不变。

【行政审批】　2022年，地区应急管理局核发非煤矿山、危险化学品安全生产许可证63家。办理危险化学品建设项目安全条件审查12家。办理非煤矿山建设项目安全设施设计审查12家、危险化学品建设项目安全设施设计审查11家。审查通过外来地质勘探单位和采掘施工企业的各类材料3家。

【隐患排查】　2022年，地区应急管理局积极组建应急专家队伍。从地区各行业领域选取专业监管人员30人、企业专业技术人才22人、第三方专业机构专家22人，组成地区安全生产专家库，提升专业水平。争取辽宁省智力援疆项目资金800万元，7月第一批辽宁省专家11人对塔城地区31家重点危险化学品、煤矿、非煤矿山开展为期8天的隐患排查，发现问题隐患507处，下达现场处理措施决定书3份，责令限期整改指令书22份。23名业务人员得到现场指导，监管执法能力和水平得到提升。

【执法监管】　2022年，地区应急管理局，制订印发《2022年安全生产监督检查计划》，严格按照政府批准的行政执法监督检查计划组织

2022年10月1日，地区应急管理局在和布克赛尔县沙吉海煤电公司检查安全生产情况

（地区行署　提供）

实施。执法检查企业217家次，下发现场检查记录118份、下达责令限期整改指令书103份，行政处罚3次、行政罚款10.2万元。

【煤矿工作】 2022年，地区应急管理局始终把煤矿作为安全生产工作的重点内容和关键领域，以开展三年行动为主线，落实企业主体责任为统领，制定落实年度监管计划，明确监管主体和包保责任。加快推进煤矿安全生产标准化管理体系建设，完成国家一级安全生产标准化矿井初验2处，正在申报二级安全生产标准化矿井复审2处，其余正常生产矿井均达到二级标准化矿井。检查生产建设煤矿39矿次，巡查停产停建矿井20矿次，检查隐患292条，下达执法文书22份，行政处罚2处矿井，共计7.2万元。

【非煤矿山工作】 2022年，地区应急管理局严把“三同时”建设项目审查，推进非煤矿山企业标准化建设。落实风险分级管控和隐患排查治理双重预防机制，加大矿山应急及保障能力建设。检查隐患638处，下达现场处理措施决定书7份，责令停产整顿5家，约谈警示1次。

【危险化学品管理】 2022年，地区应急管理局高位推动危险化学品安全风险集中治理工作，落实15大项48条工作任务分工，督促企业严格落实主体责任。检查隐患465条，行政处罚1家次，经济处罚3万元。扎实做好烟花爆竹安全监管，开展烟花爆竹安全检查，严厉打击非法运输、存储、买卖和燃放烟花爆竹等违法行为，坚决防范重大安全风险，发现问题112条，已全部整改完毕。

【应急管理科技和信息化建设】 2022年3月份邀请西安科技大学对地区9处矿井智能化进行调研，形成实施方案，全地区累计投资6.85亿元，用于推动矿井智能化建设。做好国家、自治区42个应急指挥综合业务系统推广应用工作，地区已应用26个。严格执行365天应急值守领导带班和值班工作制度，确保24小时应急信息报送畅通和应急处置快速有效。

（张学智）

安全生产

【概况】 2022年，全地区发生各类安全生产事故14起，比上年下降41.66%；死亡11人，上升37.5%；受伤3人，下降85.7%，造成经济损失467.33万元，增长136.5%。全地区先后遭受风雹等自然灾害6次，受灾人口7415人，受灾面积21876.79公顷，成灾面积11519.87公顷，绝收面积2034.07公顷，造成直接经济损失约7789.77万元。

【安全生产检查】 2022年，地区应急管理局采取“四同步”方式开展8次常态化督导检查。检查单位（企业）1124家，发现并整改问题隐患3235条。对2处重大安全隐患提请行署予以挂牌督办。抓好督导检查反馈问题隐患整改落实。2022年国务院、自治区督导反馈问题隐患508条，已整改完成486条，剩余问题逐项制定整改措施，明确责任单位、责任人和完成时限，全力推动问题隐患整改到位。

【安全生产专项整治】 2022年，地区应急管理局制定31个行业部门安全生产督导检查清单，成立检查组3001个，督导检查7897家次，检查单位21302家次，整改消除问题隐患38358条，责令133家企业停产停业整顿，对214家企业进行约谈警示，对29家企业实行联合惩戒，行政处罚796家次，罚款651.89万元。对地区17个专项整治行动工作开展情况进行逐一排查，将发现的问题以工作提示或督办通知等形式印发至各牵头部门，推动专项整治取得实效。

【打通“生命通道”集中攻坚行动】 2022年，地区应急管理局开展联合执法102次，排查灾害事故隐患209处，治理隐患200处，曝光车辆191辆，劝离违停车辆633辆，处罚114人次，罚款6740元，集中攻坚行动取得明显成效。

（张学智）

防灾减灾救灾

【防灾减灾救灾保障服务】 2022年，地区应急管理局加大应急物资储备和装备建设力度。塔城地区共8座应急物资储备库，总面积10192平方米，累计储备生活类救灾物资5.9万件（套），医疗防疫物资90余万件，地县与当地粮油公司及商超签订各类生活类物资储备协议，2022年集中采购救灾物资148万元，确保关键时刻救灾物资拿得出、调得快、用得上。深入推进应急避难场所建设，对全地区53个应急避难场所进行功能改造提升，占地总面积约168万平方米，可容纳50万人紧急避险。大力推动“全国综合减灾示范社区”创建工作，创建示范社区18个，创建成效向周边村（居）辐射、延伸、推广。做好冬春期间困难群众临时生活救助工作，申请补助资金43.64万元，救助人数897人。

【自然灾害综合预警监测】 2022年，地区应急管理局落实会商研判机制，组织各行业领域召开10次自然灾害联合会商分析研判会议，发布自然灾害预警信息92期。全面推进自然灾害风险普查工作。塔城地区普查和应急管理部门工作总体进度100%。中央财政专项补助经费632.6万元已全部拨付到位。

【森林草原防灭火】 2022年，地区应急管理局组织召开塔城地区森林草原火灾风险形势研判会议2次，派出检查组10个，排查火灾隐患23处，发放整改通知书7份，整改火灾隐患10处，全年未发生森林草原火灾事故。

【防汛抗旱】 2022年，地区应急管理局组织召开防汛抗旱指挥部会议8次。开展隐患排查，发现问题136条，整改131条，5条正在整改中，实现汛期灾害零事故、零损失、零死亡目标。申请自治区防汛抗旱应急救灾资金500万元，用于补助相关县市解决居民生活用水等支出。

【抗震救灾和防震减灾】 2022年，地区应急管理局落实属地责任，针对地震防范应对工作6个方面和15项内容组织抗震救灾指挥部各成员单位认真开展自查，防范化解地震灾害风险，切实维护人民群众生命安全。

（张学智）

应急救援

【应急救援队伍建设】 2022年，地区应急管理局组建各类应急救援队伍103支2789人，配备专业救援装备，提升应急救援能力和水平。抓好四级灾害信息员队伍建设。登记在册2163人，完成AB岗设置工作，利用手机App上报各类自然灾害隐患信息91条，已全部整改完毕。

【应急演练工作】 2022年，地区应急管理局加强应急预案编制修订工作，规范应急预案修编程序，制定印发《塔城地区突发事件总体应急预案》等29个专项应急救援预案。制定8项应急演练科目，开展应急演练265场次，参与47541人次，投入资金42.38万元，提高救援能力。

【宣传教育培训】 2022年，地区应急管理局积极开展“5·12防灾减灾日”“安全生产月咨询日”等主题宣传教育活动，提升社会公众防灾避险意识和自救互救能力。举办宣传活动452场次、知识讲座148场次，发放宣传材料和物品145000份、展板307块、横幅223条。开放科技馆、科普教育基地82家次，受教育人数达272834人次。累计培训非煤矿山、危化、烟花爆竹、一般工贸等行业主要负责人、安全管理人员、特种作业人员6200余人。

（张学智）

消防救援

【综合治理工作】 2022年，地区应急管理局印发《关于加强地区基层消防力量建设和火灾防控工作的实施意见》《塔城地区火灾事故调查处理实施意见》；借力“三委一部”平台，强化“条线监管”落实，持续开展重点场所专项治理，纳入地委、行署常态化督导检查内容；将“三化”达标创建作为政府工程，列为政府考核和综治考评内容，全面提升“三化”创建水平；指导81个乡镇街道成立消防安全委员会，挂牌成立61个消防工作站，建立隐患治理和督导问责机制；坚

2022年9月22日，地区应急管理局在塔城市卓越百盛超市开展消防安全检查

（地区行署　提供）

持“示范引领”，用足“繁简分流”手段，创新引领“防消结合”机制，高站位部署执法规范化建设；支队连续4年通过大讲堂、文化“夜校”、线上培训等方式开展防火岗位大练兵活动；在全地区消防产品监督业务比训活动中取得团体第二名的优异成绩；举办礼赞白杨·油画塔城·天山南北“消”遥游直播活动；在央视《新闻联播》《应急管理报》头版、应急管理部官网等国家级平台刊发支队工作动态。

【聚焦实战练兵】 2022年，地区消防救援支队立足队伍转型升级，苦练过硬本领，提升专业水平，始终把专业力量建设作为应急救援能力的基础工程。严抓训练监察工作制度，狠抓练兵奖惩落实，成立尖兵助训队开展“查弱项、补短板、促提升”帮训工作；在总队2022年北疆片区体技能比训中，四项团体科目取得第二，一人获得单兵科目第一，两人获得单兵科目第三的优异成绩；先后开展指挥能力考评、预案互查评比、专业队伍培训等练兵工作；创新研制作战训练安全“10类问题”及个人风险自查清单，录制7类灾害现场安全管控与紧急救助训练示教片，制定消防车故障识别与排除清单99条；细化5大项25小项警情跟踪重点内容，进一步提升全员识险、辨险、避险能力；率先完成智能接处警系统建设任务，改造作战指挥中心布局，优化值班备勤环境，推动应急值守向“科学智能型”转型升级；进一步强化车辆配备结构，全年新购消防车9辆，采购装备138万元。

【政治建队】 2022年，塔城地区消防救援支队党委始终把党的领导贯穿消防工作和队伍建设全过程、各方面，严格“第一议题”制度，跟进学习习近平总书记重要指示批示精神，专题研究疫情防控、党的二十大和亚博会消防安保、重大风险防范化解、实战化训练改革、作战行动安全、正规化建设等大事要事，坚决扛起“把方向、管大局、抓落实”的重要职责；班子团结协作，时时处处维护党委权威，主官之间充分沟通、密切配合，班子成员协调补位、各司其职，各项重大工作身先士卒、全程靠前指挥；推动预备消防士优待金陆续落实落地；以乌苏市消防救援大队为试点，解决专职队员65元/天执勤补助和100元/次出警补助；针对网络安全、车辆管理、管酒治酒等重点环节，精心绘制漫“话”安全系列漫画等活动，指战员获得感更强、满意度更高。2022年内，4个集体、5名个人分别获县市级以上地方表彰，1名消防员消防车辅助加热装置获国家专利，队伍奋斗风采持续向好。

（艾丽菲）

【消防设计审查验收】 2022年，塔城地区建设工程消防设计审查验收技术服务中心和各县（市）消防设计审验机构，按照《关于全面加强建设工程消防设计审查验收管理落实落细消防安全责任制的意见》要求，基本建立覆盖各行业的建设工程消防设计审查验收队伍，全地区在新疆消防建设综合管理云平台注册人数66人。消防审验工作信息化创建取得新突破，将新疆消防建设综合管理云平台与工程建设审批制度改革平台（工改平台）进行对接，受理建设工程数量164个项目，办结164个，办结率100%（其中消防设计审查59个，平均办结用时10.67天，消防验收24个，平均办结用时11.10天，验收备案81个，平均办结用时7.09天）。各行业建设工程消防设计审验实现应审尽审、应验尽验，受理办结除房屋建筑和市政公用工程以外其他29类建设工程20个（其中消防设计审查7个，消防验收13个），占总工程项目消防设计审查、验收数比例达到24.1%（其中消防设计占比11.86%，消防验收占比54.17%），覆盖各行业的消防设计审查验收队伍专业化建设成效显著。

（李　丽）

县市概览

塔城市

【党政机关主要负责人】

中共塔城市委员会书记：

王东升

塔城市人大常委会主任：

艾坦·艾提肯（哈萨克族）

塔城市人民政府市长：

阿达力别克·巴合提汗（哈萨克族）

政协塔城市委员会主席：

达　刚（达斡尔族）

【基本情况】　塔城市地处塔额盆地边缘，塔尔巴哈台山南坡，额敏河北岸。市区距乌鲁木齐市公路里程 540 千米。

境内河流有卡浪古尔河、阿不都拉河、锡伯图河、乌拉斯台河等，年总径流量 4.8264 亿立方米；地下水动储量 3.4 亿立方米。野生药用植物主要有党参、贝母、阿魏、甘草、黄芪、麻黄、元胡、芍药花等。国家级野生保护动物有雪鸡、金雕、大鸨、北山羊、雪豹、狼、马鹿、棕熊、雪兔、盘羊、猎隼。主要矿产资源有铜矿、金矿、铁矿、镍铬、铀、钍等。森林覆盖率 22.53％。主要旅游景点有国家AAA级旅游景区塔城市塔尔巴哈台山、塔城市巴克图口岸、塔城市哈尔墩民族团结示范区、塔城市奥布森、塔城市红楼、塔城市西部美食街、塔城市文化广场、塔城市丝路文化商品城、塔城市文旅产业园、国家AA级旅游景区塔城市达斡尔风情园、拜格托别垂钓公园、塔城市橡园。属温带大陆性干旱半干旱气候。

2022年，辖3个街道办事处、3个镇、4个乡。

2022年，完成生产总值130.05亿元，其中第一产业增加值40.45亿元、第二产业增加值17.15亿元、第三产业增加值724509万元。

农林牧渔业总产值423387.75万元，其中农业产值321232.36万元、林业1159.6 万元、牧业96397.59万元、渔业198.2万元、农林牧渔服务业4400万元。耕地面积10.72万公顷，农作物播种面积19.36万公顷，粮食 8.6 万公顷。主要农产品产量：粮食作物 795000吨、薯类100 吨、油料500吨、甜菜9200吨、蔬菜 71515.5吨、果用瓜1310 吨、苜蓿21600 吨、番茄61652.5吨、辣椒759吨、打瓜籽12300 吨、苹果1225吨、葡萄380吨。年末牲畜存栏57.92 万头（只），全年牲畜出栏42.48万头（只）。肉类总产量14519.57 吨，羊毛18吨，奶类9068.9吨，禽蛋1316.08 吨。年末农业机械总动力34.34万千瓦。

规模以上工业企业11家，实现工业总产值78603万元；工业增加值9942万元，工业销售产值65059万元。主要工业产品产量：小麦粉46615吨，商砼 333200立方米、番茄酱15454吨。建筑企业施工房屋建筑面积61万平方米。

全社会固定资产投资314281万元，比上年增长21.7%。其中第一产业7870 万元、第二产业14459万元、第三产业 291952万元。社会消费品零售总额168085.8万元，其中批发和零售业140181.8 万元、住宿和餐饮业27904万元。进出口贸易总额95600万美元，其中出口额419万美元、进口额95181万美元。完成邮政业务总量2333万元，电信业务总量 10708.76万元。年末固定电话用户5.48万户，移动电话用户 20.38 户，互联网宽带接入用户7.07万户。接待旅游者 196.19 万人次，旅游收入8.88亿元。地方财政收入 93283万元（一般公共预算收入44099万元），地方财政支出 408002万元（一般公共预算支出327769万元）。年末城乡居民储蓄存款余额 125.15亿元。

有各类专业技术人员2376人，其中中级以上专业技术职务1396 人。

有中等职业教育学校1所，在校学生有456 人；普通高中 1 所，在校学生1541人；初中3所，在校学生5036人；小学17所，在校学生9497人；幼儿园50 所，在园幼儿4591人。各类教师1692人。全年教育经费投入38911.4万元。

有医疗卫生机构126个，卫生技术592 人，卫生机构床位492 张。

全年城镇居民家庭人均可支配收入31067 元，农村居民家庭人均纯收入23299 元。

2022年末，塔城市当年实现城镇就业再就业人员338 人。城镇登记失业率控制在4%以内。

截至年底，参加基本养老保险 81622 人，其中城镇职工基本养老保险40768人、城乡居民社会养老保险40854人。参加基本医疗保险116691人，其中职工基本医疗保险 24722人、城乡居民基本医疗保险91969人。参加工伤保险15050人；参加失业保险12190人；参加生育保险14356人。参加新型农村合作医疗91920 人，参合率100%。城镇居民最低生活保障人数1017人，农村居民最低生活保障3169人。

（张　瑶）

额敏县

【党政机关主要负责人】

中共额敏县委员会书记：

曹春山

额敏县人大常委会主任：

瓦哈普·俄德勒什（哈萨克族）

额敏县人民政府县长：

塔吾拉提·吐斯肯（哈萨克族）

政协额敏县委员会主席：

叶尔肯·叶留拜（哈萨克族）

【基本情况】　额敏县位于准噶尔盆地西北边缘、塔额盆地东北部，县城距乌鲁木齐市公路里程570千米。

境内地表水年径流量10.8亿立方米，地下水可开采量2.5亿立方米。矿产资源主要有金、煤、铁、锰、铀、铜、水晶、花岗岩、大理石、高岭土、白垩土、芒硝、石灰岩等。国家级保护动物有雪豹、赛加羚、鹅喉羚、马鹿、棕熊、雪兔、盘羊、石貂、猞猁、白鹳、黑鹳、金雕、大鸨、大天鹅、黑琴鸡、蓑羽鹤等。野生药用植物有贝母、柴胡、赤芍药、甘草、麻黄、苦参、山楂、枸杞等。主要旅游景点有额敏县滨河公园（国家AAA级旅游景区）、额敏县野果林风景区（国家AA级旅游景区）。名优特色产品有红花油、红花酒、红花胶囊、红花口服液、黑加仑饮料、黑加仑养生酒、黑加仑原汁、黑加仑果酱、塔城飞鹅等。属中温带大陆性气候。

2022年，辖6个镇、5个乡。

2022年，实现生产总值122.06亿元，比上年增长5.6%。其中第一产业增加值42.59亿元，第二产业增加值22.4亿元，第三产业增加值57.07亿元。

农林牧渔业总产值52.2亿元，农作物播种面积102733公顷，其中粮食作物92060公顷、甜菜3073公顷、番茄1247公顷、打瓜6353公顷。主要农产品产量：粮食88.06万吨（小麦11.2万吨，玉米76.86万吨）甜菜23.05万吨、番茄16.01万吨、打瓜1.52万吨。年末畜禽存栏91.37万头（只），全年畜禽出栏81.44万头（只）。全年肉类总产量1.56万吨，生牛奶0.7万吨。禽蛋0.06万吨。年末农业机械总动力39.43万千瓦。

规模以上工业企业实现工业总产值13.07亿元；工业增加值6.82亿元，工业销售产值2.5亿元。主要工业产品产量：生产中空玻璃22.7万平方米；番茄酱2.6万吨、水泥7.06万吨、风力发电9.68亿千瓦时、商品混凝土8.6万立方米、鲜冷藏肉646.1吨、饲料3.14万吨、精制食用植物油224吨、小麦粉5.98万吨。建筑业总产值5.5亿元，房屋施工面积1.15万平方米，竣工产值1.2亿元。

全社会固定资产投资26.19亿元，比上年增长13.9%。其中第一产业3.17亿元、第二产业7.58亿元、第三产业15.43亿元。社会消费品零售总额15.02亿元，其中批发和零售业13.71亿元、餐饮收入额1.39亿元。进出口贸易总额616.47万美元，其中出口额105.43万美元、进口金额511.04万美元，接待旅游者102万人次，旅游收入6.8亿元。地方财政收入5.17亿元（一般公共预算收入2.95亿元），地方财政支出39.58亿元（一般公共预算支出32.37万元）。

有职业高中1所，在校学生522人；普通高中1所，在校学生

2885人；初中6所，在校学生6284人；普通小学19所，在校学生12318人；幼儿园49所，在校学生5072人。各类教师1481人。

有医疗卫生机构164个，卫生专业技术人员1376人，卫生机构床位752张，

全年城镇居民人均可支配收入31078元，农村居民人均可支配收入21609元。

2022年末，额敏县当年城镇实现失业人员再就业1008人，城镇登记失业率控制在4.5%以内。新增农村劳动力转移就业1.26万人次。

截至年底，参加基本医疗保险114615人，其中城镇职工基本医疗保险22102人，城乡居民基本医疗保险53126人。参加工伤保险14741人，参加失业保险12900人；参加生育保险14609人。城镇居民最低生活保障2663人，农村居民最低生活保障3431人。

（杨晓宪）

乌苏市

【党政机关主要负责人】

中共乌苏市委员会书记：

周　晨（2022年7月离任）

张永宁（2022年7月任职）

乌苏市人大常委会主任：

米合热古丽·斯德克（女，维吾尔族）

乌苏市人民政府市长：

阿依肯·阿斯拉汗（哈萨克族）

政协乌苏市委员会主席：

李　鸿（女）

【基本情况】　乌苏市位于天山北麓、准噶尔盆地西南缘，市区距离乌鲁木齐市公路里程268千米。

境内有1个天然湖泊乌兰萨德克湖；主要河流有奎屯河、四棵树河、古尔图河、巴音沟河等，年总径流量15.75亿立方米；可利用的地下水动储量2.53亿立方米。主要野生药用植物有肉苁蓉、锁阳、贝母、雪莲、甘草等。国家级野生保护动物有金雕、大鸨、小鸨、鹅喉羚、马鹿、天鹅、猎隼、鹈鹕、黑鹳、小苇鳽、水獭。矿产资源主要有煤、金、石灰岩、陶粒页岩、膨润土、辉长岩等。森林覆盖率20.4%。主要旅游景点有国家AAAA旅游景区佛山国家森林公园，国家AAA级旅游景区九莲泉水景公园、甘家湖沙漠公园、巴音沟景区、胡杨林乐园、九间楼乡荷花池景区、沙舟酒庄、泥火山景区、百泉镇白杨树村生态旅游度假区、乌拉斯台景区、乌斯图景区、体育公园、和谐公园、花海·喜世界、儿童公园、街心花园、古尔图百里画廊、苏里坊田园综合体、古尔图武侠驿站。有甘家湖梭梭林国家级自然保护区1个，保护区总面积（乌苏境内）26667公顷。属典型大陆性气候。

2022年，辖5个街道办事处、10个镇、7个乡。

2022年，完成生产总值247.71亿元，其中第一产业增加值106.4亿元、第二产业增加值71.41亿元、第三产业增加值69.9亿元。

农林牧渔业总产值91.49亿元，其中农业产值74.98亿元、林业0.11亿元、牧业12.02亿元、渔业0.13亿元、农林牧渔服务业4.25亿元。耕地面积17.5万公顷，农作物播种面积15.1万公顷，其中粮食2.388万公顷、棉花11.93万公顷。主要农产品产量:粮食作物22.58万吨、棉花23.12万吨、油料0.3万吨、番茄36.45万吨。年末牲畜存栏62.03万头（只），全年牲畜出栏45.96万头（只），出栏率74.09%。肉类总产量14879吨，奶类2678吨，禽蛋1472吨，水产品2580吨。

规模以上工业企业38家。主要工业产品产量：啤酒108175千升、原煤162万吨、水泥46万吨、生物基化学纤维产量1.9万吨、番茄酱5.63万吨、纱2.16万吨、金属密封件产量67万件、小麦粉产量2.09万吨，饲料产量1.78万吨，天然原油145万吨。建筑业总产总值13.19亿元，建筑企业施工房屋建筑面积309.69万平方米，竣工面积52.99万平方米。

全年固定资产投资（不含农户）比上年增长15.1%。其中第一产业投资增长4.3倍、第二产业投资增长7.3%、第三产业投资增长21.8%。社会消费品零售总额14.42亿元，其中商品零售额12.14亿元、餐饮收入额2.28亿元。进出口贸易总额8000万美元。完成邮政业务收入0.24亿元，电信业务总量1.63亿元。年末固定电话用户2.96万户，移动电话用户25.61万户，互联网用户9.83万户。接待旅游者173万人次，旅游收入9.35亿元。地方财政收入17.37亿元，地方财政支出34.02亿元。

有各类专业技术人员4724人，其中中级以上专业技术职务2863人。

有中等职业教育学校2所，在校学生2021人；普通高中1所，在校学生4367人；初中9所，在校学生7683人；小学23所，在校学生14746人；幼儿园37所。各类教师3430人。全年教育经费投入57352万元。

有医疗卫生机构222个，卫生技术人员1690人，卫生机构床位1261张。

年内在全国体育比赛中获铜牌3枚，在自治区体育比赛中取得银

牌2枚，铜牌1枚。

全年城镇居民人均可支配收入35257元，农村居民人均可支配收入23457元。

2022年末，乌苏市新增就业人员3756人。当年实现城镇失业再就业人员1766人。城镇调查失业率控制在5.5%以内。

截至年底，参加基本养老保险63873人，其中城镇职工基本养老保险35548人、城乡居民社会养老保险28325人。参加基本医疗保险187014人，其中职工基本医疗保险38201人、城乡居民基本医疗保险148813人。参加工伤保险21767人；参加失业保险19993人。城镇居民最低生活保障1436人，农村居民最低生活保障3532人。

（郭玉溪）

沙湾市

【党政机关主要负责人】

中共沙湾市委员会书记：

黄佳俊

沙湾市人大常委会主任：

哈米提·阿吉（维吾尔族）

沙湾市人民政府市长：

俄合拉斯·斯巴达克（哈萨克族，2020年10月16日任职县政府书记，2021年10月31日任职市政府书记，2022年10月19日逝世）

政协沙湾市委员会主席：

周卫东

【基本情况】 沙湾市位于天山北麓，准噶尔盆地南缘。市区距乌鲁木齐市公路里程185千米。

境内主要河流有玛纳斯河、金沟河、巴音沟河、宁家河等，年总径流量21亿立方米。国家级野生保护动物有黑鹤、雪豹、大天鹅、鸢、苍鹰、雀鹰、草原雕等。主要矿产资源有煤炭、石灰石等。森林覆盖率16.92%。主要旅游景点有国家AAAA级旅游景区鹿角湾，国家AAA级旅游景区温泉、东大塘、乌沙安集海大峡谷、森林公园、大盘美食城、华录文化广场、千泉湖、绢道影视城、文化广场、汉唐文化酒庄旅游景区。有国家水利风景区和国家湿地公园千泉湖。属大陆性中温带干旱气候。

2022年，辖9个镇、3个乡。

2022年，实现地区生产总值245.43亿元（含兵团），其中第一产业增加值133.1亿元、第二产业增加值31.9亿元、第三产业增加值80.42亿元。

农林牧渔业总产值1220817万元，其中农业产值934958万元、林业5474万元、畜牧业234176万元、渔业1759万元、农林牧渔服务业44450万元。农作物播种面积15.09万公顷，粮食2.46万公顷，棉花11.71万公顷。主要农产品产量：棉花225686吨、油料5761吨、甜菜4443吨、蔬菜393500吨、玉米187938吨、小麦32896吨、工业用番茄14.75万吨、工业辣椒14.87万吨。全年牲畜存栏60.04万头（只），年内牲畜出栏41.99万头（只）。肉类总产量1.87万吨，羊毛508吨，奶类31435吨，禽蛋1592吨。年末农业机械总动力85.5万千瓦。

规模以上工业企业36家，实现工业总产值595717万元；工业增加值96956万元，工业销售产值547638万元。主要工业产品产量：原煤1125866吨、植物油12818吨、发电14881万千瓦时、供电量294899万千瓦时。建筑业生产总值56391万元，建筑企业施工房屋建筑面积202021平方米，竣工面积144370平方米。

全社会固定资产投资同比增长18.1%，其中第一产业投资下降36.96%、第二产业投资增长11.34%、第三产业投资增长34.67%。社会消费品零售总额160794.57万元，其中批发和零售业139171.67万元、住宿和餐饮业21622.9万元。进出口贸易总额1565.39万美元，均为出口。实现邮政业务收入3288.13万元。接待旅游者235.25万人次，旅游收入6.82亿元。地方财政收入136373万元（一般公共财政预算收入91855万元），地方财政支出393442万元（一般公共财政预算支出308003万元）。年末金融机构各项存款余额1841724万元，其中住户存款1497081万元。

有各类专业技术人员4657人，其中中级以上专业技术职务3035人。

有中等职业教育学校1所，在校学生683人；高级中学1所，在校学生3895人；初中9所，在校学生6709人；小学21所，在校学生12278人；幼儿园45所，在园幼儿4978人。专任教师2622人。全年教育经费投入8.37亿元。

有医疗卫生机构224个，专业技术人员1237人，卫生机构床位702张。

年内在全国体育比赛中获金牌5枚、银牌12枚、铜牌2枚。

全年城镇居民人均可支配收入35639元，农村居民人均可支配收入25084元。

2022年末，沙湾市实现城镇新增就业5040人，转移农村富余劳动力1.46万人次。年末城镇登记失业率控制在3%以内。

截至年底，参加基本养老保险133414人，其中机关事业养老保险12439人、企业养老保险25474人、城乡居民养老保险95501人。参加城乡居民基本医疗保险参保146692人；参加工伤保险参保17691人；参加失业保险16137人；参加生育保险19739人。城镇居民最低生活保障514人，农村居民最低生活保障2194人。

（单新生）

托里县

【党政机关主要负责人】
中共托里县委员会书记：
满玉虎
托里县人大常委会主任：
古丽娜孜·哈斯木汗（女，哈萨克族，6月离任）
赛力克·尔斯别克（哈萨克族，6月任）
托里县县人民政府县长：
达吾列提·帕尔尤拉（哈萨克族）
政协托里县委员会主席：
海若拉·巴吾丁（哈萨克族）

【基本情况】 托里县位于准噶尔盆地西侧，塔额盆地南缘。县城距乌鲁木齐市公路里程512千米。

境内有河流40条，流程短、水量小、渗漏快、境内地表水多年平均径流量6.2亿立方米。野生动物有雪豹、北山羊、紫貂、天鹅、雪鸡、马鹿、鹅喉羚、棕熊等。野生植物主要有贝母、阿魏、甘草、锁阳、麻黄、黄芪、党参、肉苁蓉、芍药等，列为珍稀保护的树种有云杉、胡杨等。矿产资源主要有原煤、黄金、花岗岩、铬矿石、铁矿石、铜矿、石灰石等。国家AAA级主要旅游景点有托里县生态园景区、托里县白杨河湿地生态人文景区、塔斯特风景区、沙孜湖景区。属温带大陆性半干旱气候。

2022年，辖4个镇、4个乡。

2022年，完成生产总值53.45亿元，比上年增长2.2%。其中第一产业增加值14.24亿元、第二产业增加值19.05亿元，同比增长13%；第三产业增加值20.15亿元。

农林牧渔总产值（现价）22.55亿元，比上年增长2.6%。其中农业产值6.91亿元、林业0.13亿元、牧业15.45亿元、农林牧渔业及辅助性活动0.07亿元。农作物播种面积34846.67公顷，其中粮食2.54万公顷、棉花0.13万公顷。主要农产品产量：粮食作物23、07万吨（小麦3.04万吨、玉米19.89万吨）、棉花0.24万吨、油料0.15万吨，甜菜3.78万吨、蔬菜及食用菌0.1万吨、苜蓿1.94万吨、打瓜子0.64万吨。年末牲畜存栏66.09万头（只），全年牲畜出栏59.12万头（只）。肉类总产量2.3万吨。年末农业机械总动力72614千瓦。

规模以上工业企业17家，实现工业总产值14.7亿元；工业增加值6.3亿元。主要工业产品产量：黄金2660千克、商品混凝土52604立方米、水泥41.21万吨、发电88364.1万千瓦时。

全社会固定资产投资22.82亿元，比上年增长37.2%。社会消费品零售总额34501.49万元，其中商品零售业31102.2万元、餐饮收入3399.29万元。接待旅游者49.3万人次，旅游收入2.9亿元。完成邮政业务总量615万元，电信业务总量7157万元。年末固定电话用户16488户，移动电话用户114456户，互联网宽带接入用户41754户。地方财政收入39032万元（一般公共预算收入32472万元），地方财政支出273444万元，（一般公共预算支出185643万元）。年末金融机构各项存款总额37.02亿元，各项贷款总额26.8亿元。

有各类专业技术人员2860人，其中中级以上专业技术职务1110人。

有普通高中2所，在校学生1488人；初级中学1所，在校学生3734人；小学13所，在校学生8338人；幼儿园35所，在园幼儿3213人。各类教师1294人。全年教育经费投入3.89亿元。

有医疗服务机构89个，卫生技术人员749人，卫生机构床位586张。

全年城镇居民人均可支配收入达到29607元，农牧民人均可支配收入达到15633元。

2022年末，托里县城镇新增就业人员1877人。镇登记失业率控制3%以内。

截至年底，参加基本养老保险52139人，其中城镇职工基本养老保险10656人、城乡居民养老保险41483人。参加基本医疗保险85015人，其中职工基本医疗保险13715人、城乡居民医疗保险71300人。参加工伤保险9901人；参加失业保险7759人。城镇居民最低生活保障人数875人，农村居民最低生活保障人数2629人。

（赵文磊）

裕民县

【党政机关主要负责人】
中共裕民县委员会书记：
王　涛
裕民县人大常委会主任：
刘红亮
裕民县人民政府县长：
叶尔波拉提·巴依哈旦（哈萨克族，2022年6月离职）

古丽巴尔青·胡沙英（女，哈萨克族，2022年6月任职）

政协裕民县委员会主席：

阿达力别克·库尔曼(哈萨克族)

【基本情况】 裕民县地处准噶尔盆地西部边缘，塔额盆地西南部。县城距乌鲁木齐市公路里程580千米。

境内主要河流有哈拉布拉河、塔斯提河、察汗托海河、布尔干河等24条河流，其中已开发利用河流7条，年总径流量7.43亿立方米；地下水水资源总量2.27亿立方米，其中可开采量0.35亿立方米。主要野生药用植物有贝母、甘草、黄芪、芍药、车前草、枸杞、柴胡、党参、大芸、锁阳等59种。国家一级野生保护动物有大鸨、金雕、雪豹、黑鹳、白鹳、草原雕6种；国家二级野生保护动物有鹅喉羚、马鹿、狗熊、猞猁、兔狲、盘羊、北山羊、狼、狐狸等30余种。矿产资源主要有煤、钼、铁、铜、石膏、芒硝、花岗岩等，其中已查明资源量的矿种有4种，分别是砖瓦用黏土矿、建筑用砂石料矿、钼矿和铁矿。森林覆盖率为17.5%。主要旅游景点有巴尔鲁克旅游景区（国家AAAA级旅游景区）、锦裕生态公园（国家AAA级旅游景区）和哈拉赛民俗风情园景区（国家AA级旅游景区）。特色物产有：红花、小麦、玉米、葫芦、打瓜、番茄、黑果花楸和巴什拜羊等。属温带大陆性干旱气候。

2022年，辖2个镇4个乡。

2022年，完成生产总值24.22亿元，比上年增长8.2%。其中第一产业增加值9.86亿元，增长4.5%；第二产业增加值3.17亿元，增长40.2%；第三产业增加值11.19亿元，增长4.8%。

农林牧渔业总产值98760万元，比上年增长3.1 %.其中农业产值77530万元，比上年增长5.94%；林业2070万元，下降34.33%；牧业18365万元，增长35.32%，渔业产值99万元，增长4.21%，农林牧渔服务业产值696万元，增长20%。耕地面积4.53万公顷，农作物播种面积3.85万公顷，粮食2.53万公顷。主要农产品产量：粮食作物206544吨（小麦51262吨、玉米154978吨、薯类304吨）、红花籽10372吨、番茄30090吨、打瓜籽2277吨。牲畜年末存栏48.61万头（只）。全年牲畜出栏34.17万头（只）。肉类总产量10391吨，羊毛810吨，奶类9262吨，禽蛋171吨。年末农业机械总动力18.95万千瓦。

规模以上工业企业4家，实现工业总产值11570万元；工业增加值1858万元。主要工业产品产量：商用混凝土139337立方米，植物油3700吨，混合饲料10000吨，鲜冷（冻）藏肉1792吨，塑料制品1780吨，农用化肥2546吨。建筑业总值5.89亿元，建筑企业施工房屋建筑面积18.18万平方米，竣工面积3.21万平方米。

全社会固定资产投资100732万元，比上年增长38.9%。其中第一产业投资4332万元，下降12.7%，第二产业投资24895万元，增长12.9%，第三产业投资71505万元，增长57.2%。社会消费品零售总额27017.2万元。外贸进出口总额102.8万美元，实现零的突破。完成邮政业务收入946万元，电信业务收入1100万元。年末固定电话用户0.87万户，移动电话用户4.23万户，互联网宽带接入用户2万户。接待旅游者120万人次，旅游收入6.6亿元。地方财政收入20186万元（一般公共预算收入10098万元），地方财政支出174083万元，（一般公共预算支出157970万元）。年末金融机构各项人民币存款余额33.54亿元。

有各类专业技术人员1591人，其中中级以上专业技术职务816人。

有普通高级中学1所，在校学生614人；初中1所，在校学生1575人；九年一贯制学校1所；小学5所，在校学生3920人；幼儿园18所，在园幼儿1776人。有专任教师789人。全年教育经费投入29115万元。

有医疗卫生机构55个，卫生技术人员493人，卫生机构床位300张。

年内在自治区体育比赛中获金牌7枚、银牌16枚、铜牌6枚。

全年城镇居民人均可支配收入29922元，农村居民人均可支配收入18906元。

2022年末，裕民县实现农村富余劳动力转移就业人员7104人次，实现城镇就业再就业人员1667人。城镇登记失业率控制在4.5%以内。

截至年底，参加基本养老保险36111人，其中企业养老保险参保8725人、机关事业单位养老保险参保5792人、城乡居民社会养老保险21594人。参加基本医疗保险47482人，其中职工基本医疗保险9781人、城乡居民基本医疗保险37701人。参加工伤保险6557人；参加失业保险4939人。城镇居民最低生活保障442户733人，农村居民最低生活保障796户1214人，全年发放低保金1237.4万元。

（权国民）

和布克赛尔蒙古自治县

【党政机关主要负责人】

中共和布克赛尔蒙古自治县委员会书记：

毕　升

和布克赛尔蒙古自治县人大常委会主任：

江明·那木苏荣（蒙古族，5月任职）

和布克赛尔蒙古自治县人民政府县长：

巴德尔禾·巴特乔龙（蒙古族，5月任职）

政协和布克赛尔蒙古自治县委员会主席：

阿斯力别克·斯兰别克（哈萨克族）

【基本情况】 和布克赛尔蒙古自治县位于准噶尔盆地西北边缘，塔城地区东北部。县城距乌鲁木齐市公路里程495千米。

境内有天然湖泊2个；主要河流有和布克河、纳木郭勒 河等，年总径流量4200万立方米；地下水动储量20284万立方米。主要野生药用植物有麻黄、贝母、锁阳、肉苁蓉、黄芪、柴胡、元胡、罗布麻等200多种。境内有珍稀动物黑狐和白鼬，列为国家一级野生保护动物有金雕、北山羊；国家二级野生保护动物有盘羊、鹅喉羚、石貂、雪兔、雪鸡等。主要矿产资源有石油、天然气、煤、膨润土、盐、石英砂、芒硝、石灰石等。森林覆盖率9.5%。主要旅游景点有国家AAA级旅游景区江格尔文化园景区、东归文化园景区、中国漠西·热气泉养生国际旅游度假区、和布克赛尔县和什托洛盖镇双山公园景区、松树沟白松森林公园景区、玛纳斯盐湖景区、白桦林湿地公园景区、准噶尔古城遗址景区、骆驼石高台人类活动遗迹景区、龙脊谷景区。国家AA级旅游景区江格尔文化园景区（王爷府旧址、江格尔博物馆等）属温带大陆性干旱气候。

2022年，辖2个镇、6个乡。

2022年，完成生产总值54.55亿元（含兵团）。其中第一产业增加值14.09亿元，比上年增长 4.2 %；第二产业增加值 22.43亿元，增长9.7%；第三产业增加值18.03亿元，下降0.9%。

农林牧渔及其服务业总产值101358.6万元，比上年增长2.6%。耕地面积16133.33公顷，农作物播种面积1.61万公顷。主要农产品产量：粮食作物13230.3吨，棉花10214吨、油料67.4吨、蔬菜8683.7吨。年末牲畜存栏52.16万头（只），全年牲畜出栏33.19万头（只）。肉类总产量10509.8吨，奶类5413.7吨，禽蛋19.8吨。

规模以上工业企业9家，实现工业总产值15.7亿元。主要工业产品产量：发电368303万千瓦时、水泥78.1万吨、原煤 611.97万吨、原盐137.58万吨。建筑业增加值67303万元。

全社会固定资产投资33.03亿元，比上年增长123.5%。社会消费品零售总额29532.1万元，完成邮政业务总量1133万元，完成电信业务总量2700万元。年末固定电话用户3704户，移动电话用户38181户，移动互联网宽带接入用户16475户。接待旅游者83.48 万人次，旅游收入4.9亿元。地方财政一般公共预算收入14.66亿元，地方财政一般公共预算支出19.02亿元。年末城乡居民储蓄存款余额33.04亿元。

有各类专业技术人员 1799人，其中中级以上专业技术职务812人。

有普通高中1所，在校学生632人；初中2所，在校学生1546人；小学11所，在校学生4158人；幼儿园15所，在园幼儿2160人。各类教师1372人。全年教育经费投入29252万元。

有医疗卫生机构38个，卫生技术人员688人，卫生机构床位421张。

年内在自治区体育比赛中获 金牌4枚、银牌2枚。

全年城镇居民家庭人均可支配收入25459元，农村居民家庭人均纯收入18694元。

2022年末，就业人员1421人，比上年下降23.4%。城镇登记失业率1%。

截至年底，和布克赛尔蒙古自治县参加职工基本养老保险8483人，参加城乡居民社会养老保险15070人；参加职工基本医疗保险4237人，参加城镇居民基本医疗保险34659人；参加工伤保险12673人；参加失业保险11074人；参加生育保险12007人。城镇居民最低生活保障人数974人，农村居民最低生活保障人数1126人。

（巴登才次克）

新疆生产建设兵团第九师概览

【概况】 1958年10月，农七师成立开发塔城和额敏地区的塔额总场。1959年11月，兵团批准塔额总场扩编为农七师第三生产管理处（简称三管处）。1962年4月伊犁、塔城地区发生边民越境事件后，三管处在塔城地区执行“代耕、代牧、代管”任务。1962年8月，根据国务院、中央军委组建边境农场带的指示，9月，三管处成立7个边境农场。1969年4月农九师成立。1975年5月，农九师番号撤销，改为塔城地区农垦局，隶属塔城地区领导。1982年4月1日，农九师建制恢复，即日正式办公。2012年12月，农九师更名为“新疆生产建设兵团第九师”。2022年12月19日，国务院批复设立白杨市。第九师位于塔城地区境内，地处准噶尔盆地西北部边缘的塔（城）、额（敏）盆地，所属团场散布于塔城地区三县（额敏县、裕民县、托里县）一市（塔城市）。师北部、西部与哈萨克斯坦共和国接壤，边界线270余千米。师部驻地额敏县朝阳新区，东南距乌鲁木齐市公路里程580千米。2022年，第九师辖一六一团、一六二团、一六三团、一六四团、一六五团、一六六团、一六七团、一六八团、一七〇团、团结农场10个团场。年末师土地总面积44.52万公顷，年末九师人口8.55万人，人口自然增长率-0.97‰。

2022年，第九师农用地面积39.13万公顷，其中耕地面积8.04万公顷、草地面积16.15万公顷，建设用地面积0.7万公顷。造林面积1357.73公顷，森林覆盖率29.15%。境内有沙拉依敏河、阿克乔克河、卡拉克特河、乌拉斯台河、别里其河等河流48条，多年平均年径流量11.8亿立方米；有乌什水水库、乌拉斯台水库等水库14座，总库容9578万立方米。国家级野生保护动物有雪豹、北山羊、紫貂马鹿、黄羊、棕熊等，珍稀保护树种有野生巴旦杏、胡杨、云杉等，野生药用植物有贝母、百合、锁阳、麻黄、肉苁蓉（大芸）等；主要农特产品有一六一团红花籽油、一六三团雪域芳华系列产品、一六五团张金道蜂蜜，一六六团锡伯特纯粮苦瓜酒，一六七团疆麦香挂面、麦海因玉米糁，一七〇团“姑娘追”风干肉、沙棘果干、沙棘茶叶等。主要矿产资源有煤炭、石灰石、花岗岩、大理石、石膏、黏土等。主要旅游景区有国家AAAA级景区一六一团芍药谷景区、一六一团英雄谷戍边文化旅游景区、一六五团巴依木扎景区，国家AAA级景区一六一团孙龙珍屯垦戍边陈列馆、一七〇团金沙棘小镇景区。境内有一六一团孙龙珍屯垦戍边陈列馆、一六一团孙龙珍军垦烈士陵园、一六三团民兵边防哨所旧址、一六五团老水磨岩画等兵团重点文物保护单位。

2022年，第九师实现生产总值67.76亿元，比上年增长6.8%。其中，第一产业增加值22.87亿元，增长4.7%；第二产业增加值10.09亿元，增长12.4%；第三产业增加值34.80亿元，增长6.4%。三次产业增加值占生产总值的比重分别为33.7%、14.9%、51.4%。全年人均生产总值80957元，比上年增长2.5%。固定资产投资（不含农户）比上年增长38.7%，其中民间投资增长5.4%。全年实现社会消费品零售总额18.25亿元，比上年增长1.5%。城镇居民人均可支配收入44084元，增长4.1%；连队居

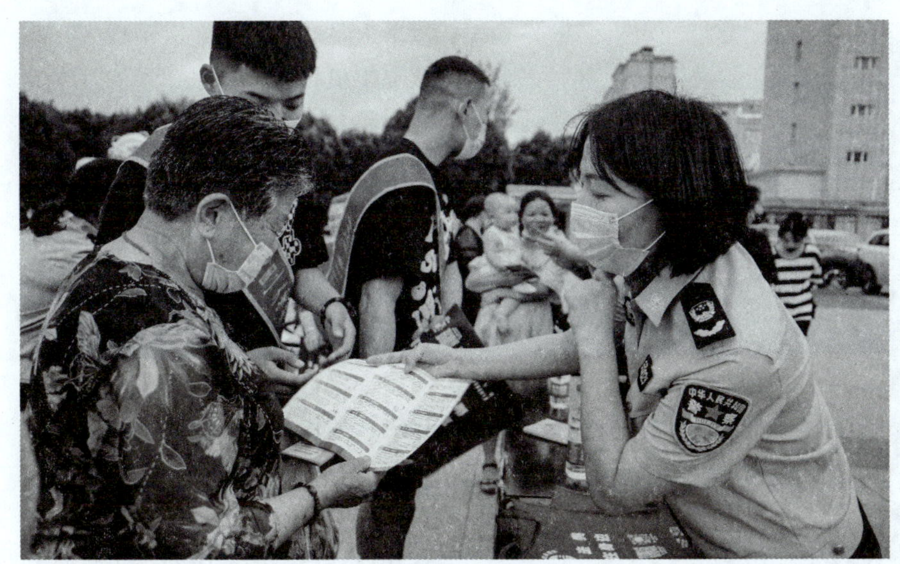

2022年7月22日，兵团第九师司法局组织返乡大学生在世纪广场开展“法治大宣讲”。图为干警和大学生现场解答群众法律咨询　　（王秋芬　摄）

民人均可支配收入31571元，增长6.5%。全年农作物总播种面积84.67千公顷，比上年增加4.48千公顷。主要农作物中，粮食作物播种面积52.19千公顷，比上年增加4.70千公顷。全年粮食产量43.39万吨，比上年增加1.89万吨，增产4.6%。全师年末园林水果面积2.15千公顷，比上年增长3.2%，其中结果面积1.26千公顷，增长13.4%，全年水果产量1.25万吨，增产18.4%，其中：苹果产量0.79万吨，增产23.2%；葡萄产量0.17万吨，减产29.7%。年末猪牛羊存栏58.31万头（只），比上年增长0.2%。其中，牛存栏6.18万头，增长1.5%；猪存栏3.55万头，下降7.8%；羊存栏48.58万只，增长0.6%。年内猪牛羊出栏87.18万头（只），比上年下降2.9%。全年总灌溉面积59.77千公顷，其中：耕地灌溉面积44.88千公顷，林地灌溉面积13.44千公顷，园地灌溉面积0.69千公顷，牧草地灌溉面积0.76千公顷。年末农业机械总动力为20.97万千瓦，比上年末增长8.9%，种植业耕种收综合机械化96.0%。全年工业增加值3.67亿元，比上年增长9.1%。全年建筑业增加值6.42亿元，比上年增长15.2%。全年货物周转量121971.4万吨千米，下降13.0 %。旅客周转量2870.2万人千米，下降7.7%。全年旅游接待总人数135.87万人次，比上年下降18.7%。旅游总收入6.38亿元，比上年下降40.8%。年末九师辖区金融机构各项存款余额110.42亿元，比年初增加8.14亿元。各项贷款余额60.46亿元，比年初增加12.44亿元。

2022年年末，第九师有科研与技术开发单位1个。年末有各级各类学校30所。其中，中等职业技术学校1所，在校学生383人，专任教师40人；高级中学1所，在校学生1039人，专任教师103人；九年一贯制学校12所，在校学生4973人（初中在校学生1446人，小学在校学生3527人），专任教师591人；幼儿园16所（其中民办4所），在园儿童2078人，专任教师130人。年末有专业文艺团体1个，从业人员16人。拥有纪念馆1座，团史馆4座。已建成师综合文化活动中心1个，团场文化活动中心11个和连队综合文化活动室91个。1人获“兵团级非物质文化遗产代表性传承人”称号，4人获“兵团第五届基层文化能人”称号，获得兵团第三届戏曲折子戏大赛暨兵团首届戏曲票友大赛各类奖项5个。年末广播节目综合人口覆盖率99.71%，电视节目综合人口覆盖率99.88%。年末有各类医疗卫生机构140个（含营利性机构），其中：医疗机构138个，疾病预防控制机构1个，血站1个。医疗机构中，医院13所，包括师医院1所（三级医院），团场医院11所，民营精神卫生专科医院1所；卫生室83个；私人诊所21个；社区卫生服务中心2个，社区卫生服务站19个。全师拥有卫生专业技术人员1129人，其中：执业医师和执业助理医师405人，注册护士519人。医疗机构编制床位889张，实际开放床位889张。全年新增就业0.31万人。城镇登记失业率为3.5%。年末参加基本养老保险人数6.10万人，参加基本医疗保险人数7.02万人，参加失业保险人数2.64万人，参加工伤保险3.03万人。

（陈文珠）

【一六一团】　一六一团前身是1962年兵团从工二师十一团、十二团、十三团和农六师部分团场抽调人员，到塔城地区裕民县执行“代耕、代牧、代管”任务，建立的工二师十二团。团场位于塔城地区裕民县境内，为边境团场，西与哈萨克斯坦共和国接壤，边界线40余千米。团部驻裕民县县城，位于师部西南90千米处。从2011年开始，由辽宁省朝阳市结对帮扶。

2022年，团行政区域面积114624公顷。下辖连队9个、社区1个。年末总人口6138人，人口自然增长率-2.18‰。年末全社会从业人员3104人，在岗农牧业一线职工1908人。年末团农用地面积102844

2022年5月19日，“5·19中国旅游日，兵团分会场”在一六一团芍药谷举办。图为兵团豫剧团为广大游客献上精彩的节目（赵海崍 摄）

公顷，其中耕地面积11929公顷；建设用地面积806公顷。造林面积73.87公顷，森林覆盖率36%。境内有塔斯提河、布尔干河、铁列克提河等河流13条，年径流量42717万立方米。国家级野生保护动物有雪豹、黄羊、羚羊等，野生药用植物有贝母、大芸、党参等490余种。主要农特产品有红花、打瓜、小麦等。重要矿产资源有钼、铁、铜等。主要旅游景区有国家AAAA级旅游景区“英雄谷”戍边文化旅游景区、“芍药谷”景区和国家AAA级旅游景区孙龙珍屯垦戍边陈列馆。境内有省级自然保护区野巴旦自然保护区。是年，一六一团获第二批“全国乡村旅游重点镇（乡）”称号，孙龙珍民兵班获“全国向上向善好青年群体”称号。

2022年，一六一团实现生产总值4.62亿元，比上年增长11.5%，其中，第一产业2.53亿元，比上年增长4.1%；第二产业0.82亿元，比上年增长49.4%；第三产业1.28亿元，比上年增长6.4%，三次产业结构比54：18：28。人均生产总值77540元，比上年增长5.4%。全社会固定资产投资15880万元，比上年增长8.1%。农林牧渔业总产值54703万元，比上年增长4.4%。农作物播种面积14715.33公顷，比上年增加10.7%。粮食作物播种面积9116.47公顷，比上年增加7.5%，红花种植面积1874.27公顷，增长92.7%。粮食作物总产量20733吨，比上年增加7.5%；红花籽产量2661吨，增长87.1%，毛337吨，增长52.5%。年末实有果园面积216.2公顷，水果总产量878吨。年末牲畜存栏10.96万头（只），增长4.2%。年内牲畜出栏16.36万头（只），下降4.6%。年末高新节水灌溉面积353.33公顷。年末农业机械总动力10320千瓦，比上年下降7.53%。社会消费品零售总额14781万元，增长2.1%。旅游接待总人次26.4万人次，增长16%，旅游总收入14600万元，增长10%。年末幼儿园1个，在园幼儿86人、专任教师6人，年末中小学1所、在校学生191人、专任教师37人，博物馆、纪念馆（含团史馆）2个，综合文化活动中心（室）11个，年末广播节目综合人口覆盖率100%，年末电视节目综合人口覆盖率100%，医疗卫生机构1个，卫生技术人员43人，执业医师12人，医疗卫生机构床位20张，参加基本养老保险4061人，参加基本医疗保险4822人，参加失业保险2089人。

（杨　飞）

【一六二团】 一六二团前身是1962年兵团从工一师一团、二团、四团、材料总场抽调人员，到塔城县执行“代耕、代牧、代管”任务后组建的叶尔盖提农场。1969年，农九师成立，叶尔盖提农场更名为农九师一六二团。团场位于塔城地区塔城市境内，为边境团场，西与哈萨克斯坦共和国接壤，边界线长13千米余。团部驻地叶尔盖提镇，位于师部西北65千米处。从2011年开始，由辽宁省抚顺市结对帮扶。2022年，团行政区域面积10046公顷。下辖连队7个、社区1个。年末总人口4611人，人口自然增长率-6.25‰。年末全社会从业人员2276人，在岗农牧业一线职工1315人。年末团农用地面积6626.87公顷，其中耕地面积4029.87公顷；建设用地面积413.06公顷。造林面积69公顷，森林覆盖率16.99%。境内有河流3条，多年平均径流量9315万立方米；有国家级野生保护动物野猪、白天鹅、黄野鸭等，有野生药用植物肉苁蓉、列当、甘草等；主要农特产品有打瓜、玉米、甜菜、小麦、葵花籽等。

2022年，一六二团实现生产总值2.87亿元，比上年增长10%，其中，第一产业1.52亿元，比上年增长10.8%；第二产业0.37亿元，比上年增长22%；第三产业0.98亿元，比上年增长5.1%，三次产业结构比53：13：34。人均生产总值64010元，比上年增长3.6%。全社会固定资产投资10990万元，比上年增长41%。农林牧渔业总产值

34213万元，比上年增长11%。农作物播种面积3322.27公顷，比上年增加5.9%。粮食作物播种面积2193公顷，比上年增加3%，甜菜播种面积139.47公顷，比上年下降39.8%。粮食作物总产量26814吨，比上年增长9.76%，甜菜总产量13350吨，比上年增长36.25%。年末实有果园面积89.67公顷，水果总产量690吨。年末牲畜存栏3.88万头（只），增长1.8%。年内牲畜出栏4.78万头（只），下降3.4%。年末高新节水灌溉面积3052公顷。年末农业机械总动力28390千瓦，比上年增长12.57%。社会消费品零售总额3016万元，下降0.1%。年末幼儿园1所、在园幼儿52人、专任教师5人，年末中小学1所、在校学生189人、专任教师43人，博物馆1座，综合文化活动中心1个，年末广播节目综合人口覆盖率100%，医疗卫生机构1个，卫生技术人员27人，执业医师5个，医疗卫生机构床位20张，参加基本养老保险人数3564人，参加基本医疗保险人数4133人，参加失业保险人数1333人。

（周彩云）

2022年8月23日，兵团第九师一六三团140公顷制种玉米开始收获

（徐梦雅　摄）

【一六三团】　一六三团前身是1962年农七师三管处抽调72人到塔城执行“代耕、代牧、代管”（简称“三代”）任务，建立的阿克桥农场。1963年5月13日，更名为阿克乔克农场。1969年4月，改番号为农九师一六三团。团场位于塔城地区塔城市境内。为边境团场，西与哈萨克斯坦共和国接壤，边界线18千米余。团部驻地阿克乔克，位于师部西北68千米处。从2011年开始，由辽宁省抚顺市结对帮扶。2022年，团行政区域面积10650公顷，下辖连队7个、社区1个。年末总人口6660人，人口自然增长率0.62‰。年末全社会从业人员3562人，在岗农牧一线职工1427人。年末团农用地面积9341.7公顷，其中耕地面积6063公顷；建设用地面积758.7公顷。造林面积83公顷，森林覆盖率33%。境内有阿克乔克河和卡拉克大克河2条河流，多年平均径流量7058万立方米。有国家级野生保护动物野猪、白天鹅、黄野鸭等，有野生药用植物肉苁蓉、列当、甘草等；主要农特产品有樱桃、雪域芳华系列产品。主要旅游景区有巴克图口岸。是年，一六三团获全国“七五”普法先进单位。

2022年，一六三团实现生产总值3.45亿元，比上年增长8.8%，其中，第一产业1.77亿元，比上年增长2.8%；第二产业0.51亿元，比上年增长28 %；第三产业1.17亿元，比上年增长10.3%，三次产业结构比51：15：34。人均生产总值53499元，增长3.6%。全社会固定资产投资48581万元，比上年增长14.3%。农林牧渔总产值41365万元，比上年增长3.4%。农作物播种面积5238公顷，比上年增长4.6%。粮食作物播种面积4482.47公顷，比上年增长2%。甜菜播种面积202.2公顷，比上年增长114%。粮食作物总产量59061吨，比上年增长2.3%；甜菜总产量19080吨，比上年增长111%。年末实有果园面积144.27公顷，水果总产量1671吨。年末牲畜存栏1.96万头（只），增长7.1%；年内牲畜出栏4.26万头（只），增长3.9%。年末高新节水灌溉面积5133.33公顷。年末农业机械总动力9557千瓦，比上年持平。社会消费品零售总额5229万元，增长2.8%。年末有幼儿园1所，幼儿专用教师7人，在园幼儿75人。年末有中小学校 1 所，中学专任教师18人，小学专任教师16人，在校中学生67人，小学生 158人。有综合文化活动中心1座。年末广播节目综合人口覆盖率100%。年末电视节目综合人口覆盖率100 %。年末团有医院1所，卫生技术人员36人，执业医师 10人，床位58张。年末参加基本养老保险 3576人、基本医疗保险4542人、失业保险1615人。

（王进民）

【一六四团】　一六四团前身是1962年兵团从工一师、农六师、农七师抽调人员，到塔城县乌拉斯台（火箭公社）施行“代耕、代牧、代管”，建立的火箭农场（同年11月改称乌拉斯台农场）。1969年2月兵团统一农牧团场番号，乌拉斯台农场更名二〇五团；6月，二〇五团归属农九师建制，更名为农九师一六四团。团场位于塔城地区境内，为边境团场，西与哈萨克斯坦共和国交界，边界线长30余千米；团部驻地乌拉斯台，地处师部的西北方向，距师部公路里程77千米。从2011年开始，由辽宁省抚顺市结对帮扶。

2022年，团行政区域面积19035公顷。下辖连队10个、社区1个。年末总人口6381人，人口自然增长率-2.90‰。年末全社会从业人员3219人，在岗农牧业一线职工2107人。年末团农用地面积16317.51公顷，其中耕地面积10666公顷；建设用地面积743.92公顷。造林面积70公顷，森林覆盖率22%。境内河流3条，多年平均径流量8766万立方米；有乌拉斯台水库、哈姆斯沟水库2座。国家级野生保护动物有狼、狐狸、野猪等；植物有桦树、红柳树、黑枸子等；野生药用植物有黄连、白术、贝母等。主要农特产品有蟠桃、无花果、柿子等。

2022年，一六四团实现生产总值4.88亿元，比上年增长7.5%，其中，第一产业2.85亿元，比上年增长5.2%；第二产业0.36亿元，比上年增长29.2%；第三产业1.67亿元，比上年增长6.9%，三次产业结构比58：7：34。人均生产总值78726元，增长3.4%。全社会固定资产投资11594万元，比上年下降25.5%。农林牧渔业总产值65124万元，比上年增长5.6%。农作物播种面积9195.4公顷，比上年下降2.4%。粮食作物播种面积7912.07公顷，比上年增加2.3%，甜菜播种面积151.2公顷，比上年下降76.53%。粮食作物总产量70804吨，比上年下降13.8%，甜菜总产量12086吨，比上年下降76.63%。年末实有果园面积551.2公顷，水果总产量2259吨。年末牲畜存栏3.32万头（只），比上年增加10.67%。年内牲畜出栏6.02万头（只），与上年持平。年末高新节水灌溉面积7506.67公顷。年末农业机械总动力18279千瓦，比上年下降0.4%。社会消费品零售总额5193万元，增长0.3%。年末幼儿园数量1个、在园幼儿数量71人、专任教师数量8个，年末中小学1所、在校学生242人、专任教师43人，综合文化活动中心（室）数量1座，年末广播节目综合人口覆盖率100%，年末电视节目综合人口覆盖率100%，医疗卫生机构数量1个，卫生技术人员36人，执业医师7人，床位20张，参加基本养老保险人数5226人，参加基本医疗保险人数6179人，参加失业保险人数2306人。

（伏慎彬）

【一六五团】 一六五团前身是1962年兵团从由农六师、农七师抽调人员，到塔城地区额敏县经济羊场执行“代耕、代牧、代管”，建立的农七师第三生产管理处达因苏牧场。1969年6月6日，达因苏牧场更名为农九师第一牧场。1970年3月24日，兵团党委决定，把工二师红山农场与农九师第一牧场合并，更名为农九师一六五团。团场位于塔城地区额敏县境内，为边境团场，北与哈萨克斯坦共和国交界，边界线长80千米余。团部驻地额敏县达因苏，位于师部东北72千米处。从2010年开始，由辽宁省葫芦岛市结对帮扶，2017年开始改由辽宁省丹东市结对帮扶。

2022年，团行政区域面积73908公顷。下辖连队8个、社区1个。年末总人口4898人，人口自然增长率-3.58‰。年末全社会从业人员2582人，在岗农牧业一线职工1423人。年末团农用地面积68376.16公顷，其中耕地面积5933.36公顷；建设用地面积1323.68公顷。造林面积97.33公顷，森林覆盖率64%。境内有河流7条，多年平均径流量10587万立方米；有无底湖1个；有叶其克苏水库、乌塔拉克水库、莫葫芦水库等水库4座。有国家级野生保护动物有灰熊、马鹿、狐狸等，野生药用植物有黄连、贝母、百合等；主要农特产品有张金道蜂蜜、甜菜、食葵等。有铁、锰、方解石、石灰石等矿产资源。主要旅游景区有国家AAAA景区巴依木扎。有老水磨岩画兵团级文物保护单位。

2022年，一六五团实现生产总值4亿元，比上年增长2.8%，其中，第一产业2.33亿元，比上年下降2.2%；第二产业0.34亿元，比上年增长30.9%；第三产业1.33亿元，比上年增长6.1%，三次产业结构比58.2：8.5：33.3。人均生产总值82237元，下降3.9%。全社会固定资产投资13413万元，比上年下降2.4%。农林牧渔业总产值50909万元，比上年下降2.0%。农作物播种面积8820.6公顷，比上年增加1.9%。粮食作物播种面积3724.47公顷，比上年增加1.8%，甜菜播种面积392.67公顷，比上年上升147%。粮食作物总产量12344吨，比上年下降21%，甜菜总产量28051吨，比上年上升140.5%。年末实有果园面积65.13公顷，水果总产量121吨。年末牲畜存栏8.15万头（只），下降16%。年内牲畜出栏

14.99万头（只），下降5.9%。年末高新节水灌溉面积1260公顷。年末农业机械总动力7730千瓦，比上年增加11.5%。社会消费品零售总额3314万元，增长0.5%。年末幼儿园1个、在园幼儿79个、专任教师8个，年末中小学1所、在校学生324人、专任教师49人，综合文化活动中心（室）1个，年末广播节目综合人口覆盖率100%，年末电视节目综合人口覆盖率100%，医疗卫生机构1个，卫生技术人员36人，执业医师7人，医疗卫生机构床位20张，参加基本养老保险3888人，参加基本医疗保险4741人，参加失业保险1594人。

（单莹馨）

【一六六团】 一六六团前身是1962年兵团从农九师三管处抽调人员，到额敏县执行“代耕、代牧、代管”，建立锡伯提农场。1969年4月，农九师成立，是年6月锡伯提农场更名为农九师一六六团。团位于塔城地区额敏县境内，为边境团场，北与哈萨克斯坦共和国接壤，边境线13千米余。团部驻地锡伯提，位于师部北38千米处。从2010年开始，由辽宁抚顺市结对帮扶。

2022年，团行政区域面积46124公顷。下设连队14个、社区1个。年末总人口6419人，人口自然增长率-5.46‰。年末全社会从业人员3246人，在岗农牧业一线职工2667人。年末团农用地面积40961.5公顷，其中耕地面积16151公顷；建设用地面积696.02公顷。造林面积57.6公顷，森林覆盖率28%。境内有大锡伯提河等河流5条，多年平均径流量10601万立方米；有大锡伯提小锡伯提、卡不尔哈达水库3座。有国家级野生保护动植物狼、黑熊、水獭、野苹果、贝母、阿魏等，野生药用植物有板蓝根、赤芍、百合等；主要农特产品有小麦、甜菜、食葵、红花等。是年被评为全国信访工作示范县（团）。

2022年，一六六团实现生产总值5.12亿元，比上年增长5.6%，其中第一产业3.33亿元，比上年增长3.7%；第二产业0.32亿元，比上年增长24.2%；第三产业1.46亿元，比上年增长6.2%，三次产业结构比65：6：29。人均生产总值82237元，比上年下降1%。全社会固定资产投资24263万元，比上年增长20.8%。农林牧渔业总产值74966万元，比上年增加4.1%。农作物播种面积16291公顷，比上年增加11.6%。粮食作物播种面积9018.6公顷，比上年增加16%，甜菜播种面积1033.27公顷，比上年增长2.5%。粮食作物总产量81459吨，比上年增长7.6%，甜菜总产量86026吨，比上年增长0.12%。年末实有果园面积78.13公顷，水果总产量854吨。年末牲畜存栏6.02万头（只），增长3.6%。年内牲畜出栏10.50万头（只），下降6.58%。年末高新节水灌溉面积7400公顷。年末农业机械总动力35561千瓦，下降1.18%。社会消费品零售总额10132万元，增长0.7%。年末幼儿园数量1个、在园幼儿数量103人、专任教师8人，年末中小学数量1所、在校学生288人、专任教师43人，纪念馆1个、综合文化活动中心1个，年末广播节目综合人口覆盖率100%，年末电视节目综合人口覆盖率100%。医疗卫生机构1个，卫生技术人员41人，执业医师13人，床位28张，参加基本养老保险人数6142人，参加基本医疗保险人数7275人，参加失业保险人数2863人。

（胡亚丽）

【一六七团】 一六七团前身是中国人民解放军新疆军区生产建设兵团农七师塔额总场第三生产管理处二分场（简称三管处二分场）。1962年4月，伊犁、塔城发生边民越境事件，三管处二分场奉命进驻额敏县胜利之光公社边境地带执行“代耕、代牧、代管”任务。9月，经自治区、兵团党委批准，三管处二分场、五分场合并后与额敏县胜利之光公社一大队、二大队、三大队、九大队的部分汉族社员，在麦海因河两岸组建麦海因农场，隶属农七师第三生产管理处管辖。1969年6月，麦海因农场改称农九师一六七团。团场位于塔城地区额敏县境内，为边境团场，北与哈萨克斯坦共和国接壤，边界线长20余千米。团部驻地麦海因，位于师部东北43千米处。从2010年开始，由辽宁省葫芦岛市一对一结对帮扶。

2022年，团行政区域面积30757公顷，其中下辖9个连队，1个社区。年末总人口5746人，人口自然增长率-5.90‰。年末全社会从业人员2928人，在岗农牧业在岗2164人。年末团农用地面积29454.68公顷，其中耕地面积11750公顷；建设用地791.86公顷。造林面积75.33公顷，森林覆盖率43.2%。境内有河流4条，多年平均径流量5009万立方米。有别里其水库、卡尔巴斯水库2座水库。有国家级野生保护动物黄羊、野猪、狐狸等，有野生药用植物车前草、蒲公英、甘草等；主要农特产品有麦海因糯玉香、麦海因石磨面粉等。

2022年，一六七团实现生产总值3.86亿元，比上年增长6.1%，其中，第一产业2.54亿元，比上年增长5.5%；第二产业0.17亿元，比上年增长18.5%；第三产业1.14亿元，比上年增长5.7%，三次产业结构比

65.97：4.37：29.66。人均生产总值68982元，与上年持平。全社会固定资产投资16119万元，比上年增长74.9%。农林牧渔业总产值58411万元，比上年增长5.9%。农作物播种面积11920.8公顷，比上年增加5.3%。粮食作物播种面积7175.13公顷，比上年增加23.1%，甜菜播种面积1406.53公顷，下降14.1%。粮食作物总产量65002吨，比上年增长18.24%，甜菜总产量108356吨，比上年下降12.49%。年末实有果园面积383.47公顷，水果总产量524吨。年末牲畜存栏7.17万头（只），增长27.81%。年内牲畜出栏6.99万头（只），下降0.99%。年末高新节水灌溉面积5840公顷。年末农业机械总动力35561千瓦，比上年增长63.19%。社会消费品零售总额3956万元，增长0.2%。年末有幼儿园1个、在园幼儿学生100人、专任教师8人，年末有中小学1所、在校学生335人、专任教师53人，综合文化活动中心1个，年末广播节目综合人口覆盖率100%，年末电视节目综合人口覆盖率100%，医疗卫生机构1家，卫生技术人员36人，执业医师14人，医疗卫生机构床位20张，参加基本养老保险4992人，参加基本医疗保险5990人，参加失业保险2366人。

（喻绍科）

【一六八团】 一六八团前身是1958年10月成立的塔额总场的三分场。1962年“三代”任务结束后，奉令与额敏县十月公社七、八、九、十、十一大队对调，组建乌什水农场。1964年1月与达因苏牧场合并，更名为乌什水总场；1968年更名为二〇三团；1969年农九师成立，更名为农九师一六八团。2005年12月26日，原一六九团作为进入团场与原一六八合并，组建一六八团（中心）团场（原一六九团为南区，原一六八团为北区）。团场位于塔城地区额敏县境内，为边境团场，北与哈萨克斯坦共和国接壤，边界线长约45千米。团部驻地乌什水，位于师部东北53千米处。从2010年开始，由辽宁省丹东市结对帮扶，2017年开始改由辽宁省葫芦岛市结对帮扶。

2022年，行政区域面积37987公顷。下辖连队15个、社区2个。年末总人口8718人，人口自然增长率-6.73‰。年末全社会从业人员4169人，在岗农牧业一线职工3002人。年末团农用地面积41870.1公顷，其中耕地面积10945.54公顷；建设用地面积994.3公顷。造林面积120公顷，森林覆盖率28.17%。境内河流5条，多年平均径流量 10643万立方米。境内有卡因其水库、木芙露水库、乌什水水库3座水库；有国家级野生保护动物天鹅、灰鹤、羚羊等，有野生药用植物甘草、红景天、贝母等；主要农特产品有红树莓、树椒、葡萄等。

2022年，一六八团实现生产总值6.48亿元，比上年增长7%，其中，第一产业3.35亿元，比上年增长7.5%；第二产业0.65亿元，比上年增长8.4%；第三产业2.48亿元，比上年增长8.4%，三次产业结构比52：10：38。人均生产总值76562元，比上年增长0.9%。全社会固定资产投资20257万元，比上年增长14%。农林牧渔业总产值74142万元，比上年增长7.8%。农作物播种面积11758.6公顷，比上年增加4%。粮食作物播种面积6735.2公顷，比上年增加19.31%，甜菜播种面积1089.87公顷，比上年下降1.54%。粮食作物总产量77365吨，比上年增长20.8%，甜菜总产量87926吨，比上年下降2.6%。年末实有果园面积583.93公顷，水果总产量4866吨。年末牲畜存栏4.94万头（只），增长0.4%。年内牲畜出栏12.71万头（只），增长1.6%。年末高新节水灌溉面积6653.33公顷。年末农业机械总动力47038千瓦，比上年下降5%。社会消费品零售总额13137万元，增长0.8 %。年末幼儿园数量2个、在园幼儿数量137人、专任教师数量13人，年末中小学2个、在校学生398人、专任教师65人，团史馆1个，综合文化活动中心1个，年末广播节目综合人口覆盖率100%，年末电视节目综合人口覆盖率100%，医疗卫生机构数量2个，卫生技术人员67人，执业医师8人，医疗卫生机构床位78张，参加基本养老保险7507人，参加基本医疗保险8522人，参加失业保险3317人。

（王　月）

【一七〇团】 一七〇团前身是中国人民解放军第二十二兵团第九军二十五师七十四团所属的托里牧场。1952年8月，二十五师党委决定正式成立托里牧场，隶属七十四团，场部设在托里县城。1953年牧场官兵集体就地转业，归属新疆军区农业建设第七师第二十团，1961年改称托里种羊场，实行独立核算，场部由托里县城迁至庙尔沟。1966年9月，第三管理处接管托里种羊场。1971年12月25日，正式命名该场为农九师一七〇团，执行丙级团场编制。团场所辖地域呈斑块状散布在额敏、托里两县境内，团部驻地额敏县莫合台，位于师部东南100千米处。从2011年开始由辽宁省朝阳市结对帮扶。

2022年，行政区域面积97453公顷。下辖连队6个、社区1个。

年末总人口3703人，人口自然增长率-2.23‰。年末全社会从业人员2324人，在岗农牧业一线职工652人。年末团农用地面积6451.46公顷，其中耕地面积590公顷；建设用地面积551.46公顷。造林面积672公顷，森林覆盖率23%。境内河流11条，多年平均径流量38772万立方米。有国家级野生保护动物狼、黄羊、岩羊等，野生药用植物有肉苁蓉、罗布麻、麻黄等；发现煤、金、花岗岩等39种矿产资源。主要农特产品有姑娘追风干肉、沙棘汁、沙棘蘑菇等。主要旅游景区有国家AAA级旅游景区一七〇团金沙棘小镇。

2022年，一七〇团实现生产总值2.79亿元，比上年增长0.3%，其中，第一产业1.22亿元，比上年增长10%；第二产业0.40亿元，比上年下降25.6%；第三产业1.17亿元，比上年增长5.5%。人均生产总值77684元，比上年下降5.4%。全社会固定资产投资11137万元，比上年增长93.6%。农林牧渔业总产值27702万元，比上年增长10.2%。农作物播种面积370.87公顷，比上年增长1.4%。粮食作物播种面积247.87公顷，比上年增加8.5%，油料播种面积72.2公顷，比上年增长12.53倍。粮食作物总产量2289吨，比上年增长17.57%，油料总产量151吨，比上年增长67.8%。年末实有果园面积4.67公顷，水果总产量81吨。年末牲畜存栏6.62万头（只），下降10.54%。年内牲畜出栏6.43万头（只），下降7.2%。年末高新节水灌溉面积3080公顷。年末农业机械总动力1505千瓦，比上年增加78.74%。社会消费品零售总额11803万元，比上年下降2.7%。年末幼儿园1所、在园幼儿64人、专任教师7人，年末中小学1所、在校学生311人、专任教师38人。医疗卫生机构1个，卫生技术人员25人，执业医师5人，床位30张，参加基本养老保险1877人，参加基本医疗保险2505人，参加失业保险800人。

（吾鲁木肯·阿依达尔别克）

【团结农场】 团结农场前身是1958年10月成立的农七师塔额总场一分场。1959年，农七师塔额总场扩编为农七师第三生产管理处（简称三管处），塔额总场一分场更名三管处一分场。1962年农七师三管处所属分场奉命与边境地区社队对调：一分场大部分职工迁至锡伯提边境地区，成立锡伯提农场，额敏县十月公社一大队204户1400余人迁至一分场驻地。1963年4月，以额敏县十月公社一大队社员为基础，加上三管处六分场和一分场的部分职工正式成立农七师第三生产管理处团结农场（正团级）。1969年5月，团结农场番号更名为农九师一七〇团。1975年3月兵团体制撤销，一七〇团更名塔城地区农垦局国营团结农场（营级）。1981年兵团恢复，更名为农九师团结农场。团场位于塔城地区额敏县境内，团部驻地水丰，距师部以西12千米处，农场周边与塔城市、额敏县5个乡村相邻。从2011年开始，由辽宁省丹东市结对帮扶。

2022年，场行政区域面积4376公顷。下辖连队6个、社区1个。年末总人口4045人，人口自然增长率-0.51‰。年末全社会从业人员1413人，在岗农牧业一线职工845人。年末农用地面积3920.88公顷，其中耕地面积3060公顷；建设用地面积309.23公顷。造林面积39.6公顷，森林覆盖率20.87%。有国家级野生保护动物苍鹰、雕鹰、灰鹤等，野生药用植物有甘草、列当、苦参、麻黄等。主要农特产品有蟠桃、葡萄、草莓等。2022年3月，场退休干部梅现宇获“全国青少年普法教育先进工作者”称号；8月，梅现宇获“全国助人为乐中国好人”称号；11月，梅现宇获全国“基层理论宣讲先进个人”称号。

2022年，团结农场实现生产总值2.33亿元，比上年增长7.7%，其中，第一产业1.43亿元，比上年增长3.6%；第二产业0.03亿元，比上年下降7.0%；第三产业0.87亿元，比上年增长15.5%，三次产业结构比62∶1∶37。人均生产总值59336元，比上年增长0.1%。全社会固定资产投资12174万元，比上年增加4.7%。农林牧渔业总产值32747万元，比上年增长3.9%。农作物播种面积3040公顷，比上年下降1.4%。粮食作物播种面积1581.93公顷，比上年下降1.61%，油料播种面积8.7公顷，比上年下降60%。粮食作物产量17983吨，比上年下降5.5%，油料总产量41吨，比上年下降62.7%。年末实有果园面积33.33公顷，水果总产量593吨。年末牲畜存栏5.29万头（只），下降5.87%。年内牲畜出栏4.14万头（只），比上年增加5.3%。年末高新节水灌溉面积2353.33公顷。年末农业机械总动力7114千瓦，比上年下降45.68%。社会消费品零售总额2661万元，下降0.7%。年末幼儿园1个、在园幼儿儿童69人、专任教师7人；年末中小学综合学校1所、在校学生268人、专任教师32人；纪念馆（含团史馆）1个，综合文化活动中心（室）1座。年末广播节目综合人口覆盖率100%，电视节目综合人口覆盖率100%。年末医疗卫生机构2所，卫生技术人员65人，执业医师9人，医疗卫生机构床位90张，参加基本养老保险2246人，参加基本医疗保险3308人，参加失业保险1002人。

（刘河新）

人物·先进集体

2022年度塔城地区获评国家级先进集体(部分)一览表

表2

序号	单位	荣誉称号	表彰时间	表彰单位
1	额敏县	全国民族团结进步示范区	2022年12月	国家民委
2	国网裕民县供电公司小白杨供电所	国家级工人先锋号	2022年5月	中华全国总工会
3	新疆天鼎红花油有限公司	国家级工人先锋号	2022年5月	中华全国总工会
4	额敏县公安局	全国优秀公安局	2022年5月	公安部
5	沙湾市人民检察院	全国青少年普法教育先进集体	2022年5月	中国关心下一代委员会
6	沙湾市第二小学	2022年全国冰雪运动特色校奖	2022年2月	教育部
7	和布克赛尔县	全国村庄清洁行动先进县	2022年3月	农业农村部、国家乡村振兴局
8	裕民县新地乡前进村	第二批全国乡村治理示范村	2022年10月	农业农村部
9	和布克赛尔县伊克乌图布拉格牧场伊克乌图布拉格村	第二批全国乡村治理示范村	2022年10月	农业农村部
10	额敏县	国家农业绿色发展先行区	2022年12月	农业农村部
11	沙湾市农业农村局	全国农村集体产权制度改革工作先进集体	2022年12月	农业农村部
12	裕民县民政局	全国社会救助工作先进单位	2022年12月	民政部
13	地区科协	2022年全国科普日优秀组织单位	2022年12月	中国科协办公厅

自治区“人民满意的公务员集体”

地区农业综合行政执法支队

额敏县公安局交通管理大队玛依塔斯中队

乌苏市教育和科学技术局

2022年度自治区民族团结进步示范单位（学校）

地区市场监督管理局

裕民县江格斯乡阿克铁克切村

沙湾市第二小学

自治区信访系统先进集体

裕民县人民政府办（信访局）

自治区纪检监察系统先进集体

乌苏市西大沟纪委监察办公室

第七批自治区青少年科技活动特色学校

沙湾市第一小学

自治区第三次全国国土调查先进集体

地区自然资源局

自治区公安机关疫情防控工作成绩突出集体

乌苏市公安局

乌苏市公安局巡逻防控大队

托里县公安局达尔布特检查站

全国五一劳动奖章

常亚斋　中国邮政集团有限公司塔城地区分公司快递员，中级工

全国“人民满意的公务员”

李　茜（女）　沙湾市人民检察院党组副书记、检察长

全国公安机关爱民模范

孙　慧（女）　塔城市公安局杜别克派出所二级警长

全国优秀人民警察

丁永刚　额敏县公安局交通管理大队副大队长、警务技术一级主管

全国青少年普法教育优秀辅导员

高　英（女）　乌苏市人民检察院一级检察官、未检室负责人

全国司法行政系统先进工作者

侯　方（女）　塔城市司法局干部

国家第三次全国国土调查先进个人

张　莉（女）　地区不动产登记中心主任

全国宗教界先进个人

对古尔加甫　蒙古族，自治区佛教协会副会长，乌苏市政协委员、塔布勒合特蒙古民族乡普庆寺住持

全国优秀少先队辅导员

哈里哈·哈德里汗（女）　哈萨克族，乌苏市团委少工委干部

开发建设新疆奖状

中粮天海粮油工业（沙湾）有限公司

开发建设新疆奖章

玛亚·叶勒曾　蒙古族，和布克赛尔蒙古自治县宏达盐业有限责任公司维修副主管

易　标　伊犁哈萨克自治州塔城地区乡村振兴局扶贫事务发展中心主任

朱　强　乌苏市明源石油化工有限公司生产副总经理

郝香利（女）　裕民县江格斯乡江格斯村党支部书记

赵　震　中共沙湾市委员会副书记（辽宁省援疆干部）

自治区工人先锋号

额敏县公安局交通管理大队秩序一中队

乌苏四棵树煤炭有限责任公司八号井综掘队掘进一班

自治区“人民满意的公务员”

古力努尔·阿德尔（女）　哈萨克族，地委统战部民族科副科长

张志远　地区公安局督察支队信访科科长、一级警长

张宏伟　塔城市司法局恰夏司法所所长

马俊强　沙湾市大泉乡经济发展办公室四级主任科员

加拿提·乌拉孜别克　哈萨克族，托里县托里镇党委副书记、镇长、四级调研员

周泽世　和布克赛尔县财政局党组副书记、局长，县国有资产监督管理委员会党工委副书记、主任

新疆青年五四奖章

栗智玮　地区团委西部计划志愿者

“十佳”人民法院司法警察

张曙光　乌苏市人民法院综合办公室主任、司法警察大队大队长

新疆最美科技工作者

程子兵　塔城地区动物疾病控制与诊断中心副主任

自治区纪检监察系统先进工作者

王新生　塔城市委常委，纪委书记、监委主任

叶尔麦古丽（女）　柯尔克孜族，塔城市和平街道党工委委员，纪工委书记、监察办主任

自治区第三次全国国土调查先进个人

万齐锦　地区国土资源交易中心副主任

自治区“新时代好少年”

哈德斯·吾尔才　哈萨克族，塔城市第十小学学生

开发建设塔城奖状

塔城市人民医院

塔城市自来水公司

额敏县消防救援大队

新疆隆惠源药业有限公司

华电新疆乌苏能源有限公司

乌苏市明源石油化工有限公司

乌苏四棵树煤炭有限责任公司

新疆钵施然智能农机股份有限公司

托里县第二中学

托里县哈萨克医医院

托里天山小哥农业科技有限公司

裕民县住房和城乡建设局

中共和布克赛尔县铁布肯乌散乡委员会

国网能源和丰煤电有限公司

塔城地区口岸管理委员会

塔城市卓悦百盛购物广场管理有限责任公司

塔城公路管理局额敏分局

中国农业银行股份有限公司塔城分行

国家税务局塔城地区税务局稽查局

塔城地区疾病预防控制中心

开发建设塔城奖章

武乐增　新疆绿草原肉禽食品有限公司车间主任

马　燕（女）　回族，塔城市第二小学综合实践活动教师

戴焕黎　额敏县额玛勒郭楞蒙古民族乡人民政府任乡村振兴办主任

刁晓辉　额敏县人民医院康复科主任

孟祥楠　中粮屯河额敏番茄制品有限公司任生产车间主任

葛　燕（女）　乌苏市供排水有限责任公司党支部副书记、工会主席

张稷学　乌苏市华泰石油化工有限公司党支部书记、副总经理、工会主席

刘萍萍（女）　乌苏市兴源水务有限公司事业部经理

蔡永晖　新疆钵施然智能农机股份有限公司技术副总经理

杨　松　乌苏四棵树煤炭有限责任公司党委书记、执行董事、法定代表人

王学军　乌苏市兴融建设投资集团有限责任公司党委副书记、副总经理、新疆兴禹建设工程有限公司总经理

冯立明　沙湾市人民医院普外泌尿外科主任

马　涛（女）　中粮天海粮油工业（沙湾）有限公司职工

任黎星　沙湾市第一中学党委书记

布尔列斯·沙哈　哈萨克族，托里县托里镇卫生院院长

陈艳玲（女）　裕民县园林服务中心主任

于复冲　裕民县江格斯乡铁日斯布拉克村第一书记

阿曼泰·阿木尔达拉　蒙古族，和布克赛尔蒙古自治县宏达盐业有限责任公司二分公司经理助理兼化验室主任

冯永东　和布克赛尔蒙古自治县全荣有限责任公司车间主任

马彩萍（女）　和布克赛尔蒙古自治县福源恒有限责任公司供应链经理

陈彦红（女）　和布克赛尔蒙古自治县自然资源局林业管理总站林业工程师

唐于平（女）　和布克赛尔蒙古自治县疾病预防控制中心副主任技师

朱拜·贺孜尔汗　哈萨克族，塔城地区人力资源和社会保障局高级讲师

孔令波　塔城地区行政公署办公室秘书三科科长

肖志欣　塔城地区食品药品检验所所长

张　宝　塔城公路管理局托里分局老风口抢险基地班长

任　燕（女）　塔城地区妇幼保健计划生育服务中心住院部主任、工会主席

郭海军　中国邮政集团公司塔城地区分公司投递员

张腊梅（女）　国网新疆电力有限公司塔城供电公司营销服务中心电费核算技术专责

李　岩　塔城地区中级人民法院审委会委员、刑事审判庭庭长

王树权　塔城市商务和工业信息化局副局长（辽宁省援疆干部）

赵　硕　额敏县委办公室副主任（辽宁省援疆干部）

赵纯旭　乌苏市公安局党委委员、副局长、二级警长（辽宁省援疆干部）

白　涛　沙湾市国家保密局副局长（辽宁省援疆干部）

张春野　中共托里县委组织部副部长（辽宁省援疆干部）

孔　拙　裕民县热力公司技术总工程师（辽宁省援疆干部）

张红岩　满族，和布克赛尔蒙古自治县人民医院副院长（辽宁省援疆干部）

孙秀延　塔城职业技术学院党委副书记、院长（辽宁省援疆干部）

刘庆阳　塔城地区中医医院内科主任、医务科主任（辽宁省援疆干部）

刘洪海　塔城地区额敏县委副书记（辽宁省援疆干部）

于程一　塔城地区农业农村局党组成员、副局长、二级调研员（辽宁省援疆干部）

李　宏　塔城地区发展和改革委员会党组成员、副主任（辽宁省援疆干部）

陈新兵　塔城地委统战部副部长、一级调研员（辽宁省援疆干部）

金　卓　塔城地区科学技术局党组成员、副局长、三级调研员（辽宁省援疆干部）

孙　滢　塔城地区财政局党组成员、副局长（辽宁省援疆干部）

邢司艺　塔城地区交通运输局党组成员、副局长（辽宁省援疆干部）

赫　宇　满族，塔城地区住房和城乡建设局党组成员、副局长、二级调研员（辽宁省援疆干部）

冯春豪　塔城地区商务局党组成员、副局长、二级调研员（辽宁省援疆干部）

塔城地区工人先锋号

塔城市农业农村局农业技术推广中心站

塔城津汇村镇银行有限责任公司市场营销部

塔城市公安局110接警中心

新疆恒威基业保安服务有限公司塔城人防大队

额敏县人民医院中医康复科

中粮屯河额敏番茄制品有限公司生产车间

额敏县广汇天然气有限责任公司L—CNG加气站管网组

额敏县宏鑫运输服务合作公司宏鑫机动车综合性能检测有限公司

中粮糖业控股股份有限公司额敏糖业分公司制糖车间结晶组

乌苏市昌茂纺织有限责任公司三车间

乌苏新润和纺织有限公司纺纱车间

中粮天海粮油工业（沙湾）有限公司物流部罐区班组

沙湾市泽景源物业服务有限公司工程部维修队

托里县供热公司锅炉房班组

托里县托里镇人民政府托里镇人民武装部

托里县达尔汗农产品购销农民专业合作社管理层

裕民县裕腾农牧业机械设备制造有限公司研发车间

裕民县展牧畜养殖服务农民专业合作社生产车间

裕民县金巧手手工艺品有限公司刺绣班组

裕民县城建绿洲混凝土有限公司货车司机班组

和布克赛尔县公安局刑侦大队

和布克赛尔蒙古自治县宏达盐业有限责任公司二分公司生产班1班

和布克赛尔蒙古自治县全荣有限责任公司制造车间1班

国家税务总局额敏县税务局第一税务所

伊犁哈萨克自治州塔城地区人民医院骨科

塔城日报社汉文编辑部

中国邮政集团塔城地区分公司光明路支局

塔城地区公安局机场分局

塔城地区边防事务中心

国网新疆电力有限公司塔城供电公司电力调度控制中心主网调控班

塔城地区人民医院—辽宁省医疗人才“组团式”援疆工作队（辽宁省援疆干部）

辽宁锦州市援疆工作队（辽宁省援疆干部）

第十届塔城地区青年五四奖章获奖者

王伟伟　塔城地区水利水电勘察设计院托里分院院长

王仰光　塔城地委政法委员会信息资源管理科科长

王进文　塔城地区应急管理局应急救援服务中心副主任

王凯凯　塔城地区公安局技术侦察支队警务技术三级主管

古丽飞拉·木哈什（女）　塔塔尔族，塔城地区塔城市杰帝文化培训有限公司舞蹈教师

冉　强　满族，国家税务总局

塔城市税务局党委书记、局长

白　春　回族，新疆疆妈生态食品有限公司总经理

朱昌彪　塔城地区托里县消防救援大队大队长

朱晓雯（女）　塔城地区乌苏市团委书记

刘　冬　塔城地区乌苏市石桥乡杨树村党支部书记

刘秋节（女）　塔城地区乡村振兴局动态监测中心干部

汤　亮　塔城地区疾病预防控制中心检验科检验师

孙彩霞（女）　塔城地区第一高级中学备课组长、教师

苏　娇（女）　塔城地区检察分院第七检察部副主任

李亦涵（女）　塔城银保监分局办公室主任

李芳坤　塔城地区行署办公室综合科科长

肖志欣　塔城地区食品药品检验所所长

邱昌伟　新疆千翼通用航空有限公司董事长

张启发　中华人民共和国巴克图出入境边防检查站四级警长

张金存　塔城地区乌苏市强制隔离戒毒所一级警长

张俊鹏　塔城地区财政局预算科副科长

阿热依·巴合提亚（女）　哈萨克族，塔城地区妇女联合会副主席（挂职）

陈光华　中国人民银行塔城地区中心支行货币信贷管理科副科长

孟强贵　塔城公路管理局塔城分局职工

段磊磊　塔城边境管理支队阿克雀克边境检查站副站长、四级警长

黄扶危　塔城地区团委大学生志愿服务西部计划志愿者

梁志强　塔城国家安全机关干警

鲁　宽　蒙古族，新疆雪水坊酒业酿造有限责任公司总经理

道尔吉·尼玛　蒙古族，塔城地区和布克赛尔蒙古自治县江格尔艺术团副团长

窦　强　塔城地区裕民县新地乡党委书记

第十届塔城地区青年五四奖章集体

中华人民共和国塔城海关

塔城地区卫生健康委员会

塔城地区边防事务中心

国网新疆电力有限公司塔城供电公司电力调度控制中心

塔城边境管理支队塔城边境管理大队二工镇边境派出所

国家税务总局额敏县税务局第一税务所

塔城地区乌苏市公安局巡逻防控大队

塔城地区沙湾市人民医院检验科

塔城公路管理局裕民分局铁厂沟道班

塔城地区和布克赛尔蒙古自治县铁布肯乌散乡党委

附 录

新疆塔城重点开发开放试验区条例

（2022年11月30日新疆维吾尔自治区第十三届人民代表大会常务委员会第三十六次会议通过）

第一章 总 则

第一条 为了促进和保障新疆塔城重点开发开放试验区建设和发展，推进丝绸之路经济带核心区建设，推动经济高质量发展，根据有关法律、行政法规和国家有关规定，结合实际，制定本条例。

第二条 本条例所称新疆塔城重点开发开放试验区是指经国务院批准，实行特殊经济政策的特定区域，包括塔城市以及额敏县、乌苏市、沙湾市、和布克赛尔蒙古自治县、托里县、裕民县部分区域（城市、工业园区所在乡镇和农牧业、旅游业发展重点乡镇）和新疆生产建设兵团第九师部分团场。

试验区依托塔城市、新疆生产建设兵团第九师部分团场，以巴克图口岸、塔城市边境经济合作区为主要载体，建立先行发展区。

第三条 新疆塔城重点开发开放试验区（以下简称试验区）的规划、开发、建设、管理和服务及相关活动，适用本条例。

第四条 试验区的建设和发展，应当坚持党的领导，坚持统筹发展与安全、维护边境稳定，坚持改革创新、先行先试，坚持兵地融合、中央企业和地方共建，坚持点面结合、联动发展，坚持生态优先、绿色低碳。

第五条 试验区是对中亚合作、向西开放的重要窗口，应当按照丝绸之路经济带的重要支点、与中亚国家合作的重要平台、沿边地区经济发展新的增长极、维护边境和国土安全的重要屏障的战略定位，建设经济繁荣、生态优美、宜业宜居、民族团结、睦邻友好、引领开放的发展新区。

第六条 鼓励境内外企业及其他组织和个人在试验区内投资、兴办企业或者设立机构。

试验区内的企业、组织和个人依法平等享受各项优惠政策，其合法权益受法律保护。

第七条 鼓励试验区先行先试和制度创新，鼓励公民、法人和其他组织在试验区开展创新活动，充分激发各类市场主体活力。

试验区建立容错机制，改革创新出现失误或者偏差，但符合改革方向和决策程序，依照国家和自治区有关规定，对有关单位和个人免予追究责任或者从轻、减轻追究责任。

第二章 管理体制

第八条 自治区人民政府应当加强对试验区建设的组织领导，建立试验区工作协调机制，统筹指导、帮助支持试验区落实重点任务，实施重大改革举措和项目，布局重大创新平台，推进试验区对内对外双向开放。

自治区人民政府有关部门按照职能分工，落实有关发展政策，在规划编制、用地保障、政策制定、资金投入、项目安排等方面给予指导和支持，帮助解决试验区建设和发展中的问题。

第九条 试验区与塔城地区、新疆生产建设兵团第九师实行“区区合一”“师区合一”管理模式，按照集中式管理、开放式运营、自主式开发、一站式服务机制运行。

第十条 试验区管理委员会

（以下简称管委会）代表自治区人民政府行使统一的行政管理权。

第十一条　试验区的开发建设事项由管委会与所在县（市）人民政府实行双重管理，涉及产业发展、招商引资、平台建设等先行先试事项以管委会为主管理。试验区范围内的社会事务职能由所在县（市）人民政府承担。

试验区先行发展区的建设和管理由管委会承担。

新疆生产建设兵团第九师在试验区范围内的部分团场参照试验区组织管理模式，由新疆生产建设兵团管理。

第十二条　管委会履行下列职责：

（一）贯彻实施法律法规及相关政策，制定各项管理制度；

（二）依法行使国家、自治区赋予试验区的管理和审批权限；

（三）负责研究拟定试验区建设发展的政策措施，探索和实践沿边开发开放先行先试体制机制；

（四）负责试验区先行发展区规划、基础设施和公共设施建设管理工作；

（五）负责组织、协调试验区建设的招商引资和宣传推介工作；

（六）负责塔城市边境经济合作区管理工作；

（七）行使自治区人民政府委托的其他职权。

第十三条　试验区根据国家和自治区的规定，制定人才引进、培养和保障等办法，创新人才管理制度，建立多种形式的用人机制和分配激励机制。

第十四条　试验区建立决策咨询机制，加强与智库、高校、科研机构的沟通合作，组织开展前瞻性研究和重大创新举措论证，为试验区建设提供智力支持和决策参考。

第十五条　试验区建立统计监测制度，定期对经济运行情况开展统计监测和分析。

第十六条　试验区建立风险预警体系，健全风险防控和应急处置机制，提升风险防范和安全监管水平。

第十七条　试验区建立投诉受理机制，畅通投诉渠道，采取多种方式听取市场主体的反映和诉求，及时受理和处理投诉。

第三章　规划建设

第十八条　试验区应当综合考虑资源环境承载能力、国土空间开发适宜性、区位特点、资源禀赋、产业基础和交通优势等因素，按照辐射周边、协同发展的思路，进行试验区建设规划布局。

第十九条　塔城地区、新疆生产建设兵团第九师根据试验区建设总体规划，分别编制详细规划及相关专项规划，并与国土空间规划以及产业发展、环境保护、水资源等规划衔接，经批准后实施。

第二十条　经批准的详细规划及相关专项规划应当严格执行，未经法定程序不得擅自更改。确需更改的，应当依照规划编制程序报原批准机关批准。

第二十一条　试验区的土地利用应当坚持节约集约原则，合理安排用地规模，明确土地开发时限，严格落实土地用途管制制度，科学控制土地利用强度，提高土地产出效益，实现可持续发展。

试验区范围内建设用地符合条件的，可以按规定享受差别化政策。

第二十二条　试验区产业用地应当符合法律法规、政策规定，保障重点产业用地需求，加强公共服务、基础设施建设等用地保障。推进试验区内产业用地供应方式改革，支持采用长期租赁、先租后让、租让结合、弹性年期等多种方式供应土地，积极推行“标准地”出让制度。

第二十三条　试验区范围内使用国有未利用地开发建设、引进产业项目的，可以享受国家和自治区的相关优惠政策。

第二十四条　试验区坚持绿色、低碳、环保、智慧原则，推广循环经济发展模式，应用节能减排、清洁生产等新技术，构建园区资源循环利用产业链，实现低碳发展。

第四章　产业发展

第二十五条　试验区科学规划产业布局，明确产业发展重点，促进产业融合、区域融合、兵地融合，构建差异化发展的特色优势产业体系。

先行发展区按照总体规划、分步实施，组团布局、单元开发的原则，建设口岸贸易、进出口产品加工、新能源产业、先进装备制造、建材产业、农畜产品加工、综合产业、国际物流、生态文化旅游等功能区。

第二十六条　试验区创新产业政策支撑，优化完善产业链供应链，推动境内外、上下游产业联动发展、集群发展，加快构建以绿色农业、加工制造业、生态文化旅游和现代服务业为主导的现代产业体系。

先行发展区应当利用区位和政策优势，重点发展边境贸易、进出口加工、仓储物流以及电子商务、现代金融、会议展览、医疗保健等现代服务业。

第二十七条　试验区编制起草重点生态功能区产业准入负面清单，依法加强对建设项目规划选址、环境影响评价、安全评价、用地标准等内容的审查，禁止引进不符合国家和自治区生态环境保护规定的项目、设备、材料和产品。

第二十八条　试验区加强信

息化、数字化基础设施建设，推动5G、大数据、工业互联网、物联网、云计算等新一代信息技术融合创新和发展应用，推进试验区智慧城市、智慧园区、智慧口岸、智慧景区、智慧农业建设。

第二十九条　试验区根据水资源承载能力，依托绿色无污染农牧业资源优势，建设高品质粮食产业示范基地、优势作物种植示范基地、优质畜禽养殖产业示范基地，推进农业结构优化升级，引导智慧农业发展，促进农业生产数字化转型，构建现代绿色农业发展体系。

第三十条　试验区依托园区平台，面向国内外市场，围绕装备制造、生物制造、纺织服装、资源加工等，科学合理布局产业项目，打造以稳定供应链、延伸产业链、提升价值链为核心、联动两个市场两种资源的产业集群。

第三十一条　试验区依托边疆风情、自然风光和戍边文化，发展边疆风情游、生态休闲游、跨国自驾游、国际医疗游等旅游产品，完善旅游公共服务体系，丰富旅游产品文化内涵，提高旅游产品品质，建立多层次旅游产品品牌体系，把试验区打造成为“一带一路”国际旅游重要目的地。

第三十二条　鼓励企业、高等院校、科研机构以及其他组织和个人，兴办创业园、创业中心等各种形式的企业孵化器，并对其建设和经营给予扶持，推动高新技术成果转化和产业发展。

第五章　投资促进

第三十三条　试验区应当设立专项发展资金，按照市场化、法治化原则整合资源，建立地方财政资金、社会资本广泛参与的试验区产业发展基金，用于产业扶持、人才服务、科研资助、创业扶持、基础设施和公共设施建设等支出。

第三十四条　鼓励金融机构根据国家有关规定，在试验区进行金融产品、业务、服务和风险管理等方面的创新。支持外汇市场建设，推动与中亚国家按规定开展人民币双向贷款、境外放款、境外融资和人民币购售业务。

第三十五条　试验区设立投资建设发展公司以及其他投资开发主体，通过发行企业债券、中期票据等方式募集资金，通过融资担保、投贷保联动等方式，拓宽企业融资渠道。

第三十六条　试验区培育上市后备资源，扶持企业通过挂牌、上市等方式融资。

第三十七条　支持产业链龙头企业和领军型企业联合上下游，整合创新资源要素，促进产业链与创新链融合，提高企业自主创新能力、资源整合力、企业家影响力以及品牌知名度。

第三十八条　试验区发挥对口援疆优势，鼓励和支持中央企业、援疆省市企业参与试验区开发建设，通过共建开发平台公司、联合成立发展基金等方式，建设跨区域合作产业园区或者产业合作联盟，拓展发展空间。

第三十九条　支持征信、会计、审计、评估、法律、咨询、知识产权保护等高端商务服务企业入驻试验区，推动生产性服务业向专业化和价值链高端延伸。

第六章　对外开放

第四十条　试验区依法实施外商投资准入前国民待遇加负面清单制度，鼓励和支持外国投资者参与试验区建设、投资兴办企业。外国投资者在试验区内的出资、利润、资本收益、资产处置所得、知识产权许可使用费、依法获得的补偿或者赔偿、清算所得等，可以依法以人民币或者外汇自由汇入、汇出。

第四十一条　试验区建立与国际国内贸易发展需求相适应的监管模式，优化贸易监管和许可要求，与“一带一路”沿线国家开展海关、检验检疫、认证认可、标准计量等方面的交流与合作，推广应用国际贸易单一窗口，提升跨境贸易便利化水平。

第四十二条　试验区创新人员和货物通关模式，推进智慧口岸建设，推动实施出入境车辆自助通关模式，实现车辆出入境智能化管理，优化完善出入境服务管理措施，提高口岸通关效率。

第四十三条　试验区优化边民互市贸易交易及监管流程，开展边民互市进口商品落地加工试点，培育发展边境贸易商品市场和商贸中心，建设多功能商贸物流园区、边民互市进口商品落地加工产业园，推进边民互市智能化、信息化平台建设，促进边境贸易创新发展。

第四十四条　试验区推动综合保税区或者保税物流中心、跨境电子商务综合试验区等对外开放平台建设，复制推广自贸试验区改革试点经验，配套建设相关物流设施与大宗商品交易场所，推动全方位高水平对外开放。

第四十五条　鼓励创新合作方式，加强与中亚国家经贸、投资、产业、人文合作交流，开展安全、文化、旅游、医疗（康养）、教育、科技等多领域、多层次的合作。

第七章　优化营商环境

第四十六条　试验区营造市场化、法治化、国际化营商环境，完善公共服务体系，建立统一、高效、便利的政务服务平台，优化行政许可和服务流程，推行一个窗口受理、集中办理、限时办结，为企业和投资者提供优质便捷服务。

第四十七条　试验区出台的各项政策措施应当公开透明、公平公正，保障市场主体合法权益。

除法律、法规规定外，任何单位和个人不得强制或者变相强制市场主体参加评比、达标、表彰、培训、考核、考试以及类似活动。

任何单位和个人不得违法向市场主体收费或者罚款，不得向市场主体摊派财物，不得强行要求市场主体提供赞助或者接受有偿服务。

第四十八条　除国家和自治区规定外，不得设置对试验区的考核、检查和评比项目。对依照国家和自治区规定开展的考核、检查和评比，应当简化程序、减少频次。

第四十九条　试验区应当依照有关法律法规，建立以信用监管为基础、以“双随机、一公开”监管为基本手段、以重点监管为补充的监管机制。

第五十条　试验区严格执行全国统一的市场准入负面清单制度，制定市场准入、产业发展、招商引资、招标投标、政府采购、经营行为规范、资质标准等涉及市场主体经济活动的规范性文件和政策措施，应当进行公平竞争审查。

第五十一条　试验区应当履行向市场主体依法作出的政策承诺以及依法订立的各类合同，不得以行政区划调整、政府换届、机构或者职能调整以及相关责任人更替等理由，不履行合同、不信守承诺。

因国家利益、社会公共利益需要改变政策承诺、合同约定的，应当依照法定权限和程序进行，并依法依规对市场主体因此受到的损失给予补偿。

第八章　附　则

第五十二条　本条例自2023年1月1日起施行。

塔城地区推进经济稳增长一揽子政策措施

■十个方面58项政策措施

为认真贯彻落实国务院扎实稳住经济的六个方面33项措施、自治区推进经济稳增长九个方面46项措施，高效统筹疫情防控和经济社会发展，推动塔城地区经济稳增长，制定如下政策措施。

一、财政税收政策措施（6项）

1.进一步加大增值税留抵退税政策力度。认真贯彻落实中央、自治区关于扩大增值税留抵退税政策范围的有关精神，将批发和零售业、农林牧渔业、住宿和餐饮业、居民服务、修理和其他服务业、教育卫生和社会工作、文化体育和娱乐业等7个行业企业纳入按月全额退还增量留抵税额、一次性全额退还存量留抵税额政策范围。及时拨付中央、自治区第三批支持基层落实减税降费和重点民生等转移支付资金，纳入直达资金范围，单独调拨库款，并督促县（市）及时足额落实地方承担的留抵退税资金，加快办理小微企业、个体工商户留抵退税并加大帮扶力度，确保6月30日前完成集中退还存量留抵税额。精准落实对小规模纳税人阶段性免征增值税、小型微利企业减征企业所得税，以及小规模纳税人、小型微利企业和个体工商户减半征收“六税两费”等优惠政策。加强对各县（市）财政运行监测力度，及时监控各县（市）库款、财力情况，在确保留抵退税应退尽退的基础上，保障基层财政平稳运行，兜牢兜实“三保”底线；落实留抵退税政策奖补机制，将争取到的自治区财政奖补资金全部用于落实退税减税降费政策好、退税额度对财政收入影响较大的县（市）。

2.加快财政支出进度。收到自治区下达资金后，对有资金分配方案的3日内下达县（市）；对未明确具体补助项目及补助对象的专项资金，15日内制定分配计划下达县（市）。采用分期下达预算方式的，最后一期下达时间不得迟于预算执行当年的9月30日；采用先预付后结算方式的，按照预计数全部下达。加大盘活存量资金力度，对当年无法形成支出的资金收回预算，统筹用于地委、行署确定的经济社会发展急需支持的领域。

3.加快专项债券发行使用进度并扩大支持范围。收到自治区转贷债券资金后，3日内将债券资金拨付到位。对自治区5月30日前下达的40.2亿元债券资金，督促项目主管部门、项目单位在依法依规的前提下，加快债券资金支出进度，8月底前支付完毕，并形成对应实物工作量。扎实做好专项债券项目储备工作，在支持试验区、交通、能源、水利、保障性安居工程等领域基础上，优先考虑将通关能力、新型基础设施、新能源项目等纳入支持范围，6月底前完成符合债券使用条件项目的筛选、评估和储备。用好专项债券作为重大项目资本金政策，有效发挥专项债券撬动社会投资作用。

4.落实小微企业融资担保费奖补政策。贯彻落实国家、自治区减税降费有关要求，降低小微企业融资担保成本，鼓励融资担保机构将融资担保费率降至1%及以下。加大政府性融资担保机构降费让利力度，鼓励支持扩大实体经济领域小微企业的融资担保业务规模。地区本级出资1亿元，建立融资担保机构中小微企业风险代偿补偿基金，增强融资担保机构直接服务中小微企业的能力。对符合条件的交通运输、餐饮、住宿、旅游行业中小微企业、个体工商户，鼓励政府性融资担保机构提供融资担保支持，推动金融机构尽快放贷，并将上述符合条件的融资担保业务纳入自治区政府性担保机构再担保合作范围。对支小支农担保业务保费给予阶段性补贴。允许有条件、有意愿的商业保险公司经营短期险业务。

5.加大政府采购支持中小企业力度。对200万元以下的货物、服务和400万元以下的工程，适宜中小微企业的全部面向中小微企业采购。对200万元以上的货物、服务和400万元以上的工程，预留面向中小微企业的份额达到40%以上，其中预留给小微企业的比例达到60%以上。将面向小微企业的价格扣除比例由6%～10%，提高至10%～20%，其中：适用招标投标法的政府采购工程，价格扣除比例由3%～5%，提高至6%～10%。对未明确预留份额的采购项目或进行采购包评审时，采购人、采购代理机构应当按照小微企业的价格扣除比例10%～20%（工程项目为6%～10%）进行扣除，以扣除后的价格参加评审。

6.全面落实社保费缓缴政策。

在确保各项社会保险待遇按时足额支付的前提下，对受疫情影响生产经营出现暂时困难的所有中小微企业、以单位方式参保的个体工商户，阶段性缓缴养老保险、失业保险、工伤保险三项社会保险费单位应缴纳部分，缓缴实施期限到2022年年底。对以个人身份参加企业职工基本养老保险的个体工商户和各类灵活就业人员，2022年可自愿暂缓缴纳养老保险费。在对餐饮、零售、旅游、民航、公路铁路运输等5个特困行业实施阶段性缓缴三项社会保险费政策的基础上，进一步扩大实施范围，缓缴范围扩展至受到疫情严重冲击、行业内大面积出现企业生产经营困难、符合国家产业政策导向的17个特困行业。养老保险费缓缴期限延长至2022年年底，缓缴期间免收滞纳金。

二、金融支持实体经济和重大项目政策措施（7项）

7.鼓励对中小微企业和个体工商户、货车司机贷款及受疫情影响的个人住房与消费贷款等实施延期还本付息。按照相关规定对中小微企业和个体工商户贷款、货车车贷、暂时遇困个人房贷消费贷，支持商业银行等金融机构对其贷款实施年内延期还本付息；对参加新冠疫情防控工作人员在新冠疫情防控期间，因新冠疫情影响未能及时还款的，逾期信贷业务不作为逾期记录。

8.加大普惠小微贷款支持力度。进一步发挥好普惠小微贷款支持工具作用，对于符合条件的地方法人金融机构普惠小微贷款余额增量提供奖励资金比例从1%提高到2%给予支持，鼓励金融机构稳定普惠小微贷款存量，进一步扩大增量。按照市场化原则，通过展期或续贷支持等方式，帮助受困企业抵御疫情影响，不得盲目限贷、抽贷、断贷。运用支农再贷款、支小再贷款等工具，鼓励、支持地方法人金融机构加大对涉农、小微企业特别是普惠小微企业的信贷支持，优先支持受疫情影响暂遇困难的相关企业。落实创业担保贷款政策，对符合创业担保贷款条件的从事个体经营的创业人员，给予最高不超过20万元的创业担保贷款，贷款期限最长不超过3年，前2年予以贴息。小微企业当年新招用符合创业担保贷款申请条件的人数占企业现有在职职工人数的15%（超过100人的企业下降为8%），并签订1年以上劳动合同的，可申请不超过300万元的创业担保贷款，贷款期限不超过2年。

9.继续推动实际贷款利率稳中有降。持续释放贷款市场报价利率形成机制改革效能，引导金融机构参照新疆市场利率定价自律机制，科学合理进行利率定价，进一步将LPR（贷款市场报价利率）嵌入贷款FTP（内部资金转移定价机制）中，完善成本分摊和收益分享机制，畅通贷款利率传导渠道。充分发挥存款利率市场自律机制作用，切实将存款利率下降效果传导至贷款端，推动实际贷款利率稳中有降。

10.提高资本市场融资效率。继续支持和鼓励金融机构发行金融债券，充分用好国家关于“三农”、小微企业、绿色金融债券绿色通道政策，为重点领域企业提供融资支持。指导金融机构支持中小微企业应收账款质押等融资，用好人民银行应收账款融资服务平台，力争2022年通过平台融资不低于70亿元。按照国家政策要求，对民营企业债券融资交易费用能免尽免。

11.设立试验区产业基金。鼓励支持新疆塔城重点开发开放试验区通过财政资金、国有企业出资等方式设立产业基金，将产业基金全部用于支持试验区内基础性、带动性、战略性特征明显的优势主导产业领域，推动落地塔城企业发展壮大。

12.加大金融机构对基础设施建设和重大项目的金融支持力度。支持政策性开放性银行优化信贷结构，对重点领域和薄弱环节基础设施建设投放更多更长期限贷款；引导商业银行进一步增加贷款投放、延长贷款期限；鼓励辖区内保险公司分支机构积极向上争取资金，加大对水利、公路、物流等基础设施建设和重大项目的支持力度。

13.全面推进金融外汇和跨境人民币服务提质增效。畅通外汇便利化政策传导，持续推进跨境贸易投融资便利化，继续优化企业汇率避险服务，深化推广使用跨境金融区块链服务平台，提升银行业务办理专业能力和服务水平，营造规范、便利、有活力的外汇市场环境。充分发挥试验区建设机遇和政策优势，支持企业和巴克图口岸边民互市贸易扩大人民币跨境结算。

三、保产业链供应链稳定政策措施（11项）

14.保障粮食和重要农产品供给。统筹国家和自治区耕地地力保护、实际种粮农民一次性补贴资金，对所有合法从事冬小麦、春小麦实际种植者分别按照230元/亩、229元/亩予以补贴；对2022年2万亩花生实际种植者按照500元/亩予以补贴。加快推进28万亩高标准农田建设，亩均财政投入从2021年1000元提高至1500元左右。组织实施乌苏市农机购置与应用补贴试点，加大农机报废补贴政策实施力度，确保全地区实施农机报废更新补贴县

（市）覆盖率达到90%。

15.推进畜牧业高质量发展。加大良种畜补贴力度，对种公牛补贴5000元/头、种公羊补贴1000元/只、优质湖羊生产母畜补贴500元/只、母牛补贴2000元/头。对重大动物疫病实施强制扑杀补助，奶牛补助6000元/头、肉牛补助3000元/头、羊补助500元/只、猪补助800元/头、马补助12000元/匹、禽类补助15元/只（羽）。落实畜禽养殖贷款贴息政策，对畜牧养殖企业用于畜牧业生产环节的银行贷款，贷款额度在100万元以上的给予不高于同期银行贷款市场报价利率（LPR）的50%贴息，贴息不超过500万元，享受其他财政贴息补助的畜牧业贷款不在该贴息补助范围内。

16.降低市场主体用水用电用气用网和房租等成本。全面落实对受疫情影响暂时出现生产经营困难的小微企业和个体工商户用水、用电、用气“欠费不停供”政策，设立6个月费用缓缴期，对水、电、气企业根据实际情况进一步延长，缓缴期间免收欠费滞纳金。清理规范城镇供水、供电、供气、供暖等行业收费，取消不合理收费，规范政府定价和经营者价格收费行为，对保留的收费项目实行清单制管理。在招投标领域全面推行保函（保险）替代现金缴纳投标、履约、工程质量等保证金，鼓励招标人对中小微企业投标人免除投标担保。落实2022年中小微企业宽带和专线平均资费再降10%政策。对2022年被列为疫情中高风险地区所在县级行政区域内承租国有企业房屋的服务业小微企业和个体工商户减免当年6个月租金，其他区域减免3个月租金。实行减免高速公路服务区小微企业、个体工商户租金政策。

17.稳定中小微企业、个体工商户用电价格。对不满1千伏工商业用户，2022年继续执行原目录电价水平不变。鼓励有条件的县（市）结合实际，进一步对中小微企业用电实行阶段性财政补贴。落实新能源汽车充电桩（站）电价优惠政策，对直接报装接电的集中式充（换）电设施用电，免收基本电费至2025年底。

18.加大中小企业账款清欠力度。持续开展中小企业账款清欠专项行动，进一步落实《保障中小企业款项支付条例》，对政府、非政府序列部门、事业单位以及大型企业拖欠中小企业账款的做到应清尽清；对确属清欠范围但短期内难以化解的在6月底前制定还款计划；对存在有分歧的账款通过调解、协调、司法等途径加快解决，切实维护中小企业合法权益，减轻中小企业资金压力。落实《政府投资条例》，从源头防范层层拖欠形成“三角债”，决不允许政府新增拖欠中小企业、民营企业账款。

19.保持航班稳定运行。继续培育塔城—乌鲁木齐、塔城—石河子—沈阳、伊宁—塔城—阿克苏、塔城—阿勒泰—库尔勒航线，新增培育塔城—石河子、塔城—喀什、塔城—克拉玛依等疆内环线，积极开拓塔城—乌鲁木齐—成都（西安）航线。探索采用虚拟航班号的方式，适时开拓第二条疆外航线。充分利用民航暑运、学生假期等时间节点，鼓励旅行社等单位以旅游包机形式开通更多航线。

20.落实交通物流保通保畅政策。加强路网监测调度，及时解决路网阻断堵塞等问题，确保物流通道、主干线畅通。严禁擅自阻断或关闭高速公路、普通公路和公路服务区，严禁硬隔离县乡村公路。坚决取缔在高速公路主线和服务区设置的防疫检查点，全面取消对来自疫情低风险地区货运车辆的防疫通行限制。一律取消不合理限高等规定。在坚决阻断病毒传播通道的同时，确保交通网络不断，对来自或进出疫情中高风险地区所在地市的货运车辆，落实“即采即走即追”制度。客货运司机在异地核酸检测，同等享受免费政策，核酸检测结果全国通用。

21.落实重点物资运输车辆通行证制度。推动通行证规范化使用，实现通行证网上办理、即接即办、应发尽发、全国互认，电子版和纸质版通行证具有同等效力。结合实际优先为符合条件的城乡配送和邮政快递车辆发放重点物资运输车辆通行证，切实保障邮政、快递车辆通行，满足民生物质末端配送需求。

22.用好中央和自治区支持纺织服装业发展资金。及时审核、拨付约1亿元的2022年中央和自治区支持纺织服装业发展补贴资金，用于企业电费、运费、社保补贴等，降低企业成本，引导企业提高产品技术含量和市场竞争力。

23.推进纺织服装、番茄加工等产业健康发展。支持鼓励相关企业开拓国际市场，加大国内市场销售，“一企一策”帮助解决企业生产经营中存在的问题和困难。

24.加强企业运行监测和协调服务。建立地区重点产业链供应链企业“白名单”，用好“一企一策”机制，帮助企业解决原材料供应、生产要素保障、交通运输协调、疫情防控指导等方面问题。完善地区“专精特新”和“小巨人”企业培育库，实施梯次储备培育，为企业提供“点对点”精细服务。加强“小升规”企业培育工作，对首次升规纳统及复归入统的企业，分别给予企业一次性30万元、10万元奖励，奖励资金按季兑现。

四、稳外贸稳外资政策措施（4项）

25.帮助外贸企业纾难解困。略

26.持续提高进出口通关效率。进一步优化监管流程，巩固压缩通关时间成果，支持粮食等大宗商品扩大进口，加快企业急需货物通关。优化通关模式，设立进出口鲜活易腐农食产品属地查检绿色通道，实行优先查检和“5+2”预约查检。引导外贸企业严格落实收费目录清单公示制度，精简合并收费项目，动态调整目录清单，形成定价合理、公开透明的竞争机制，以“优质服务、高效通关”吸引更多企业通过巴克图口岸和中哈边民互市开展进出口贸易。开展联合督查行动，梳理核算运营公司、监管货场在口岸区域的各类收费，进一步降低企业通关成本。优化边民互市进出境动植物及其产品检疫查验流程，压缩出口食品生产企业备案办理时限。

27.支持跨境电商加快发展。加快推动塔城跨境电商综合试验区申建进度，积极引进企业建设跨境电商平台，支持外贸企业利用TIR等方式开展跨境电商业务。跨境电商企业租赁国企厂房仓库开展业务的，享受“两免三减半”厂房租赁政策。鼓励本地邮政、快递企业开通跨境寄递业务，方便境内外客户用邮需求。

28.支持外向型经济发展。充分利用《西部地区鼓励类产业目录》、塔城重点开发开放试验区和边民互市进口商品落地加工试点等优惠政策，招引一批有实力的农副产品精深加工、跨境电商、商贸物流企业落户塔城。用好口岸“绿色通道”的政策，加快绿色农产品基地建设，推动优质农产品走出去；加快建设边民互市贸易进口商品落地加工产业园，扩大葵花籽、红花籽、亚麻籽等油料作物进口。组织外贸企业参加第七届中国—亚欧博览会，鼓励外贸企业参与RCEP（区域全面经济伙伴关系）协定，促进贸易投资洽谈，不断拓展新的贸易市场和贸易伙伴。培育壮大地区外贸经营主体，扶持壮大100家中小外贸企业，包联帮扶20家重点外贸企业，力争到年底有外贸业绩的企业达到80家。

五、推动旅游业发展政策措施（2项）

29.实施旅游奖补政策。实施“引客入塔”奖补政策，对旅行社组团、旅游专列（包机），组团人数在50人以上，在塔城地区游览2个A级以上景区并入住地方星级饭店1晚，按照属地原则每位游客30～100元标准奖励组团旅行社。对年度累计向塔城输送游客不少于3000人且排名前5名的旅行社，一次性奖励10万～30万元。继续执行旅游服务质量保证金暂退政策，对全区23家符合条件的旅行社可申请将暂退比例由80%提高至100%，2020年4月12日以后取得旅行社业务经营许可证的旅行社可申请暂缓交纳保证金，暂退或缓交保证金期限均延至2023年12月31日（通过银行担保及保险形式交纳的保证金、被法院冻结的保证金不在暂退缓交范围之内）。发挥旅游援疆优势，开展交往交流交融活动，吸引疆外游客来塔旅游消费。

30.增强旅游市场活力。举办好新疆乌苏啤酒节、沙湾大盘美食文化旅游节、阿肯阿依特斯文化旅游节、江格尔文化旅游节等节庆活动，持续提升旅游知名度。以G219、G217、S101为重点打造自驾旅游环线（塔城段），推出精品旅游线路12条，举办自驾游启动仪式（活动）。鼓励各县（市）结合本地特色推出乡村旅游示范点，推出乡村旅游精品线路或“一日游”线路，组织党政机关、企事业单位干部职工，利用结对认亲、周末、休假等开展“塔城人游塔城”等本地游活动。串联县（市）精品文旅资源，推出红色旅游、康养旅游及研学游线路和短途周边游线路，助力经济发展和乡村振兴。各县（市）不得层层加码，不得简单以疫情为由限制出行、人为设置跨区游障碍，中小学生跨区出行可不进行报备。

六、促进消费政策措施（6项）

31.促进房地产业健康发展。支持刚性和改善性住房需求，鼓励房地产开发企业新建保障性租赁住房，房地产开发企业可以享受专项低息贷款，并可享受与政府公租房补贴相等的国家补贴。优化土地供应，对于商品住宅去库存周期较低的县（市）将土地供应量提升至原有供应量的200%以上。加快个人住房贷款审批发放，加大信贷支持力度，对于贷款购买普通自住房的居民家庭，首套住房商业性个人住房贷款利率下限调整为不低于相应期限贷款市场报价利率减20个基点。为试验区先行发展区工作人员提供3700套可拎包入住的公租房。降低土地竞拍保证金最低比例，对于信用评价等级在A级及以上的房地产开发企业全面落实优惠政策，土地出让金完成首期付款后，其余款项可在1年内分期缴纳。建立地区统一的商品房预售资金监管平台，创新实行无支付节点限制的预售资金支付模式，凡监管资金用于项目工程建设的审批时限不超过16

个工作时。

32.加大商贸企业培育力度。培育50家升限入统商贸企业。制定商贸企业升限入统激励政策，对首次升限入统批发企业每家奖励15万元，零售业企业每家奖励8万元，餐饮、住宿企业每家奖励5万元；对复限入统批发企业每家奖励5万元，零售企业每家奖励3万元，餐饮、住宿企业每家奖励2万元。

33.稳定增加汽车、家电等大宗消费。鼓励汽车销售企业集中开展促消费活动，积极联合保险公司、加油站、汽车维修店、洗车店等开展赠送保险服务、加油惠行、装潢大礼包、爱车保养等活动。鼓励有条件的县（市）开展汽车下乡活动，推动农村汽车消费。全面取消二手车限迁政策，推动优化或取消二手车购车不合理证明，落实国家小型非营运二手车“跨省通办”，推动二手车信息开放共享，便利二手车交易，优化二手车交易环境。优化新能源汽车充电桩（站）投资建设运营模式，推进高速公路服务区、客运枢纽等区域充电桩（站）建设，加快提高小区和经营性停车场充电设施覆盖面。支持家电销售企业发放消费券、惠民补贴，开展家电以旧换新、绿色智能家电下乡、家具家装补贴等活动，鼓励家电生产企业开展回收目标责任制行动。

34.加快建设城乡物流配送体系。统筹中央财政农产品供应链体系建设项目资金、县域商业体系建设资金等，完善县域物流园区基础设施，鼓励物流企业通过业务、模式、技术创新，提升物流产业规模和现代化水平。全面推进“邮快合作”，有效整合末端投递资源，年内实现乡镇（场、街道）快递全覆盖。发展农村物流“班线货运模式”，鼓励运输企业利用沿途取送、循环配送等模式，开展“定时、定点、定线”货运服务。

35.大力发展夜间经济。依托现有商圈、特色街区、旅游景点等，开辟独具特色的星光、果园夜市等新夜市模式。突出差异化、个性化、特色化休闲购物体验，鼓励延长夜间经营时间，支持步行街、商场、购物中心等场所在节假日、店庆日期间开展夜间促销活动。依托本地品牌，培育打造具有特色的沙湾大盘鸡、乌苏啤酒、塔城冰激凌、塔城面包等美食名片，扩大知名度和美誉度，实现夜间经济营业额10%以上增长率。

36.促进线上线下融合发展。鼓励各县（市）广泛开展“县域活动+直播推介带货+网红孵化培训”多元一体的直播带货活动，促进线上线下融合发展，不断扩大地产品销售渠道，实现网络零售交易额10%的增速。组织电商企业参加“第三届新疆直播电商节”，组织本地网红、电商达人等人员开展赴辽宁学习培训活动，提高直播带货专业水平。

七、扩大投资政策措施（8项）

37.加快推动立体交通网络建设。发展多式联运贸易和扩大对外开放。启动新一轮农村公路建设和改造，新改建里程163公里，新增通三级及以上公路乡镇2个，新增通硬化路自然村14个，实施危桥改造3座，整治村道安防里程181公里。

38.加快推进一批水利工程项目建设。加快推进4个重点续建水利工程和7个新开工项目建设。对纳入自治区“十四五”规划的2项重点水利工程，加快推进项目前期，争取尽快开工建设。

39.积极推进城市地下管廊建设。完成地下综合管廊建设规划编制工作。城市新区、各类园区、试验区先行发展区在新建道路时，同步建设地下综合管廊。老旧小区、棚户区、市政道路改造时，结合“空中蜘蛛网”专项整治行动，完成架空线入地改造。统筹城市改造、建设及维护资金用于地下综合管廊建设，鼓励社会资本参与地下管廊建设和运营管理，积极、稳妥、有序推进城市地下综合管廊建设。

40.鼓励扩大民间投资。全面落实支持民营经济发展各项政策，依法平等保护民营企业产权和企业家权益，鼓励和吸引更多社会资本参与地区重大工程项目建设。依托政银企对接平台、信易贷综合金融服务平台等，引导企业用好商业贷款、企业债和公司债、产业引导基金等金融政策，拓宽融资渠道，优化投资结构，进一步激发市场活力。规范推进政府和社会资本合作项目，积极开展基础设施领域不动产投资信托基金试点。

41.强化投资项目要素保障。定期召开政银企融资对接会，积极推动金融机构参与投资项目融资，有效解决项目资金需求。落实重大项目联席会议、固定资产周调度会议制度，及时协调解决项目推进过程中遇到的困难，强化土地、用能、环保等政策配套，保障项目建设所需砂石、钢材、水泥等主要建材的运输供应，加快形成推进重点项目工作合力，确保完成年度固定资产投资任务。

42.压缩工程建设审批时限。政府投资房屋建筑类和城市基础设施工程类项目审批时间从85个工作日压缩至60个工作日以内，一般社会投资项目审批时间从75个工作日压缩至50个工作日以内（其中：带方案出让用地的社会投资项目审批时间压缩至40个工作日以内；社会投资小型工程项目审批时间压缩至30个工作日以内）。对试验区先行发展区建设项目审批事项，提供全程代办帮办服务，其中政府投资房屋建筑类和城市基础设施工程类项目审批时间从50个工作日压缩至45个工作日以内；一般社会投资项目审批时间从40个工作日压缩至36个工作日以内。

43.全面推行工程建设领域审批容缺受理。将工程建设项目中不涉及公共安全、生态环境保护和直接关系人身健康、生命财产安全的城市基础设施配套费、农民工工资保证金等行政审批以及工伤保险等服务事项实行全流程容缺受理，对节能审查、市政设施类审批、建设资金落实、有无拖欠工程款等情形实行告知承诺，切实减少企业运行成本，提高审批效率。

44.压缩企业开办时间。优化企业开办流程，开设企业开办专区，执行"一次性告知"制度，将企业注册登记、刻制公章、银行开户等手续一并办理，共享企业登记信息，开办时间压缩至1个工作日以内。在全地区对初创企业推出一次性免费领取企业开办"塔礼包"（包括企业开办所需执照、公章、社保开户以及银行开户等证照），只需跑一次，即可实现企业开办。推进经营场所登记改革，对小微企业在住所以外开展经营活动，且属于同一县（市）级登记机关管辖的，免于设立分支机构注册登记，申请增加经营场所登记备案即可。

八、保能源安全政策措施（3项）

45.提升煤炭保供能力。稳步提高正常生产矿井产量，推动煤矿项目达产增效，加快推进红山、陶和矿井一期在建煤矿项目建设进度，推进中富矿业有限公司红山西、和布克赛尔县枭龙、阿勒泰鑫泰矿业五号煤矿项目年内开工建设，尽快建成投产，增加煤炭供应量。建立健全政府可调度煤炭应急动用、轮换、储备机制，督促落实存煤数量，确保储备煤炭即调即有，实现日常存煤量不低于储备能力30%、用煤高峰前不低于储备能力80%。加强煤炭产运需无缝衔接，确保煤炭企业中长期合同签订数量达到自有资源量80%以上，发电供热煤炭中长期合同100%全覆盖。协调推进国网能源和丰煤电公司加快开展铁路专用线项目前期工作，争取年内开工建设，进一步提高地区铁路煤炭外运能力。稳定煤炭市场价格，提升煤炭安全稳供保障能力。

46.提升电力保供能力。加快实施通古特220千伏输变电、沙湾变220千伏进线补强及新能源项目配套送出电网建设，加快额敏东220千伏输变电工程前期工作，推进塔额750千伏输变电工程纳入国家电力规划，全面提升地区主网架供电能力。加快保障性并网20万千瓦风电、塔城风光火储多能互补130万千瓦光伏发电项目建设进度，确保年底建成投运，提升全地区绿色电力供应水平。加快推进华电乌苏热电、国网能源和丰火电厂煤电机组灵活性改造，推动煤电企业提质增效。加快额敏抽水蓄能电站前期工作，年内完成项目预可研；推进地区中小型抽水蓄能电站选点规划，筛选推进1～2个抽水蓄能站点项目，争取项目增补纳入国家抽水蓄能中长期规划。

47.加大油气勘探开发和基础设施建设。大力支持油田企业加大对玛湖、准噶尔南缘、甘家湖以及阿拉德井区等区块的油气资源勘探开发力度，加快油气勘探开发涉水、用地等审批流程，做好服务保障工作。全面推进石油、天然气产业招商引资工作，加快地区天然气利民工程建设，谋划推进克拉玛依市至和布克赛尔县天然气管输项目、玛湖油田伴生气综合开发利用项目、塔城空白区块油气勘查项目等前期工作。抓好天然气供应保障，做好天然气上下游供气合同签订工作，强化应急调峰和科学调度，确保地区天然气稳定供应。

九、保基本民生政策措施（9项）

48.加大稳岗支持力度。对不裁员少裁员的参保企业，优化失业保险稳岗返还政策，进一步提高返还比例，将大型企业稳岗返还比例由30%提至50%。拓宽一次性失业保险留工补助受益范围，2022年1月1日至12月31日，发生疫情的县（市），对受新冠肺炎疫情严重影响暂时无法正常生产经营在7日以上的中小微企业，按每名参保职工500元的标准发放一次性留工培训补助，并将发放范围扩大至受疫情严重影响暂时无法正常生产经营的所有参保企业，所需资金从失业保险基金中解决。

49.促进高校（技校）毕业生就业。地区行政区域内注册的中小微企业2022年新吸纳毕业年度高校毕业生就业，签订1年以上劳动合同并依法缴纳社会保险费，且稳定就业6个月以上的，由企业所在地按照每人1000元的标准给予一次性吸纳高校毕业生就业补贴，政策执行期限至2022年年底，新增支出从2022年各级财政安排的就业资金中解决。2022年1月1日至12月31日，企业新吸纳毕业年度高校毕业生，签订劳动合同并参加失业保险的，从失业保险基金中按每人1500元的标准，发放一次性扩岗补助，此项政策与一次性吸纳就业补贴政策不重复享受。对地区内普通高中等学校（含技工院校）应届毕业生中，有就业意愿、积极求职的城乡低保家庭、身体残疾、获得国家助学贷款或生源地贷款、建档立卡脱贫家庭、残疾人家庭、特困人员救助供养家庭的毕业生，由学校所在地从就业补助资金中按照每人1000元的标准给予一次性求职创业补贴。将离校两年内的未就业普通高校毕业生和16至24岁的塔城籍失业青年全部纳入就业见习准备活动中，参加就业见习期间每月按照当地最低工资标准100%给予见习补贴，见习单位按照当地最低工资标准的50%再给予岗位补助。见习期最长不超过12个月，对受疫情影响见习暂时中断的见习人员，见习期限及见习补贴期限可顺延。见习单位提前留用见习人员并签订2年及以上劳动合同的，可将剩余期限见习补贴按月发放给见习单位。

50.鼓励支持就业创业服务机构发挥作用。创业孵化基地拿出30%的场地，免费提供给择业期内高校毕业生、登记失业人员、农民工、退役军人、脱贫人口、就业困难人员等；受疫情影响较大县（市）的创业孵化基地运营主体为入驻初创实体、创业者个人提供低租金或免租金、低收费或零收费的经营所需场地，免费提供相关创业后续服务，并根据入驻企业个数、创业孵化率、促进就业人数、实现经济价值等给予运营主体一定的创业引导性补助资金。充分依靠市场，通过政府购买服务方式，支持经营性人力资源服务机构、劳务经纪人积极参与用工单位招工。2022年内经营性人力资源服务机构、劳务经纪人免费介绍脱贫劳动力到本县（市）以外用工单位就业，签订劳动合同或劳务协议且连续就业6个月以上的，按照每人50～150元的标准给予经营性人力资源机构、劳务经纪人一次性就业创业服务补助，每人每年只享受一次，不得与自治区农村劳动力以奖代补资金重复申领。

51.支持脱贫人口等就业困难群体就业。对有劳动能力、有就业意愿的未就业监测对象劳动力（脱贫不稳定户、边缘易致贫户、突发严重困难户）开展“一对一”就业帮扶，对2022年内吸纳监测对象劳动力连续就业6个月以上的用工单位，由用工单位所在地按照每人1000元的标准给予一次性吸纳就业补贴。对吸纳脱贫人员、监测对象等重点群体就业数量多、成效好的就业帮扶企业，按每人500元的标准给予一次性奖补，此项补贴不能与用工单位一次性吸纳就业补贴重复申领。对返乡在乡的脱贫劳动力和监测对象，因受疫情影响无法外出务工的，可开发乡村临时公益性岗位过渡安置就业，在岗时间不超过6个月，期间按照地区乡村公益性岗位补贴标准（含社保）1540元/人/月给予岗位补贴。对吸纳劳务协作对口地区劳动者就业的企业，符合微型企业不低于5人、小型企业不低于10人、中型企业不低于20人、大型企业不低于40人或占中小微企业职工比例不低于15%、大型企业不低于10%条件的，由国家开发银行新疆分行为参与劳务协作的企业提供贷款，并给予优惠贷款利率支持。

52.做好失业保障、低保和困难群众救助等工作。认真落实自治区关于调整失业保险金标准有关要求，提高困难群众基本生活救助保障标准，将2022年失业人员领取的失业保险金在现行基础上人均增加207元/月；城市低保指导标准从不低于560元/月提高至不低于616元/月，农村低保指导标准乌苏市、沙湾市保持不低于5508元/年，塔城市、额敏县、托里县、裕民县、和布克赛尔县从不低于5004元/年提高至不低于5290元/年；城市集中（分散）供养和农村集中供养的特困人员基本生活指导标准从不低于900元/月提高至不低于1035元/月，农村分散供养的特困人员基本生活指导标准从不低于600元/月提高至不低于690元/月，福利机构集中收养孤儿基本生活保障指导标准从不低于1400元/月提高至不低于1610元/月，社会散居孤儿基本生活保障指导标准从1000元/月提高至不低于1150元/月。对符合条件的失业困难群众给予基本生活救助、专项社会救助或急难社会救助，确保符合条件的全部纳入救助保障范围，有效保障失业人员基本生活。对实现稳定就业并如实申报劳动收入的困难失业人员，自就业当月起12个月内家庭低保待遇不变。视情启动社会救助和保障标准与物价上涨挂钩联动机制，当CPI月度同比涨幅达到3.5%或CPI中的食品价格指数月度同比涨幅达到6%时，启动联动机制，价格临时补贴标准最低标准为20元/人/月。将孤儿、事实无人抚养儿童和艾滋病病毒感染儿童列入价格补贴联动机制保障对象。

53.鼓励企业引进和培养人才。对地区内规模以上工业企业、限额以上商贸流通企业、地区级以上农业产业化龙头企业引进的高层次人才，最高发放1.5万元/年租房补贴或提供周转住房；对企业新培养的高层次人才给予企业一次性最高2万元的奖补资金。做好企业高层次人才子女入学、配偶就业、档案托管、业务培训等保障服务工作，解决企业引才、育才后顾之忧。支持塔城职业技术学院、地区各中等职业技术学校，探索符合试验区建设所需专业人才发展模式，支持设立对外贸易、电子商务等专业，服务保障全地区各类企业人才需求。

54.加大医保惠民力度。职工基本医疗保险（不含生育保险）单位缴费费率由9%下调为7.5%，困难群体参加城乡居民基本医疗保险个人缴费资助标准最高达到360元/人/年。

55.加大住房公积金保障力度。调整住房公积金贷款上限政策，对于购买辖区内自住住房的，住房公积金贷款最高额度从55万元提高至65万元；对于购买辖区外自住住房的，最高贷款额度按照购买地住房公积金管理中心贷款额度上限确定。降低二手房住房公积金贷款首付款比例，首付比例从30%降低至20%。住房公积金贷款审批、发放时限从15个工作日压缩至8个工作日。

56.实施住房公积金阶段性支持政策。受新冠肺炎疫情影响住房公积金缴存确有困难企业，可按规定在2022年12月31日前申请缓缴住房公积金。缓缴期间不视为断缴，缓缴企业职工享受正常连续缴存职工同等的提取和公积金贷款权益。受新冠疫情影响的缴存人，不能正常偿还住房公积金贷款的，不作逾期处理，不计罚息，不作为逾期记录报送相关征信部门，执行期限为2022年6月至12月。缴存职工持租住所在地相关部门出具的无房证明可申请提取住房公积金支付房租，租住乡（镇、场）商品住房的最高提取额从1万元提高至2万元。

十、做好“两个统筹”政策措施（2项）

57.依法科学精准做好疫情防控工作。根据疫情防控需要，统一使用新疆政务服务App或小程序对首站来（返）塔人员进行入疆申报，并严格按照自治区防控政策措施对来（返）塔人员进行分类管理。积极引导各县（市）落实属地责任，在发生疫情时鼓励具备条件的企业进行闭环生产，保障其稳定生产，原则上不要求停产。企业所在县（市）政府要做好疫情防控指导，加强企业员工返岗、物流保障等服务，尽量减少疫情对企业正常生产经营的影响。抓好养老院、学校、监所、企业、矿山以及物流园、货车停车场、大货车司机聚集区等重点场所的日常健康监测、风险排查，坚持人、物、环境同防同检。在交通运输站等重点场所和关键部位设置留观室，配备专职健康管理人员，做好环境消杀及卫生健康教育。

58.保持安全生产形势稳定。树牢安全发展理念，严格履行属地管理责任和行业监管职责，持续深化安全生产专项整治三年行动，紧盯煤矿和非煤矿山、危化品、道路交通、工程施工、城镇燃气、旅游、农机、民航、食品等重点行业领域安全监管，开展自建房安全专项整治行动，加强自然灾害监测预警、消防隐患排查和应急演练等工作，不断提升防灾减灾救灾能力和水平，切实保障人民群众生命财产安全。

塔城地区第三次全国国土调查主要数据公报

按照国务院统一部署，2018年4月，塔城地区第三次全国国土调查工作（以下简称塔城地区“三调”）启动开展。塔城地区“三调”以2019年12月31日为标准时点，全面采用国家下发的优于1米分辨率卫星遥感影像作为调查底图，广泛应用移动互联网、云计算、无人机等新技术，创新运用“互联网+调查”机制，全流程严格实行质量管控，历时3年，300余名工作人员参与调查工作，汇集27余万个调查图斑数据，全面查清了全区7个县级调查单元国土利用现状。现将主要地类数据公布如下：

一、耕地110.73万公顷（1660.88万亩）

其中，水田0.04万公顷（0.58万亩），占全区耕地的0.03%；水浇地106.92万公顷（1603.85万亩），占全区耕地的96.57%；旱地3.76万公顷（56.46万亩），占全区的耕地3.40%。乌苏市、沙湾市等2个市耕地面积较大，占全区耕地的58.29%。

位于2度以下坡度（含2度）的耕地103.57万公顷（1553.59万亩），占全区耕地的93.55%；位于2～6度坡度（含6度）的耕地6.46万公顷（96.88万亩），占全区耕地的5.83%；位于6～15度坡度（含15度）的耕地0.69万公顷（10.37万亩），占全区耕地的0.62%；位于15～25度坡度（含25度）的耕地21.24公顷（318.60亩）；位于25度以上坡度的耕地3.05公顷（45.75亩）。

二、园地1.54万公顷（23.14万亩）

其中，果园1.19万公顷（17.92万亩），占全区园地的77.42%；其他园地0.35万公顷（5.23万亩），占全区园地的22.58%。园地主要分布在乌苏市、沙湾市等2个市，占全区园地的78.41%。

三、林地117.56万公顷（1763.43万亩）

其中，乔木林地13.69万公顷（205.41万亩），占全区林地的11.65%；灌木林地100.20万公顷（1503.01万亩），占全区林地的85.23%；其他林地3.67万公顷（55.01万亩），占全区林地的3.12%。林地主要分布在乌苏市、沙湾市、托里县等3个县（市），占全区林地的60.55%。

四、草地631.31万公顷（9469.62万亩）

其中，天然牧草地548.88万公顷（8233.13万亩），占全区草地的86.94%；人工牧草地2.79万公顷（41.78万亩），占全区草地的0.44%；其他草地79.65万公顷（1194.71万亩），占全区草地的12.62%。草地主要分布在托里县、和布克赛尔县等2个县，占全区草地的63.33%。

五、湿地4.25万公顷（63.77万亩）

湿地是“三调”新增的一级地类，塔城地区包括5个二级地类。其中，森林沼泽0.07万公顷（1.08万亩），占全区湿地的1.69%；灌丛沼泽0.03万公顷（0.43万亩），占全区湿地的0.68%；沼泽草地1.23万公顷（18.48万亩），占全区湿地的28.97%；内陆滩涂2.05万公顷（30.69万亩），占全区湿地的48.13%；沼泽地0.87万公顷（13.09万亩），占全区湿地的20.53%。湿地主要分布在乌苏市、沙湾市、和布克赛尔县等3个县（市），占全区湿地的72.93%。

六、城镇村及工矿用地11.50万公顷（172.53万亩）

其中，城市用地0.59万公顷（8.87万亩），占全区城镇村及工矿用地的5.14%；建制镇用地1.62万公顷（24.37万亩），占全区城镇村及工矿用地的14.12%；村庄用地6.45万公顷（96.73万亩），占全区城镇村及工矿用地的56.07%；采矿用地2.12万公顷（31.82万亩），占全区城镇村及工矿用地的18.45%；风景名胜及特殊用地0.72万公顷（10.73万亩），占全区城镇村及工矿用地的6.22%。

七、交通运输用地5.56万公顷（83.35万亩）

其中，铁路用地0.20万公顷（2.99万亩），占全区交通运输用地的3.59%；公路用地2.09万公顷（31.39万亩），占全区交通运输用地的37.66%；农村道路3.22万公顷（48.31万亩），占全区交通运输用地的57.97%；机场用地0.04万公顷（0.55万亩），占全区交通运输用地的0.66%；管道运输用地68.54公顷（1028.10亩），占全区交通运输用地的0.12%。

八、水域及水利设施用地19.72万公顷（295.77万亩）

其中，河流水面3.90万公顷（58.53万亩），占全区水域及水利设施用地的19.79%；湖泊水面2.64万公顷（39.66万亩），占全区水域及水利设施用地的13.41%；水库水面1.88万公顷（28.23万亩），占全区水域及水利设施用地的9.54%；坑塘水面0.47万公顷（7.11万亩），占全区水域及水利设施用地的2.41%；沟渠2.65万公顷（39.81万亩），占全区水域及水利设施用地的13.46%；水工建筑用地0.22万公顷（3.35万亩），占全区水域及水利设施用地的1.13%；冰川及常年积雪7.94万公顷（119.09万亩），占全区水域及水利设施用地的40.26%。乌苏市、沙湾市等2个市水域面积较大，占全区水域及水利设施用地的68.22%。

"三调"是一次重大国情国力调查，也是党和国家机构改革后统一开展的自然资源基础调查。塔城地区"三调"数据成果全面客观反映了全区国土利用状况，也反映出耕地保护、生态建设、节约集约用地方面存在的问题，必须采取有针对性的措施加以改进。

坚持最严格的耕地保护制度，加大国土综合整治和高标准农田建设力度，压实各级党委和政府耕地保护责任，实行党政同责。要坚决遏制耕地"非农化"、严格管控"非粮化"，从严控制耕地转为其他农用地。从严查处各类违法违规占用耕地或改变耕地用途行为。规范完善耕地占补平衡，以水定地，依据水资源承载能力合理确定耕地保有量，科学划定永久基本农田，确保完成自治区下达的耕地保护目标。

坚持最严格的生态环境保护制度，确保生态空间不减少，生态安全得到保障。严格落实生态保护红线管控，将生态保护红线纳入塔城地区各级国土空间规划，严格落实并监督实施，确保生态重要区域的生态安全。尊重自然规律，统筹山水林田湖草沙冰整体保护、系统治理，科学布局和组织实施重要生态系统保护和修复重大工程。

坚持最严格的节约用地制度，促进建设用地集约高效使用。严格管控新增建设用地规模，推动城乡存量建设用地开发利用，全面提升城镇村及工矿用地集约节约水平。结合塔城地区国土空间规划编制，科学合理划定城镇开发边界，科学编制村庄规划，盘活存量土地，促进农村一、二、三产业融合发展。强化土地使用标准和节约集约用地评价，大力推广节地模式。

塔城地区"三调"成果是塔城地区制定经济社会发展重大战略规划、重要政策举措的基本依据。要加强塔城地区"三调"成果共享应用，将其作为国土空间规划和各类相关专项规划的统一基数、统一底图，推进塔城治理体系和治理能力现代化。

塔城市河流生态保护条例（修订）

（2017年4月25日伊犁哈萨克自治州第十四届人民代表大会常务委员会第三次会议通过
2017年7月28日新疆维吾尔自治区第十二届人民代表大会常务委员会第三十次会议批准
2022年6月12日伊犁哈萨克自治州第十五届人民代表大会常务委员会第三次会议修订
2022年7月29日新疆维吾尔自治区第十三届人民代表大会常务委员会第三十四次会议批准）

第一条　为了加强塔城市河流的生态修复与保护，有效实现其灌溉、排水、防洪、除涝、景观等功能，改善水环境，促进绿色发展，保障生态安全，根据《中华人民共和国水法》等有关法律、法规，结合塔城市实际，制定本条例。

第二条　本条例所称塔城市河流，是指自北向南流经塔城市行政区域内的河流流域。具体包括乌拉斯台河（含发展河、萨孜河支流）、加吾尔塔木河（含喀拉墩河支流）、城东河、清水河、喀浪古尔河，范围为北起塔尔巴哈台山，南至额敏河库鲁斯台草原段。

第三条　本条例适用于塔城市河流的保护、利用、开发及其相关管理活动。

第四条　塔城市人民政府对塔城市河流生态保护负总责，实行统一管理与分级分部门管理相结合，坚持统筹协调、科学规划、生态优先、因地制宜、系统治理、合理利用的原则。

第五条　塔城市人民政府应当将塔城市河流保护和建设专项规划纳入国民经济和社会发展规划，河流保护资金列入本级财政预算。

第六条　鼓励自然人、法人或者其他组织对塔城市河流保护和建设依法投资和捐赠。

第七条　塔城市人民政府应当加强对塔城市河流保护和建设工作的领导，研究、决定塔城市河流生态保护和综合治理的有关重大问题，对塔城市河流生态保护情况进行监督检查。

塔城市河流流域内的乡镇人民政府、街道办事处应当配合做好塔城市河流相关生态保护工作。

第八条　塔城市水行政主管部门负责塔城市河流的保护和建设工作。

市发展和改革、生态环境、住房和城乡建设、农业农村、自然资源、畜牧兽医、林业和草原、市容环境卫生、文化和旅游等部门在各自职责范围内，做好塔城市河流的相关生态保护工作。

第九条　在塔城市河流流域内从事保护、利用、开发等活动应当符合塔城市河流流域综合规划。

第十条　塔城市水行政主管部门应当按照保障生活、生产和生态环境用水的需要，根据批准的水量分配方案和年度预测来水量，制定水量分配方案和调度计划，实施水量统一调度。

第十一条　塔城市人民政府应当统筹建设塔城市河流流域内的生活污水处理、生活垃圾无害化处理、供排水、集中供热等公共设施；塔城市河流流域内的村（社区）应当加强生态环境保护和公共卫生管理，协助做好生活垃圾收集、生活污水处理等。

第十二条　塔城市人民政府应当按照相关法律、法规规定，划定河道管理与保护范围，并向社会公布。

第十三条　塔城市水行政主管部门会同住房和城乡建设部门根据河道的功能定位，按照河道整治规划和国家规定的防洪、排涝、环境保护标准以及有关技术规范，制定河道治理方案，经本级人民政府批准后实施。

第十四条　塔城市河流治理应当注重保护、恢复河道及其周边的生态环境和历史人文景观，并符合下列要求：

（一）建设沿岸片区和城乡干渠的截污、污水处理、再生水利用等基础设施，实行污水无害化、再生水资源化；

（二）环河游憩林荫带植草种树；

（三）河道两侧管线入地；

（四）法律法规规定的应当符合的其他要求。

第十五条　在塔城市河流河道管理范围内，进行下列活动应当报经市水行政主管部门批准；涉及其他部门的，由市水行政主管部门会同有关部门批准：

（一）在河道滩地存放物料、修建厂房或者其他建筑物；

（二）在河道滩地开采地下资源、进行考古发掘；

（三）法律、法规规定的其他活动。

第十六条　在塔城市河流河道

管理范围内，禁止进行下列活动：

（一）修建围堤、阻水渠道、阻水道路；

（二）采砂、取土、淘金、弃置砂石或者淤泥；

（三）种植阻碍行洪的林木及高秆作物；

（四）爆破、钻探、挖筑鱼塘；

（五）建设畜禽养殖场、养殖小区；

（六）法律、法规规定的其他活动。

第十七条　塔城市河流流域按照国家和自治区规定实行排污许可制度和重点水污染物排放总量控制制度。

塔城市河流流域内排放水污染物，不得超过国家和自治区规定的水污染物排放标准和重点水污染物排放总量控制指标。

第十八条　塔城市河流流域农业生产应当推广使用有机肥，科学、合理施用农药、化肥，发展生态农业，控制污染物流入塔城市河流。

第十九条　塔城市河流流域内禁止实施下列行为：

（一）排放、倾倒可溶性剧毒废渣；

（二）排放、倾倒油类、酸液、碱液或者剧毒废液；

（三）排放、倾倒含有放射性物质的废水或者含放射性固体废弃物；

（四）倾倒工业、农业、建筑等废弃物；

（五）倾倒生活垃圾、人畜粪便以及混杂有上述物质的积雪；

（六）清洗装贮过油类或者有毒有害污染物的车辆、容器；

（七）法律、法规规定的其他行为。

第二十条　负有塔城市河流管理职责的有关部门的工作人员滥用职权、玩忽职守、徇私舞弊的，由其主管部门或者监察机关依法给予处分；构成犯罪的，依法追究刑事责任。

第二十一条　违反本条例应当承担法律责任的行为，依照有关法律、法规执行。

第二十二条　本条例自公布之日起施行。

库鲁斯台草原生态保护条例（修订）

（2017年4月25日伊犁哈萨克自治州第十四届人民代表大会常务委员会第三次会议通过
2017年7月28日新疆维吾尔自治区第十二届人民代表大会常务委员会第三十次会议批准
2022年6月12日伊犁哈萨克自治州第十五届人民代表大会常务委员会第三次会议修订
2022年7月29日新疆维吾尔自治区第十三届人民代表大会常务委员会第三十四次会议批准）

第一条　为了保护、建设和合理利用库鲁斯台草原，改善草原生态环境，促进经济和社会可持续发展，根据《中华人民共和国草原法》等有关法律、法规，结合库鲁斯台草原生态保护实际，制定本条例。

第二条　在库鲁斯台草原从事草原规划、建设、保护、利用和管理等活动，适用本条例。

法律、法规对草原、森林、野生动植物、水资源的保护与利用另有规定的，从其规定。

第三条　库鲁斯台草原实行生态保护优先，生态保护与综合治理相结合，人口、社会与自然生态相协调，经济发展与资源环境相适应的方针。

第四条　塔城地区行署、库鲁斯台草原所在地的县（市）人民政府应当将草原保护和利用纳入本级国民经济和社会发展规划，加强保护、建设和合理利用草原的宣传教育。

兵团第九师应当依法保护、利用与建设草原。

第五条　塔城地区、库鲁斯台草原所在地的县（市）林业和草原主管部门主管本行政区域内林草监督管理工作。

发展和改革、财政、水利、生态环境、公安、农业农村、自然资源、畜牧兽医等有关部门在各自职责范围内，做好库鲁斯台草原保护的相关工作。

第六条　塔城地区林业和草原主管部门会同有关部门编制库鲁斯台草原保护、建设、利用规划，报地区行署批准实施。

库鲁斯台草原保护、建设、利用规划应当包括草原保护、建设、利用的长期目标、近期目标和措施，草原功能分区和各项建设的总体部署，各项专业规划等。

第七条　塔城地区行署、库鲁斯台草原所在地的县（市）人民政府应当建立库鲁斯台草原保护的资金投入与保障机制，并列入本级财政预算。

第八条　鼓励、支持社会组织和个人依法进行人工草地建设、天然草原改良、饲草饲料基地建设、草原围栏、饲草饲料储备等生活生产设施建设等活动。

从事前款建设活动的，按照规定享受相关优惠政策。

第九条　依法取得的草原使用权和草场承包经营权受法律保护，任何单位和个人不得侵犯。

第十条　塔城地区、库鲁斯台草原所在地县（市）林业和草原主管部门应当按照国家和自治区草原载畜量标准，定期核定载畜量。

塔城地区行署、库鲁斯台草原所在地县（市）人民政府应当采取禁牧、休牧、轮牧等措施，防止超载过牧，实行以草定畜、草畜平衡制度。

草原使用者和承包经营者根据核定的载畜量，确定饲养量。

对被禁牧的草原使用者，其生产生活由县（市）人民政府按有关规定安置。

第十一条　禁止在库鲁斯台草原实施下列行为：

（一）倾倒、掩埋废渣、建筑垃圾、生活垃圾或者含有放射性物质的固体废弃物；

（二）倾倒、掩埋油类、酸液、碱液或者含有放射性物质的废液；

（三）在水体清洗沾染过油类或者有毒物质的车船、容器；

（四）倾倒、掩埋不符合国家规定排放标准的其他污染物。

（五）法律法规规定的其他破坏草原的行为。

第十二条　塔城地区水行政主管部门应当编制库鲁斯台草原水土保持规划，涵养水源，防治土壤沙化、碱化、盐渍化，并督促落实。

库鲁斯台草原上游喀浪古尔水库、额敏水库、阿克苏水库、哈拉布拉水库、乌什水水库、乌拉斯台水库等中型以上水库，应当按照水资源统一调配原则，按计划下泄水量，确保库鲁斯台草原生态输水水量。

禁止实施任何影响或者可能影响饮用水源水量、水质的活动。

第十三条　在草原上修建直接为草原保护和畜牧业生产服务的工程设施，由具有批准权限的草原主管部门批准。

第十四条　禁止在库鲁斯台草

原建立砖瓦窑，从事采砂、采石、采挖野生植物、破坏植被或者凿井、爆破、建坟、筑塘等活动。

第十五条　在库鲁斯台草原湿地范围内，每年4月1日至6月1日为禁渔期。

第十六条　禁止开垦库鲁斯台草原。对已经开垦的，实施有计划的退出；已造成沙化、盐碱化、石漠化的，应当予以修复。

第十七条　塔城地区、库鲁斯台草原所在地县（市）林业和草原主管部门应当研究、推广林木生态恢复先进技术，对天然林、人工林采取封育、定期抚育等措施，实施生态恢复。

第十八条　塔城地区、库鲁斯台草原所在地县（市）文化和旅游主管部门应当向社会公开库鲁斯台草原的旅游景区（点）和旅游路线。

旅游经营者和游客应当遵守景区（点）管理规定，不得实施破坏草原、植被、林木和旅游设施的行为。

第十九条　进入库鲁斯台草原的机动车辆，应当在道路上行驶，不得驶入草原，碾压植被。

第二十条　库鲁斯台草原实行草原、森林防火期和火险管制期制度。具体时限由所在地县（市）人民政府规定，并向社会公布。

第二十一条　负有库鲁斯台草原保护管理职责的有关部门的工作人员违反本条例规定，玩忽职守、徇私舞弊、滥用职权的，由其主管部门或者监察机关依法给予处分；构成犯罪的，依法追究刑事责任。

第二十二条　违反本条例应当承担法律责任的行为，依照有关法律、法规执行。

第二十三条　本条例自公布之日起施行。

塔城地区2022年国民经济和社会发展统计公报

（2023年5月）

2022年，在地委、行署的坚强领导下，全地区坚持以习近平新时代中国特色社会主义思想为指导，深入学习贯彻党的十九大和十九届历次全会精神，学习贯彻党的二十大精神，贯彻落实第二次、第三次中央新疆工作座谈会精神和习近平总书记视察新疆重要讲话重要指示精神，贯彻落实自治区党委十届三次、五次、六次全会精神，完整准确贯彻新时代党的治疆方略，坚持稳字当头、稳中求进，高效统筹疫情防控和经济社会发展、统筹发展和安全，应对超预期因素冲击，经济保持增长，发展质量稳步提升，就业物价总体平稳，攻坚克难、砥砺奋进，推动地区改革发展稳定各项事业取得新成效。

一、综合

根据生产总值统一核算结果，2022年实现地区生产总值（GDP）877.47亿元，按可比价格计算，比上年增长5.2%。其中：第一产业增加值360.74亿元，增长6.5%；第二产业增加值187.51亿元，增长8.1%；第三产业增加值329.22亿元，增长2.6%。三次产业结构为41.1∶21.4∶37.5。三次产业分别拉动经济增长2.6、1.5、1.1个百分点。全年人均地区生产总值79453元，比上年增长5.8%。

2018—2022年塔城地区生产总值及其增长速度一览表

表3

年　份	绝对值（亿元）	增长（%）
2018年	677.99	5.0
2019年	696.58	5.2
2020年	735.85	4.3
2021年	823.95	5.6
2022年	877.47	5.2

2018—2022年塔城地区三次产业增加值占地区生产总值比重一览表

表4　（上年=100）

年　份	第一产业	第二产业	第三产业
2018年	37.5	22.4	40.2
2019年	35.6	22.3	42.2
2020年	40.3	19.5	40.2
2021年	42.0	19.8	38.2
2022年	41.1	21.4	37.5

全年城镇新增就业1.8万人，城镇就业困难人员实现就业0.15万人。城镇调查失业率控制在5.5%以内。全年转移就业农村富余劳动力7.84万人次。

全年居民消费价格（CPI）比上年上涨2.7%。

2022年塔城地区居民消费价格比上年涨跌幅度一览表（以塔城市为例）

表5

指　标	涨跌幅度（%）
居民消费价格	102.7
其中：食品烟酒	102.8
衣　着	97.2
居　住	100.3
生活用品及服务	101.5
交通和通信	107.4
教育文化和娱乐	100.0
医疗保健	100.3
其他用品和服务	102.1

全年地区新登记市场主体9953户，市场主体户数74095户。

二、农业

全年粮食种植面积418.85万亩，比上年增长3.9%。其中，小麦种植面积112.95万亩，增长10.8%；玉米种植面积305.06万亩，增长1.7%。棉花种植面积365.46万亩，增长0.1%。油料种植面积19.27万亩，增长2.6%。甜菜种植面积6.25万亩，增长33.5%。

全年粮食产量257.72万吨，比上年增长4.4%。全年小麦产量36.11万吨，增长11.1%；玉米产量220.90万吨，增长3.6%。

全年棉花产量46.94万吨，比上年增长6.3%。油料产量1.93万吨，增长12.1%；甜菜产量30.15万吨，增长38.6%。

地区年末果园面积16万亩，其中结果面积10.03万亩，全年果品产量21355吨。

2022年塔城地区特色林果产量及变动情况表

表6

指　标	产量（万吨）	比上年增长（%）
特色林果	2.13	-18.08
#园林水果		
苹果	1.02	10.04
葡萄	0.49	-35.76
枸杞	0.2	-53.87
桃	0.2	1.89
梨	0.09	-11.11
其他	0.13	-26.75

全年猪牛羊禽肉产量9.85万吨，比上年增长3.1%。其中，羊肉产量4.3万吨，增长8.0%；牛肉产量4.04万吨，下降1.7%；猪肉产量1.2万吨，增长7.3%；禽肉产量0.3万吨，下降10.6%。禽蛋产量0.53万吨，下降25.1%。奶产量8.13万吨，增长0.2%。年末牲畜存栏402.29万头（只），同比增长5.2%。年内牲畜出栏276.48万头（只），同比下降1.0%。

全年水产养殖面积3305.6公顷，比上年下降1.3%。水产品产量4125万吨，下降1.0%。其中，养殖水产品产量1680万吨，增长5.7%；捕捞水产品产量2445万吨，下降5.1%。

年末农业机械总动力275.2万千瓦，比上年增长3.68%。农作物耕种收综合机械化水平99.83%，机耕率100%，机播率99.96%，机收率99.64%。拥有大中型拖拉机3.29万台，下降4.5%；小型拖拉机2.1万台，下降6.34%。化肥施用量（折纯）25.06万吨，增长4.0%。农药施用量1092.5吨，农用塑料薄膜使用量21826吨，地膜覆盖面积495.46万亩。

年末拥有农业产业化龙头企业307家。其中，国家级1家，自治区级41家。销售收入超亿元41家。拥有各类标准化规模养殖场171个，全年畜禽良种推广覆盖率达到85%，畜禽粪污综合利用率84%以上。

三、工业和建筑业

全年全地区工业增加值95.86亿元，比上年增长1.3%。其中：地方规模以上工业增加值增长3.7%。在地方规模以上工业中，分经济类型看，国有企业增长15.5%，股份制企业增长2.8%，外商及港澳台商投资企业下降0.7%。分工业门类看，采矿业增长8.4%，制造业下降3.8%，电力、热力、燃气及水生产和供应业增长7%。分轻重工业看，轻工业增长0.5%，重工业增长3.7%。

全年地方规模以上工业中，石油开采业增加值比上年增长6%，石油、煤炭及其他燃料加工业下降8.4%，电力、热力生产和供应业增长7.1%，化学纤维制造业下降10.5%，酒、饮料和精制茶制造业下降14.4%，煤炭开采业增长11.8%，有色金属冶炼和压延加工业下降7.7%，非金属矿物制品业下降9.8%，非金属矿采选业增长14.3%，食品制造业增长7.1%，专用设备制造业增长33.2%。

2022年塔城地区主要工业产品产量及其增长速度一览表

表7

产品名称	单　位	产　量	比上年增长（%）
原煤	万吨	886.13	10.26
天然原油	万吨	145.00	11.66
小麦粉	万吨	17.44	7.7
黄金	千克	2302.7	-13.4
原盐	万吨	183.69	-14.7
焦炭	万吨	83.86	-22.89
水泥	万吨	212.23	-8.2
啤酒	千升	108175.2	-11.5
发电量	万千瓦时	898837	-1.79
食用植物油	万吨	5.17	6.3
纱	万吨	7.48	-20.4
乳制品	吨	32294.4	1.2
化纤用浆粕	吨	28224.0	-23.5

全年地方规模以上工业企业实现营业收入238.47亿元，同比增长10.9%。实现利润总额25.46亿元，增长83.2%。分经济类型看，国有企业实现营业收入125.14亿元，增长35%；股份制企业213.23亿元，

增长10.6%；外商及港澳台商投资企业2.74亿元，增长39.3%。分工业门类看，采矿业营业收入76.81亿元，同比增长29.9%；制造业收入125.75亿元，增长0.6%；电力、热力、燃气及水生产和供应业收入35.91亿元，增长16%。全年规模以上工业企业每百元营业收入中的成本为70.67元，比上年减少5.41元；营业收入利润率10.67%，增长4.21个百分点。年末规模以上工业企业资产负债率为59.9%，比上年末减少1.4个百分点。

全年地方规模以上工业企业产品销售率97.5%；完成工业品出口交货值4.16亿元，同比增长39.3%。

全年全社会建筑业增加值91.66亿元，比上年增长15.3%。地方资质以上建筑企业总产值42.4亿元，增长35.3%，其中国有控股企业12.6亿元，增长24倍。地方建筑企业房屋施工面积111.38万平方米，下降5.5%；房屋竣工产值27.7亿元，下降40.1%。

四、服务业

全年批发和零售业增加值13.74亿元，比上年下降3.9%；交通运输、仓储和邮政业增加值12.46亿元，增长6.1%；住宿和餐饮业增加值3.28亿元，下降13.9%；金融业增加值39.29亿元，增长7.6%；其他服务业增加值211.31亿元，增长1.8%。全年规模以上服务业企业营业收入比上年下降20.83%；利润总额下降705.6%。

全年货物运输量2007.09万吨，比上年增长11.32%。货物周转量210908.54万吨公里，下降13.29%。

全年旅客运输总量297.35万人，比上年下降23.76%。旅客运输周转量14059万人公里，下降31.73%。

年末地区公路通达里程13211.48公里。其中，高速公路里程597.7公里，一级公路111.05公里，二级公路1537.53公里，三级公路1800.4公里，四级公路8304.06公里，等外公路860.74公里，全年改扩建公路175.41公里。

2022年年末地区民用车保有量27.79万辆（包括三轮汽车和低速货车343辆），比上年末增长6.97%。其中，私人汽车保有量25.2万辆，增长3.96%。按用途分，载客汽车16.84万辆，增长8.23%；载货汽车5.16万辆，增长5.68%；其他汽车5.93万辆，增长9.4%。民用轿车保有量9.34万辆，增长6.74%，其中私人轿车保有量8.78万辆，增长3.78%。

全年完成邮政行业业务总量1.53亿元，比上年增长0.52%。邮政业全年完成邮政函件业务4.23万件，比上年下降41%。包裹业务0.33万件，比上年下降8.33%。快递业务量163.50万件，比上年下降1.43%。快递业务收入0.63亿元，比上年下降3.05%。

五、国内贸易

全年社会消费品零售总额71.42亿元，比上年下降7.6%。按经营地统计，城镇消费品零售额53.13亿元，下降7.2%；乡村消费品零售额18.29亿元，下降8.7%。按消费形态统计，商品零售额61.72亿元，下降7.2%；餐饮收入额9.7亿元，下降10.5%。

2018—2022 年塔城地区社会消费品零售总额及其增长速度一览表

表8

年 份	社会消费品零售总额（亿元）	增速（%）
2018年	81.62	7.2
2019年	87.74	7.5
2020年	64.93	-26
2021年	77.32	19.1
2022年	71.42	-7.6

限额以上单位商品零售额15.78亿元，比上年增长9.3%。其中，粮油、食品类零售额比上年增长7.6%，饮料类增长12.3%，烟酒类增长4.9%，服装、鞋帽、针纺织品类增长5.1%，日用品类下降15.6%，家用电器和音像器材类下降17.5%，化妆品类增长11.9%，中西药品类增长30.7%，石油及制品类增长14.6%，汽车类下降14.3%。

六、固定资产投资

全年固定资产投资（不含农户）比上年增长25.3%。其中，第一产业投资增长81.7%；第二产业投资增长43.5%；第三产业投资增长8%。民间投资增长30.9%。基础设施投资增长17.4%。六大高耗能行业投资增长112.1%。社会领域投资下降12.1%。

2022 年塔城地区分行业固定资产投资（不含农户）增长速度一览表

表9

行 业	比上年增长（%）
总 计	25.3
农、林、牧、渔业	81.7
采矿业	-3.6
制造业	62.8

续表9

行　业	比上年增长（%）
电力、热力、燃气及水生产和供应业	99.8
建筑业	
批发和零售业	278.2
交通运输、仓储和邮政业	-26.1
住宿和餐饮业	823.9
信息传输、软件和信息技术服务业	
金融业	75.4
房地产业[39]	53.8
租赁和商务服务业	77.3
科学研究和技术服务业	88.6
水利、环境和公共设施管理业	-8
居民服务、修理和其他服务业	
教育	0.1
卫生和社会工作	21.2
文化、体育和娱乐业	-50.1
公共管理、社会保障和社会组织	74.5

全年工业投资比上年增长43.5%。其中，制造业投资增长62.8%，电力、热力、燃气及水的生产和供应业投资增长99.8%。

全年房地产开发投资比上年增长38.9%。其中，住宅投资增长30.4%，商业营业用房投资4.7亿元，增长85.8%。商品房销售面积38.7万平方米，增长52.6%。商品房销售额16.3亿元，增长50%。

2022年塔城地区房地产开发和销售主要指标及其增长速度一览表

表10

指　标	单位	绝对数	比上年增长（%）
投资额	万元	283252	38.9
其中：住宅	万元	210137	30.4
房屋施工面积	万平方米	449.1	18.3
其中：住宅	万平方米	332.4	28.6
房屋新开工面积	万平方米	103.1	-4.3
其中：住宅	万平方米	93.6	-1.4
房屋竣工面积	万平方米	2.3	-88.2
其中：住宅	万平方米	2.3	-71.5
商品房销售面积	万平方米	38.7	52.6
其中：住宅	万平方米	32.3	49.4
本年到位资金	万元	257281	18.5
其中：国内贷款	万元	25000	106.6
个人按揭贷款	万元	35896	19.6

七、对外贸易

全年全地区完成外贸进出口总额20.03亿美元，同比增长50%。其中，进口0.28亿美元，增长371.7%；出口19.75亿美元，增长48.6%。货物进出口顺差（出口减进口）19.47亿美元。

八、财政和金融

全年地方一般公共预算收入48.28亿元，增长19.06%。其中，税收收入29.54亿元，增长20.12%；非税收入18.74亿元，增长17.44%。一般公共预算支出213.16亿元，增长23.82%。

2022年，金融机构本外币各项存款余额956.69亿元，比年初增加134.44亿元。其中人民币各项存款余额955.82亿元，比年初增加134.45亿元。金融机构本外币各项贷款余额673.54亿元，比年初增加65.4亿元。其中人民币各项贷款余额673.52亿元，比年初增加65.38亿元。

2022年年末塔城地区金融机构人民币存贷款余额及增速一览表

表11

指　标	年末数（亿元）	比年初增减
各项存款	955.82	134.45
其中：住户存款	671.29	84.94
机关团体存款	139.19	29.64
财政性存款	119.89	1.99
非金融企业存款	25.37	17.90
各项贷款	673.52	65.38
其中：住户贷款	221.89	19.50
非金融企业及机关团体短期贷款	241.88	1.66
非金融企业及机关团体中长期贷款	188.82	32.87

九、居民收入和社会保障

2022年，地区全体居民人均可支配收入27579元，比上年增长4%。按常住地分，城镇居民人均可支配收入32944元，增长2.1%；农村居民人均可支配收入21914元，增长6.5%。城乡居民人均可支配收入比值为1.5，比上年缩小0.06。

2022年地区基本医疗保险参保82.42万人，较上年增长0.2%。其中，城镇职工基本医疗保险参保17.85万人，较上年增长2.8%；城乡居民基本医疗保险参保64.57万人，较上年增长0.5%。基本养老保险参保（含离退休）59.53万人，较上年增长2.1%。其中，城镇职工基本养老保险参保24.32万人，增加0.72万人；城乡居民基本养老保险参保35.21万人，增加0.51万人。工伤保险参保11.26万人，较上年增长21.8%。失业保险参保0.96万人，较上年增长2.7%。

生育保险参保11.13万人，较上年增长2.9%。全年发放低保金1.28亿元，2.56万人享受最低生活保障；发放临时救助资金899.14万元，2.7万人次得到临时救助；发放特困人员救助供养资金1582万元，1180名特困人员得到救助供养。发放医疗救助金5452.4万元，其中医疗救助资助参加基本医疗保险金额2353.07万元，住院救助金额2872.86万元，门诊救助金额226.47万元。医疗救助资助参加基本医疗保险人数7.57万人，住院救助人次数1.57万人次，门诊救助人次数1.91万人次。年末地区共有养老服务机构19个，拥有床位数2949张，供养老人699人；共有儿童福利机构7个，拥有床位数524张，收养儿童117人。年末共有社区服务中心15个，社区服务站831个。

全年受理人事劳动争议案件313件，结案308件，结案率98.4%。受理劳动保障监察投诉案件2512件，结案2512件，结案率100%。

十、科学技术和教育

年末有科研与技术开发单位4个。地区下达本级科技经费30万元，541人获批自治区级科技特派员。全地区自治区级科技计划新立项项目117个。已挂牌的工程技术研究中心4个。拥有高新技术企业28个，高新技术产业开发区1个，其中自治区级1个。星创天地2个，众创空间6个，科技孵化器1个。

2022年塔城地区建立社会公用计量标准103项，授权检定项目214（地级116，县级98）个，校准项目195（地级97，县级98）个，商品净含量检测项目10（地级3，县级7）个；全年地区共检定强检计量器具总计41678台件，比2021年增长23%；开展产品质量生产领域和流通领域监督抽查254批次，合格率81.9%。

普通本专科院校1所，全年招生750人，比上年下降41.2%；在校生2242人，比上年增长47.1%。

中等职业教育学校8所，全年招生0.20万人，比上年增长32.47%；在校生0.49万人，增长17.25%；毕业生0.11万人，下降32.29%。

普通高中11所，全年招生0.65万人，比上年增长7.58%；在校生1.83万人，增长0.02%；毕业生0.65万人，增长6.31%。

初中33所，全年招生1.1万人，比上年增长1.47%；在校生3.29万人，下降1.27%；毕业生1.15万人，增长6.12%。

普通小学114所，全年招生1.05万人，比上年下降2.55%；在校生6.53万人，下降1.10%；毕业生1.11万人，增长2.24%。

特殊教育学校1所，全年招生28人，比上年下降3.45%；在校生人127人，下降3.05%；毕业生26人，增长52.94%。

幼儿园247所，全年招生0.87万人；在校生2.76万人，比上年下降9.26%；毕业生1.13万人，下降1.92%。

高中阶段毛入学率97.27%，初中适龄少年入学率100%，小学适龄儿童入学率100%。九年义务教育巩固率98.95%。普通中小学生辍学率0%。小学、初中和高中专任教师9957人。继续实施国家对义务教育的“两免一补”政策，为义务教育学校贫困家庭学生提供免费教科书款及义务教育家庭经济困难学生生活补助上级下达1838.08万元，县（市）配套470.12万元。全年发放高中各类资助款上级下达1134.51万元，县（市）配套59.66万元，地区2022年普通高校家庭经济困难新生入学资助资金16万元，中等职业技术学校助学金上级下达183.11万元，县（市）配套6.61万元。

十一、文化旅游、卫生健康和体育

年末全地区文化系统共有艺术表演团体8个，博物馆10个，公共图书馆8个，文化馆8个，文化站82个。年末广播节目综合人口覆盖率为98.39%，电视节目综合人口覆盖率为98.46%。

全年旅游接待总人数1018.22万人次，同比下降11.46%；旅游综合收入60.71亿元，同比下降11.63%。年末拥有旅游公司12家，旅游星级饭店18家，国家等级景区（点）68个（AAAA级3个），星级农家乐96家。已建成旅游民宿1688家，床位达到

8286张。

地区共有体育场地3000余个，体育场地面积655392.56平方米，人均体育场地面积2.5平方米。2022年注册运动员550人，组队参加2022年自治区青少年年度比赛，共获金牌15枚、银牌14枚、铜牌15枚。

年末地区共有医疗卫生机构1028个，其中医院28个，在医院中有公立医院15个，民营医院13个；基层医疗卫生机构980个，其中乡镇卫生院82个，社区卫生服务中心（站）7个，门诊部（所）181个，村卫生室659个；专业公共卫生机构24个，其中疾病预防控制中心8个，卫生监督所（中心）8个。年末卫生专业技术人员7115人，其中执业医师和执业助理医师2645人，注册护士2940人。医疗卫生机构床位5331张，其中医院4021张，乡镇卫生院1310张。全年总诊疗人次293.31万人次，出院人数10.51万人。每千人执业（助理）医师2.73人，每千人注册护士3.25人，每千人拥有床位5.96张。传染病报告发病率（甲乙类传染病）279.19/10万，婴儿死亡率5.54‰，孕产妇死亡率19.12/10万。

十二、资源、环境和应急管理

2022年，塔城地区辖区国土调查总面积9.49万平方公里，其中地方面积8.42万平方公里；国有建设用地供应总量0.26万公顷，其中工矿用地0.06万公顷；建设用地面积14.53万公顷（其中地方建设用地面积11.08万公顷，兵团建设用地面积3.45万公顷）。

全年完成造林面积0.47万公顷。森林覆盖率12.68%。自治区级以上自然保护区2个，其中，国家级自然保护区2个，保护区总面积14.17万公顷。

初步核算，全年能源消费总量681.75万吨标准煤，比上年增长0.5%。煤炭消费量下降4.1%，原油消费量下降71.0%，天然气消费量下降10.9%，电力消费量增长8.9%。煤炭消费量占能源消费总量的77.51%。

2022年，塔城地区发生各类生产安全事故14起，同比下降44%；死亡人数11人，同比增长37.50%；受伤人数3人，同比下降86.36%；直接经济损失577.33万元，同比增长192.13%；亿元GDP生产安全事故死亡率1.25%，同比上升28.87%；工矿商贸企业就业人员10万人生产安全事故死亡率2.97%，同比上升200%；煤矿百万吨死亡人数0人，同比下降100%。全年道路交通事故死亡人数36人，同比下降7.1%。

注释：

1.本公报中数据为初步统计数。部分数据因四舍五入的原因，存在总计与分项合计不等的情况。

2.地区生产总值（GDP）、各产业增加值绝对数为含兵团数据，按现价计算，增长速度按不变价格计算。

3.农业、规模以上工业、车辆保有量、邮政业、国内贸易、财政、招商引资、科技、卫生、文化、环境、劳动就业及社会保障数据不含兵团。

资料来源：

本公报中主要经济指标数据来源于地区统计局和国家统计局塔城调查队，其他数据来源于相关部门。其中，城镇水热普及、污水处理、生活垃圾数据来源于地区住建局；农业机械动力、农业产业化数据来源于地区农业农村局；林业数据来源于地区林业和草原局；公路客货运输量来源于地区交通运输局；车辆保有量数据来源于地区公安局；邮政业务数据来源于地区邮政管理局；电信业务数据来源于地区工业和信息化局；对外贸易来源于乌鲁木齐海关官网，招商引资数据来源于地区商务局；财政数据来源于地区财政局；金融信贷数据来源于中国人民银行塔城地区中心支行；保险业数据来源于塔城地区银行保险监督管理委员会分局；新增就业、登记失业率、社会保险、劳动监察数据来源于地区人力资源和社会保障局；低保、救助数据来源于地区民政局；医疗救助数据来源于地区医疗保障局；科技数据来源于地区科技局；市场主体、知识产权、计量检测数据来源于地区市场监督管理局；教育数据来源于地区教育局；体育、文化旅游数据来源于地区文化体育广电和旅游局；卫生数据来源于地区卫生健康委员会（最终数据以年报数据为准）；土地供应和造林面积来源于地区自然资源和规划局；灌溉面积、供水量数据来源于地区水利局；安全生产数据来源于地区应急管理局。

2022 年主要工业产品产量及其增长速度一览表

表12

产品名称	单　位	2021	2022	比上年增长（%）
原煤	万吨	803.64	886.13	10.26
天然原油	万吨	129.86	145.00	11.66
小麦粉	万吨	15.09	17.44	7.7
黄金	千克	2658.8	2302.7	-13.4
原盐	万吨	215.28	183.69	-14.7
焦炭	万吨	96.04	83.86	-22.89
水泥	万吨	222.68	212.23	-8.2
啤酒	千升	122266.6	108175.2	-11.5
发电量	万千瓦小时	910762	898837	-1.79
食用植物油	万吨	1.05	5.17	6.3
纱	万吨	9.40	7.48	-20.4
乳制品	吨	31911.7	32294.4	1.2
化纤用浆粕	吨	36878.0	28224.0	-23.5

1980—2022 年部分年份塔城地区生产总值指数一览表

表13　（上年=100）

年份	地区生产总值	第一产业	第二产业	第三产业	工业	建筑业	建通运输仓储和邮政业务	批发和零售业	人均地区生产总值
1980	114.4	117.6	119.3	101.2	115.9	127.7	93.2	88.8	
1985	113.6	114.6	109.9	114.7	107.2	116.7	121.0	115.6	
1990	116.4	129.3	100.3	106.4	100.6	99.0	98.7	100.6	
1995	111.1	102.1	117.6	123.2	129.3	79.9	112.1	120.9	111.9
2000	109.0	108.4	108.0	111.4	103.3	124.4	102.5	113.3	113.3
2005	111.7	110.8	113.5	111.2	117.3	107.7	112.4	114.3	114.2
2010	110.1	103.9	112.0	111.8	115.4	105.4	111.2	109.3	112.5
2015	112.3	108.4	113.9	114.7	113.5	115.0	106.0	112.5	115.0
2020	104.3	103.7	103.3	105.3	98.2	110.7	82.2	87.9	102.5
2021	105.6	106.4	99	107.8	102.1	96.2	119.3	105.7	115.2
2022	105.2	106.5	108.1	102.6	101.3	115.3	106.1	96.1	105.8

索 引

说 明 （1）本索引以人名、地名、机构名称、活动名称、事件（事物）名称为主题词。（2）本索引按主题词汉语拼音字母顺序排列，主题词后面的数字和字母分别表示所在页码和分栏位置（a、b、c表示本页码左、中、右三栏）。（3）本索引主题词主要选自本年鉴正文部分，特载、要闻大事、附录以及图表、照片不在索引范围内。

A

B

C

D

E

F

G

H

J

K

L

M

N

P

Q

R

S

T

W

X

Y

Z